新訳 ソシュール 一般言語学講義

フェルディナン・ド・ソシュール 著
町田 健 訳

研究社

SAUSSURE

訳者はしがき

　本書は、フェルディナン・ド・ソシュールがジュネーブ大学で行った一般言語学に関する講義の内容を弟子たちがまとめた著作 *Cours de linguistique générale*（1916）を翻訳したものである。日本語のタイトルは、原書に合わせて『一般言語学講義』とした。

　『講義』は、古代ギリシアに始まる言語研究の歴史において、人間の言語の本質を解明することを目的とした概説書の中で、間違いなく最も優れたものである。言語学史上に燦然と輝く金字塔だと評しても、全く誇張にはならない。本書を特徴づける価値はいくつもあるが、特筆すべきは、その包括性、発展性、明晰性、そして具体性である。

　本書の包括性は、人間の言語一般の本質を解明することに成功しているだけでなく、言語が不可避的に備えている変化と変異という性質も、記述と説明の対象としていることにある。時間と空間の中に存在するのが言語であり、恐らくそのことが原因で、言語は空間的に変異し、時間の中で変化する。言語が持つこの必然的な性質は、しかし、言語が記号であって、話し手から聞き手へと同じ意味を伝達する媒体として機能するという、言語の本質とは一見矛盾する。意味を正確に伝達することが言語の本質的機能であれば、言語に変化と変異があることは、この本質的機能を阻害する要因になるからである。言語学が成功した学問であるためには、この矛盾を解消しなければならない。そのためにソシュールは、言語の本質を解明しようとしたのである。そして、言語共同体の成員に共通の言語的実体である「ラング」の特性を精密に提示した。ただし、ラングの特性だけでは、変化と変異の原因を説得的に説明することはできない。なぜならば、ソシュール自身が述べているように、変化と変異の原因が胚胎しているのは、ラングの具体的な状況での実現であるパロールの内部であるからである。このためにソシュールは、パロールの言語学についての講義を企図していたのであるが、それを達成する前にこの世を去ったため、完全な説明は実現しなかった。しかし、本書の言語変化と変異の部分には、この原因を究明す

るための議論と材料が十分に含まれている。この意味で、本書の包括性は類書の追随を許さないものがある。

　本書の発展性は、何より、言語の本質的特性と言語研究の確固たる基礎を与えたことにある。言語研究の対象を、言語共同体の成員が共有する規則の集合としてのラングだと規定したことは、言語の本質に関わりのない要因を考察から除外することにより、本質の解明を容易に、またその結果を説得的にする役割を果たした。言語が記号であり、言語記号は意味（概念）としてのシニフィエと音列（聴覚映像）としてのシニフィアンの結合体であって、両者の結びつきは恣意的であるという特性の主張は、記号一般の特性を明らかにする手がかりを与え、こうして、記号学という学問に先鞭をつけた。さらには、恣意性の原理が言語記号を支配することにより、言語の体系性が導出されるのであるが、同時に、言語の変異と変化も恣意性に基礎を置くことから、この原理を出発点として、言語の本性を解明する道筋が整えられた。言語記号の価値が、要素の間の潜在的関係である連合関係と、顕在的関係である連辞関係に基づいて決定されるという特性があるとの主張は、記号が価値を持つことは疑いえない事実であるだけに、言語記号の性質を精密に解明することを目的とする言語学に対して、分析の絶対的基礎を与えるものである。ソシュール自身による唯一の著作は、*Mémoire sur le système primitif des voyelles dans les langues indo-européennes*『インド・ヨーロッパ諸語の母音の原初的体系に関する覚え書き』(1878) であり、そこでインド・ヨーロッパ祖語において仮定された「喉音」は、現在に至るまでインド・ヨーロッパ語比較言語学の研究を精緻化し進展させる重要な理論として機能してきた。この意味でソシュールは、比較言語学の発展にも重要な寄与をなしたのであるが、本書で提示された上のような言語の特性は、言語学一般を正しく発展させるための極めて貴重な基礎を構成している。言語学は今後も、本書に提示されている言語の絶対的特性が、個別言語においてどのように実現しているのかを解明することを目的としなければならない。

　本書の明晰性は、「ラングとパロール」「シニフィエとシニフィアン」「共時態と通時態」「連合関係と連辞関係」のような、明確に対立する項目の組に基づいて言語の特性や言語研究の方法を提示していることに由来する。いかなる学問であれ、分析の基礎とする項目は明示的であり、その項目の個数は少なければ少ないほどよい。明示的で少数の項目のみで対象を分析した結果は、鮮明であると同時に対象の本性の中核を鋭く射貫くものである。本書の論証が厳密にして論理的であることは言を俟たないが、論証の過程で用いられる項目が明示的であって限定されているだけに、結論を正確に理解することが容易になってい

る。つまり、論証の過程が明晰であるということである。言語学のような経験科学は、事実を支配する原理や法則を論理的に解明することを目的とするのだから、本書で用いられているような明晰な方法は、解明された結果の正当性を保証するものであると同時に、不備がある場合にはその理解をも容易にし、それ以後の修正と発展を十分に可能にすることになる。ただし、明晰性が必ずしも真実性に対応しているわけではない。言語的な事実は混沌としていて、自然的な境界は存在していないのだから、そこに敢えて不連続な境界を設定することは、言語の真実を無視する行為であり、したがってそのような前提に基づく分析の結果は真実を正しく反映するものではないという批判もありうる。しかし、言語を現象の連続体だと見なしている限り、言語の本性は決して明らかにならない。現象に境界を設定しなければ、分析すべき対象が永遠に得られないからである。分析しているのはこの対象であって、別の対象ではないと分析者が知っているからこそ、分析という行為が可能になるのである。ソシュールは、議論に使用する項目を前もって厳密に定義することは不毛だと断じているが、これはまさに、自然的な境界を持たない言語を対象とする言語学の本質を鋭く見抜いたものである。

　本書の具体性は、抽象的な議論や解説の後に、それを例証する具体的な事例が必ず提示されていることにある。言語学は、言語の本性を解明することを目的とする学問なのだから、言語哲学や論理学のように抽象的な議論に終始していることは許されない。言語現象に関する議論の結果を、論理的・説得的に導出しえたとしても、その結論が具体的言語事実に合致するものでなければ、それは単なる抽象的推論であって、言語の性質をどんな形でも解明したものではない。ソシュールはインド・ヨーロッパ語学者であったから、母語であるフランス語以外にも、ドイツ語、古典ギリシア語、ラテン語、サンスクリット語などのインド・ヨーロッパ諸語の例が提示されていることが多いが、それらの言語に限らず、アラビア語やヘブライ語、中国語のような非インド・ヨーロッパ語の例も加えられている。ソシュールの言語に関する資質は驚嘆すべきものであり、習得した言語の数だけでなく、その理解の深さも極めて高度なものである。このような高い言語能力を背景として選択された例は、いずれも結論を説得的に例証するものであって、このような具体性は、本書の議論に高い信頼性をもたらすものである。

　以上述べたように、包括性、発展性、明晰性、具体性という、言語を対象とする科学に真に望まれる特性をすべて備えているのが、本書なのであり、最も優れた言語学書であるという訳者の主張は、これによって堅固な根拠を得ると

考える。

　本書は、ソシュール自身の手によるものではないので、果たしてソシュールの考えを正確に反映しているのだろうかという疑問が生じるのは当然である。恐らくは、正確に反映していない部分もあるだろう。しかし、ある程度の不備はあるにしても、本書が言語学の概説書として、それ自体で人類史上最も優れたものであることに変わりはない。本書の優れた点は、何が不備であるのかが明確に理解できるということである。問題はあるようだが、それが何なのかが分からないというような学問的業績は、当該学問の発展には寄与しない。本書は、その不備ですら、言語学の発展を促す結果をもたらしているという側面においても、その高い学問的価値を示している。この不備が契機となって、ソシュールは本当は何を考えていたのかを、講義のノートや、発見されたソシュール自身の遺稿を資料として解明することを目的とした、ソシュール文献学が行われている。ソシュールの真の思想を解明することも、言語学史的には価値を持つことは確かだから、このような文献学にも学問的重要性を認めることができる。ただし、ソシュールが本当に何を考えていたのかが解明できたとしても、それが言語の本性を、本書におけるよりも適切かつ正確に示しているかどうかは分からない。寡聞にして、訳者はそのような事例を知らない。したがって、言語自体の本質を解明する学問としての一般言語学に寄与することができるソシュールの業績は、本書のみであり、本書を読むことによって、言語と言語学に対する正しい認識と理解が得られるのだと信ずる。

2016 年 7 月　訳　者

本書についての注意

① 本書では、音素と音声の区別が厳密には行われていない。音素または音声が指示されている場合には、すべて [t] のように、音を [ ] で括って表した。音声記号は、2015 年に改訂された国際音声字母表に基づいている。

② 原書で用いられている音声記号が、現行の国際音声字母と異なる場合には、š [ʃ] のように、国際音声字母を [ ] の中に付記した。

③ 原書で斜体（イタリック体）になっている語句は、すべて「　」に括る形で表記した。

④ 原書では、「言語」「意味」「変化」という重要な概念に対して、複数の用語が用いられており、その相違は必ずしも明確ではない。したがって、本書では以下のような原則に従って訳語を選択した。

    a. langue は、人間の言語一般と個別言語を意味する場合があるが、どちらの場合も「ラング」と訳した。ただし、パロールと対立するものとして用いられていない場合には、「言語」と訳した。特に第 4 部「言語地理学」においてはそうである。
parole は「パロール」、langage は「ランガージュ」、idiome は「固有語」、patois は「俚言」、parler は「言葉」とした。
また、注においても、パロールとの区別が明確でない場合には、人間の言語一般と個別言語を指すのに「言語」を用いた。

    b. 「意味」「概念」「観念」など、意味に関わる用語の区別は明らかではない。本書では、以下のような訳語を当てた。
concept「概念」、idée「観念」、pensée「思想」、esprit「精神」、notion「心象」

    c. 「変化」「変容」「進化」など、言語変化に関わる用語の区別も不分明である。本書での訳語は以下の通り。
changement「変化」、évolution「進化」、modification「変容」、

　　　　　transformation「変形」
⑤　例としてあげられている語句で、言語名が記されていないものはフランス語である。
⑥　インド・ヨーロッパ祖語の再建形で、喉音理論に基づくものとして（　）に入れて示した形は、Mallory & Adams（2006）に掲載されているものである。
⑦　原注は、原文ではページの末尾に配置されているが、本書では、原注のある段落の後に配置した。
⑧　脚注は、本文の内容の理解を助けるものと、人名、言語名、言語事例を具体的に解説するものに止めた。脚注はすべて訳者がつけたので、不備がある場合はすべて訳者の責任である。

目　次

訳者はしがき………………………………………………… iii
本書についての注意………………………………………… vii

序　文　　　　　　　　　　　　　　　　　　　　　1

初版への序文………………………………………………… 2
第 2 版への序文……………………………………………… 6
第 3 版への序文……………………………………………… 6

序　論　　　　　　　　　　　　　　　　　　　　　7

第 1 章　言語学小史………………………………………… 8
第 2 章　言語学の資料と課題―隣接諸学問との関係…… 17
第 3 章　言語学の対象……………………………………… 20
　第 1 節　ラングとその定義……………………………… 20
　第 2 節　ランガージュに関わる諸事実の中での
　　　　　ラングの位置…………………………………… 27
　第 3 節　人間固有の事象の中でラングが占める位置。
　　　　　記号学。………………………………………… 35
第 4 章　ラングの言語学とパロールの言語学…………… 38

[ix]

第 5 章　ラングの内的要素と外的要素……………… 42
第 6 章　文字によるラングの表記……………… 47
　第 1 節　この題目を研究する必要性……………… 47
　第 2 節　文字表記の威信、音声言語形式に対する
　　　　　文字言語の優位性の原因……………… 48
　第 3 節　文字表記の体系……………… 51
　第 4 節　文字と発音の間にある不一致の原因……… 52
　第 5 節　不一致の結果……………… 54
第 7 章　音韻論……………………………… 60
　第 1 節　定義……………………… 60
　第 2 節　音声表記……………… 61
　第 3 節　文字表記による証拠への批判…………… 62

付録　音韻論の原理　　67

第 1 章　音の種類……………………… 68
　第 1 節　音素の定義……………… 68
　第 2 節　音声器官とその機能……… 71
　第 3 節　口腔での調音に基づく音の分類………… 74
第 2 章　発話連鎖における音素……………… 81
　第 1 節　発話連鎖中の音素を研究する必要性……… 81
　第 2 節　内破と外破……………… 83
　第 3 節　連鎖における外破と内破のさまざまな
　　　　　組み合わせ……………… 86
　第 4 節　音節の境界と母音点………… 89
　第 5 節　音節化理論の批判………… 90
　第 6 節　内破と外破の持続時間……… 92
　第 7 節　開口度4の音素　二重母音　表記の問題…… 93

第 1 部　一般原理　　　　　　　　　　　　　99

第 1 章　言語記号の性質 …………………………………… 100
- 第 1 節 記号、シニフィエ、シニフィアン ………………… 100
- 第 2 節 第一原理：記号の恣意性 …………………………… 103
- 第 3 節 第二原理：シニフィアンの線状性 ………………… 106

第 2 章　記号の不変性と可変性 …………………………… 107
- 第 1 節 不変性 ………………………………………………… 107
- 第 2 節 可変性 ………………………………………………… 111

第 3 章　静態言語学と進化言語学 ………………………… 117
- 第 1 節 価値に作用するすべての学問に内在する二重性 ・ 117
- 第 2 節 内的な二重性と言語学の歴史 ……………………… 119
- 第 3 節 内的二重性の例示 …………………………………… 121
- 第 4 節 比較によって例示される 2 つの領域の違い …… 127
- 第 5 節 方法と原理において対立する 2 つの言語学 …… 129
- 第 6 節 共時的法則と通時的法則 …………………………… 131
- 第 7 節 汎時的な観点はあるか ……………………………… 136
- 第 8 節 共時的なものと通時的なものを混同することから生じる帰結 ……………………………………………………… 137
- 第 9 節 結論 …………………………………………………… 140

第 2 部　共時言語学　　　　　　　　　　　　　143

第 1 章　総論 ………………………………………………… 144

第 2 章　ラングの具体的な実体 …………………………… 146
- 第 1 節 実体と単位　定義 …………………………………… 146
- 第 2 節 境界設定の方法 ……………………………………… 147
- 第 3 節 境界設定の実際的な難しさ ………………………… 149

第 4 節　結論……………………………………………… 151
第 3 章　同一性、実在、価値……………………………… 152
第 4 章　言語的価値………………………………………… 158
　　第 1 節　音的質料で組織される思考としてのラング…… 158
　　第 2 節　概念的側面から考察された言語的な価値……… 160
　　第 3 節　物質的な側面について考察された言語的価値… 165
　　第 4 節　全体として考察された記号……………………… 168
第 5 章　連辞関係と連合関係……………………………… 172
　　第 1 節　定義………………………………………………… 172
　　第 2 節　連辞関係…………………………………………… 174
　　第 3 節　連合関係…………………………………………… 175
第 6 章　ラングの機構……………………………………… 178
　　第 1 節　連辞的な連帯……………………………………… 178
　　第 2 節　2つの形態の集団の同時的な機能……………… 179
　　第 3 節　絶対的恣意性と相対的恣意性…………………… 182
第 7 章　文法とその下位区分……………………………… 186
　　第 1 節　定義；伝統的な区分……………………………… 186
　　第 2 節　合理的な区分……………………………………… 188
第 8 章　文法における抽象的な実体の役割……………… 190

第 3 部　通時言語学　　195

第 1 章　総論………………………………………………… 196
第 2 章　音変化……………………………………………… 201
　　第 1 節　音変化の絶対的規則性…………………………… 201
　　第 2 節　音変化の条件……………………………………… 202
　　第 3 節　方法の要点………………………………………… 204

第 4 節　音変化の原因………………………………… 206
　　第 5 節　音変化の作用には制限がない …………………… 212
　第 3 章　音的進化の文法的帰結……………………………… 214
　　第 1 節　文法的な結びつきの切断 ………………………… 214
　　第 2 節　単語の複合の消失…………………………………… 216
　　第 3 節　音声的二重語は存在しない ……………………… 217
　　第 4 節　交替………………………………………………… 219
　　第 5 節　交替の法則 ………………………………………… 222
　　第 6 節　交替と文法的な連結 ……………………………… 224
　第 4 章　類推………………………………………………… 226
　　第 1 節　定義と例示 ………………………………………… 226
　　第 2 節　類推現象は変化ではない ………………………… 229
　　第 3 節　ラングにおける創造の原理としての類推 ……… 231
　第 5 章　類推と進化 ………………………………………… 236
　　第 1 節　類推による革新がラングに取り入れられる
　　　　　　様態………………………………………………… 236
　　第 2 節　解釈の変化の兆候としての類推による革新 …… 237
　　第 3 節　改新と保持の原理としての類推………………… 240
　第 6 章　民間語源…………………………………………… 243
　第 7 章　膠着………………………………………………… 247
　　第 1 節　定義………………………………………………… 247
　　第 2 節　膠着と類推 ………………………………………… 248
　第 8 章　通時的な単位、同一性、現実性……………… 251

第 3 部と第 4 部への付録　　　257

　A　主観的分析と客観的分析…………………………… 258

B　主観的な分析と下位単位の確定·························· 260
　　C　語源学·· 265

第4部　言語地理学　　267

第1章　言語の多様性について···································· 268
第2章　地理的多様性の複雑化···································· 271
　第1節　同一の地点における複数の言語の存在············ 271
　第2節　文学語と地域の固有語······································ 273
第3章　地理的多様性の原因······································· 276
　第1節　最も重要な原因としての時間 ·························· 276
　第2節　連続した領域における時間の作用··················· 278
　第3節　方言には自然的な境界などない······················· 281
　第4節　言語には自然的な境界などない······················· 283
第4章　言語的な波の伝搬·· 286
　第1節　交流（インターコース）の力と郷土愛············ 286
　第2節　単一の原理に帰着する2つの力······················· 288
　第3節　別々の領域における言語的分化······················· 289

第5部　回顧的言語学の諸問題　結論　　293

第1章　通時言語学の2つの観点·································· 294
第2章　最古の言語と原型·· 298
第3章　再建··· 302
　第1節　再建の本質とその目的······································ 302
　第2節　再建の確実性の程度·· 305
第4章　人類学と先史学での言語の証拠····················· 307

第 1 節　言語と人種 ………………………………… 307
　　第 2 節　民族体 ……………………………………… 308
　　第 3 節　言語古生物学……………………………… 309
　　第 4 節　言語類型と社会的集団の精神構造……………… 313

　第 5 章　語族と言語類型 …………………………… 315

参考文献 …………………………………………… 319
索　　引 …………………………………………… 323

序　文

初版への序文

　フェルディナン・ド・ソシュールは、言語学という分野の中でその才能を伸ばしたのだが、その言語学を特徴づける原理や方法が不十分だと彼が嘆いているのを、私たちはよく耳にした。だから彼は一生をかけて、このような混沌とした状況のただ中で、自分の考えを方向づけることができる指導的な法則をたゆまず探求し続けたのである。そしてようやく 1906 年になってソシュールは、ジュネーブ大学のジョゼフ・ベルテメール[1)]の後を受けることで、長年にわたって練り上げてきていた独自の考えを知らせることができるようになった。1906 年から 1907 年、1908 年から 1909 年、1910 年から 19011 年にかけて、一般言語学についての講義を、ソシュールは 3 学期行っている。ただし実際のところ、カリキュラムの必要上、各講義の半分は、インド・ヨーロッパ諸語の歴史や記述に関する解説に費やさなければならなかったので、講義の主題の最も重要な部分は、非常に少なくなってしまった。

　内容豊かなこの講義に出席する機会に恵まれた者たちはすべて、この講義をもとにした書物が出版されないことを残念に思った。恩師の死後、ソシュール夫人の好意で彼の自筆原稿が我々の手に委ねられたのだが、我々はその原稿の中に、この天才的な講義の忠実な姿、あるいは少なくとも十分な姿を見つけたいと思った。最初は、ソシュールの個人的なメモを単純に手直ししたものと、学生のノートを組み合わせたものをもとにして出版すればよいだろうと予想していた。しかし、我々の落胆は大きかった。ソシュールの弟子たちのノートに対応するようなものは、全くか、あるいは全くに近いくらい見つからなかったからである。というのもソシュールは、講義での解説のための概要を急いで書いた下書きを、次々に破棄していたからである。秘書の机の引き出しの中に残っ

---

1)　Joseph Wertheimer (1833–1908)。フランス、オ・ラン県生まれ、ジュネーブで死去。1859 年から 1908 年までユダヤ教大長老、1873 年から 1908 年までジュネーブ大学で文献学と比較言語学の教授を務めた。1877 年にレジオン・ドヌール勲章騎士賞受賞。

ていたのは、かなり昔にかかれた下書きだけで、それらは、価値がないわけではないにしても、3期の講義の材料と組み合わせて使うことはできないようなものだった。

　フェルディナン・ド・ソシュールの経歴には、これらの講義よりはるか以前、インド・ヨーロッパ語の母音に関する『覚え書き』[2]の出版による輝かしい時代があったが、これら3期の講義が実施された時期も、これと同様に輝かしい時代を画するものである。ところが、我々にも大学でしなければならない仕事があったので、ソシュールによるこれら最後の講義にはほとんど出席することができなかった。

　このため、3回行われたこれら一連の講義に出席した学生たちが書き取ったノートに頼らざるをえなかった。最初の2期について、実に完璧なノートを提供してくれたのが、ルイ・カイユ氏、レオポルト・ゴーティエ氏、ポール・ルギャール氏、アルベール・リードランジェ氏であり、最も重要な第3期の講義についてのノートを提供してくれたのは、アルベール・セシュエ夫人、ジョルジュ・デガイエ氏、フランシス・ジョゼフ氏だった。ある特定の部分については、ルイ・ブリュチュ氏のメモのお世話にもなっている。以上のすべての人々には、心よりの感謝を捧げたい。また、傑出したロマンス語学者のジュール・ロンジャ氏[3]は、印刷にかかる前の原稿を点検してくださり、貴重な意見をいただいた。ここに改めて衷心からの謝意を表明したい。

　資料はあるが、そこからどうするのかが問題だった。まずは資料の批判という作業をしなければならなかった。どの講義についても、そしてどの講義の細部についても、すべての文書を比較して、ソシュールの思想に到達しなければならなかったのだが、我々の前にあるのはその思想の写しでしかなく、文書ごとに一致しない場合もよくあった。最初の2学期の講義については、最も強い関心を持って恩師の思想の理解に努めた弟子の1人である、リードランジェ氏の協力を仰いだ。この点で、彼の働きは我々にとって非常に有用だった。3期

---

2) *Mémoire sur le système primitif des voyelles dans les langues indo-européenne*（1878）『インド・ヨーロッパ語族における母音の原初的体系に関する覚え書き』。ソシュールはこの唯一の著作において、インド・ヨーロッパ祖語の母音体系に、「喉音」という、それまでに知られているインド・ヨーロッパ諸語には観察されていない音の存在を仮定した。この性質を持つ音韻は、その後1915年にフロズニー（Bedřich Hrozný, 1879–1952）によって解読され、インド・ヨーロッパ語に属する言語だと認定されたヒッタイト語に存在することが確認された。注245も参照。

3) Jules Ronjat (1864–1925)。フランスの言語学者。オック語を専門とした。

目の講義については、我々のうちの1人であるセシュエが、同じように、文書を照合し調整する細かい作業を行った。

さて、次には何をしたらいいのか。口頭で教える場合の内容は、書物で表される内容とは矛盾していることもよくあるので、そこが我々にとっての最大の難関だった。それにソシュールは、絶えず自分を改めようとするような種類の人間で、その思想も、矛盾を来すようなことはなかったものの、あらゆる方向へと発展していた。だから、そのままの形ですべてを出版することは無理な話だった。自由に考えを述べる場合にはつきものの、無意味な繰り返しや、表現の重複や、一定しない言い回しをそのまま反映させたとしたら、雑然とした印象を与える出版物になってしまっていただろう。1期だけの講義に限定するという手もあったが、どの期にすればいいか決められないし、他の2期の講義で豊富に展開された豊かな思想が削られて、書物の内容が貧しくなってしまう。最も重要なのは第3期の講義だったのだが、これだけにしてしまっても、ソシュールの理論と方法についての思想を完全な形で与えることはできなかっただろう。

特に独創的な断片をそのまま出せばいいのではという助言もあり、最初はこの考えもいいかもしれないと思った。しかし、思想はその構造の全体を見てはじめてその価値が明らかになるのだから、断片だけを提示するのでは、我々の師の思想を不当に取り扱うことになるのではないかと、すぐに思えるようになった。

そしてようやく、それまで検討した方法より大胆ではあるが、我々にはもっと道理にかなったように思える解決策に到達した。それは、第3期の講義をもとにして、ソシュールの個人的なメモも含めた、利用できるあらゆる資料を使いながら、学説の再構築あるいは総合を試みることである。つまり学説を再び作り上げるということであり、これは、完全に客観的でなければならないだけに、一層困難な作業だった。どの点についても、あらゆる個別的な思想の深層にまで入り込んで行くために、体系の全体を参照しなければならなかった。口頭の授業には、表現の変異や不確定性が本質的に伴うが、そこから最終的な姿を引き出すことで、個々の思想の姿を明らかにしようとする必要があった。さらには、すべての部分を、著者の意図に適合するような順序で提示するようにして、個々の思想が本来の位置に組み込まれるようにする必要もあった。もっとも、この著者の意図というのは、いつもはっきりと分かったわけではなく、こうだろうと推測されるだけの場合もあった。

資料の吸収と学説の再構築というこのような作業から生まれたのが本書であ

り、我々は本書を、いささかの不安はあるが、学界と言語学に携わるすべての仲間たちに向けて発表するものである。

　我々の中心的な考えは、学説全体の印象を形成することに役立つものをおろそかにしないようにして、すべてを有機的に組み立てるというものだった。ただ、まさにこの点で、恐らく我々は二重の批判を受けることになるだろう。

　まずは、この「全体」というのが不完全ではないかという批判がありうる。というのも、恩師は、言語学の全分野を対象とする取り組みをするつもりもないし、全分野に対して、同じような強さで光を当てようとする意図も全く持たないで授業をしたからである。また、実際上そうすることは彼にはできなかった。そもそも、彼の関心は全く別のところにあったからである。根本的で独特であるいくつかの原理が、彼の業績のあらゆる場所に見出され、多様ではあるが堅固なこの組織体の骨組みを形成している。ソシュールはそれらの原理に従って深く研究をしたのだが、その原理の応用が特に顕著な形で現れる場合や、それを損なうかもしれない何らかの理論に遭遇するような場合にしか、研究の範囲を表面的に広げることはしなかった。

　そういう理由で、ある種の分野、例えば意味論のような分野が、ほとんど触れられていないのだと考えられる。ただ我々は、こうした欠落が、構造体全般を損なうことになると感じてはいない。また、「パロールの言語学」が取り扱われていないのは、かなり目立つところである。第3期の聴講生たちには約束されていたのだから、この分野の研究は、この期に続く講義では、多分重要な位置を占めることになっていたかもしれない。ただ、この約束が守られることができなかった理由は、よく知られている通りである。[4] このため、この科目については、わずかしか説明されていない、ごく簡単な指摘を集めて、それをしかるべき場所に配置するということに限定せざるをえなかった。実際、それよりも先に進むことは不可能だった。

　これに対して、ソシュール以前にすでに得られていた知見についての発達を改めて述べたことには、批判があるかもしれない。しかし、本書のような広い範囲にわたる解説書では、すべてが新しいものだというわけにはいかない。むしろ、すでに知られている原理に、全体を理解するために必要なものがあるのだとしたら、それを残しておいたことを非難されることもないだろう。実際、音変化についての章には、すでに言われている事柄が含まれているのだが、本

---

[4]　第3期の講義は1911年に終了し、ほどなくしてソシュールは病魔に襲われ、1913年2月22日に死去する。

書での述べ方は、多分もっと明確になっているはずである。それに、この部分にしても、細部には独創的で貴重な考えが数多く隠されているのだし、さらには、表面的に本書を読んでみただけでも、音変化の部分がないと、ソシュールが静態言語学の体系を基礎づけていた諸原理が、却って理解しにくくなるということが分かるだろう。

　本書に対する批判への責任はすべて我々にある。著者自身に対する責任も、同様にすべて我々にある。もっとも、著者は、本書の刊行を恐らくは許可してくれなかっただろうと思う。

　いずれにしろこのような責任は全面的に我々が引き受け、我々だけがこの責任を負いたいと思う。実際、批評家にしても、恩師とその解釈者を区別することはできないだろう。批評の矛先が恩師に向かうと、我々にとって大切な思い出が不当にも台無しにされてしまうことになるから、矛先は、我々に向けてくれれば有り難く思う。

　　ジュネーブ　1915年7月

　　　　　　　　　　　シャルル・バイイ[5]、アルベール・セシュエ[6]

第2版への序文

　この第2版では、初版の本文に対して本質的な改変は何も加えていない。いくつかの点で、文章をさらに明確で正確にするために、編者たちで細部の改変を行うにとどめた。

　　　　　　　　　　　　シャルル・バイイ、アルベール・セシュエ

第3版への序文

　細部をいくつか修正した以外は、この版は前の版と同様である。

　　　　　　　　　　　　シャルル・バイイ、アルベール・セシュエ

---

5)　Charles Bally (1865–1947)。スイスの言語学者。ジュネーブ大学教授 (1913–1940)。
6)　Charles Albert Séchehaye (1870–1946)。スイスの言語学者。ジュネーブ大学教授 (1939–1946)。

序　　論

第 1 章
言語学小史

　言語をめぐる事実について構成される科学は、3つの連続する段階を経てようやく、本当のそして唯一の対象を認定することができるようになった。

　まずは「文法」と呼ばれるものから研究は始まった。文法の研究は、もともとはギリシア人が始めたものだが[7]、それを受け継いだのは主としてフランス人である。しかしこの文法は、抽象的な論理に基づくものであって、言語そのものに対する科学的で公平な見方をしていなかった。正しい語形と間違った語形を区別するための規則を与えることだけを目指すもので、要するに規範的な学問でしかなく、純粋な観察からはほど遠かったし、事実に対する視野も当然のように狭いものだった。

　次には文献学が登場する。エジプトのアレクサンドリアにはすでに「文献学」の学派が存在していた。しかしこの文献学という用語は、1777年にフリードリヒ・アウグスト・ボルフ[8]によって創始され、今日でも続けられている学問上の活動を指すために特に用いられる。ただし、言語が文献学の唯一の対象だというわけではない。この学問では、何より本文を確定し、解釈し、そして注釈を加えることが追求される。そしてこういった当初の研究目標から、文学史や当時の習俗や制度なども調査する必要が出てくる。また何を目的とするにしても、文献学では考証というこの学問固有の方法が使われることになる。言語学的な問題が取り扱われるとしても、それは異なった時代に書かれた文献を比較したり、それぞれの作者に特有の言語表現を確定したり、古風な、あるいは理解しにくい言語で書かれた碑文を解読し説明するためでしかない。ただ恐らくは、こうした研究が歴史言語学を準備することになったものと思われ、例えば

---

7)　ギリシアの文法としては、ディオニュシオス・トラクス (Dionysius Thrax, Διονύσιος ὁ Θρᾷξ, 紀元前2世紀頃) が、それまでのギリシア語研究の成果をまとめた『文法の技法』(Τέκνη γραμματική, Ars grammatica) がある。この書物によって、名詞、動詞などの品詞分類が初めて提示された。

8)　Friedrich August Wolf (1759–1824)。ドイツの文献学者。

リッチュル[9]がプラウトゥスについて研究した業績は、言語学的だと言えなくもない。しかしながら、この分野でなされる文献学的考証には、1つの点で欠陥がある。というのも、文字言語にあまりにもこだわり過ぎて、生きた言語を忘れてしまっているからである。それに、文献学的研究のほとんどすべてが、古代のギリシアとローマしか対象としていない。

第3番目の時代は、諸言語をお互いに比較できることが発見された時に始まった。これが比較言語学、あるいは「比較文法」の始まりである。1816年、『サンスクリット語の活用体系』と題された著作で、フランツ・ボップ[10]は、サンスクリット語をゲルマン語、ギリシア語、ラテン語などと結びつける関係について考察した。ただ、こういった諸言語間の類縁性を主張し、これらの諸言語すべてが同じ語族に属することを指摘したのはボップが最初ではない。同じことがすでにそれ以前になされていて、特にイギリスの東洋学者ウィリアム・ジョーンズ[11]の名前があげられる。ただ、それまでは先の主張がいくつか散見されるだけだから、この正しい考えが持つ意義や重要性が、1816年以前に広く理解されていたと実証できるわけではない。つまり、サンスクリット語がヨーロッパやアジアのある種の言語と親戚だということを発見したことに、ボップの功績があるのではなくて、縁続きの諸言語の間にある関係が、独立した学問の分野になりうることを、彼が理解したということが重要なのである。ある言語を別の言語によって明らかにすること、ある言語の形態を別の言語の形態で説明すること、これこそがそれまで行われていなかったことだった。

サンスクリット語の発見がなかったとしたら、ボップがそもそも自分の学問を作り上げることができたかどうかは疑わしいし、できたとしてもこれほど早くはできなかったかもしれない。サンスクリット語は、ギリシア語とラテン語に並ぶ第3の言語資料を与えるものとして登場し、それまでよりも幅広く確か

---

9) Friedrich Wilhelm Ritchl (1806–1876)。ドイツの古典学者。
10) Franz Bopp (1791–1864)。ドイツの言語学者。ベルリン大学教授 (1821–1864)。インド・ヨーロッパ語比較言語学の創始者の一人。主著 *Über das Conjugationssystem der Sanskritsprache in Vergleichung mit jenem der griechischen, lateinischen, persischen und germanischen Sprache* (1816)『ギリシア語、ラテン語、ペルシア語およびゲルマン語の活用体系との比較におけるサンスクリット語の活用体系』。
11) William Jones (1746–1794)。イギリスの裁判官、東洋学者。インドのコルコタ（カルカッタ）に赴任中に、サンスクリット語を学び、1786年コルコタの学会で、サンスクリット語とギリシア語、ラテン語の類似性を指摘する発表を行い、インド・ヨーロッパ語比較言語学の成立に寄与した。

な研究の基礎を提供してくれた。そして意外にもこの言語は、諸言語の比較を明確に行うためには例外的に恵まれた条件にあったから、サンスクリット語を利用することによるメリットはますます大きなものになった。

　一例をあげよう。ラテン語 genus〈種族〉の活用表（genus〈単数・主格〉, generis〈単数・属格〉, genere〈単数・奪格〉, genera〈複数・主格、対格〉, generum〈複数・属格〉）とギリシア語 génos（γένος）〈種族〉の活用表（génos〈単数・主格〉, géneos（γένεος）〈単数・属格〉, géneï（γένει）〈単数・与格〉, génea（γένεα）〈複数・主格、対格〉, genéōn（γενέων）〈複数・属格〉）を比べるとして、これら一連の形態を単独で取り上げようが、お互いに比較しようが、何も分からない。ところが、これにサンスクリット語の形態（ǵanas〈民族、人々〉〈単数・主格〉, ǵanasas〈単数・属格〉, ǵanasi〈単数・所格〉, ǵanassu〈複数・所格〉, ǵanassām〈複数・属格〉を加えると、事情は異なってくる。ギリシア語とラテン語の活用表に関係があることが分かるには、少し見れば十分である。説明のためには都合がいいので、とりあえずは、ǵanas が初期の状態を表しているとしておこう。[12]そうすると、[s]の音が、母音の間にある時にはいつでも、ギリシア語の形態 géne(s)os 等では、脱落したはずだという結論になる。また、同じ条件でラテン語では、[s]が[r]へと変化したことも結論できる。[13] さらに、文法的な観点からすると、サンスクリット語の活用表により、語幹の概念が明確になる。語幹というこの要素は、完全に決定可能で固定している単位（ǵanas-）に対応するものである。[14] ラテン語とギリシア語の場合、サンスクリット語が示すような状態が見られたのは、ごく初期の段階においてのみである。つまり、インド・ヨーロッパ祖語の[s]がすべて保持されているという点で、ここではサンスクリット語の知識が役に立つ。ただし、他の場合には、サンスクリット語が祖語

---

12) ǵ は、現代のサンスクリット語転写法（サンスクリットのデーバーナーガリー文字をローマ字に置き換えて表記すること）では、j で表記される。また、語末の s は、「外連声」（external sandhi）の規則によって、s が ḥ [x]に変化し、実際には janah [ɟanax]と発音される。

13) ラテン語では一般に、初期のラテン語にはあった母音間の[s]が、後に[r]へと変化した。この変化は一般に、母音間の子音が[r]に変化する「r 音化」（rhotacism）の一種である。

14) 語幹（仏 radical、英 stem）と語根（仏 racine、英 root）は異なる。語幹は、同じ単語の、ある文法的機能に関する活用形（名詞の格変化や動詞のある時制や法に関する変化）を通じて変化しない部分の形態であり、語根は、単語を構成する形態素のうちで、単語の中核的意味を決定する機能を持つものである。

の特徴を、他の言語に比べてよく残しているわけではないのも事実である。実際、母音の体系は、この言語では完全にその様相を変化させている。とは言え、一般的には、サンスクリット語に残っている原初的な要素は、驚くほど研究の手助けになる。こうして偶然にも、サンスクリット語が、多くの場合に、他の言語のことを解明するのにとても相応しい言語になったのである。

　この第3の時代の最初から、ボップに並んで、次のような著名な言語学者たちが登場している。ヤーコプ・グリム[15]は、ゲルマン語研究の創立者である（その著『ドイツ語文法』は1822年から1836年にかけて刊行された）。ポット[16]は語源研究を行い、相当量の資料を言語学者たちに提供した。クーン[17]は、その業績が言語学のみならず比較神話学にも及んだ。この他、インド語学者のベンファイ[18]やアウフレヒト[19]などがいる。

　最後に、この学派を最後に代表する者として、特筆しておかなければならないのは、マックス・ミュラー、ゲオルク・クルティウス、アウグスト・シュライヒャーである。これら3人は、それぞれのやり方で、比較研究に大きな貢献をなした。マックス・ミュラーは、素晴らしい講演によって、比較研究を一般に広めた（*Lectures on the Science of Language*『言語科学講義』、1861）。[20] ただし、彼の学術研究に対する配慮には、どうも問題があったように思う。クルティウスは、傑出した文献学者であり、とりわけその著『ギリシア語源学綱要』

---

15)　Jacob Grimm（1785–1863）。その著 *Deutsche Grammatik*『ドイツ語文法』全4巻は、インド・ヨーロッパ祖語からゲルマン諸語への変化を論述したものである。この著作において、比較言語学史上重要な、ゲルマン語における第一次、第二次音韻推移が提示された。これがいわゆる「グリムの法則」である。

16)　August Friedrich Pott（1802–1887）。主著は *Etymologische Forschungen*『語源研究』全2巻（1833–1836）。

17)　Adalbert Kuhn（1812–1881）。インド・ヨーロッパ民族の古代史を、その言語をもとに解明しようとした。主著は *Zur ältesten Geschichte der indogermanischen Völker*『インド・ゲルマン民族の古代史』（1845）。

18)　Theodor Benfey（1809–1881）。ベーダ語やサンスクリット語文法の研究を行った。

19)　Theodor Aufrecht（1822–1907）。サンスクリット語の音韻や文献学の研究を行った。

20)　Friedrich Max Müller（1823–1900）。ドイツ生まれ、イギリスの言語学者、東洋学者。サンスクリット語学、比較言語学、比較神話学を研究した。著書としては、*Introduction to the Science of Religion*『宗教学入門』（1863）、*The Science of Thought*『思想の科学』（1878）などがある。

(*Grundzüge der griechischen Etymologie*, 1879) で知られている。[21] 彼は、比較文法と古典文献学の折り合いを図った最初の人々の1人である。古典文献学は、新しい学問分野の進展を不信の念を持って見続けていたのであるが、この不信は両者ともが懐くようになっていた。最後に、シュライヒャーは、細部にわたる研究の成果をまとめ上げしようとした最初の人間である。[22] その著『インド・ゲルマン諸語比較文法概要』(*Compendium der vergleichenden Grammatik der indogermanischen Sprachen*, 1861) は、ボップが基礎づけた学問をある種体系化したものである。この著作は、長年にわたり大きな貢献をなしたが、インド・ヨーロッパ語学の最初の時代を作り上げた、この比較言語学派の様相を他のどれよりもよく想起させる。

しかし、この学派は、新しく実りの多い分野を切り拓いたという功績があることに異論の余地はないものの、真の意味での言語科学を構築することはできなかった。研究対象の本質を抽出しようという考えを持つことが決してなかったからである。そして、この基礎的な作業をしないでは、学問を進めるための方法を作り出すことなどできない。

この学派の第1の間違いは、他の間違いを生み出すもとにもなっているのだが、そもそもインド・ヨーロッパ諸語に限定されていたその研究では、比較文法による対照の結果が、一体何と関連しているのか、発見された関係が何を意味しているのかが問われたことがないということである。つまり、その研究は比較をするだけで、歴史を明らかにしようとするものではなかったということである。確かに比較は、あらゆる歴史の再構築のためには必要な条件である。しかし、比較だけでは結論を得ることはできない。そしてまた、彼ら比較文法家たちは、2つの言語の発達を、自然学者が2つの植物の成長を比較するような方法で考察していた。それだけに、彼らは結論からますます遠ざかることに

---

[21] Georg Curtius (1820–1885)。ドイツの文献学者。その著 *Grundzüge der griechischen Etymologie*『ギリシア語語源学綱要』は、初版が1858年から1862年にかけて刊行され、第5版が1879年に出た。この他、*Die Sprachvergleichung in ihrem Verhältniss zur Klassicen Philologie*『古典文献学との関係における言語比較』(1845)、*Sprachvergleichende Beiträge zur griechischen und lateinischen Grammatik*『ギリシア語とラテン語の文法に関する言語比較論集』(1846) などの著作がある。

[22] August Schleicher (1821–1868)。ドイツの言語学者。『インド・ヨーロッパ語比較文法概要』は2巻本で、1861年から1862年にかけて刊行された。言語の分化に関する「系統樹説」や、言語類型が、孤立語から膠着語へ、そして屈折語へと進化することを提唱した。

なったのである。例えばシュライヒャーは、常にインド・ヨーロッパ祖語から話を進めるため、いかにも歴史的な意味で語っているかのように見えるのだが、ギリシア語では、[e] と [o] が、母音体系の2つの「階梯」(Stufen) だとためらわずに述べている。[23] というのも、サンスクリット語には、この階梯の考えを示唆するような母音交替の仕組みがあったからである。そこでシュライヒャーは、同じ種の植物が、相互に独立して、同一の発達段階をたどるのと同じように、インド・ヨーロッパ祖語の母音交替も、それぞれの言語で別々に、しかし平行的に発達していったに違いないと考えた。その結果彼は、サンスクリット語の ā [a:] が、ă [a] を強めたものだと考えたように、ギリシア語の [o] は [e] の強められた階梯だと考えた。[24] 実際のところは、インド・ヨーロッパ祖語の母音交替が、ギリシア語とサンスクリット語において異なった形で反映されているということなのであって、それぞれの言語で母音交替が発達させた文法的な効果の間には、何ら必然的な同一性はない (p. 222 以下を参照)。

　比較を行うだけのこの方法により、一群の誤った着想が生じてきてしまった。しかしこれらの着想は、現実に起こったものとは全く対応していないし、あらゆる言語活動の本当の状態とも無縁である。そこでは、言語が特別の領域、つまり自然の第4界として考察された。[25] そこから、他の学問であれば驚かれるような思考法が出てきたのである。この時代に書かれた論考を、今日 10 行程度でも読めば、奇妙な考えと、それを正当化するために用いられている用語に驚かないではいられない。

　しかし、方法論的な観点からすると、このような間違いを知ることに利点がないわけではない。初期の段階にある学問に見られる過ちは、最初の学問研究に携わっている個々人が犯す過ちを拡大した像なのであり、本書の論考を進める中で、そのいくつかを指摘する機会もあるだろう。

　ようやく 1870 年頃になって、諸言語の現実の状態がどんなものなのかが問

---

23) インド・ヨーロッパ祖語では、[e] と [o] の交替や ē [e:] と ō [o:] の交替のような「母音交替 (ablaut)」で、さまざまの文法的機能や品詞の転換などを表していた。母音交替の要素となる [e] や [o] のような母音を「階梯」と呼ぶ。祖語における母音交替は、その子孫であるインド・ヨーロッパ諸語にも受け継がれている。ギリシア語 légō (λέγω)〈私は言う〉: lógos (λόγος)〈言葉〉、ラテン語 tegō〈覆う〉: toga〈トガ〉など。
24) インド・ヨーロッパ祖語の母音交替の階梯には、基礎、延長、ゼロの3種類があった。基礎階梯に属するのは e 階梯と o 階梯、延長階梯に属するのは ē 階梯と ō 階梯、ゼロ階梯は母音のない階梯である。
25) 博物学では、自然を動物界、植物界、鉱物界の3つの界に分類している。

われるようになった。そして分かったのが、諸言語を結びつけている対応関係が、言語現象の諸側面の1つに過ぎないこと、比較することが、事実を再構成するための手段や方法に過ぎないということであった。

　本来の意味での言語学は、ロマンス諸語とゲルマン諸語の研究から生まれ、比較方法に対してまさにそれに相応しい地位を提供した。『ロマンス語文法』（Grammatik der romanischen Sprahen (1836–1838)）を著したディーツ[26]によって創始されたロマンス語研究は、言語学がその真正の対象へと近づくことに、特に貢献した。というのも、ロマンス語学者は、インド・ヨーロッパ語学者にはない、恵まれた状況にあったからである。ロマンス諸語の祖型であるラテン語が知られていたし、資料も豊富なので、諸言語や諸方言の発達を詳しくたどることができた。これら2つの状況のおかげで、推測しなければならない範囲が狭くて済み、この分野の研究全体に特別の具体性がもたらされることになった。ゲルマン語学者たちも、これと似たような状況にあった。ゲルマン祖語は恐らく直接的には知られていないものの、多数の資料があるおかげで、祖語から派生した諸言語の歴史を、何世紀にもわたって長期間たどることができる。したがってゲルマン語学者たちも、インド・ヨーロッパ語学者たちよりも現実に近い位置にいたので、初期のインド・ヨーロッパ語学者たちとは違った考え方を持つことができるようになった。

　この動きを最初に押し進めたのは、『言語の生』（La Vie du langage, 1875）の著者で、アメリカ人のホイットニーであった。[27] その後まもなく新しい学派が形成されたのだが、それが青年文法学派（Junggrammatiker）[28]であった。この

---

26)　Friedrich Christian Diez (1794–1876)。ドイツのロマンス語学者。主著は *Grammatik der romanischen Sprachen*『ロマンス語文法』全3巻 (1836–1838) であるが、他に *Die Poesie der Troubadours*『トゥルバドゥールの詩』(1826), *Etymologisches Wörterbuch der romanischen Sprachen*『ロマンス語語源辞典』(1853) などがある。

27)　William Dwight Whitney (1827–1894)。アメリカの言語学者、東洋学者。アメリカ言語学協会を設立し、アメリカ東洋学協会の会長も務めた。著書としては、*The Life and Growth of Language*『言語の生と発達』(1875)（著者自身がフランス語版 *La vie du langage*『言語の生』を同年に出版している）, *Language and the Study of Language*『言語と言語研究』(1867), *Sanskrit Grammar*『サンスクリット文法』(1879) などがある。

28)　「青年文法学派」は、「新文法学派」（英 neogrammarians, 仏 néogrammairiens）と呼ばれることもある。この学派は、「音韻法則に例外がないこと」(Ausnahmslosigkeit der Lautgesetze) と「類推」(Analogie) という2つの主要原理を基礎としてインド・ヨーロッパ語の歴史を分析した。

学派の指導者たちはすべてドイツ人で、カール・ブルークマン[29]、ヘルマン・オストホフ[30]、ゲルマン語学者のビルヘルム・ブラウネ[31]、エドゥアルト・ジーファース[32]、ヘルマン・パウル[33]、スラブ語学者のレスキーン[34]などがいる。彼らの功績は、比較の結果をすべて歴史的な観点からとらえ、そのことによって、諸事実をその本来の順序で配列するようにしたことである。彼らのおかげで、単独で発達する有機体として言語が見られることはもはやなくなり、言語群が持つ集団的な精神の産物だと見なされるようになった。また同時に、文献学や比較文法の考え方が、いかに誤っていて不十分なものなのかが理解されるようになった。[原注1] しかしながら、この学派がなした貢献がいかに大きなものであったとしても、それで問題の全体が解明されえたとは言えないし、今日でもまだ、一般言語学の根本的な問題は、未解決のままなのである。

原注1) この新しい学派は、言語事実にそれまでよりも肉薄しようとしていたため、以前の比較文法家たちの用語、特にそこで用いられていた非論理的な比喩を糾弾した。こ

---

29) Karl Brugmann (1849–1919)。ドイツの言語学者。インド・ヨーロッパ語比較言語学の研究を集大成した大著 *Grundriss der vergleichenden Grammatik der indogermanischen Sprachen*『インド・ゲルマン語比較文法綱要』全5巻（1878–1890）をベルトルト・デルブリュック（Berthold Gustav Gottlieb Delbrück, 1842–1922）とともに著した。
30) Hermann Osthoff (1847–1909)。ドイツの言語学者。著書に *Forschungen im Gebiete der indogermanischen nominalen Stammbildung*『インド・ゲルマン語名詞類の語幹形成の分野の研究』全2巻（1875–1876）, *Morphologische Untersuchungen auf dem Gebiete der indogermanischen Sprachen*『インド・ゲルマン諸語の分野に関する形態論的研究』全6巻（カール・ブルークマンとの共著, 1878–1890）がある。
31) Wilhelm Theodor Braune (1850–1926)。ドイツの言語学者。著書に *Gotische Grammatik*『ゴート語文法』（1880）, *Althochdeutsche Grammatik*『古高ドイツ語文法』（1886）がある。
32) Eduard Sievers (1850–1932)。ドイツの言語学者、音声学者。著書に *Grundzüge der Phonetik*『音声学の基礎』（1881）, *Metrische Studien*『韻律学研究』全4巻（1901–1919）がある。
33) Hermann Paul (1846–1921)。ドイツの言語学者。その著 *Prinzipien der Sprachgeschichte*『言語史原理』（1880）は、歴史言語学研究に関する優れた理論的著作である。他に、*Mittelhochdeutsche Grammatik*『中高ドイツ語文法』（1881）, *Deutsche Grammatik*『ドイツ文法』（1916–1920）などの著書がある。
34) August Leskien (1840–1916)。ドイツの言語学者。著書に *Grammatik der altbulgarischen Sprache*『古ブルガリア語文法』（1909）, *Grammatik der serbokroatischen Sprache*『セルビアクロアチア語文法』（1914）がある。

のためそれ以降、「言語が何かをする」と言ったり、「言語の生」について語ったりすることはできにくくなっている。というのも、言語は自立した実体ではなく、話者の中にしか存在していないからである。[35] ただし、あまり極端に走るのは適当ではなく、意図された意味が了解されればそれで事足りる。実際、使わないわけにはいかないような比喩もある。[36] 言語活動の現実に対応する用語だけを使うように強要したとすると、それは、この現実について不可解なところが、人間にとってはもう存在しないと主張していることになる。しかし、現実はそれには程遠い。したがって、比較文法の前期では非難されていたその種の表現を、今後もためらわずに用いるつもりである。

---

35) 言語はそれ自体で意志を持った存在ではなく、意志を持つのは言語を使用する人間である。「〜をする」という他動詞の主語になるのは意志を持つ生物であることが要求されるのに、言語には意志がないのだから「する」の主語になるのは不適切だということになる。また、「生」や「命」も、まさに生物だけに与えられるものであって、生物ではない言語には与えられていないから「言語の生」という表現も、「生」「命」が本来備えている性質からすると矛盾した表現だということになる。

36) 諸言語の「類縁関係」、ある言語が「死語」になるなどの表現は一般的に使われ、それ以外の表現は使いにくい。ただ、「類縁」も「死」も、本来は生物について用いられる単語であり、無生物である言語に適用すると、それは比喩、特に隠喩（事物が持つ性質の類似性に基づく比喩）に分類される。

第2章
言語学の資料と課題
―― 隣接諸学との関係

　言語学の資料を構成するのは、まずは人間の言語活動が表出するあらゆる様相である。それは、未開の民族のものでも、文明国家のものでもよいし、古代でも、古典期でも、近代の退廃期のものでもよい。そしてどの時代についても、正しい言語や「美しい言葉」だけでなく、あらゆる表現形態が考慮される。ただそれだけではない。言語活動は非常に多くの場合観察の目を逃れてしまうので、言語学者は、書かれた文書も考慮に入れる必要がある。実際、過去の固有語[37]や遠く離れた場所の固有語は、書かれた文書によってしか知ることができない。

　言語学の課題としては、次のようなものがあげられる。

a) 調べることができるすべての言語を記述し、歴史を研究する。これはつまり、諸語族の歴史を研究し、各語族の祖語を可能な範囲で再構築するということである。

b) すべての言語において、歴史上生じた個別的なすべての現象の原因となると考えられる、恒常的、そして普遍的に働いている力を探究する。[38]

c) 研究の範囲を画定し、自分自身を定義する。

　言語学は他の学問とも密接な関係を持っており、それらの学問は、言語学の知見を利用することもあるし、逆に言語学に知見を提供することもある。ただ

---

[37]　本書において「固有語 (idiome)」が表すのが何であるかについて、厳密な定義は述べられていない。フランス語や日本語のような個別言語であれば langue と言われるはずなので、国家も含む限定された地域の言語共同体で使用される言語や方言を総括的に表す用語として理解しておけばよい。村落のようなさらに小さい単位で使用される言語変種は patois「俚言」と呼ばれる。

[38]　言語学徒としてインド・ヨーロッパ語比較言語学に携わったソシュールにとって最大の難問は、変化する必要のない言語が、どうして例外なく変化するのかということであった。その原因は、言語の本質に見出すことができるはずであり、変化を必然的なものとするこの本質を、ソシュールは「恒常的にして普遍的な力」と表現している。

し、言語学と他の学問を区別する境界線は、いつも明確だとは限らない。例えば、言語学は民族誌学や先史学とは注意深く区別されなければならない。これらの学問で言語が関係してくるのは、文書資料の形としてだけだからである。人類学とも区別されなければならない。人類学が生物種という観点からしか人間を研究しないのに、言語活動は社会的な事実だからである。しかし、だとすると、言語学は社会学に組み入れるべきなのだろうか。言語学と社会心理学の間には、どんな関係があるのだろうか。実際のところ、言語にあるものすべては心理的なものであり、それには音変化のような、物質的、機械的な形で表出される現象も含まれる。そして、社会心理学に対して言語学はとても貴重な資料を提供するのだから、言語学は社会心理学と一体をなすということにはならないのだろうか。今はこれくらいの疑問に軽く触れておくだけにするが、これらの問題は後で再び取り上げることになる。

　言語学と生理学の関係は、先ほどの場合ほど明確にするのは難しくない。諸言語の研究で、音声に関する生理学による説明が必要とされるが、言語の方から生理学に提供するものは何もないという意味で、両者の関係は一方的である。いずれにしても、この2つの学問を混同することはありえない。後でも見るように、言語の本質は、言語記号の音的な特徴とは無関係だからである。[39]

　文献学については、すでにはっきりと述べた。言語学と文献学には接点があり、これら2つの学問が相互に利益をもたらすことはあるにしても、文献学は言語学とは明確に区別される。

　最後に、言語学は何の役に立つのだろうか。このことについて、明確な考えを持っている人間はまずほとんどいないし、ここで言語学の有用性について確定したことを述べることもできない。ただ例えば、歴史学者や文献学者など、文書を取り扱う必要のある人間であればすべて、言語学の問題と関わりを持つのは明らかである。もっと明らかなのは、文化一般に対して、言語学が重要な役割を果たすということである。個人の生活や社会の活動で、言語活動は何にも増して重要な要因となる。だから、一部の専門家だけが言語研究に携わり続けるのは、認めがたいことだと考えたい。実際、誰もが多かれ少なかれ言語の

---

[39] ソシュールは、単語または形態素を言語記号の基本的な単位としている。言語記号は音と意味が結合した単位であるが、両者には必然的な関係は全くないこと（「言語記号の恣意性」）から、ここで、言語の本質が言語記号の音的な特徴とは無関係だと述べているのだろう。ただし、複数の音を同時に発音することができないことから、言語記号が一次元的に、つまり線状的に配列されるという性質が生じるのだから、言語の本質と音の特徴が無関係であるということは、実はない。

研究には関心を持っている。しかし、言語研究に関心が向けられるからこその逆説的結果なのだが、馬鹿げた考えや偏見や幻想や空想が、言語研究ほど数多く生まれ出てきた分野はない。心理的な観点からすると、これらの誤りを無視するわけにはいかない。ただし、言語学者の仕事は何より、このような誤りを明らかにし、できるだけ完全にそれらを消し去ることなのだ。

第 3 章
言語学の対象

第 1 節　ラングとその定義

　完全であると同時に具体的な言語学の対象とは何だろうか。この問題は特に難しい。その理由は後で述べることにしよう。ここでは、その難しさを理解してもらうに止めておくことにする。

　他の学問であれば、対象が前もって与えられていて、次にその対象をさまざまの観点から考察することができる場合もあるが、この分野には、そのような対象は存在しない。誰かがフランス語の単語 nu〈裸の〉を発音したとする。表面的にしか観察しない者であれば、そこに具体的な言語学の対象を見出したい気持ちになるかもしれない。しかし、もっと注意深く吟味してみれば、考察の仕方に応じて、全く異なる 3 つか 4 つのものが次々に見つかるだろう。音、観念[40]の表現、ラテン語の nūdum（nūdus〈裸の〉の単数・男性・対格または単数・中性・主格、対格）に対応する形態のようなものである。したがって、対象が観点より前に存在するということは全くなく、対象を作り出すのが観点なのだと言えるだろう。そして、問題となっている事実を考察するこれらの方法のどれか 1 つが、それ以外の方法より前に適用されたり、それらよりも優れていたりするということが、前もって分かっているということもない。

　その上、どの観点が取られるにしても、言語現象はいつも 2 つの面を示す。この 2 つの面は相互に対応しており、一方がなければ他方も価値を持たない。例をあげよう。

---

[40]　ここで「観念」（idée）と呼ばれているのは、単語や形態素が表す意味に近いものだと考えてよい。通常は、文の意味と単語や形態素の意味は区別され、ドイツの論理学者フレーゲ（Gottolob Frege, 1848–1925）は、文の意味を「思想」、単語の意味を「意義」と呼んで区別している。しかし、ソシュールは文を言語（ラング）の要素だとは見なしていなかったため、意味を持つのは単語・形態素のみであり、その意味を表現するのに、ここでは「観念」という用語を用いている。

① 　調音される音節は、耳によって知覚される聴覚的印象であるが、音声器官がなかったとしたら、音は存在しないはずである。したがって、[n] の音が存在するのは、これら2つの側面が対応しているからに他ならない。だとすると、言語を音に還元することはできないし、音を口腔の調音から切り離すこともできない。この逆もまた同様であり、聴覚映像を考慮に入れなければ、音声器官の運動を定義することはできない (p. 67 以下を参照)。

② 　ただ、音が単純なものだということを認めるとすると、音がランガージュ (言語活動)[41] を作るということになるのだろうか。そうではない。音は思想を表す道具に過ぎず、それ自体のために存在するということはない。[42] だとするとそこには、新たな、そして恐るべき対応が生まれ出てくる。すなわち、聴覚と調音が複合された単位である音が、次には観念とともに、生理的でありかつ精神的な複合的単位を構成するのである。さて、例はこれだけではなく、まだある。

③ 　ランガージュには、個人的な側面と社会的な側面があり、一方を他方なしで理解することはできない。そして、さらなる例として次がある。

④ 　ランガージュは、どの瞬間においても、確立された体系と進化という側面を同時に含んでいる。言い換えれば、ランガージュは、あらゆる時点において、現実の制度であり、また過去の産物でもあるということである。一見すると、この体系とその歴史、ランガージュの現実の姿と過去の姿を区別するのは、非常に簡単であるように思われる。しかし実際には、これら2つのものを結びつけている関係はとても緊密なので、両者を分離することは難しい。この問題をもっと簡単にできるとしたら、言語現象をその起源という点から考察すること、例えば、幼児の言語を研究することから始めるようなことが考えられるのかも

---

41) 　ランガージュ (langage, 言語活動) は、ソシュールの定義ではラング (言語) とパロール (発言、発話) の総体である。つまり、人間の脳内にある潜在的な能力や知識としてのラングと、特定の人間が具体的な状況でラングを実現させたものであるパロールを総合したものであり、要するに人間の言語全体を表すための用語だと考えればよい。

42) 　人間の言語が誕生する前の、「前言語」とでも呼べる段階では、口腔を通じて発せられる音が、思想に対応するのではなく、湧き上がる感情が自然的に呼び起こす現象であったものと考えることはできる。したがって、そのような自然な音は、個別の感情に規則的に対応するというようなものでなければ、自立的な性質を持つと見なされうるかもしれない。しかし、そのような、動物の鳴き声などと同様の性質を持つ音が、ひとたび思想 (意味) を表現するための手段として使用されるようになると、音の存立は思想に依存するのだから、自立性は失われる。

しれない。[43] しかし、その考えは正しくない。なぜならば、言語に関して、起源の問題が、恒常的な状態についての問題とは異なると考えるのは、非常に誤った考えだからである。[44] したがって、この考えだと循環から逃れることはできない。[45]

したがって、この問題にどの側面から取り組んだとしても、言語学の全体的な対象はどこからも現れ出てはこない。どんな場合でもこのジレンマに遭遇するだけである。どの問題であれ、1つの側面だけに注目すると、上で指摘したような二重性に気づかないという危険が出てくるし、あるいは、いくつもの側面から同時にランガージュを研究したとすると、言語学の対象が、相互に結びつきのない雑多なものの混沌とした寄せ集めのように見えてくる。ただ、この

---

[43] 生物学では、個体発生が系統発生を繰り返すという「反復説」が主張され、哺乳類をはじめ、さまざまの生物種でこれを実証する事実が観察されている。しかし、人間の言語に関しては、そもそも起源を解明することは現状では不可能であるし、幼児の言語習得についても、その表面的な事実を記録することはできても、言語能力が存在する幼児の脳の内部で、どのような機構によって発達するのかを明らかにすることは未だに達成されていない。つまり、言語の起源と幼児の言語発達が同一の原理を基礎とする現象だと見なすことは困難であり、したがって、幼児の言語発達の機構を分析することにより、言語の現実の状態とその変化の関係を解明することは期待できない。

[44] 言語をその起源という観点から考察することにより、言語変化の問題を解明することは期待できないと述べられた直後に、「言語について、起源の問題を恒常的な状態の問題とは異なると考えるのは非常に間違っている」、つまり、起源の問題と恒常的な状態の問題は同じだと主張されると、一見矛盾した主張がなされているかのように思えるかもしれない。言語の起源を考えることは、言語の歴史を考えることと同じであるように思われるからである。しかし、ここで言語の起源を考えると言われているのは、言語のごく初期の状態について考えるということなのであって、言語の歴史、つまり変化のことを考えるということではない。言語はあらゆる時点において、その本質の中に変化の原因を含んでいるとソシュールは主張しているのだから、言語の起源的な状態を特に取り上げて考えたところで、それは、現代の言語を含む、任意の時代の言語を取り上げて考えることと変わりはない。したがって、たとえ言語の起源的な状態が解明されたとしても、それでただちに言語変化の理由が解明されることにはならない。

[45] 言語の体系と言語の変化を区別することは難しい。両者を区別するためには、変化という要素が含まれないはずの、言語が誕生した時期または幼児の言語という観点からの考察をすればいいはずだ。しかし、言語はどんな時点であれ、どんな状態であれ、体系と変化という2つの要素が緊密に結びついている。したがって、言語発達の初期という時点も含む、起源における言語を考察したところで、体系と変化を区別することはできない。というのが「循環から逃れることはできない」という文句の趣旨である。

ように多方面からの研究を行えば、いくつもの学問への扉が開けてくることにもなる。例えば、心理学、人類学、規範文法、文献学などであり、これらの学問は、言語学とは明確に区別できる。もっとも、方法が間違っていたりすると、これらの学問でも、ランガージュが研究対象の1つだと主張されることもありうる。[46]

　これらすべての困難な問題には、ただ1つの解決法しかないと考える。それは「最初にラングの領域に視点を置いて、ラングを、ランガージュの他のすべての表出面の規範だと見なす」ということである。実際のところ、ランガージュについて二重性がこれほどたくさんあるのだとすると、自立した定義を与えることができるのはラングだけであるように思われるし、ラングだけが、精神に対して満足のゆく拠り所を提供してくれるのである。

　しかし、ラングとは何なのであろうか。ラングはランガージュと混同してはならないと考えなければならない。ラングはランガージュの特定の部分でしかないが、しかし、間違いなく最も重要な部分である。ラングは、ランガージュを運用する能力の社会的産物であると同時に、個人がこの能力を行使するために必要な、社会によって取り入れられた取り決めの総体である。[47] 一方ランガージュは、全体として見ると、多様で雑然としている。物理的、生理的、心的な

46）　心理学、人類学、規範文法、文献学などの学問分野の研究対象の中に、言語が含まれることは言うまでもない。特に、規範文法と文献学の中心的な対象は言語である。だとすると、これらの分野が研究対象として言語を選択することが「間違った方法」のせいだと主張することには問題があるような気がする。しかしここで対象として論じられているのは、静的な体系と動的な変化という側面を同時に備えた実体としての「ランガージュ」である。ところが、規範文法が対象とするのは、ある時代において依拠すべき表現規則の集合であり、これらの規則は変化しないことが求められている。文献学が対象とするのは、評価が確立された古典的文学作品であって、やはりこの対象に変化という側面は含まれていない。この事情は、言語を唯一の対象としない心理学や人類学でも同様である。したがって、これらの学問分野が「ランガージュ」を対象とすると考えるのは誤りだという本書の主張は、この章ですでに述べられている「ランガージュ」の特質からして、特に不合理ではない。

47）　「ランガージュ」は言語のあらゆる側面を包含するもの、人間が言語を使用する生得的な能力のことであり、「ラング」は、社会におけるランガージュの適切な実現を可能にする体系性を持った規則の集合だと見なすことができる。ソシュールがラングの社会性を強調しているのは、任意の話し手から任意の聞き手に、話し手が意図する意味が正しく伝達されるためには、個別言語を使用する社会の成員がすべて、その言語が持つ規則を共有している必要があるからである。

領域に同時にまたがっており[48]、さらには、個人的な領域と社会的な領域の両方に属している。ランガージュは、人間に関わる事実のどの範疇にも分類することはできない。なぜならば、ランガージュの単位を抽出する方法が分からないからである。

これに対してラングは、それ自体で全体であり、分類の原理である。[49] ランガージュに関わる事実の中で、ラングに第一の地位を与えさえすれば、他のどの分類をも許容することのない全体に、自然的な秩序を導入することができるようになる。

ラングが分類の原理となるというこの考えには、反論もありうるだろう。すなわち、ランガージュの使用は、人間が自然的に得た能力を基礎としているのだが、ラングは後天的で慣習的なものなのだから、自然的な本能の上に立つものではなく、それに従属するはずのものだという論法である。

この反論には、次のように答えることができる。

まず、人間が話す時に現れてくるようなランガージュの働きが、完全に自然的であるかどうか、つまり、足が歩くために作られているのと同じように、人間の音声器官が話すために作られているのかどうかは、証明されてはない。[50]

---

[48] 物理的な領域とは、物理的な波動としての音声、生理的な領域とは、人間が調音器官を使って音声を作り出す過程、心的な領域とは、人間の脳の内部で行われる言語処理の過程のことである (p. 29 を参照)。

[49] 厳密に定義できず、どのような範囲の事象を含んでいるのかが明確ではない対象は、その特性が不明確なのだから、これに対して分類を適用することはできない。これがランガージュである。一方、ラングについては、ソシュールは特にラングを日本語や英語のような個別言語として捉えており、個別言語であれば語族や類型への分類が可能である。さらに、ラングは明示的で、それを使用する社会集団に共有されている確定した規則の集合体であるから、音韻、文法、語彙など、設定された側面に関する特性を基礎とする分類を実行することもできる。ただし、ソシュールが考えているほど、ラングに関わる分類が明確であるわけではない。例えば、個別言語の分類であれば、独立した言語と方言の区別を設定する自明な基準はない (本書 p. 283 を参照)。例えば、沖縄で使用されている方言群を独立した「沖縄語」あるいは「琉球語」に分類するか、日本語を構成する方言として位置づけるかを明確に決定することは極めて困難である。

[50] ランガージュは、人間が先天的に持つ言語能力が実現したものであるが、ランガージュが実現している証拠として、言語において使用される音声が自然的に選択されたかどうかを問題にするのは、すぐ後で述べられているように、ランガージュの特性との本質的関係を正しく考慮したものではない。人間のみに言語能力が備わっているのであるから、その言語能力に先天性、カント的意味での超越性があることは疑いえない。しかし、ランガージュのどの性質に生得的言語能力が現れているのかは、今のところ不分明

この点について、言語学者たちの意見は全く一致していない。例えばホイットニーにとって、ラングは社会制度の一種であって、その本質は他のあらゆる社会制度と同様である。したがって、人間がラングの手段として音声器官を使うのは、単に便利だからという理由による偶然に過ぎず、人間は同様に身振りを用いて、聴覚映像ではなく視覚映像を選択することもできたかもしれないのだとされる。ただ恐らく、この説はあまりにも断定的である。というのも、ラングは社会制度ではあっても、他の社会制度とあらゆる点で同様だというわけではない（p. 110以下、p. 113参照）し、さらには、音声器官が選択されたのが偶然の所産だというホイットニーの主張も行き過ぎである。音声器官の選択は、恐らく何らかの形で自然的に強制されたものと考えられるからである。[51] しかし、本質的な点では、このアメリカの言語学者の主張は正しいと思われる。言語は取り決めであり、そこで取り決められた記号の性質は重要ではない。[52] したがって、音声器官の問題は、ランガージュに関わる問題においては二次的なものである。

「分節言語（langage articulé）」と呼ばれるものについてのある種の定義を見れば、このような考え方を確認することができるだろう。ラテン語のarticulusは「要素、部分、一連のものの下位区分」を意味する。[53] ランガージュに関し

である。かつての生成文法の「原理とパラメータの理論」の枠組みでは、先天的言語能力としての言語習得機構の存在が主張されたが、それを構成する要素がいかなるものであるかについては、説得的な証拠が提示されたわけではなかった。訳者は、事物や現象を認識する能力や、事物を一定の特性に基づいて集合へとまとめ上げる能力（範疇化の能力）のような基本的能力さえあれば、個別言語を習得することは十分に可能だと考えている。

51) 人間以外の動物や昆虫も、口腔をはじめとする身体器官によって作り出される音波を用いて、言語によるよりははるかに単純であるが、何らかの情報を仲間に伝達していることが観察されている。鯨、海豚、猿、鳥など非常に多くの動物種に、この種の音波を用いた伝達行動が見られる。したがって、人間が音声を媒体とする伝達方法を選択したのが、単なる偶然だとは考えにくい。

52) 記号としてのラングの性質を解明することが本書の中心的な目的なのだから、記号の性質がどうでもよいということはないはずである。ここでは恐らく、言語記号の特性を構成する要素として、媒体が音声であるという事実のような、すでに与えられた疑いえない性質について、その理由を問うことに重要な価値はないということを主張しているのだろう。

53) フランス語のarticulé〈分節された〉は、ラテン語のarticulare〈分節する、明瞭な話し方をする〉をもとに作られた動詞articulerの過去分詞である。ラテン語articulareは、もともとは「関節」を意味する名詞articulusからの派生語である。

て言えば、分節とは、一連の音連続を音節に下位区分するか、一連の意味連続を意味的な単位に下位区分することである。この意味で、ドイツ語でも gegliederte Sprache〈分節言語〉と呼ばれる。[54] この2番目の定義に注目するならば、人間にとって先天的なのは音声言語ではなく、異なった観念に対応する異なった記号の体系としてのラングを作り上げる能力だと言うことができるだろう。

　ブローカ[55] は、発話の能力が左前頭葉第三脳回に局在していることを発見した。そしてこの事実を根拠として、ランガージュには先天的な特徴があるという考えも出てきた。しかし、このような局在性は、文字言語も含めて、ランガージュに関わる「すべての」現象に確認されていることは分かっている。そして、これらの確認された事実と、局在中枢の損傷によるさまざまな形態の失語症について観察された結果を組み合わせると、次のようなことが指摘できる。① 口頭言語の種々の障害は、文字言語の種々の障害と多様に絡み合っているのだが、その様態は非常にたくさんある。② 失語症と失書症のすべての事例で、損傷を受けるのは、ある特定の音声を発したり、ある特定の文字を書いたりする能力ではなく、どんな身体部位であれそれを使用して、通常のランガージュに属する記号を喚起する能力である。[56] 以上の事例すべてをもとにした考察から導き出されるのは、さまざまの器官の働きの上位に、もっと一般的な、記号を操作する能力があり、まさにこれこそが言語能力に当たるはずだということである。こう考えると、先に述べたのと同じ結論が出てくる。[57]

　ランガージュに関する研究の中で、ラングに第一の地位を与えるために、最

---

54)　フランス語の articuler に対応するドイツ語が gliedern であり、この過去分詞が gegliedert である。文が単語や形態素に区分され、音連続が音素に区分されることが「分節」であるが、これに対応するフランス語と英語が articulation であり、ドイツ語では Gliederung である。

55)　Pierre Paul Broca (1824–1880)。フランスの外科医、人類学者。大脳前頭葉の後側にある一領域が発話を司っていることを発見し、現在この領域は「ブローカ野」と呼ばれる。著書に *Sur les origines des races d'Europe*『ヨーロッパ諸民族の起源について』(1864) がある。

56)　「失語症」(仏 aphasie, 英 aphasia) は、脳の損傷が原因で、言語に関するさまざまな種類の障害が生じている状態のこと。発話が流暢でなくなる、あるいは逆に流暢過ぎる、適切な単語が思い出せない、単語を組み合わせて文法的な文を作ることができないなどの症状がある。文字言語に関する障害は、別に「失読症」(仏 alexie, 英 alexia) や「失書症」(仏 agraphie, 英 agraphia) と呼ばれる。

57)　同じ結論とは、ランガージュの中で、ラングに第一の地位を与えることで、言語研究に秩序ある分類が可能になるということである。

後に次のような主張をすることができる。すなわち、発話を分節する能力は、それが先天的なものであっても、そうでなくても、集団によって作り出され、人間に与えられた道具の助けを借りることによってしか行使することができないということである。したがって、ランガージュの単位を構成する[58)]のはラングだと主張することに、現実的根拠がないということはない。

第2節　ランガージュに関わる諸事実の中でのラングの位置

　ランガージュの総体の中で、ラングに対応する領域を見つけるには、個人の言語行動に注目する必要がある。こうすることで、発話の回路を再構成することが可能になる。この行動には、少なくとも2人の個人が想定される。それが、回路が完成するために要求される最低限の条件である。ここで、会話をしている2人の人間AとBがいるとしよう。

　回路の出発点は、1人の人間、例えばAの脳の中にある。人間が認識する諸事実を概念[59)]と呼ぶことにすると、脳の内部では、言語記号の表現部分、すな

---

58)　「ランガージュの単位」とは、人間の言語能力とその実現という非常に広範な現象や事実群の中で、適切な分析を行う対象となる、範囲の明確な単位ということである。
59)　「概念」(concept) がいかなるものであるのかを定義するのは極めて困難である。ソシュールはこの用語を、単語の意味と同義で用いている。ただし、概念や意味が一体どのような特性を持つものであるのかについては、本書で格別の説明がなされていることはない。
60)　「聴覚映像」(image acoustique) は、脳の内部で単語の意味に対応する音素列の部分である。音素は、これに属する音声の集合の性質であって、具体的な音声とは異なり、抽象的な性質を持つ。物理的な音声ではないが、脳の内部に存在し、音声に対応する抽

28　序　　論

わち概念を表現する働きをする聴覚映像[60]に概念が結合する。一定の概念が脳の内部で、これに対応する聴覚映像を喚起したとしよう。これは完全に「心的な」現象であり、次には「生理的な」過程が続き、脳が調音器官に対して、その映像に対応する刺激を送る。次には、音波がＡの口からＢの耳に伝播する。これは、純粋に「物理的な」過程である。そして今度は、Ｂの中で逆の順序で回路が進んでいく。耳から脳へは、聴覚映像の生理的な伝播が起きる。脳の内部では、その映像が、これに対応する概念と心的に結合する。今度Ｂが話すと、この新しい行為が、Ｂの脳からＡの脳へと、最初と全く同じ行程で進み、同じ連続的な段階をたどる。この過程を図示すると次のようになる。

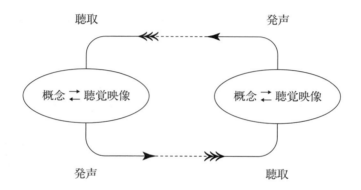

　この分析が完全だと主張するつもりはない。実際、他にも区別できるものがある。純粋な聴覚的印象[61]、この印象の潜在的な聴覚映像[62]、発声の筋肉映像[63]への置き換えなどである。ここでは、最も重要だと判断される要素だけを考慮に入れている。ただ、この図を見れば、物理的な部分（音波）、生理的な部分

象的な音的実体という意味でこの用語が選択されたのであろう。
61)　「純粋な聴覚的印象」とは、耳から入ってきた音波を脳が処理した結果同定された音声のことである。
62)　「潜在的」と表現されているのは、聴覚映像は脳の内部に存在していて、それを直接的に観察することができないからである。
63)　「筋肉映像」（image musculaire）は、通常であれば、筋肉そのものの画像を意味するのだが、ここでは、ある音素に対応する音声を作り出すために、調音器官に対して脳が指令を出すために利用される、音声に関する特性の集合（調音方法や調音点など）を表している。

（発声と聴取）、心的な部分（語映像[64]と概念）を直ちに区別することができる。実際ここで注意すべき最も重要なことは、語映像と音声そのものを混同しないこと、そして、単語に結びついている概念と同様に、語映像も心的なものだということである。

　上で図示したような回路は、以下のような方法でも区分できる。

a）　外的な部分（口から耳に届く音波）と、それ以外すべてが含まれる内的な部分。内的な部分には、以下の区分がある。

b）　心的な部分と心的ではない部分。後者にはまた、音声器官で生じる生理的な事実と個人の外部で生じる物理的な事実が含まれる。

c）　能動的な部分と受動的な部分。能動的なのは、発話主体の一方の連合中枢[65]から他方の主体の耳までの部分であり、受動的なのは、後者の主体の耳からその連合中枢までの部分である。

　最後に、脳内に位置する心的な部分については、能動的な過程（概念から聴覚映像を選択）を実行的部分、受動的な過程（聴覚映像から概念を選択）を受容的部分と呼ぶことができる。

　これらにさらに加えるべき部分としては、孤立した記号だけを問題にするのでなくなれば直ちに明らかになることだが、連合と配列[66]の能力がある。体系としてのラングの機構の中では、この能力こそが最も大きな役割を果たしている（p. 172 以降を参照）。

　しかし、この役割を十分に理解するためには、ランガージュの萌芽に過ぎない個人の行動から離れて、社会的な事実に入っていく必要がある。

---

64)　「語映像」という用語がここで突然用いられている。「映像」が、概念や音素などの単位について、脳の内部で保持されている情報という意味で用いられていることを考えると、「語映像」とは、単語の意味と音の両方に関して、脳の中に存在している情報だと考えることができる。

65)　「連合中枢」とは大脳新皮質の連合野のこと。連合野には、「前頭連合野」「視覚連合野」「聴覚連合野」などがあり、前頭連合野が言語、思考・判断、意志などの働きを司る。他の中枢神経と連絡をとって情報を統合し、高次の精神機能を営むため「連合」の名称が付されている。ただ現代では centre d'association という用語よりも cortex associatif〈連合皮質〉や aire associative〈連合野〉という用語の方がよく用いられる。ただし、ここで「連合」の名が選ばれているのは、概念と聴覚映像を結びつける働きをする部分であることを強調するためである。

66)　「連合」とは、何らかの点で共通の性質を持つ記号の集合としての体系を生成する操作であり、「配列」とは記号を並べて、文を代表とする上位の単位を形成する操作である。

こうしてランガージュにより関係づけられたすべての個人の間に、一種の平均値[67]が設定される。つまり、恐らく完全に同じではないにしても、ほぼ同じ形で、同じ概念に結びついた同じ記号を、すべての人間が再現できるということである。

　このような社会的結晶化[68]の起源は何であろうか。回路のうちのどの部分がこの結晶化の原因になっているのだろうか。というのも、すべての部分が同じようにそこに関与しているわけではない可能性が高いからである。

　まず、物理的な部分はすぐに排除できる。それには、自分が知らないラングが話される場合を考えてみればよい。その場合、音はよく聞こえても、意味は理解できないのだから、社会的事実の範囲には属していない。

　心的な部分も、その全部が社会的事実に関与するわけではない。実行的な側面は無関係である。なぜならば、実行の過程が集団によって行われることは決してないからである。実行は常に個人的なもので、個人が常に実行の主体となる。[69]

---

[67]　ランガージュにより話し手から聞き手へと共通の意味が伝達されるのだが、記号が表す意味としての概念は、本来的に曖昧な性質を持っているため、たとえ同じラング（個別言語）の使用であっても、概念をすべて完全な形で共有しているということはありえない。それでも、あるラングを使用して話し手から聞き手へと同じ意味の伝達が達成されるとすれば、伝達される意味は、すべての言語使用者に共通の部分だと考えなければならない。その共通部分を、ここでは「平均値」と呼んでいる。すべての言語使用者に共通の平均値を、あらゆる側面に関して集積したものが「ラング」である。

[68]　規則性と安定性の高い要素を「社会的結晶」と呼んでいる。不純物が少ない、純粋性が高いという意味で「結晶」という用語を用いているのであろう。ただし、自然科学的な意味での「結晶」とは規則的な構造が繰り返し観察される物質のことであって、不純物が取り除かれた結果結晶が出来上がるということはない。フランス語 cristal は、本来「水晶」「石英」を意味する語であって、この物質が結晶構造を持つことから、この語が結晶一般を意味するようになった。石英のうち無色透明なものが水晶であるが、これが見た目に純粋で美しい輝きを放つことから、この部分で cristal という語の派生語 cristallisation（結晶化）を、ランガージュのうちで純粋な性質を持つ部分という意味で比喩的に使用したものと想像される。

[69]　実行的な側面とは、選択された概念とこれに対応する聴覚映像を結びつける操作のことである。この操作が個人の頭の中で行われることは確かであるのだが、だからと言ってそれが社会的な事実に属さないと考えることは、実際には不適切である。なぜならば、概念と、これに対応する聴覚映像は、すでに社会集団によって与えられているものであり、個人が勝手に概念を設定したり、概念に結びつく聴覚映像を、社会が決めたものとは異なった方法で選択したりすることはできないからである。

本書ではこの過程を「パロール」[70]と呼ぶことにする。

　発話主体の中では、結果的には誰にとってもほとんど同じになる刻印が形成されるのだが、それは人間が刺激を受容し配列する能力が働いているからである。[71] このような社会的産物をどのように想像すれば、ラングを他の部分から完全に分離して考えることができるのだろうか。もしすべての個人が頭の中に蓄えている言語像の全体を把握することができたとしたら、ラングを構成している社会的な関係に迫ることもできよう。しかし、ラングというのは、パロールを実行することによって、同じ共同体に属する主体の中に蓄えられた宝物であり、個々人の脳の中に潜在的に存在している文法体系なのである。[72] より正確に言えば、個人の集合の脳の中に存在しているのがラングである。なぜならば、どの個人の脳の中でもラングが完全であることはなく、集団の中でのみ完全な形で存在するからである。[73]

　ラングをパロールから分離すると、同時に次のものも分離される。① 社会的なものと個人的なもの。② 本質的なものと付随的、多少なりとも偶発的なもの。

　ラングは発話主体が司るものではなく、個人が受動的に登録する産物である。[74]

---

70)　「パロール」は原文の parole をそのまま片仮名に置き換えただけのものである。フランス語を知らない者が「パロール」と聞いても、その意味するところを推測することは全くできないので、「発言」や「発話」などという訳語を当てた方が推測はしやすい。「ランガージュ」「ラング」についても同様で、「言語活動」「言語（体系）」のような訳語の方が分かりやすいだろう。しかし、我が国のソシュール研究では、このような片仮名の訳語を使用するのが一般的になっているので、本書でもこれらの訳語を使用する。

71)　自然的な境界を持たない無限の音声を、特性を共有する互いに不連続な音声の集合（言語学で「音素」と呼ぶもの）に分類するためには、このような集合の体系を構成する連合の能力が必要である。複数のこのような集合を聴覚映像へと編成する能力が「配列の能力」である。

72)　「文法体系」は、ここでは文法規則の体系だけを指しているのではなく、ラングのあらゆる側面（音、形態、統辞、意味など）に含まれる規則の包括的体系を指すと考えなければならない。

73)　ラングが個人の集団の中に存在することは、例えば、語彙を考えてみれば容易に理解できる。ラングが持つすべての単語の集合が語彙であるが、そのような語彙をすべて記憶している個人は存在しない。すべての個人が持つ個別の語彙の集合が、ラングの語彙である。

74)　ラングは共同体全体が作り出すもので、個人が関与できるものではないから、個人はあらかじめ存在するラングを受け入れるしかないということである。ただし、人間を取り巻く世界で生じる、天体の運動や原子核の崩壊のように、人間外の自然的な諸現象とは異なり、ラングの重要な部分は人間の脳内で生じる作用である。したがって、現実

だから、前提となる何らかの思考を必要とすることは決してなく、発話主体の考察が介在するとすれば、それは分類[75]が実行される場合のみであり、このことについては p. 172 以下で取り扱う。

これに対して、パロールは、個人が意志的に頭を働かせて実行する行為であり、そこでは次の2つのものを区別しなければならない。

① 発話主体が自分の思考を表現するために言語規則を用いる際の組み合わせ。[76]
② その組み合わせを表出することを可能にする心的・物理的機構。

ここで注意しなければならないのは、これまでは事物を定義してきたのであって、用語を定義したのではないということである。したがって、意味する領域に、言語による重なりがない、曖昧な用語があったとしても、これまで確定してきた区別の正当性が脅かされるわけではない。ドイツ語の Sprache は「ラング」と「ランガージュ」の両方を意味する。Rede の方は、ほぼ「パロール」に対応しているが、「談話」[77] という特別の意味も加わる。さらに、ラテン語では、sermo が、どちらかと言えば「ランガージュ」と「パロール」を意味していて、lingua が「ラング」を表しているなどの例がある。[78] つまり、どの用語も、上

にはラングが人間の外部に存在するということはない。しかし、ラングの総体が個人の中にあるわけではないことは、語彙について注 73 で述べた通りである。音韻体系や統辞（統語）規則のように、個人の間での均質性を要求する要素については、その総体が個人の中にあると考えることもできるが、それらについては、個人の主観的な関与は全く許されない。つまり、ラングは個人の内部にあるように見えながら、伝達の手段として機能するためには、個人の外部に存在するものと見なさなければならないものだということになる。

75) 「分類」とは、連辞関係と連合関係を認定するための心的作用のことを指している。これらの関係を認定するためには、ラングを構成する要素を分類して一定の単位を設定する必要がある。

76) 概念と音素を対応させる規則、単語を配列する規則など、ラングは規則の集合体である。思考を表現するためには、それらの規則を組み合わせることで、最終的に発話を行わなければならない。

77) 「談話（discours）」は、文章や会話など、複数の文が配列されて形成される言語表現のこと。ドイツ語の Rede は「パロール」を意味するほか、「演説」という意味も表す。演説は談話の一種である。

78) ラテン語の sermo は、会話や談話も含めた言語表現一般を表すので「ランガージュ」に対応するし、話し方や文体のような「パロール」に近い意味も表す。lingua は、個別言語を指す時に使われるから「ラング」に対応すると考えてよい。

で規定した概念のどれかに正確に対応してはいない。だから、ある用語に関してなされる定義はどれも無駄なものであり、事物を定義しようとして用語から出発するのは間違った方法である。[79]

　ラングの特徴をまとめると、以下のようになる。
①　ラングは、ランガージュに関わる諸事実の雑多な集合の中で、明確に定義された対象である。聴覚映像が概念に結びつけられる回路中の一定の部分に、ラングを位置づけることができる。ランガージュの社会的な部分がラングであり、ラングは個人の外部にある。個人は単独ではラングを作り出すことも変更することもできない。共同体の構成員の間で取り交わされた一種の契約によってのみラングは存在している。他方で、個人がラングを操ることができるようになるためには、訓練が必要である。実際、幼児は徐々にしかラングを習得しない。ラングはこのように個人とは明確に区別されたものなので、パロールの実行ができない人間がラングを保持できるとしたら、それは聞こえてくる音声記号を理解できる限りにおいてである。[80]
②　ラングは、パロールとは異なり、個人から切り離して研究することができる対象である。死語はもう話されることはないが、死語の言語機構であれば十分に習得することができる。ラングを対象とする学問は、ランガージュのラング以外の要素なしでも行うことができるだけでなく、他の要素が混在していないことがそれを可能にする条件となる。
③　ランガージュは不均質だが、ここで規定しているようなラングには、均質的な特徴がある。ラングは記号の体系であって、そこでは意味と聴覚映像の結合こそが本質的なものであり、記号のこれら2つの部分は同じように心的なものである。

---

79)　特殊な専門用語を除いて、単語の意味は必ず曖昧であり、言語や他の記号を用いて正確に定義することは決してできない。したがって、何らかの事物があったとして、それを言語で定義することは不可能である。しかし、本書でも「ラング（langue）」「パロール（parole）」「ランガージュ（langage）」という用語を用いて、人間の言語に関わる事物を定義しようとしているのであるから、まさに間違った方法に頼っていることになる。とは言え、思考は言語によってしか表現できないのだから、可能な限り曖昧性を除去することができるように、言語を用いて定義すること以外に方法はない。
80)　ラングを使用する能力は、ラングの産出と理解という2つの側面を持つ。パロールはラングが産出された結果であり、聞こえてくる音声を言語記号に対応させる過程が理解である。パロールの実行ができない場合、発話を理解できていることが何らかの形で証明できれば、少なくともラングが持つ規則を頭の中に保持していることは分かる。

④ ラングはパロールに劣らず具体的な対象である。このことは、研究のためには大きな利点となる。言語記号は、本質的には心的なものではあるが、抽象的な観念ではない。なぜならば、概念と聴覚映像の結合は、集団の同意によって承認されたものであり、結合体の集合がラングを構築しているのであるが、これらの結合は脳の中に位置を占める現実的な対象だからである。その上、ラングの記号は、言ってみれば手に触れることができるようなものである。実際、記号は文字で表記されることで、慣用的な映像へと固定化することができる。これに対して、パロールの行為をあらゆる細かい点まで写真に撮ることは不可能だろう。どんなに短いものであっても、ある単語の発音は、筋肉の無数の動きを表すものであり、それらの動きを確認して表示することは極めて困難である。ところがラングには聴覚映像しか存在しておらず、聴覚映像は、一定不変の視覚的映像に置き換えることができる。そもそも、ラングをパロールの形で実現するためには、このような多数の動きを無視する必要があるのだが、この結果、聴覚映像はすべて、後で見るように、限定された数の要素つまり音素の集合体だということになる。この音素の集合を今度は、音素に対応する数の書記記号によって表示することができるようになる。ラングは聴覚映像の収蔵庫であり、これら聴覚映像が、文字によって手に触れることができる形になる。ラングに関わるものをこのように固定できるからこそ、辞書や文法がラングを忠実に表示することができるのである。[81]

---

[81] ソシュールにとってラングの最も重要な要素は記号としての単語であり、単語は聴覚映像と概念（意味）が結合したものである。本文にもある通り、聴覚映像は音素の集合体、つまり音素列であり、音素は筋肉の無数の動きの結果実現される具体的な音声とは異なる、抽象的な対象である。音素が抽象的なものであれば、音素列としての聴覚映像も必然的に抽象的なものとなる。概念が抽象的であることは言うまでもないのだから、概念と音素列によって構成される記号も抽象性を持つ。つまり、ラングが具体的な対象であることはありえない。したがって、この部分の記述は、ラングについてこれまで定義されてきた内容とは明らかに矛盾している。そもそも、聴覚映像を文字に置き換えることはラングの本質に属するものではないし、文字は聴覚映像のみに対応する部分であって、記号の意味は依然として具体化されないままなのだから、文字の使用がラングの具体性を実証することにはならない。ここであえてラングの具体性を、矛盾に陥りながらも主張しているのは、恐らくは、ラングの機構が脳の内部にあるとするだけでは、ラングを観察し分析する作業の根拠が得られないと判断したからだと思われる。ラングという対象が客観的に提示されることができなければ、言語学という学問の存立が危ぶまれることになる。

第3節　人間固有の事象の中でラングが占める位置。記号学。

　前節であげたようなラングの特性を考えると、さらに重要な別の特性があることが分かる。すなわち、ランガージュを構成する事実の総体の中で、ラングの範囲を上のように画定すると、ラングは人間固有の事象に分類されるが、ランガージュはそうではないということである。[82]

　先ほど見たように、ラングは社会制度の1つである。しかし、ラングはいくつもの点で、政治制度や法制度などの、他の制度とは区別される。だからラング特有の性質を理解するためには、新しい種類の事象を組み入れる必要がある。

　ラングは観念を表現する記号の体系であり、この点では、文字、手話、象徴的な儀式、礼儀作法、軍事用の信号などと比較することができる。ただ、ラングはこれらの体系の中で最も重要なものである。

　このことから、「社会生活の内部で諸記号がどのような働きをしているのかを研究する学問」を考えることができる。この学問は、社会心理学の一部、そしてその結果として、一般心理学の一部を構成することになるだろう。このような学問を「記号学」[原注1] (sémiologie、この用語は、ギリシア語で「記号」を意味する sēmeîon (σημεῖον) をもとにして作ったものである) と呼ぶ。記号学の研究が進めば、記号の本質や記号を支配する法則が明らかになるだろう。とは言え、記号学はまだ存在していないのだから、それがどのようなものになるのかは分からない。それでも、記号学には存在する権利があるし、その位置はあらかじめ確定している。言語学はこの一般的な学問の一部に過ぎず、記号学が発見する法則は、言語学にも適用できるだろう。こうして言語学は、人間に関わる事象の集合の中で明確に定義された領域に帰属することになる。[83]

原注1)　sémiologie (記号学) と sémantique (意味論) を混同しないように注意されたい。意味論は意味の変化を研究する学問であるが、これについてソシュールは体系だった説明をしていない。ただ、意味論の基本的な原理については、本書 p. 112 ページで解説されている。[84]

---

82)　ランガージュは、ラングが具体的な状況で実現した形であるパロールも含む。パロールに関わる状況の中には個々の事物や自然的現象も含まれるから、ランガージュが人間固有の事象だということにはならない。

83)　記号に属する対象が何であるのかという重要な問題も含めて、記号とは何であるのかが明確にされていないため、言語学が記号学の一部であることが正しいのか、記号学の成果が言語研究に貢献するのかを、この部分の記述だけで理解することは難しい。

84)　sémiologie は本文にあるように、ギリシア語で「記号」を意味する sēmeîon に由

記号学の正確な位置づけを決めるのは心理学者の仕事であり、言語学者の役目は、記号学的事象の集合の中でも、ラングを特別の体系にしているのが何であるのかを定義することである。[原注2] この問題については、後に取り上げることにする。ここでは、1つのことだけを述べるに止めておこう。すなわち、諸学問の中で言語学をしかるべき場所に位置づけることが初めてできるのだとしたら、それは言語学を記号学の中に組み入れるからだということである。

[原注2]　Ad. Naville, *Classification des sciences*『学問の分類』, 2ᵉ., p. 104 を参照。[85]

　では、他の学問と同様に固有の対象を持っているのに、記号学はどうして自立した学問としてまだ認められていないのだろうか。それは、どうしても議論が循環してしまうからである。まず、記号学の問題の本質を理解させるために最も相応しい手段はラングである。ところが、記号学の問題を適切に定立するためには、ラングそれ自体を研究する必要がある。ところで、これまでは、ラングの問題に取り組もうとする時には、ほとんどの場合、別の対象との関連や、別の観点から見るということがなされてきている。[86]

　まずは、一般大衆が持つラングについての皮相的な考え方がある。大衆は、ラングを単なる用語の目録（p. 100 を参照）としてしか見ておらず、このため、ラングの真の性質に対するあらゆる探究が妨げられている。[87]

来する用語である。sémantique の方は、やはりギリシア語で「記号」を意味する別の単語 sēma（σῆμα）をもとに作られた用語である。

85)　Adrien Naville（1845–1930）による学問分類に関する著作としては、以下のものがある。*De la classification des sciences*『学問の分類』(1888), *Nouvelle classification des sciences: étude philosophique*『新しい学問の分類―哲学的研究』(1901)

86)　記号学を理解するためにはラングを理解しなければならないのに、ラングの本質は解明されておらず、ラングの本質を解明するためには記号学の成果を利用しなければならない。つまり記号学の前提がラングの理解で、ラングの理解の前提が記号学だというのが、ここでいう循環の意味である。

87)　用語の目録とは、要するにあるラングの語彙（単語の集合）のことである。ソシュールにとっても、ラングを構成する最も重要な要素は言語記号、すなわち単語なのだから、用語の目録をラングだと見なすことに異議を唱える資格はないようにも思える。しかし、ソシュールにとっての用語目録とは、すでに与えられた概念に聴覚映像が結合している単語の集合である。ところが、概念がすでに与えられているということはなく、ラングごとに異なった概念が存在するのみである。このように所与のものとして用語目録を考える時には、確かにこれだけをラングだと見なすことには問題がある。

次に、心理学者の観点がある。心理学者は、個人において記号がどのような働きをするのかを研究している。この方法が最も簡単なのだが、これでは個人による記号使用の範囲を超えることはできず、したがって記号の本質にまでは到達することができない。記号は本来的に社会的なものだからである。[88]

　そしてさらに、記号が社会的な観点から研究されなければならないことが分かったとしても、そこで考慮されるのは、他の制度と関連するラングの特性だけであり、これらの制度は、程度の多少はあっても、人間の意志に依存するものである。[89] このため、記号体系一般、そして特にラングだけに属する性質を無視することになり、目標からは外れてしまうことになる。そもそも、記号は常に、個人や社会の意志の支配を、ある程度は逃れるものなのであり、そこに記号の本質があるのだが、その本質は少し見ただけでは最も分かりにくい。

　だから、記号の本質がはっきり表れるのはラングの中なのだが、その本質は、最も研究されていないものの中に現れてくる。それで結局のところ、記号の科学が特に必要であり、役にも立つのだということはよく理解されていない。しかし我々にとってはこれとは逆に、言語学的問題は何より記号学的問題なのであり、この重要な事実こそが言語学の発展に意義をもたらす。ラングの真の性質を見極めたいと思うならば、まずは同じ種類の他の体系すべてとラングが共有している特性の中に、その真の性質があるものと考えなければならない。そして、最初は非常に重要であるように見えるラングの要素（例えば、音声器官の働き）が、ラングを他の体系と区別するだけの役割しか果たしていないのであれば、二次的なものに過ぎないと見なさなければならない。このようにすることで、ラングに関わる問題を明らかにすることができるだけでなく、儀式や慣習などを記号だと見なすことで、これらの事象が新たな観点から捉えられるだろうし、記号学の中でこれらの事象を分類したり、この学問の法則によってそれを説明したりすることの必要性が分かってくるだろうと思う。

---

[88] 記号とは何であるのかが分かっていないのに、個人が記号を使用していることがどうして分かるのかという問題が、この記述からは即座に出てくるのだが、ここには何の言及もない。

[89] 法律や政治などの制度には、人間の意志が関与する程度が確かに大きい。実際、人間の意志によって制度を変更することが比較的容易である。一方、社会制度としてのラングを運用するのは人間であるが、人間の意志によってラングを変更することはできない。

第4章
ラングの言語学とパロールの言語学

　ラングの科学が、ランガージュの研究全体の中で占める真の位置を認定することができたとしたら、それは同時に、言語学全体の位置づけをしたことに等しい。ランガージュに属する他のすべての要素は、パロールを構成しているのであるが、この第一の学問の下位に位置することになる。そして、このような従属関係が明確になってこそ、言語学のすべての分野に本来の位置づけが与えられるのである。

　一例として、パロールに必要な音を作り出す過程を考えてみよう。音声器官はラングには含まれない。これは、モールス信号を文字化するために使われる電子機器が、この文字とは無関係であるのと同じである。聴覚映像を音声化する発声の過程も、言語体系そのものには何の影響も与えない。このような観点からすると、ラングは交響曲に似ていると言える。交響曲の本来の姿は、[90] それを演奏する方法からは独立したものであり、それを演奏する音楽家が間違った演奏をすることがあったとしても、この本来の姿を損なうことは全くない。

　発声がラングから分離されることに対しては、音変化という現象があるではないかという反論もあるだろう。実際、パロール中で生じる音声の変異は、ラングそれ自体の運命に深刻な影響をもたらす。[91] だとすると、発声がこのような現象からは独立して存在していると主張することは、本当に正しいのだろうかという疑問も湧いてくるだろうが、それでもこの主張は正しい。なぜならば、音の変異のような現象が関係するのは、単語の物質的な部分でしかないからである。記号の体系としてのラングに、これらの現象が影響を及ぼすとしても、

---

90)　交響曲の本来の姿とは、楽譜に書かれた形のものだと考えればよい。譜面上の交響曲は、音楽家による、それぞれ異なった解釈や演奏による楽曲の実現形とは異なり、どのような状況でも同一である。

91)　発声によって作り出される音声が変化することが、ラングの要素である音素とその体系の変化の原因であることは間違いない。だとすると、発声の過程がラングからは除外されると考えるのは不適切なのではないか、というのがこの反論の趣旨である。

音の変異の結果生じる解釈の変化のようなものだから、影響は間接的なものでしかない。それに、この現象には音韻的な性質はない（p. 123 を参照）。[92] このような変化の原因を究明することは興味深いだろうし、音の研究がその助けになるだろう。しかし、それは本質的なことではない。ラングの科学については、音の変化を実証し、その影響を考察するだけで常に十分である。

また、発声についてこれまで述べてきたことは、パロールの他の部分すべてについても当てはまる。発話主体の行動を研究するために必要な学問分野の総体が、言語学の中で何らかの位置を占めるとすれば、それはラングと何らかの関係があるからに過ぎない。

以上より、ランガージュの研究には 2 つの部分があることが分かる。1 つは本質的な部分で、その対象はラングであり、ラングは本質的に社会的なもので個人からは独立している。ラングを対象とする研究は、心的なもの以外ではありえない。もう 1 つは、二次的な部分で、ランガージュの個人的な部分、すなわち発声を含めたパロールを対象とする。パロールの研究は、心的かつ物理的なものである。

ラングとパロールというこれら 2 つの対象は、恐らくは密接に結びついていて、互いが他方を前提としているのだろう。パロールが理解され、期待される効果をすべてあげるためには、ラングが必要である。逆に、ラングが確立するためにはパロールが必要である。ただ、歴史的には、パロールに属する事象が常にラングに先行している。パロールを実行する際にまず、概念と聴覚映像の結びつきに気がつかなかったとしたら、両者を結合することなど思いつかなかっただろう。[93] 他方で、他人が話すのを聞いて、人間は母語を習得するのであり、

---

[92] 発音される具体的な音声に細かい違いがあっても、これらの音声が対応する音素の特性に変化が生じることはないから、音素列としての聴覚映像にも変化はなく、したがって記号の体系としてのラングにも影響はないということである。「解釈の変化」が具体的に何を意味するのか、これだけでは不明だが、単語の意味の周辺的な部分に違いが生じることのような現象であろうと推測される。ソシュールは音声の変化が、音素の体系の性質を変化させることはないと考えているのだが、音声の変化が原因となって音素の体系が変化することは、諸言語の歴史を見ても実際に起きている事実なので、ここはあくまでも、音素の体系に変革をもたらさない程度の音変化を前提としていると考えなければならない。

[93] この部分の主張には論理的矛盾がある。パロールは、その定義上、ラングが具体的な状況で実現したものなのだから、ラングなしにパロールが成立することはありえない。ラングにおいて概念と聴覚映像が結合しているからこそ、概念に対応する聴覚映像が、パロールにおいて音声として実現するのである。ただし、人間の言語が成立する前の段階

無数の経験を積まなければ、人間の脳の中にラングが定着することはない。最後に、ラングを変化させるのはパロールである。つまり、他人の話を聞いて受容する印象が、人間の言語習慣に変容をもたらすのである。したがって、ラングとパロールは相互に依存する関係にある。ラングは、パロールの道具であると同時にパロールが作り出すものでもある。[94] しかし、このような事情がたとえあったとしても、ラングとパロールが全く異なる2つのものだということに変わりはない。

ラングは、個人の脳の中に蓄えられた刻印の総体という形で、集団の中に存在しており、それは、1冊の辞書があって、その辞書の同じ冊子が個々人に配分されているのと似ている (p. 31を参照)。つまり、各人の中に何かがあって、その何かはすべての人に共通であり、それを保管している人間の意志が及ばない場所に置かれているようなものである。ラングのこのようなあり方は、次のような式で表すことができる。

$$1+1+1+1+\ldots = \mathrm{I} \quad (集団モデル)[95]$$

それでは、同じ集団の中でパロールはどのような形で存在しているのだろうか。パロールは、人々が行う発話の総体であり、以下のような要素を含んでいる。a) 個人の結びつき、これは話者の意志に依存している。b) 同様に話者の意志による発声行動、これは個人の結びつきを実行するために必要である。

したがって、パロールに集団的な性質は何もない。パロールは個人によって瞬間的に実現されるものである。だから、そこには個別的な事例の総体以上のものはなく、次のような式で表される。

であれば、概念以前の思考に何らかの音声または音声の集合が結合する過程があったはずであり、ラングに先行するこの段階を、広い意味でのパロールに属すると見なすこともできるかもしれない。

94) 人間が自分の脳にあるラングを使ってパロールを実現するというのが、ラングがパロールの道具だということである。また、ソシュールの考えでは、パロールの過程を経てラングが生まれたのであり、パロールにおける変異がラングの変化をもたらすのだから、パロールがラングを作り出すことになる。

95) 「1」は個人の脳内にあるラングであり、その総和Iが集団のラングである。2つのラングは、本質的には同一であるが、完全に同一ではないので、異なった記号であらわされている。

$(1 + 1' + 1'' + 1''' + \dots)^{96)}$

　これまで述べてきたような理由で、ラングとパロールを同じ観点で統合できるとするのは、幻想に過ぎないと言えるだろう。となると、ランガージュには均質性がないのだから、その全体像は知ることができないということになるのだが、一方で、上で述べたように、ラングとパロールが区別されること、パロールがラングに従属することに留意すれば、ランガージュの全体を明らかにすることができる。

　ランガージュの理論を作ろうとすればたちまち、このような最初の分岐点に出くわすことになる。そして、2つの道を同時に取ることはできず、別々に進んでいくしかないので、どちらかを選択しなければならない。

　いざとなれば、これら2つの分野のそれぞれに言語学の名称を保持して、パロールの言語学を考えることもできるだろう。しかし、パロールの言語学を本来の意味での言語学と混同してはならない。言語学は本来ラングを唯一の対象とするものだからである。

　だからこれからも我々は、ラングの言語学だけに取り組んでいくし、もし論証の途中でパロールの研究による知見を借りることがあったとしても、ラングとパロールという2つの領域を区別する境界を消し去ることがないように努めるつもりである。

---

96)　1, 1', 1'' などの記号は、基本的には類似しているがそれぞれ異なるパロールを表しており、ラングの場合とは違い、それらが集積しても、何らかの対象が生成されるわけではない。

第5章
ラングの内的要素と外的要素

　これまでのようにラングを定義すれば、その機構や体系とは無縁のもの、簡単に言えば「外的言語学」という用語が表すものすべてを、ラングから切り離すことが前提となる。ただ外的言語学も、重要な事物を対象としており、ランガージュの研究に取り組もうとする場合には、そのような事物を考察することになる。

　その重要な事物とは、まずは、言語学が民族学と接点を持つすべての点、ある言語の歴史と民族や文化の歴史との間に存在しうるすべての関係である。これら2つの歴史は混じりあっており、相互に関係を持っている。このことは、本来の意味での言語的現象の間に関連性が認められることと、いくらか事情が似ている（p.20以下を参照）。ある国の風習は、その国のラングに影響を与えるのだが、その一方で、国を作っているのはかなりの程度でラングである。

　第2に、ラングと政治史の間に存在する関係について述べる必要がある。ローマによる征服のような歴史的に重大な事件は、数多くの言語的事実に対して計り知れないほどの影響をもたらした。[97] 植民地化は、征服の一形態に過ぎないのだが、その結果ある固有語が異なった場所に移植され、その固有語に変化が引き起こされる。その証拠として、さまざまな種類の事実をあげることができるだろう。例えば、ノルウェーはデンマークに政治的に併合されることで、デ

---

97) ローマ共和国、ローマ帝国による地中海世界の征服の結果、ローマ化以前にこの地域で使われていたエトルリア語、イリュリア語、メッサピア語などの系統不明の言語、ラテン語と同じインド・ヨーロッパ語族イタリア（イタリック）派に属するオスク語、ウンブリア語、ファリスキー語などの言語が消滅した。5世紀末にローマ帝国が滅亡したことでラテン語の統一性が失われ、恐らく8世紀頃に、ポルトガル語、スペイン語、カタルーニャ語、フランス語、オック語（プロバンス語）、イタリア語、レト・ロマン語、ルーマニア語などの言語が生まれた。

ンマーク語を取り入れた。[98] 今日ノルウェー人たちが、この言語的影響から脱しようとしていることは事実である。国家の内政も、ラングのあり方に対してはこれに劣らず重要である。スイスのような政府の場合、いくつかの固有語が併存することを認めている。[99] 他の政府、例えばフランスであれば、言語的統一を志向している。[100] 文明の程度が一段階進むと、専門分野の言語（法律用語、科学用語など）が発達する環境が整えられる。

　ここから3番目の観点が出てくる。それはラングと、教会や学校などのあらゆる種類の制度との関係である。制度の側から見ても、これらはラングの文学的な発達と密接に結びついており、この現象は一般的なものであるだけに、政治史とも不可分に結びついている。[101] 文学語はあらゆる面で、文学が本来設定するように思える範囲を超えている。それは、サロンや宮廷やアカデミーの影響を考えてみれば分かる。[102] 他方で、文学語については、文学語と地方の方言との間に起こる対立という大きな問題も出てくる（p. 273以下を参照）。言語学者は、書物のラングと話されているラングとの相互関係を考察する必要がある。なぜならば、文化の所産であるすべての文学語が存在する領域は、結果的に、自然的な領域としての話し言葉の領域から分離することになるからである。

---

98)　ノルウェーは、1387年に王家がデンマークの配下になった後、1536年にはデンマーク領となった。
99)　スイスの公用語は、フランス語、ドイツ語、イタリア語、ロマンシュ語である。
100)　フランスには、唯一の公用語であるフランス語のほか、オック語（プロバンス語）、フランコ・プロバンス語（アルピタン語）、オランダ語、ブルターニュ語（ブルトン語）、バスク語、イタリア語、カタルーニャ語、コルシカ語などの少数言語が存在する。しかし、少数言語の保護を目的とした「ヨーロッパ地方言語・少数言語憲章」を、フランス政府は批准していないため、フランス政府は依然として単一言語政策を採用している。
101)　文学的なラングとは、ここでは書き言葉、文語のことだと理解すればよい。ヨーロッパにおける法律のうち最も重要なのはローマ法であり、これはラテン語の文語で書かれていた。ヨーロッパ諸国の学校では、ローマ以来中世を経て近代まで、ラテン語の習得が最も重要な課題であった。パリの大学では、教授と学生の間の討論もラテン語で行われていた。教会でも、中世の初期まではラテン語で説教が行われていた。近代諸語で法律や文学作品が書かれるようになっても、そこで用いられる言語は、話し言葉とは異なる、規範文法に依拠した書き言葉であった。このように、社会的諸制度と書き言葉には密接な関係がある。
102)　近代フランスでは、王侯貴族が主催するサロンで文学や思想が鑑賞されたり、論じられたりしたし、中世のフランスでは、吟遊詩人たちが各地の宮廷を巡って詩を吟詠した。選ばれた学者や芸術家によって組織される集団がアカデミーであり、そこでは学問だけでなく政治的な力も強く影響する。

最後に、諸ラングの地理的な広がりと方言への分化に関わるすべての部分も、外的言語学に属する。恐らく、外的言語学と内的言語学の区別が最も逆説的に見えるのは、この点についてである。それは、地理的な様相は、どんなラングとも非常に密接に結びついているからである。しかしたとえそうではあっても、現実には、地理的様相が固有語の内的な組織に関係することはない。[103]

　以上述べたようなすべての問題を、本来の意味でのラングの研究から切り離すことは絶対に不可能だと主張されてきた。この観点は、特に「実物」[104]が強調されて以来、支配的な考えであった。土壌や気候などの外的な要因で、植物内部の組織が変化するのと同様に、文法組織も、言語変化の外部にある要因に絶えず左右されるのではないかということである。ラングの中に満ち溢れている専門用語や借用語は、その由来を考慮にいれなければうまく説明できないようにも思われる。固有語の自然的で有機的な発展を、文学語のような人工的な形態、つまり外的な要因が原因の、したがって無機的な形態と区別することはできるのだろうか。また地域方言とともに、共通語が発達するのは常に観察される現象である。

　ラング外の現象の研究は、確かに非常に実りのあるものだと考えてよい。しかし、そのような現象がなくては、ラング内の現象の組織を知ることができないとするのは間違いである。例えば、外国語からの借用を考えてみよう。まず借用は、ラングのあり方において常に生じる要素では決してないと言える。実際、辺鄙な谷間の地域には、外部に由来する人工的な用語を、言ってみれば1つも受け入れたことのない俚言もある。[105]するとそのような固有語は、ランガージュの一般的条件に適合しておらず、したがってランガージュについての観念を提供することはできないのであって、外部との融合を経験していないものと

---

103) ラングが地理的に変異することは事実であるが、同一のラングに属している限り、それらの異なった変異形は同一の体系を共有している。したがって、ラングの変異形はパロールに属し、地理的変異形の研究は外的言語学に属することになる。「逆説的」と言っているのは、地理的変異がラングの現実的な様相なのに、それがラングに属することはないからなのだが、それはラングの具現形であるパロールが、ラングとは異なる対象であるのと同じである。
104)「実物」(Realia) は、ラングの背景となる歴史や文化などのこと。ラテン語 realis〈真実の〉の中性複数主格・対格形。言語教育では、教師が作成したものではない、現実の場面に登場するあらゆる事物のことを指すのが普通である。
105)「俚言」とは、方言のさらに下位に位置し、比較的狭小な地域で使用される言語変異体である。原語の patois というフランス語は、パリの標準語よりも社会的な地位が劣る地域方言という意味で使用されることもある。

第 5 章　ラングの内的要素と外的要素　　45

して「奇形学的な」研究を必要とするということになるのだろうか。しかし、体系の内部での研究がなされれば、借用語が、特にそのような逸脱的な性質を持つと見なされることもなくなる。借用語も、自立したすべての記号と同様に、周囲の単語と関係を持ち、対立しているからこそ存在できているからである。[106]
一般的には、あるラングが発達した状況を知ることが、言語研究に必要不可欠だということは決してない。ゼンド語[107]やスラブ祖語[108]などの固有語については、どんな民族がそれを使っていたのかさえ正確には分からない。しかし、そのような事実を知らなかったとしても、それらの固有語内部の研究をしたり、それらがどのような変化をたどったのかを理解したりするためには、何らの支障もない。いずれにしても、ラング内とラング外という2つの観点を分けることは必要なのであり、この区分を厳格に守れば守るほど、その価値は増していくことになる。

　以上の考えに対する最も優れた証拠は、どちらの観点についても、異なった方法が作り出されるということである。外的言語学は、体系の圧力に締めつけられることなしに、細かい事実をいくらでも集めることができる。[109] 例えば、あるラングがその使用領域外に勢力を拡大することに関する事実であれば、どの研究者でも自分の考えに合わせてそれを分類できる。方言に対比される文学語を作り出した要因を探求しようとすれば、いつでも単純にその要因を数え上げればいいだろう。こういった事実を、ある程度体系的な方法で整理すること

---

106)　すべての単語（言語記号）の意味や機能は、単語全体の集合に属する他の単語との関係によって決定される。この性質は、単語がその言語本来のものであるか、他の言語から借用されたものであるかには無関係である。英語の pork〈豚肉〉や beef〈牛肉〉は、中世にフランス語から借用されたものであるが、フランス語でこれらの単語は、肉を含めた豚と牛を表していた。これらの単語が英語に借用されると、英語本来の swīn〈豚〉、cū〈雌牛〉、bula〈雄牛〉と対立することになったが、これらの動物の肉に限定された意味を表すようにすることで、単語の体系内での位置を確保した。
107)　「ゼンド語」は、ゾロアスター教の経典『アベスタ』で使用されている言語で、インド・ヨーロッパ語族のインド・イラン語派に属する。現在では「アベスタ語」と呼ばれる。紀元前7世紀頃のものとされる。
108)　ロシア語、チェコ語、スロバキア語などのスラブ諸語の祖先に当たる言語。スラブ諸語の比較によって再建されるだけで、文献は残っていない。
109)　ラングを構成する要素は体系をなすから、その分析には常に体系性を考慮しなければならない。一方、ラングの外部にある要素は体系を作らないのだから、他の要素との関係を意識する必要はなく、単にその要素に関わる事実を集積すればよいだけだということになる。

があるとしても、それは事実を明確に提示する必要がある場合だけである。

　内的言語学の場合は、外的言語学とは性質が全く異なる。そこでは、どんな方法でも許されるということはない。なぜならば、ラングは体系であって、それ独自の秩序に従っているからである。このことは、チェスのゲームと比べてみればよく分かる。チェスについては、内的なものと外的なものを区別するのは比較的容易である。チェスがペルシアからヨーロッパに伝わったという事実は外的な領域に属する。[110] 他方で、チェスのやり方や規則に関わる部分のすべては内的なものである。木製の駒を象牙の駒に取り換えたとしても、その変化はゲームのやり方には無関係であるが、駒の数を減らしたり増やしたりすれば、その変化はこのゲームの「文法」を深く揺るがすことになる。[111] ただし、このような場合には当然のことであるが、内的か外的かという種類を区別する際には、一定の注意を払わなければならない。したがって、あらゆる場合に、現象の性質についての問題を考察する必要があるのだが、その問題に答えるためには、次の決まりに従わなければならない。それは、程度に関わらず規則を変えるものは内的なものだということである。

---

110)　『日本大百科全書』『ブリタニカ国際大百科事典』によれば、チェスは古代インドのチャチュランガが起源であり、それがペルシアやアラビアを経てヨーロッパに伝わったとされている。

111)　チェスの試合では、対戦相手に駒を取られれば、自分の駒の数は減る。ここで言われている駒の数の増減は、チェスの試合を行うための規則に含まれる駒の数を変更するという操作であり、この操作は、試合の方法を大きく変更させることになる。

第6章
文字によるラングの表記

第1節　この題目を研究する必要性

　これまでの内容からも分かるように、言語研究の具体的な対象は、個々人の脳内にある社会的な産物、つまりラングである。しかし、この社会的産物は、言語集団によって異なるから、現実に与えられているのは複数のラングである。だから、それらのラングを観察し比較することで、その中にある普遍的な要素を抽出するために、言語学者はできるだけたくさんの数のラングを知っていなければならない。

　ところで、ラングを知ることができるのは、通常は文字表記によってである。母語の場合であっても、あらゆる場合に文書が介在してくる。離れた場所で話されている固有語の場合であれば、文字で書かれた証拠を利用することが、さらにずっと必要になる。もはや存在しない固有語についてはなおさらである。あらゆる場合に直接的な言語資料を利用できるようにするためには、ウィーンやパリで現在行われている、すべてのラングの録音見本を収集するような作業が常に必要となるだろう。[112] それでも、このような方法で記録された資料を、他の人々に知らせるためには、文字に頼る必要があるだろう。

　したがって、文字自体はラングの内的体系とは無関係ではあるにしても、ラングがいつも形として表現される過程を無視することはできない。ただし、文字による表現が有用ではあるにしても、そこには欠陥と危険性があることも知っておく必要がある。

---

[112]　人類学者レオン・アズレーが1900年のパリ万博時に、日本語の音声資料を記録している。アズレーが考案したものに倣った記録カードによる初期録音が、ウィーンの録音アーカイブに所蔵されている（2005年10月28日開催の研究フォーラム「初期録音資料群の言語学・民族音楽学研究上の価値――1900年パリ万博時の日本語録音を焦点に――」の成果報告。国立民族学博物館）。

第2節　文字表記の威信、音声言語形式に対する文字言語の優位性の原因

　ラングと文字表記は、異なった2つの記号体系であり、文字表記が存在している唯一の理由は、ラングを表現するからである。そして、書かれた単語と話された単語の結合によって言語学の対象が定義されるのではなく、話された単語だけがこの対象を構成するのである。しかし、書かれた単語は話された単語の像なのだから、両者は密接に交わっており、書かれた単語の方が主要な役割を奪い取る結果になっている。このため、言語記号そのものと同じか、あるいはそれ以上の重要性が、音声記号の表示に与えられるようになっている。これはまるで、誰かを知るためには、その人の実際の顔よりも写真を見た方がいいと信じているようなものである。

　文字表記に関するこのような幻想は常に存在してきたし、ラングに対して一般の人間が懐く考えは、この幻想によって損害を受けてきた。実際、文字表記が存在しない場合には、文字表記がある場合よりも、固有語は速く変化すると一般には信じられている。しかし、これは全くの間違いである。確かに、ある条件では、文字表記があることでラングの変化が遅くなることがあるかもしれない。[113] ただこれとは逆に、文字によって表記されないことで、ラングの存続が危うくなるというようなことは決してない。例えばリトアニア語は、現在でも東部プロイセンとロシアの一部で話されているが、書記資料によって知られているのは1540年以来に過ぎない。しかし、これほど遅い時代のものであっても、リトアニア語は全体として、紀元前3世紀のラテン語と同じくらい、インド・ヨーロッパ祖語の姿を忠実に示している。[114] この事実だけでも、ラングが文字表記からいかに独立しているかを知るのには十分である。

　非常に微細な言語事実が、表記の助けなしに保持されている事例もいくつかある。古高ドイツ語[115]の時期全体にわたって、tōten, fuolen, stōzen と表記さ

---

[113] 紀元前2世紀以来の古典ラテン語は、文字によって表記され、それは中世を経て近代に至るまで、基本的には変化しなかった。一方、口語のラテン語は、一部の例外を除いて文字によって表記されることはなく、紀元後5世紀末にローマ帝国が滅びると、2百年足らずの間に、フランス語やイタリア語など、ラテン語とは異なる言語へと変化していった。

[114] リトアニア語は、現在では、バルト3国の1つリトアニアとその周辺地域で使用されている。母語話者数は300万人程度。

[115] 「古高ドイツ語」(althochdeutsch) は、8世紀半ばから11世紀半ばにかけて、ドイ

れていたのが、[116] 12世紀末になると、töten, füelen という表記が現れるのに、stōzen はもとのままである。この違いはどこから来るのだろうか。このような変化が生じた場合はいつも、後半の音節には y [j] の音があった。これらの単語に対応するゲルマン祖語[117]の形は、最初の2つは *daupyan, *fōlyan であるが、最後のものは *stautan である。[118] 古高ドイツ語の文献が最初に現れた800年頃に、このyの音が非常に弱まったため、3世紀の間、文字表記にはこの音があったという記憶は保持されなかった。しかしこの音は、発音に小さな痕跡を残していた。そして、今述べたように1180年頃に、「ウムラウト」[119]という形で、この音は奇跡的に再び姿を現すのである。このように、文字表記の助けを借りなくても、このような微妙な発音の違いが正確に伝えられることができた。

　この事例から分かるように、ラングには、文字表記からは独立した音声による伝達の伝統があるのであり、この伝統は文字表記とは別のやり方できちんと確立されたものである。ところが、書かれた形式には威信があるため、このことが分かりにくくなっている。初期の言語学者たちも、彼ら以前の人文主義者たちと同様に、この点で誤りを犯した。ボップ自身も、文字と音をはっきりとは区別していない。ボップの著作を読むと、ラングが文字と不可分であるかのように思えてしまうだろう。そして彼に直接続く者たちも、同じ罠に陥った。摩擦音の þ [θ] は th で表記されたため、グリムは、この音が2つの音から成ると考えただけでなく、有気閉鎖音だとした。こうして、彼が提唱した音韻推移

ツ中部から南部にかけての地域で使用されていた言語。古高ドイツ語から現代ドイツ語が発達した。

116)　töten〈殺す〉, fuolen〈感じる〉, stōzen〈押す〉。ただし、*Althochdeutsches Wörterbuch* (R. Schützeichel, 1969) では、töten は tōden、stōzen は stōz(z)ōn という語形でも登録されている。

117)　ゲルマン祖語は、英語、ドイツ語、オランダ語、デンマーク語、スウェーデン語、ノルウェー語、アイスランド語などのゲルマン諸語の祖先に当たる言語。紀元前5世紀頃に成立したとされるが、この言語で書かれた文献はない。

118)　本書でyと表記されている音は前舌の半母音であり、国際音声字母ではjに当たる。ゲルマン祖語で、*daupyan と *fōlyan には、2番目の音節にこのjがあるが、*stautan の2番目の音節 tan には j がない。

119)　「ウムラウト」(Umlaut) は、母音の交替が文法的な機能の違いを表す現象。現代ドイツ語では、単数と複数 (Hand: Hände〈手〉)、形容詞と派生動詞 (tot〈死んでいる〉: töten〈殺す〉)、動詞と派生名詞 (morden〈殺害する〉: Mörder〈殺人者〉) などがウムラウトによって区別される。歴史的には、アクセントのある母音が、後続する [i], [e] のような前舌母音によって前舌母音化する現象としてとらえられる。

（Lautverschiebung）に関する法則の中での、この音の位置づけが決まってしまった。[120] 今日でもなお、教養ある人々の中には、ラングとその正書法を混同する者がある。実際、ガストン・デシャン[121] はベルトロ[122] が正書法の改革に反対したことから、彼について「フランス語を破滅から救った」などと述べていた。

しかし、文字表記にこのような威信があることは、どのようにして説明できるのだろうか。

① まず、文字表記された単語の像は、永続的で安定した対象のように映り、時代を通じて存在するラングの単位を構成するには、音よりも適切であるように思える。単語と文字表記のこの結びつきは表面的なものであり、純粋に作為的な単位を作り出しているに過ぎないのだが、本来の、唯一真性なものである音との結びつきよりは、理解するのがはるかに容易である。

② 大多数の個人にとって、聴覚的な印象よりも視覚的な印象の方が、明瞭であって持続性もある。このため、人間は視覚的な印象の方に引きつけられる。こうして、文字表記の像が、音を犠牲にして支配力を増すことになる。

③ 文学語によって、文字表記の不当な重要性がますます増大していく。文学語のためには辞書や文法がある。学校では、書物に基づいて、そして書物を使って教育が行われる。ラングはある規範によって統制されているように見えるのだが、その規範も書かれた規則であり、厳格な使用法としての正書法に従っている。このような理由で、文字表記に第一の重要性が与えられるのである。その結果、人間は書くことを学ぶ前に話すことを学ぶのだということが忘れられてしまい、自然的な関係の理解に逆転が生じてしまうことになる。

④ 最後に、ラングと正書法の間に不一致がある場合、言語学者以外の人間には、その議論に決着をつけるのは常に難しい。ところが、言語学者はこの問

---

[120] ゴート語を書き表すためにウルフィラ（Ulfilas, 310 頃–383）が考案したゴート文字は、対応するローマ字（a, b, g, d など）に転写される。ただし、対応する音がローマ字にない [θ] と [hʷ] の音は、þ と ƕ という特別の文字で表示される。th と hw/hv のように、ローマ字を並べて転写されることもあるが、あくまでも 1 つの音である。グリムは th で転写されるゴート語の音を無声有気音だと考え、これがギリシア語の t、古高ドイツ語の d に対応するものと考えた。

[121] Gaston Deschamps（1861–1931）。フランスの考古学者、文筆家、ジャーナリスト。

[122] Marcellin Berthelot（1827–1907）。フランスの化学者、生物学者。上院議員や外務大臣の職も務めた。

題に対する発言権がないので、書かれた形式の方がほぼ必然的に勝利することになる。書記言語の側から主張される解決法の方が容易だからである。こうして文字表記は、正当な権利によらない重要性を、分不相応にも奪い取っているのである。

第3節　文字表記の体系

　文字表記には2つの体系しかない。
　①　表意文字体系。この体系では、1つの単語がただ1つの記号によって表示され、成分としての音とこの記号は無関係である。この記号は単語全体に対応しており、そこから、記号が表す観念と間接的に結びついている。この体系の古典的な例は漢字である。
　②　一般に「表音的」と呼ばれる体系。単語の中で連続する音の列を再現することを目的とする。表音文字は音節を表す場合と、個々の音を表す場合、つまりパロールの最小要素に基づく場合がある。[123]

　ただし、表意文字は容易に混合的な特徴を持つようになる。実際、表意文字の中には、本来の価値から外れて、独立した音を表すようになっているものがある。[124]

　先に述べたように、人間の頭の中では、書かれた単語が話された単語に取って代わる傾向がある。これは、両方の文字体系に当てはまるが、表意文字の場合の方がこの傾向は強い。中国人にとって、表意文字と話された単語は、両者が同じ資格で観念を表す記号である。つまり、文字表記は中国人にとって第2のラングなのであり、会話の途中で、2つの単語の発音が同じである場合には、その意味を説明するために、文字に頼るという方法を思いつくものである。ただ、このような置き換えは、単語全体を対象とするものであるだけに、不都合な結果をもたらすとしても、表音文字の場合に比べて、その程度は小さい。異

---

[123]　表音文字は、理想的にはラングの構成要素としての音素を表示するものである。ただし、一般に「アルファベット」と呼ばれる、ローマ字、ギリシア文字、キリル文字などの表音文字は、1つの文字が1つの音素に正確に対応していることはない。英語の th という2つの文字は1つの音素 /θ/ を表すし、フランス語の ch とドイツ語の sch も1つの音素 /ʃ/ を表している。

[124]　漢字の六書のうち「仮借」は、漢字の音だけを利用して、本来の意味とは異なる意味を表すものである。エジプトのヒエログリフも、本来は表意文字であったが、そのうちの多くは、意味とは無関係に単純に音のみを表示する文字へと変化していった。

なった方言で同じ観念に対応する中国語の単語は、すべて同一の文字記号で表されるからである。[125]

本書で研究する対象は、表音文字、特に現代使用されているもの、そして、その原型がギリシア文字であるものに限定することにする。

この種の文字が確立した頃は、ラングの状態を十分に合理的に反映していた。ただし、外来の文字であって、最初から音との一貫した対応がとれていないようなものである場合はそうではなかった。理屈の点では、p.69 で見るように、ギリシア文字は特に優れている。しかし、文字と発音の間のこのような調和は、長くは続かなかった。それはどうしてなのだろうか。この問題を検討しなければならない。

第4節　文字と発音の間にある不一致の原因

文字と発音の不一致の原因はたくさんある。ここでは最も重要なものだけを取り上げる。

まず、ラングは常に変化するのに、文字表記は変化しない傾向があるということがある。その結果、文字が本来表すべき音に対応しなくなってしまう。だから、ある時代には首尾一貫していた表記法が、1世紀後には不合理なものになる。しばらくの間は、発音の変化に合わせて表記法を変更することもあるが、次にはそれをやめてしまう。フランス語の oi について、このようなことが起こった。

	発音	表記
11世紀 … 1期	rei, lei	rei, lei
13世紀 … 2期	roi, loi	roi, loi
14世紀 … 3期	roè, loè[126]	roi, loi
15世紀 … 4期	rwa, lwa	roi, loi

---

[125]　中国語の諸方言は、中国語という1つのラングを構成する変異体である。したがって、同じ意味を表す単語であっても、方言によって用いられる漢字が異なっていたとして、漢字が方言を代表するものであるとしたら、ラングの均質性が失われてしまう。しかし、方言ごとに発音が違っていたとしても、同じ意味を表す単語が同じ漢字で表記されるのだとしたら、表記の上では方言による違いがないので、ラングの均質性は失われない。

[126]　è は半広母音の [ε] に対応するから、国際音声字母で表記すると [roε], [loε]。

このように、第2期までは、発音に生じた変化が考慮されていた。つまり、ラングの歴史の段階と、書記法の歴史の段階が一致していたということである。ところが14世紀以後は、文字表記は不変のままで、ラングは進化を続けた。このため、この時期以来、ラングと正書法の間の不一致がますます深刻なものになっていった。最後には、一致しない要素の結合を続けたため、文字表記の体系そのものにもこの事実が影響をもたらすことになる。こうして、oi という文字の連続は、これを構成している要素とは無縁の価値を持つようになってしまった。

このような例は、いくらでもあげることができるだろう。例えば、mè や fè と発音しているのを、どうして mais, fait と書くのだろうか。[127] フランス語で c の文字が [s] の音価を持つことがよくあるのはどうしてだろうか。それは、もはや存在理由を持たない表記法を保ち続けたからである。

このような要因は、あらゆる時代に作用している。現代では、フランス語で湿音の l[128] と呼ばれる音はヨッド[129]へと変化している。現代の発音は éveyer, mouyer で、これは essuyer, nettoyer と同じだが、文字表記は相変わらず éveiller, mouiller である。[130] 表記と発音の不一致の原因は他にもある。ある民族が別の民族からその文字を借用すると、借用された文字体系の表現力が、新しい機能にはうまく適合しないということがよく起こる。そうすると、その場しのぎの方策に頼らざるをえなくなる。例えば、1つの音を表すのに2つの文字を使うような場合である。ゲルマン諸語の無声歯摩擦音 þ [θ] を表記する場合がそうであった。ローマ字にはこの音を表す文字がなかったため、この音を th で表すようにした。メロビング王朝のキルペリク[131]は、この音を表すための特別の記号をローマ字に加えようとしたが成功せず、th を用いる習慣が確立した。中世の英語には、狭い e [e]（例えば sed〈種〉）と広い e [ɛ]（例えば led〈導く〉）があった。これら2つの音を表すための異なった記号はなかったので、seed と

---

127) 国際音声字母では [mɛ], [fɛ]。mais は「しかし」、fait は「事実」を意味する。
128) 湿音の l は、音声学的には硬口蓋側面音の [ʎ] である。ラテン語で、半母音の [j] に後続される側面音 [l] が変化して [ʎ] になった。ラテン語 filia〈娘〉は [fiʎa] を経て fille [fij] となり、俗ラテン語 *molliare〈パンを濡らして柔らかくする〉は [moʎare] を経て mouiller [muje]〈濡らす〉となった。
129) 「ヨッド」は、半母音の [j] である。
130) éveiller [eveje]〈目覚めさせる〉、mouiller [muje]〈濡らす〉。
131) キルペリク1世（539頃–584）。フランク王国西部ネウストリアの王。暴君として知られるが、フランク語表記やサリカ法典の改革なども行った。

lead のように表記することを思いついた。フランス語では、無声歯摩擦音š [ʃ] を表すために、2 文字による表記 ch を使うようになった、などである。

　他の要因としては、語源へのこだわりがある。この傾向は、ある時代、例えばルネサンス期には支配的であった。さらに、誤った語源を無理矢理表記に反映させるようなことがしばしば起こった。例えば、現代フランス語の poids〈重さ〉には、ラテン語の pondus が語源であるかのように d の文字が入れられているが、実際にはこの単語は pensum に由来するものである。[132] ただ、この原則が正しく適用されているかどうかは重要ではない。[133] 間違っているのは、語源を文字表記に反映させる原則そのものである。

　他にも、原因が分からない場合もある。語源すらも理由にならない、単なる煩わしい表記でしかないものである。ドイツ語では、tun〈する〉の代わりに thun と書いていたのだが、これはどうしてだったのだろうか。この h は子音に続く気音を表すと言われたが、だとすると、同じ気音がある場合にはどこでも、この文字を組み入れるべきだったのに、この文字が加えられなかった単語が山のようにある（Tugend〈美徳〉、Tisch〈机〉など）。

第 5 節　不一致の結果

　文字表記に関わる矛盾を、これ以上長々と分類することもないだろう。ただ、最も不幸な矛盾の 1 つは、同じ音に対して複数の表記があることである。例えば、ž [ʒ] の音に対して、フランス語では j, g, ge の文字を用いる (joli [ʒɔli]〈可愛い〉、geler [ʒle]〈凍る〉、geai [ʒɛ]〈カケス〉)。z の音には z と s が当てられる。s の音には s 以外にも、c, ç, t (nation で [nasjɔ̃]〈国〉)、ss (chasser [ʃase]〈追う〉)、sc (acquiescer [akjese]〈同意する〉)、x (dix [dis]〈10〉) が用いられる。[k] の音を表す文字としては、c, qu, k, ch, cc, cqu (acquérir [akeʁiʁ]〈獲得する〉) がある。これとは逆に、同じ表記によって複数の音が表される場合もある。上で見たように、t が [t] または [s] を表したり、g が [g] または ž [ʒ] を表したりする。

---

[132]　ラテン語の penděre〈測る〉の過去分詞 pensum が変化して、中世のフランス語で pois になったのだが、ラテン語で「重さ」を意味する pondus に由来するものと考えられて、pois の綴りが poids に変更された。

[133]　フランス語の compter〈数える〉は、中世には発音通り conter と表記されていた。しかし、この単語の語源はラテン語の computāre であり、語源に合わせて表記が compter に変更された。この例では、語源そのものは誤っていない。

「間接的表記」にも注意しておこう。ドイツ語では、Zettel〈紙片〉、Teller〈皿〉などには重子音がないのに、tt, ll のような表記が用いられる。その唯一の目的は、これらに先行する母音が短くて広いことを示すことである。英語で、先行する母音が長いことを示すために、発音されない e を最後に加えるのも、同じ種類の錯誤が原因である。made（発音は［mēd］）と mad（発音は［măd］）を比べてみればそれが分かる。[134]

このような表記は不合理ではあるにしても、ラングの中にある何らかのものに対応している。しかし、何ものにも符合しない表記もある。現代のフランス語には、mourrai〈私は死ぬ〉や courrai〈私は走る〉のような古い形式の未来形の場合を除いては、重子音はない。ところが、フランス語の綴りには、根拠のない重子音があふれている（bourru〈不機嫌な〉、sottise〈愚かさ〉、souffrir〈苦しむ〉など）。

文字表記が固定しておらず、規則を模索している時には、表記にゆれが生じることもある。つまり、このような一定しない書法は、さまざまの時代になされた、音を表すための試行を見せてくれている。例えば、古高ドイツ語の ertha, erdha, erda〈地面〉や thrī, dhrī, drī〈3〉では、th と dh と d が同じ音声的要素を示しているのだが、どの要素なのだろうか。文字表記からそれを知るのは不可能である。このように錯綜した状況であるため、その結果、同じ形式に対して2つの表記がある場合、本当に発音が違うのかをいつでも決められるわけではない。隣接する方言の文献で、同じ単語が、ある方言では asca と、別の方言では ascha と記されているとしよう。これらが同じ音を表しているのなら、表記がゆれているということになる。もしそうでなければ、表記の違いは方言による音韻の違いを表しているはずである。これは、ギリシア語の paízō, paízdō, paíddō〈遊ぶ〉[135] がその例である。さらには、連続する2つの時代に関わる場合もある。英語では、まず hwat, hweel などと表記され、次には what, wheel などと表記されているのが見られるが、これは表記の変化なのだろうか、それとも音声の変化なのだろうか。

以上のような状態から生じる結果として言えるのは、文字表記がラングの外

---

134) made〈作った〉の発音は［meːd］ではなく［meid］である。mad〈気の狂った〉の発音も、［mæd］である。したがって、語末に発音されない e が加えられるのは、先行する母音が長母音ではなく二重母音であることを示すためだと考えなければならない。

135) paízō（παίζω）はアッティカ方言、paízdō（παίζδω）はレスボス方言、paíddō（παίδδω）は、ボイオティア、テッサリア、ラコニア、クレタ島などの方言（Carl D. Buck. *The Greek Dialects*. 1995）。

観を覆い隠しているということである。つまり、文字表記は衣服ではなく、仮装だということである。そのことは、フランス語の oiseau〈鳥〉という単語の綴りを見ればよく分かる。実際に話される時の発音は［wazo］なのに、この表記にはその音が全く反映されていないのだから、ラングの実像は全く残っていないことになる。

　別の結果としては、文字表記が本来表すべきものを表さないようになればなるほど、表記を基本として捉える傾向が強くなるということがある。このことから、文法家たちは、書かれた形式の方に熱心に注意を向けるようになる。このことは心情的にはとてもよく理解できるが、結果は不都合なものになる。「発音」や「発音する」という単語を使用することは、この悪弊を是認するものであり、文字表記とラングの間にある正当にして真性の関係を逆転させるものである。実際、ある文字をこのように発音しなければならないと言う時には、視覚像の方を手本にしている。oi という文字列が［wa］と発音されるのだというのならば、この文字列がそれ自身で独立したものでなければならないだろう。[136)]しかし実際には、［wa］という音が oi と書かれるだけなのだ。このような奇妙な事実を説明するために、この場合には、o と i の発音が例外的なのだと補足される。この説明もまた間違っている。なぜならばこう言うと、表記された形式の方にラングが依存していることになるからである。つまり、まるで書記記号が規範であるかのように、文字表記に反して何かをすることができるというような言い方になってしまう。

　このような虚構は、文法規則の中にまで現れている。例えば、フランス語の h に関する規則があげられる。母音で始まり気息を伴わないのに、もとのラテン語の形の記憶から、h の文字が加えられた単語がある。homme〈男〉は、古くは ome と書かれていたのだが、語源のラテン語が homo だったため、こう表記されるようになった。しかしこれ以外にも、ゲルマン語起源の単語の中に、hache〈斧〉, hareng〈ニシン〉, honte〈恥〉のような、h が実際に発音されていたものがある。気息が伴い続けている限りは、語頭の子音に関する規則に、これらの単語は従っていた。だから、deu haches〈2 本の斧〉, le hareng〈そのニシ

[136)] まず oi という文字列があって、これが［wa］と発音されるのだと説明すると、いかにも文字列の方が基本であるかのように思えてしまうのだが、ラングにおけるシニフィアンの基本は音なのだから、［wa］を oi と表記するという逆の説明でなければならないという主張である。ただ歴史的には、oi が［oi］と発音されていたのが、［oe］から［we］を経て［wa］という音に変化したのだから、oi が［wa］と発音されるようになったと説明することには問題はない。

ン〉などと発音されており、これに対して、母音で始まる単語に関する規則に従い、deu-z-hommes〈2 人の男〉, l'omme〈その男〉と発音されていた。[137] この時代であれば、「有気音 h の前ではリエゾンやエリジオン[138] は起こらない」という規則は正しかった。しかし現在では、この規則には意味がない。なぜならば、もはや有気音 h は存在していないのだから、現実の音ではないものを、その前ではリエゾンもエリジオンも起こらないという理由で、「有音の h」[139] という名前で呼んでいるに過ぎないからである。つまり、これは誤った循環[140] なのであり、この h は、文字表記に由来する虚構の存在に過ぎない。

単語の発音を決めるのは、その綴りではなくて、その単語の歴史である。ある特定の時代における単語の形式は、単語が必ずたどらなければならず、厳密な法則に統制されている変化の 1 つの時期を表している。変化におけるそれぞれの段階は、それに先行する段階により決定される。このことは非常によく忘れられるのだが、考察しなければならないただ 1 つのことは、単語の出自、つまり語源である。

Auch という名前の町[141] は、音声表記をすると oš [ɔʃ][142] である。フランス

---

137) deux haches, le hareng の発音は、古フランス語の時代には [dø haʃ], [lə hareŋ] であり、haches と hareng の語頭には声門無声摩擦音の [h] があったので、母音で始まる単語の場合のように、子音 [z] が挿入されて [døz haʃ]、先行する母音が脱落して [lareŋ] のように発音されることはなかった。homme の場合には、語頭の h は発音されないから、[lə+om] による母音連続 [əo] を避けるために、[ə] が脱落した。
138) 「リエゾン (liaison)」とは、les oreille〈それらの耳〉が [lezoʁɛj] と発音されるように、母音の間に子音が挿入される現象。「エリジオン (élision)」とは、l'oreille (= la + oreille) [loʁɛj]〈その耳〉のように、母音で始まる単語の前の母音が脱落する現象。
139) フランス語では、表記されていても発音されないが、リエゾンやエリジオンを妨げる働きをする語頭の h を、伝統的に「有音の h」と呼んでいる。これは、フランス語では h aspiré と表現され、正確に翻訳するのであれば「有気音の h」となる。
140) h を表記するが、リエゾンやエリジオンが起きないので、これを「有音」と呼んでいるのだが、実際には、音声的に母音で始まる単語なのに、その前でリエゾンやエリジオンが起きないから、あたかも発音される h があるかのように考えているのであって、有音の h があるからリエゾンやエリジオンが起きないのではない。つまり、母音で始まる単語の前なのに、リエゾンやエリジオンが起きない。それはなぜか。それは語頭に有音の h があるからだ。それではどうして発音されないのに「有音」と呼ばれる h があることが分かるのか。それはリエゾンやエリジオンが起きないからだ。というような説明しかできないので、これを「誤った循環」と呼んでいる。
141) Auch (オシュ) は、フランス南部ミディ・ピレネー地方ジェルス県の都市。
142) Auscii [auskiː] が [ɔ́ʃi] となり、語末の [i] が脱落して [ɔʃ] となった。

語の表記法で、ch が語末で š [ʃ] の音を表すのはこの例だけであるが、語末の ch が、この単語だけで š [ʃ] と発音されると言うだけでは説明にはならない。問題として唯一考えなければならないのは、ラテン語の Auscii がどのように変化して oš になることができたのかということであって、表記は重要ではない。

gageure〈危険な企て〉という単語は、ö [ø] を使って発音するのだろうか、それとも ü [y] だろうか。heure〈時間〉は ör [øʁ] と発音されるのだから、gažör [gaʒøʁ] と発音すべきだと考える人もいれば、いや、ge は geôle〈牢獄〉の場合のように ž [ʒ] と発音されるのだから、gažür [gaʒyʁ] と発音すべきだと言う人もいる。しかし、このような論争は無駄である。真の問題は語源なのである。gageure は gager〈保証する〉をもとに作られたのであり、それは tourner〈回る〉をもとに tournure〈展開、表現〉が作られたのと同じである。[143) これらは同じ方式の派生に属するのだから、gažür [gaʒyʁ] だけが正しい。gažör [gaʒøʁ] という発音の唯一の原因は、文字表記が曖昧だということである。

ところが、文字の横暴はさらに進んでいく。表記が大衆に押しつけられることで、ラングにも影響を与えて変化を引き起こすことがある。ただしこれは、書かれた文言が大きな役割を果たす、非常に文学的な言語でしか起きない。ここでは、視覚的な像のせいで間違った発音が作り出される。これはまさに病的な事態である。そして、フランス語ではこういう事態がしばしば見られる。例えば、Lefèvre という家族名 (ラテン語 faber〈職人〉に由来する) には、2 つの表記があった。1 つは一般に普及している単純な表記 Lefèvre であり、もう 1 つは、学者風で語源を思わせる Lefèbvre である。古い表記では v と u が混同されていたおかげで[144)]、Lefèbvre は Lefébure [ləfebyr] と発音された。この発音には、この単語に実際には存在したことのない [b] という音と、文字の曖昧性に由来する u [y] という音がある。ところが今では、この形で実際に発音されている。

このような歪みがますます頻繁になっていって、不必要な文字をますます発

---

143) tournure は tourner から不定詞語尾 -er を除いて、これに名詞を派生させる接尾辞 -ure を付加することで作られている。同じように、gager の不定詞語尾 -er を取って、これに -ure を付加すると gagure になる。しかしこれだと [gagyʁ] と発音されてしまうので、gager にある [ʒ] の音を残すために、gagure ではなく gageure という表記にしたということである。だから gageure の発音は、接尾辞 -ure の発音を反映する [gaʒyʁ] でなければならない。

144) ラテン語では [u] の音を、大文字では V、小文字では u で表していた。v と u が混同されたのは、これが理由である。ラテン語には [v] の音はなかった。

音するようになる可能性はある。パリではすでに、sept femmes〈7人の女〉でtの文字を発音している。[145] フランス語のvingt〈20〉は、まさに書記法の怪物なのだが、この単語の最後の2つの文字ですら発音される日が来るだろうと[146]、ダルメステテル[147]は予言している。

このような音声の歪みも確かにラングに属してはいるのだが、ラングの自然的な働きに由来するものではなく、ラングの外部にある要因がもとになっている。したがって言語学では、このような現象を観察するのならば、特別の部門を設けなければならない。奇形的な事例だからである。

---

145) sept〈7〉は、単独では中世のフランス語でも [sɛt] と発音されていて、綴りも set だったが、後になって子音の前では [t] が脱落した。現在では、本文にあるように [t] は復活している。語源のラテン語は septem なので、ルネサンス期に p が加えられて sept と表記されるようになった。

146) vingt の発音は、現代でも [vɛ̃] であって、g と t は発音されていない。ラテン語は vīginti。

147) James Darmesteter (1849–1894)。フランスの言語学者、イラン語学者。

第7章
音 韻 論

第1節 定　　義

　文字表記を考えないことにすると、知覚可能な像が使えなくなるのだから、形のない塊しか知覚することができず、これにどう対処したらよいのか分からないことになる。これは、泳ぎを練習している者からコルクのベルト[148]を取り外すようなものだ。

　だとすると、人工的なものを自然的なものに、すぐに置き換えなければならないのだが、ラングの音が研究できていない限り、それは不可能である。なぜならば、書記記号から切り離されると、音はもはや曖昧な心像しか表さないことになり、結局のところは、たとえ真実を誤らせるものであっても、文字表記の助けを求める方が選ばれてしまう。したがって、初期の言語学者たちは、分節音の生理学を知らなかったために、いつもこのような罠に陥っていた。文字から離れることは、彼らにとって、水中で足が立たなくなるのと同じことだった。しかし我々にとっては、文字と手を切ることは、真実に向かう最初の一歩になる。なぜならば、音の研究こそが、求められている助けをもたらしてくれるものだからである。現代の言語学者たちは、ようやくこのことを理解するようになった。他の分野の研究者（生理学者、声楽者など）によって始められた研究を考慮することで、言語学者は、言語学にその補助となる学問をもたらし、こうして言語学は文字言語から解放された。

　音の生理学（ドイツ語では Lautphysiologie または Sprachphysiologie）は、しばしば phonétique（ドイツ語 Phonetik、英語 phonetics）と呼ばれる。この用語は不適切だと思われるので、phonolgie（音韻論）という用語に置き換えることにする。その理由は、まず phonétique は音変化の研究を意味してきたし、これ

---

148)　水泳の練習時には、身体が水に浮くように、コルクの塊をいくつか繋いで作ったベルトを腰に巻いていた。現在では、コルクではなくラバー素材を用いる。

からも意味しつづけるべきだからである。同じ名前を使って、全く異なる2つの研究を混同するわけにはいかないだろう。phonétique は、歴史を研究する学問であって、出来事や変化を分析し、時間の中を動いていくが、調音の機構は常に一定なのだから、phonologie は時間の外にある。

ただし、この2つの研究は混同されることはないのだが、同時に対立することもありえない。歴史音声学（phonétique）は、ラングの科学の最も重要な部分の1つであるが、音韻論（phonologie）の方は、繰り返すが、補助的な分野であって、パロールに属するものでしかない（p. 38 を参照）。ラングが存在していなければ、発声運動が何の役に立つのかは恐らく分からないだろう。しかし、発声運動がラングを構成していることはないし、1つ1つの聴覚印象を作り出すために必要な音声器官の動きを、すべて説明したとしても、ラングの問題をどの点でも解明したことにはならない。ラングは、聴覚印象の心的な対立に基づく体系なのであり、それはタピスリーが、さまざまの色の糸の間にある視覚的対立によって作り出される芸術作品であるのと同じである。実際、タピスリーの分析で重要なのは、これらの対立の働きであって、色が得られた過程ではない。

音韻体系の概要については、p. 68 以下の付録を参照されたい。ここでは、この音韻論という学問から、言語学がどんな助けを期待できて、それで文字表記の幻想を逃れることができるのかについてだけを探究することにする。

第2節　音声表記

言語学者にとって何より必要なのは、あらゆる曖昧性を排除する、分節音の表示法を手にすることである。実際のところは、数えきれないほどの表示法が提案されてきている。

正しい音声表記の原理とはどんなものだろうか。まず正しい音声表記は、音連鎖を作る1つ1つの要素を、記号を用いて表すことを目指さなければならない。これは非常に必要なことなのだが、いつも考慮されているわけではない。例えば、イギリスの音声学者たちは、分析よりも分類の方に気を取られていて、1つの音に2つ、時には3つもの記号を当てている。[149] さらに言えば、外破音[150]

---

149)　イギリスの音声学者ヘンリー・スウィート（Henry Sweet, 1845–1912）が考案した音声表記法（Romic alphabet）では、複数の文字が単一の音声を表している例がある。
150)　「外破音」（フランス語 explosif、英語 explosive）とは、閉鎖音のうちで、肺からの気流が勢いよく流れ出るもので「破裂音」とも呼ぶ。

と内破音[151]（p. 83 を参照）の区別は、後でも述べるように、厳密に行われなければならない。

　通常の書記法の代わりに音声記号を用いた方がよいのだろうか。この問題は興味深いのだが、ここでは簡単に触れておくだけにしよう。筆者は、音声表記は言語学者が用いるだけに止めておくべきだと思う。まずは、イギリス人、ドイツ人、フランス人などに共通の方式を採用する方法があるようには思えない。さらには、すべての言語に適用できる文字が作られたとしても、それは補助記号であふれかえることになりかねない。そのような文字で書かれた文書を読むのが厄介だということは言うまでもないし、正確さを求めるあまりに、このような書記法が本来は明らかにすべきものを見えにくくし、読む者を混乱させるだろうことは明白である。このような不都合がある限り、音声を十分に表現できるという利点を補って余りあるということはないだろう。研究の場以外では、音声的に正確であることは、それほど望ましいものではないのだ。

　さらにまた、書かれた文章を読むという問題もある。文章の読み方には2種類ある。新語や未知の単語の場合は、1文字ずつたどって読んでいく。しかし、よく見ていて馴染みのある単語であれば、それを構成している文字とは独立に、一目で全体が捉えられる。この単語の像が、読む者にとって象形文字のような働きをするようになっているからである。このような場合には、伝統的な書記法の方に利点があると考えることができる。例えば、tant と temps、et と est と ait、du と dû、il devait と ils devaient などが区別できるのは便利ではある。[152] とは言え、このような非常に大きな不合理が取り除かれた、通常の文字表記が出てくることを願うばかりである。言語教育で音声的文字表記が役に立つことがあるとしても、それを一般的に用いることはできないだろう。

第3節　文字表記による証拠への批判

　したがって、文字表記が言語の真実を見誤らせるという性質を持つことを認

---

151)　「内破音」（フランス語 implosif、英語 applosive, implosive）とは、閉鎖音のうちで、閉鎖が形成されるだけで、気流の開放を伴わないもの。
152)　tant〈それほど〉と temps〈時間〉の発音は [tɑ̃]。et〈そして〉と ait〈動詞 avoir の接続法現在3人称単数形〉の発音は [ɛ] だが、est〈動詞 être の直説法現在3人称単数形〉の発音は [e]。du〈前置詞 de と定冠詞 le の融合形〉と dû〈動詞 devoir の過去分詞〉の発音は [dy]。il devait〈彼は〜しなければならなかった〉と ils devaient〈彼らは〜しなければならなかった〉の発音は [il dəvɛ]。

めるとすると、まず行うべきは表記法の改革だと考えるのは、誤りだということにになる。音韻論が本当に役立つとしたら、それは書かれた形式に対して一定の用心をすることができるようになるということである。この過程を経なければ、ラングに到達することはできない。だから、文字表記による証拠に価値があるとしたら、それは解釈を受けるという条件に従う時だけである。どんな場合でも、研究対象である言語の「音韻体系」、つまりその言語で用いられている音の表を作り上げなければならない。実際、どんなラングも、明確に区別される一定数の音素を用いて機能している。この音韻体系こそが、言語学者が関心を持つただ1つの真実である。文字記号は、どの程度正確なのかが決定できない像に過ぎない。正確さを決めるのがどの程度困難であるのかは、固有語や状況によって変わってくる。

　過去の時代に属する言語の場合は、間接的な資料しか利用できないことになってしまうのだが、そうすると、音韻体系を確定するために用いることができる材料はどのようなものになるのだろうか。

① 　最初にあげられるのは「外的指標」、とりわけ、ある時代に生きていた人間たちが、その時代の音や発音を記述した証拠である。例えば、16世紀と17世紀のフランスの文法家たち、特に外国人にフランス語を教えようとしていた者たちは、興味深い指摘を残している。しかし、このような情報源はほとんど正確とは言えない。なぜならば、これらの文法家たちは、音韻論の方法を全く身につけていなかったからである。彼らの記述は、その場しのぎで学問的な厳密性のない用語でなされており、そのため、彼らの証言もまた解釈を受ける必要が出てくる。例えば、音に付けられた名前は、非常に多くの場合、曖昧な手がかりしか与えてくれない。ギリシアの文法家たちは、有声音（[b, d, g] のような音）を「中間的な」(mésai)[153] 子音という用語で、無声音（[p, t, k] のような音) を、ラテン語では tenuēs[154] と翻訳された、psīlai[155] という用語で呼んでいた。

② 　このような直接的資料と「内的指標」を組み合わせることで、より確実な情報を得ることができる。内的指標は、2つの項目に分類される。

a) 　音変化の規則性から導き出される指標

　ある文字の音価を決定する場合、先行する時代に、その文字が表していた音

---

153)　ギリシア語 μέσος〈中間の〉の女性複数主格形。
154)　ラテン語 tenuis〈薄い〉の女性複数主格形。
155)　ギリシア語 ψῑλός〈軽い〉の女性複数主格形

がどんなものだったのかを知ることが非常に重要である。その文字の現在の音価は変化の結果なのだから、ある種の仮説は即座に退けることができる。例えば、サンスクリット語のç[156]の音価が何であったかは、正確には分からない。しかし、この文字はインド・ヨーロッパ祖語における口蓋化された [k] を引き継いでいるのだから、この事実によって、仮定される音の範囲は明らかに限定される。

出発点以外に、同じ時代の同じ言語に属する類似した音がたどった並行的な変化が知られているのであれば、類推によって推論し、比例関係を引き出すことができる。

出発点と到達点が両方とも知られている、中間段階の発音を確定する場合には、当然のことながら問題はもっと容易になる。フランス語の au（例えば sauter〈跳ぶ〉中の au）は、中世には二重母音だったはずである。なぜならば、もっと古い時代の [al] と現代フランス語の [o] の間に位置しているからである。[157] さらに、別の方法によって、ある時代に [au] という二重母音がまだ存在していたということが分かれば、それに先行する時代にも同じ二重母音が存在していたことはまず確実である。古高ドイツ語 wazer〈水〉のような単語にある z がどの音を表していたのかは、正確には分からない。しかし、指標となるものがあって、1 つは最も古い water であり、もう 1 つは、現代の形の wasser である。したがって、この z は [t] と [s] の中間に当たる音でなければならず、[t] としか、あるいは [s] としかうまく調和しないような仮説はすべて排除することができる。例えば、この文字が硬口蓋音を表していたと考えることはできない。なぜならば、2 つの歯音の間にあるものとして仮定できるのは、やはり歯音だけだからである。[158]

b） 同時代の指標

この指標にはいくつもの種類がある。例えば、表記の多様性である。古高ドイツ語のある時代には、wazer〈水〉, zehan〈10〉, ezan〈食べる〉という表記は

---

[156] サンスクリット語で用いられたデーバナーガリー文字をローマ字に転写する際に ç の文字は通常用いられず、ś で転写される。ただし、この文字は硬口蓋無声摩擦音に対応し、国際音声字母では [ç] で表される。

[157] 現代フランス語の sauter は、ラテン語の saltare〈踊る〉に由来する。[al] の [l] が母音化して [au] という二重母音になり、この二重母音が短母音化して [o] になった。

[158] [t] は無声歯閉鎖音、[s] は無声歯摩擦音であり、どちらも調音点は歯である。硬口蓋は歯よりも奥にあるのだから、歯音から硬口蓋音に変化して、それがまた歯音に変化したという仮説は成立しない。

見つかっても、wacer や cehan のような表記は見つからない。その一方で、esan や essan、waser や wasser などのような表記が見つかるのならば、結論としては、この z という文字は、[s] に非常に近い音であって、同じ時代に c で表されていた音とはかなり異なる音を表していたということになる。[159] 後になって、wacer などの形が出てくるのだとすると、そのことは、以前は明確に区別されていたこれら 2 つの音素が、多少なりとも混同されたことの証拠となる。

　詩作品は、発音を知るためには貴重な資料である。韻律法が音節数に基づいているのか、それとも音の量や一致（頭韻、母音押韻、脚韻）に基づいているのかによって、これらの作品は、さまざまの側面についての情報をもたらしてくれる。ギリシア語では、長母音を文字によって区別する（例えば、長母音の ō [o:] は ω で表記される）場合と、このような長短を正確に区別しない場合があり、[a] と [i] と [u] の音量に関する情報については、詩人の助けを借りる必要がある。[160] 古フランス語では、脚韻によって、例えば、gras〈脂身の〉と faz〈私はする〉（ラテン語 faciō）の語末の子音がいつの時代まで異なっており、いつから音価が接近し、混同されるようになったのかを知ることができる。脚韻と母音押韻によってはさらに、ラテン語の a [a] に由来する古フランス語の e [ɛ]（例えば、père＜patrem〈父〉、tel＜talem〈そのような〉、mer＜mare〈海〉が、他の e とは全く異なる音だったことが分かる。実際、これらの単語は、elle〈彼女〉（ラテン語 ill に由来）、vert〈緑の〉（ラテン語 viridem に由来）、belle〈美しい〉（ラテン語 bella に由来）などとは、脚韻であれ母音押韻であれ、決して韻を踏むことはない。

　最後に、外国語から借用された単語の表記、言葉遊び、支離滅裂な風刺詩などについて言及しておこう。例えば、ゴート語の kawtsjo という単語は、後期ラテン語の cautio〈注意〉の発音がどうであったかを教えてくれる。[161] フランス語の roi〈王〉が 18 世紀の終わり頃には [rwɛ] と発音されていたことが、次の

159）　古高ドイツ語で c の文字は k と同じ [k] を表していた。
160）　ギリシア語では短母音 [e] は ε、長母音 [e:] は η、短母音 [o] は o、長母音 [o:] は ω のように区別して表記されるが、[a] と [a:] は α、[i] と [i:] は ι、[y] と [y:] は υ のように、長短の区別が文字の区別に対応していなかった。なお母音 [u] については長母音の [u:] しか用いられず、ου と表記された。
161）　ラテン語の cautio の規範的な発音は [kautio:] であったが、これが後期ラテン語では [kautsjo] に変化していたことが、この単語を借用したゴート語の表記によって確認されるということ。
162）　Kristoffer Nyrop (1858–1931)。デンマークのロマンス語学者。

逸話によって実証される。これは、ニロップ[162]の『フランス語歴史文法第3巻（第3版）p. 178』[163]で引用されているものである。革命法廷で、国王が必要だということを証人たちの前で言わなかったかと尋ねられた女性が「私はカペー朝の王様のような roi のことではなくて、糸を紡ぐ道具の rouet maître のことを話したのです」と答えた。[164]

　このような方法で情報を得ることによって、ある時代の音韻体系を一定の程度知ることができるし、文字表記を利用しながらも、その証拠を修正することもできる。

　現在使われているラングの場合、合理的な方法は以下のものだけである。a）直接的な観察によって認定される音体系を決定する。b）それらの音を、たとえ不完全であっても、表示することができている書記記号の体系を参照する。文法学者の多くは、自分たちが記述しようとしているラングで、それぞれの文字がどう発音されているのかを決めるという、古臭い方法に未だに固執している。しかしこの方法では、あるラングの音韻体系を明確に提示することは不可能である。

　とは言え、この分野がすでに大きく進歩していて、音韻論学者たちが、文字表記と書記法についての考え方を大きく変革させる働きをしてきていることは確かである。

---

163)　*Grammaire historique de la langue française*『フランス語歴史文法』全 6 巻。(1899–1930)
164)　rouet〈紡ぎ車〉は 18 世紀後半には、[rwɛ]と発音されていた。これと roi が同音異義語であったのだから、roi も同様に発音されていたことが分かる。

付　録
音韻論の原理

第1章
音の種類

第1節　音素の定義

（編者注：この部分については、ソシュールが1897年に「音節の理論」について行った3回の講義の速記録の複製を利用することができた。この講義でソシュールは、第1章で述べる一般原理についても触れている。さらに、ソシュールによる個人的なメモのかなりの部分が音韻論に関係している。多くの点で、これらのメモによって、第1回と第3回の講義でもたらされた資料の解明と補完をすることができる）

　音韻学者の多くは、ほとんど発声行為、すなわち音声器官（喉頭、口など）だけに注意を向けていて、聴覚の側面をなおざりにしている。しかし、この方法は正しくない。耳で形成される印象は、音声器官の運動の像と同じくらい直接的にもたらされるだけでなく、聴覚的印象こそが、すべての理論の自然な基礎になるのである。

　音韻的単位に手を付けようとすると、すでに無意識のうちに聴覚に関わる事実を考えている。なぜならば、耳で聞くからこそ、この音は[b]だとか[t]だとかが分かるからである。シネマトグラフ[165]を使って、音の連鎖を作り出す口や喉頭の動きをすべて再現できたとしても、この一連の調音運動の中に、どんな下位区分があるのかを見出すのは不可能だろう。ある音がどこで始まって、別の音がどこで終わるのかを知ることはできないのである。聴覚印象なしで、例えばfāl [faːl]の中に、2つでも4つでもなく、3つの単位があることを、どのようにして主張できるのだろうか。耳で聞く発話の連鎖を対象とするのでなければ、ある音がそれ自身と類似しているのかどうかを、即座に知覚すること

---

[165]　撮影と映写、両方の機能を備えた複合映写機。1890年代に、フランスのリュミエール兄弟によって発明されたと言われる。

はできない。聴覚印象に同質性があるのであれば、その音は単一の音である。[166]
重要なのは、長さが8分音符に当たるか16分音符に当たるか（fāl [fa:l] と fãl [fal] のような場合）ということでもなくて、印象の質である。聴覚印象の連鎖は、同一の時間ではなく、同質の時間に分割され、それは、聴覚的単位によって特徴づけられるのである。そして、これこそが、音韻論研究本来の出発点となる。

　この観点からすると、古典ギリシア語の文字は称賛に値する。この言語では、1つの音がただ1つの文字記号によって表されるし、逆に、1つの文字記号が1つの、常に同じ音に対応している。まさに天才の発見であり、これをローマ人も受け継いだ。bárbaros〈野蛮な〉という単語の表記は ΒΑΡΒΑΡΟΣ であり、それぞれの文字が均一の時間に対応している。上の図では、水平な線が音の連鎖を、垂直の短い棒がある音から別の音への移行を表している。古典ギリシア語の文字には、フランス語の ch が š [ʃ] の音を表すというような、複合表記は存在しないし、c や s が同じ1つの [s] の音を表すような、重複する表記も、さらには、文字 x が [ks] を表すような、1つの文字が2つの音を表す表記もない。この原理は、音声的な正しい文字表記には必要十分なものであるが、ギリシア人たちはこれをほとんど完全に実現していた。[原注1]

原注1　確かにギリシア人たちは、kh [kʰ], th [tʰ], ph [pʰ] の音を Χ, Θ, Φ という文字で書いており、ΦΕΡΩ〈私は運ぶ〉は phéro [phero:] という音を表していた。ただ、これは後になってからの改新で、古代の碑文には ΚΗΑΡΙΣ と記してあり、ΧΑΡΙΣ ではない。[167] 同じ碑文では、[k] の音に2つの文字「カッパ（Κ）」と「コッパ（Q）」が当てられているのだが、これは事情が異なる。[k] の音は硬口蓋音であることもあれば、軟口蓋音であることもあるため、この場合は、本当に2つの微妙に異なる発音が表記されていたのである。そして、後になるとコッパの文字は消滅した。最後に、これはさらに微妙な問題なのだが、ギリシア語とラテン語の初期の碑文では、二重子音を単一の文字で表記していることがよくある。例えば、ラテン語の fuisse[168] は FUISE と書かれていた。二重の s は、2倍の時間持続するのであり、後でも見るように、両者は同質ではなく、異なった印象を与えるのだから、この古い表記は原理に違反している。しかし、この誤りは仕方が

---

166)　現実に発音された音の連鎖の中には、さまざまの異なった音声が含まれている。これらの音声のうち、聞いた時の印象が同一であると判断される複数の音声は、同じ1つの音声的単位に属するものと判断されるということである。
167)　ここで kh, th, ph と記されている音は、無声無気音 [k] [t] [p] に対応する無声有気音であって、音声学的には単一の音声であり、2つの音声が連続しているのではない。したがって、古典ギリシア語の文字 Χ, Θ, Φ は、どれも単一の音声に対応している、1文字1音の原理に従った表記だと見なしてよい。
168)　fuisse は、動詞 sum（英語の be 動詞に当たる）の不定詞完了形。

ないとも言える。なぜならば、これら 2 つの音は、混同されることはなくても、共通の特性を示すからである (p. 83 以下参照)。

　ギリシア人以外の民族は、この原理を発見することができなかったため、それらの民族の文字は発話の連鎖を、均質性を持つ聴覚的位相へと分析できていない。例えばキプロス人は、pa, ti, ko のような、もっと複雑な単位の段階に止まっている。このような方法は、音節的表記と呼ばれる。[169] 音節は、例えば pak, tra などのような、他の種類の形成法もあるので、これはそれほど正確とは言えない表記である。[170] また、セム人たちとなると、子音しか記さなかった。だから、barbaros のような単語であれば、セム人たちは BRBRS と記しただろう。
　このように、発話の連鎖にある音を区切るためには、聴覚印象に頼るしかない。しかし、聴覚印象を記述する場合には、これとは反対になる。聴覚印象の記述は、調音行為に基礎を置くしかないだろう。なぜならば、聴覚印象はそもそも発話の連鎖から生じるものだが、その中で聴覚印象の単位を析出することはできないからである。だから、単位の析出には発声運動の連鎖に頼らなければならないことになる。実際、同じ音には同じ発声行動が対応していることが分かる。すなわち、b（聴覚時間）= b'（調音時間）である。発話の連鎖を切り分けて最初に得られる単位は、b と b' によって構成されることになる。これを「音素」と呼ぶ。音素は、聴覚印象と調音運動、すなわち互いに条件づけ合う、聞かれる単位と話される単位の総体である。したがって、音素はすでに複合的な単位なのであり、どちらの連鎖にもまたがるものである。
　発話の連鎖を分析することで得られる最初の要素は、この連鎖の輪のようなもので、それ以上は分割できず、それが占める時間以外では考察することができない。例えば、[ta] のようなまとまりは、常に 1 つの時間に 1 つの時間が加えられたもの、一定の長さの断片に別の断片が加えられたものである。これに対して、[t] というそれ以上の分割ができない断片は、これだけを切り離して考えると、時間の外部で抽象的に考察することができる。つまり、[t] という音を一般的に、T という種類（音の種類は大文字で示すことにする）として、[i]

---

169)　キプロス文字はギリシア語を表記したものだが、音節文字であった。主としてキプロス島で、紀元前 6 世紀から 3 世紀にかけて用いられた。
170)　音節は、1 つの母音またはその前後に子音が付加されて作られる音声的単位。日本語の仮名文字も音節文字である。音節文字だと、例えば pak のような「子音+母音+子音」という構造を持つ音節が表す音声を正確に表すことができない。この音節を片仮名で「パク」と表すと、この表記が表す音は [paku] になり、[pak] ではない。

という音はIという種類として問題にすることができるようになる。この際には、弁別的な特徴だけを考えればよく、時間の中での連続に依存する要素には全く考慮を払う必要はない。これは、ドレミのような音楽上の集合体は、時間の中での具体的な連続としてしか取り扱うことができないが、その最小の要素のうちの1つだけを取り上げれば、これを抽象的に考察することができるようになるのと同じである。

さまざまの言語に属する発話の連鎖を十分な数だけ分析すれば、これらの連鎖を機能させている要素を知って、それらを分類することができるようになる。この場合、聴覚的に重要ではない微妙な差異を無視すれば、抽出される音の種類の個数は無限にはならない。専門書には、そのような音の種類のリストと詳細な記述があげられている。[原注1] ここでは、そのような種類の分類はすべて、安定していて、かつ非常に単純な原理に基礎を置いているのだが、その原理がどのようなものなのかを示すことにする。

原注1　Eduard Sievers, *Grundzüge der Phonetik*『音声学の基礎』第5版（1902）、Otto Jesersen, *Lehrbuch der Phonetik*『音声学教程』第2版（1903）、Léonce Roudet, *Eléments de phonétique générale*『一般音声学の基礎』（1910）などを参照。

ただまずは、音声器官、音声器官が持つことができる働き、この同じ器官が、音を産出するために果たす役割について少し述べておく。

第2節　音声器官とその機能[原注2]

原注2　ソシュールによるいくらか簡略的な説明を、イェスペルセンの『音声学教程』に従って補完している。この著作からは、以下で詳細を述べる音素の定式化を行うための原理も借用している。ただし、それは形式や手直しに関わるものであって、このように改変したからと言って、ソシュールの考えに変更を加えるものでは全くないことは、読者も十分に理解できるだろう。

1. 音声器官の記述については、簡単な図を提示するだけにしておく。以下の図のAは鼻腔、Bは口腔、Cは、2枚の声帯の間の空間である声門εを含む喉頭を表している。

　口については、以下の部位を区別することが最も重要である。唇αとα、舌β—γ（βは舌端を、γはそれ以外の部分を表す）、上の歯d、口蓋の前部で、硬くて動かすことができない硬口蓋f-h、口蓋の後部で、柔らかくて動かすことが

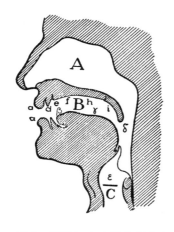

できる、口蓋帆とも呼ばれる軟口蓋 i、そして口蓋垂 δ。

ギリシア文字で表した部位は、調音の際に能動的に働く器官であり、ローマ字で表した部位は、受動的に働く器官である。

声門 ε は、並列する 2 枚の筋肉である声帯によって形成され、声帯が離れれば声門が開き、声帯が収縮すれば声門が開く。声門が完全に閉じている場合は、言わば考察外である。[171] 声門の開放については、広い場合と狭い場合がある。最初の場合は、気流が自由に通過できるので、声帯の震えが起きない。2 番目の場合は、気流の通過による振動が声を生じさせる。通常の発声においては、これ以外の選択肢はない。

鼻腔は、全く動くことのない器官である。口蓋垂[172]の上昇によって気流の通過を妨げることができるという以外の働きはない。つまり、気流の扉を開くか閉じるかということだけである。

口腔については、非常に多様な働きをすることができる。唇によって気道の長さを大きくしたり、頬を膨らましたり緩めたり、唇や舌の限りなく多様な動きで、口腔を狭めたり、さらには閉鎖したりすることができる。

発声機構としてのこれらの器官の役割は、その可動性に直接比例する。このため、喉頭と鼻腔の機能は同程度であり、口腔の機能には多様性がある。

肺から排出される空気は、まず声門を通過する。ここでは、声帯を接近させることにより、喉頭音を作り出すことができる。しかし、多様な音韻が作り出され、ラングの音を区別し分類することができるようになるのは、喉頭の働きによるのではない。この点からして、喉頭音は均質なものである。声門から放出された音をそのまま直接に聞き取ったとしたら、その質はどれもほとんど変わりがないように聞こえるだろう。

---

171) 声門が完全に閉じていれば、肺からの気流が口腔や鼻腔に流れないので、発声行為を行うことができない。ただし、「放出音」と呼ばれる音声は、声門を完全に閉じた状態で、声帯を上昇させることによって口腔内の気圧を高めることで調音されるので、声門の完全な閉鎖が、調音活動に関わらないというわけでもない。

172) 正確には、口蓋垂だけでなく口蓋帆が持ち上がることによって、鼻腔に気流が流れないようになる。

鼻腔は、そこを通過する声の振動の共鳴器としての役割しか果たさない。したがって、鼻腔もまた音を作り出す役割を持っているわけではない。

これに対し、口腔は、音を作り出す機能と共鳴させる機能の両方を併せ持っている。声門が大きく開いている時には、喉頭の振動が作り出されず、知覚される音は口腔からしか出てこない（これが音なのか、それとも単なる騒音なのかを決めることは、物理学者に任せることにしよう）。これとは逆に、声帯が接近して声門を震えさせる時には、声を伴う音を変質させるための中心的な働きが、口の介在によってなされることになる。

このように、音が作り出される際に役割を果たすことができる要因は、呼気、口による調音、喉頭の振動、そして鼻腔の共鳴である。

しかし、音を作り出すための要因を数え上げるだけでは、音素を区別する要素を決定することにはまだならない。音素を分類するために重要なのは、音素がどのような性質を持っているのかでははなくて、音素を互いに区別しているものを知ることである。この場合、音素の分類には、肯定的な要因よりも否定的な要因の方が重要性を持つ。例えば、呼気は肯定的な要因であるが、すべての発声行為に関係するので、音を区別する価値を持たない。一方で、鼻腔の共鳴がないことは、否定的要因であるが、同じ共鳴がある場合と同様に、音素を特徴づけることに寄与する。したがって最も重要なのは、上であげた要因のうち次の2つが、音の産出には常に関与し、必要にして十分なものだということである。

a) 呼気
b) 口腔での調音

一方で、他の2つは、なくても済むか、先の2つに付け加えることができる。

c) 喉頭の振動
d) 鼻腔の共鳴

他方で、すでに述べたように、a（呼気）、c（喉頭の振動）とd（鼻腔の共鳴）は均質的であり、これに対し、b（口腔での調音）は無限の多様性を備えている。

これに加えて、忘れてならないのは、発声行為が起こってから音素が何であるのかが分かることと、逆に、すべての発声行為の正体が明らかになってから、すべての種類の音素を確定できるということである。そして発声行為は、音を作り出す際に働く要因の分類として上で示したものからも分かるように、最後

の3つによってしか区別されない。したがって、音素の弁別には、次の要因を確定しなければならない。口腔での調音がどんなものなのか、喉頭の振動を伴う（〜〜）か伴わない（[ ]）か、鼻腔の共鳴を伴う（‥‥）かそうでないか（[ ]）。これら3つの要素のうちのどれか1つでも確定していなければ、どんな音であるのかは分からない。しかし、3つの要素すべてが分かりさえすれば、その多様な組み合わせによって、発声行為の最も重要な種類がすべて決定される。

こうして、可能な変異について次のような図が得られる。

	I	II	III	IV
a	呼気	呼気	呼気	呼気
b	口腔の調音	口腔の調音	口腔の調音	口腔の調音
c	[ ]	〜〜	[ ]	〜〜
d	[ ]	[ ]	‥‥	‥‥

欄Iは「無声音」を、欄IIは「有声音」を、欄IIIは鼻音化した無声音を、欄IVは鼻音化した有声音を示している。

しかし、まだ分かっていないことがある。それは、口腔での調音の性質である。したがって、調音についてどのような変異が可能なのかを確定しておくことが重要である。

第3節　口腔での調音に基づく音の分類

一般的に、音の分類は調音の場所に従って行われるのだが、本書の出発点はそれとは異なる。調音の場所がどこであれ、常に一定の「開き」、つまり2つの極限の間に位置する一定の開口度が示される。2つの極限とは、完全な閉鎖と最大の開きである。これを基礎とすれば、最小の開きから最大の開きの間で、音は7つの範疇に分類される。この範疇は、数字の0, 1, 2, 3, 4, 5, 6で示される。固有の調音位置によってさまざまに特徴づけられる音素は、これらの範疇のどれかの中にあるものとして分類される。

ここでは、一般に使われる用語に従っておくが、これらの用語は不完全であるか、いくつもの点で不正確である。実際、喉音、口蓋音、歯音、流音などの用語は、多少なりとも非論理的である。より合理的にするとしたら、硬口蓋を一定数の区域に分割するのがよいだろう。そして、舌による調音を考慮に入れ

第 1 章 音 の 種 類 75

ると、それぞれの場合に、主要な狭窄がどの点に対して起こるのかを常に言うことができるようになるだろう。このような考えを発展させ、p. 72 の図にある文字を用いることにより、調音を記号化することができる。能動的器官を示すギリシア文字 (左側) と、受動的器官を表すローマ字 (右側) の間に、開口度を表す数字を入れた式である。例えば、β 0 e は、開口度は完全な閉鎖に対応し、舌端 β が、上の歯の歯茎 e に当てられていることを意味している。

最後に、それぞれの調音については、声帯の震えと鼻腔の共鳴という 2 つの要素を同時に組み入れることによって、さまざまな種類の音素が区別される。これら 2 つの要素は、ある場合もない場合も、音素を区別するための要因となる。

以上のような原理に従って音を分類することにする。こうして、合理的な分類のための単純な図式が得られる。つまりここでは、音素の実用面での重要度がどうであれ、複雑であったり特殊であったりする特徴を持つ音素が存在することはありえない。例えば、有気音 (ph [pʰ], dh [dʰ] など)、破擦音 (ts [ts], dž [dʒ], pf [pf] など)、湿った子音、弱い母音 ([ə] または無音の [e̥] など) などである。そして逆に、実用面での重要性を持たず、区別される音として考慮される対象にならないような単純な音も、この分類には存在しない。

A. 開口度 0: 閉鎖音。この種類の音素は、完全な閉鎖、つまり、口腔が完全にではあるが瞬間的に閉じられることによって作られるすべての音素を含む。その音が閉鎖時に作られるのか、それとも開放時に作られるのかを考察する必要はない。実際には、2 つの方法でこの音は作り出される (p. 83 以下参照)。

調音点に従えば、主要な閉鎖音として 3 つの類型が区別される。唇音 ([p], [b], [m])、歯音 ([t], [d], [n])、軟口蓋音 ([k], [g], [ŋ]) である。

唇音は、2 つの唇で調音される。歯音では、舌端が口蓋の前部に当てられる。軟口蓋音では、舌背が口蓋の後部と接触する。

多くの言語、特にインド・ヨーロッパ諸語では、口蓋の 2 つの調音が明確に区別される。1 つは硬口蓋 f-h での調音であり、もう 1 つは軟口蓋 i での調音である[173]。しかし、別の言語、例えばフランス語では、この区別は行われない。このため、court〈短い〉にあるような後ろよりの [k] と、qui〈誰〉にあるよう

---

173) インド・ヨーロッパ祖語の音韻体系では、軟口蓋音 [k] [g] [gʰ] と口蓋化音 [kʲ] [gʲ] [gʲʰ] が区別されていた。現代ロシア語では、一部を除きほぼすべての子音について、非口蓋化音と口蓋化音の対立がある。

な前よりの [k] は、フランス語話者には同じ音に聞こえる。

次の図は、この多様な音素の定式化を示している。

唇音			歯音			軟口蓋音		
p	b	(m)	t	d	(n)	k	g	(ṅ)
α0α	α0α	α0α	β0e	β0e	β0e	γ0h	γ0h	γ0h
[]	〜	〜	[]	〜	〜	[]	〜	〜
[[	[]	……	[]	[]	……	[]	[]	……

鼻音 [m], [n], [ṅ][174] は、まさに鼻音化された有声閉鎖音である。amba を発音する際には、[m] から [b] に移る時に、口蓋垂が上昇して鼻腔への入り口が閉鎖される。

理屈の上では、それぞれの類型に、声帯の震えを伴わない、つまり無声の鼻音がある。実際、例えばスカンジナビア諸語では、無声音に続く無声の [m] がある。フランス語にもそのような例はあるのだろうが、フランス語話者はそこに音素を区別する要素があるとは思わない。

上の図では、鼻音が括弧でくくられている。というのは、これらの音の調音では、口腔は完全に閉鎖されるが、鼻腔は開いているため、開口度が上がるからである（C 類を参照）。

B　開口度 1：摩擦音または狭窄音

摩擦音の特徴は、口腔が不完全にしか閉鎖されず、気流が通過できるということである。狭窄音という用語の方が全くのところ一般的である。[175] 摩擦音という用語は、閉鎖の程度について何も言っていないので、気流の通過によってこすれる音が作り出される（ラテン語 fricāre〈こする〉）という印象を引き起こす。

この種類では、A 類の場合のように、もう 3 つの類型では済ませられない。まず、厳密な意味での唇音（閉鎖音 [p] と [b] に対応する摩擦音）は、極めて稀にしか使用されないので、ここでは割愛することにする。[176] これらの音は、

---

[174]　[ṅ] は軟口蓋鼻音であり、国際音声字母の [ŋ] に当たる。
[175]　現代の音声学では、摩擦音という用語の方が一般的に使われている。
[176]　有声唇摩擦音 [ɸ] は、日本語の「フ」「ファ」「フィ」などの音節にある子音。無声唇摩擦音 [β] は、スペイン語の有声唇閉鎖音 [b] が、母音間ではほぼ規則的にこの音で発音される。

通常は、下唇と歯を接近させることで作られる音である唇歯音（フランス語の[f]と[v]）で置き換えられる。歯音は、狭窄を作る際に舌端がどのような形になるかによって、いくつもの変種に分割される。それを詳しく述べることはせずに、ここでは舌端のさまざまの形状を β, β′, β″ で表すことにしよう。口蓋に関わる音については、耳で通常区別されるのは、前部の調音（硬口蓋音）と、後部の調音（軟口蓋音）である。原注1)

原注1　単純化の手法に忠実であろうとするあまり、ソシュールは、A類について同じ区別をしなければならないとは思わなかった。しかし、インド・ヨーロッパ祖語で、K_1 と K_2 という2つの組があることは非常に重要である。[177] ただし、この点に言及しなかったのは意図的なものである。（編者）

唇歯音		歯　音					
f	v	þ	đ	s	z	š	ž
α l d	α l d	β l d	β l d	β' l d	β' l d	β″ l d	β″ l d
[]	⌢	[]	⌢	[]	⌢	[]	⌢
[]	[]	[]	[]	[]	[]	[]	[]

硬口蓋音		軟口蓋音	
χ́	γ́	χ	γ
γ l f	γ l f	γ l f	γ l f
[]	⌢	[]	⌢
[]	[]	[]	[]

þ ＝英語の thing〈物〉にある th [θ] の音
đ ＝英語の then〈その時〉にある th [ð] の音
s ＝フランス語の si〈もし〉にある s [s] の音
z ＝フランス語の rose〈バラ〉にある z [z] の音
š ＝フランス語の chant〈歌〉にある ch [ʃ] の音
ž ＝フランス語の génie〈天才〉にある g [ʒ] の音
χ' ＝ドイツ語の ich〈私〉にある ch [ç] の音

---

177)　注173を参照。

γ' = 北ドイツ語の liegen〈置く〉にある g [j] の音
χ = ドイツ語の Bach〈小川〉にある ch [x] の音
γ = 北ドイツ語の Tage〈日〉にある g [ɣ] の音

　摩擦音について、閉鎖音の系列での [n], [m], [n], [ṅ(ŋ)] に対応するような音、すなわち鼻音の [v]、鼻音の [z] のようなものがあるのだろうか。このような音を仮定するのは容易である。例えば、フランス語の inventer〈発明する〉では、鼻音の [v] が聞こえる。しかし一般的には、鼻音の摩擦音は、ラングでは意識されない音である。

C類　開口度2：鼻音（上記 p.76 を参照）

D類　開口度3：流音
　この種の音には、2種類の調音が見出される：
1)「側面」の調音　舌は口蓋の前部に接触するが、左右に隙間を残しており、本書の定式化では ^l によって表されるような位置である。調音点に従って、歯音の [l] と、硬口蓋音あるいは「湿った」[l']、軟口蓋音の ł[178]） が区別される。ほとんどの言語で、これらの音素は [b], [z] などと同様に有声音である。しかしながら、無声音が不可能であるわけではない。実際フランス語でも、無声音に続く [l] は、声帯の振動なしで発音される（例えば、bleu〈青〉に対する pluie〈雨〉中の [l]）。しかし、話者はこの違いを意識してはいない。
　鼻音の [l] についても問題にする必要はない。この音は非常にまれで、区別もされない。もっとも、特に鼻音の後ではこの音も現れる（例えば、フランス語の branlant〈グラグラする〉中の [l]）。
2)「ふるえ」の調音　[l] の場合よりも、舌は口蓋に接近していないが、振動する。ただ、舌が振動する回数には変動があり（本書の定式化では ^v で表される）、このため、流音に等しい程度の開口度が生じる。振動が作られる方法には2種類ある。舌端が持ち上がって歯茎に当てられる場合（フランス語で「巻き舌」と言われる r）、あるいは、舌の後部が持ち上がる場合（「喉彦の」r）である。[179] 無声音や鼻音のふるえ音については、側面音の場合と同じことが言える。

---

178)　[l'] [ł] は、国際音声字母ではそれぞれ、[ʎ] と [L] で表される。
179)　国際音声字母では、巻き舌の r は [r]、喉彦の r（口蓋垂ふるえ音）のうち有声音は [ʀ]、無声音は [ʁ] で表される。

l	l'	ł	r	
β¹ 3 e	γ¹ 3 f-h	γ¹ 3 i	βᵛ 3 e	γ 3 δᵛ
～	～	～	～	～
[]	[]]	[]	[]	[]

　開口度 3 以上になると、今までとは異なる領域に入る。すなわち、「子音」から「母音」に移っていく。ここまでは、この区別を前もって述べてこなかった。発声の仕組みはどちらも同じだからである。母音の定式は、任意の有声子音の定式と全く同様である。口腔の調音という観点からも、区別をする必要はない。違うのは、聴覚的な効果だけである。ある程度の開口度を超えると、口腔は主として共鳴器として機能するようになる。声帯の振動を伴う音の音色は、完全に聞こえるようになり、口腔での騒音がなくなる。口腔が閉じれば閉じるほど、声帯の振動を伴う音は阻害され、口腔が開けば開くほど、騒音は減少する。この理由で、全く機械的に、母音の場合には音が明瞭に聞こえるようになるのである。

E 類　開口度 4：i u ü
　他の母音に比べると、これらの母音には、子音の場合にかなり近い、相当の狭めが想定される。このことから生じる結果については後に述べるが、かなりの狭めがあることは、これらの音素が一般的に「半母音」と呼ばれていることの正当な理由となる。
　[i] は唇の両端を引っ張って発音され（記号 ̄）、前方で調音される。u [u] は唇を丸めて発音され（記号 ○）、後方で調音される。[ü][180] の発音は、唇の形は [u]、調音の位置は [i] と同じである。
　他のすべての母音と同様に、[i] [u] [ü] にも鼻音化された形があるのだが、まれにしか用いられないので、無視することができる。注意しなければならないのは、フランス語の綴りで in と un で書かれる音は、別のものに対応しているということである（これについては後述）。
　無声、つまり声帯の震えを伴わないで

i	u	ü
ˉγ 4 f	°γ 4 i	°γ 4 f
～	～	～
[]	[]	[]

---

180)　[ü] は、国際音声字母の [y] に対応する。

調音される [i] はあるのだろうか。同じ疑問は、[u] と [ü]、そしてすべての母音についても当てはまる。これらの音素は、無声子音に対応するのだろうが、存在はしている。しかし、これらをささやく時の母音、つまり、声門をゆるめて調音される母音と混同してはならない。無声の母音は、その前にある有気音 [h] と同一視することができる。例えば、[hi] の発音では、まず声帯の震えを伴わない [i] が聞こえ次に普通の [i] が聞こえる。

F類　開口度5：母音 [e] [o] [ö][181) がこの類に属し、調音はそれぞれ [i] [u] [ü] に対応する。鼻音化母音もよく使われる（例えば、pin〈松〉, pont〈橋〉, brun〈茶色〉にある [ẽ] [õ] [ö̃] の音[182)）。無声の形は、[he] [ho] [hö] にある有気音の [h] である。

注記　この類については、さらにいくつかの開口度を区別する言語もたくさんある。例えばフランス語には、少なくとも2つの開口度の系列がある。1つはいわゆる狭い [ẹ] [ọ̈] [ọ][183) (例えば、dé〈さいころ〉, dos〈背中〉, deux〈2〉の母音)、もう1つは広い [ę] [ǫ̈] [ǫ][184) (例えば、mer〈海〉, mort〈死んだ〉, meurt〈死ぬ〉の母音) である。

e	o	ö	ẽ	õ	ö̃
−γ5f	°γ5i	°γ5f	−γ5f	°γ5i	°γ5f
∼	∼	∼	∼	∼	∼
[]	[]	[]	……	……	……

a	ã
γ6h	γ6h
∼	∼
[]	…

G類　開口度6：母音 [a] で、最も大きい開口度を持つ。鼻音化された形 [ã] があるが、実際にはいくらか口の開きが狭い（例えば、grand〈大きい〉の母音）。無声の形は、[ha] の発音にある [h] である。

---

181)　[ö] は、国際音声字母では [œ] に対応する。
182)　これらの音は、国際音声字母では [ɛ̃] [ɔ̃] [œ̃] で表される。
183)　国際音声字母では [e] [ø] [o] に対応する。
184)　国際音声字母では [ɛ] [ɔ] [œ] に対応する。

第2章
発話連鎖における音素

第1節　発話連鎖中の音素を研究する必要性

　ランガージュの音についての詳細な分析は、専門的な論考、特にイギリスの音声学者たちの著作に見出される。

　言語学の補助的学問としての目的に、音韻論が応えるために、これらの研究だけで十分だろうか。細かい事実がたくさん集まっただけでは、価値があるとは言えない。それらを総合することこそが重要なのである。そもそも言語学者は、音韻論に熟達している必要はない。ラングの研究のために必要な、一定数の資料を使えさえすれば、それで必要は満たされる。

　ある点で、この音韻論という学問の方法は、際立った欠陥がある。それは、この分野では、ラングには個々の音だけではなくて、話された音の広がりがあるということを、あまりにも忘れてしまっているからである。音韻論では、両者の相互関係に対して、まだ十分に注意が向けられていない。ただ、個々の音が最初に与えられるのではない。音節が、それを構成する音よりも直接的に伝わってくる。先にも述べたように、初期の文字表記には、音節の単位を記すものもあった。音素を表す文字体系に到達したのは、もっと後になってからである。

　それからまた、言語学者を当惑させるのは、単純な単位のことなどでは決してない。例えば、ある時期にあるラングにおいて、すべての [a] が [o] になれば、そこからは何も出てこない。説明をしようとせずに、その現象を確認すればよいだけである。音の科学が貴重になるのは、内部の依存関係について、2つあるいはそれ以上の要素が関係してくる場合だけである。なぜならば、ある要素の複数の変異形に後続する、別の要素の変異形には制約が出てくるからである。2つの要素があるという事実だけが、両者の関係やその間にある規則の要因となる。これは、単なる事実の確認とは異なる。音韻的原理の探究では、孤立した音を優先して研究する方向が、この学問では顕著なのだが、したがっ

てそれは間違いである。2つの音素があるだけでも、全体の理解が困難になる。例えば、古高ドイツ語 hagl〈あられ〉、balg〈皮〉、wagn〈荷車〉、lang〈長い〉、donr〈雷〉、dorn〈とげ〉は、後に hagal, balg, wagan, lang, donnar, dorn になった。つまり、音群の中でどのような性質を持ち、どのような順番で連続しているかによって、変化の結果が異なっている。2つの子音の間で母音が生じた場合もあれば、音群が連続したままに保たれた場合もある。しかし、これについての法則はどのように定式化すればいいのだろうか。このような相違はどこに由来するのだろうか。恐らくは、これらの語に含まれる子音群（[gl, lg, gn] など）によるのだろう。十分に明らかなことではあるが、これらの子音群には閉鎖音があって、この閉鎖音に、流音または鼻音が、ある場合には先行し、別の場合には後続する。ただ、そこからどのような帰結が出てくるのだろうか。[g] と [n] の長さが同じだと考える限り、[g-n] という連続が [n-g] という連続とは異なる結果を生む理由は理解できない。

となると、音素の種類を対象とする音韻論と並んで、2個の音素から成る音群と、複数の音素の連続を出発点とする学問にも余地があることになる。そしてこれは、全くの別物である。個別の音の研究では、音声器官の位置を確認すれば十分であり、音素の聴覚的な性質は問題にならない。聴覚的性質を決めるのは耳であり、調音については、自分の好きなように音を作り出すことができる。しかし、2個の音の組み合わせを発音しようとなった途端に、問題はそれほど単純ではなくなる。意図した結果と実際に得られる結果との間に食い違いがありうることを考慮に入れなければならなくなるからである。発音したかった音群を、いつも発音することができるわけではない。どの調音運動を結びつけることができるかどうかで、音素の種類を結びつける自由度が決まってくるからである。音群の中で何が起こっているのかを理解するためには、音群を代数方程式だと見なすことができるような音韻論を打ち立てる必要がある。音素2個で構成される音群であれば、一定数の力学的かつ聴覚的な要素があって、それらが互いに条件づけ合っているはずである。そして、ある1つの要素に変異が生ずると、この変異が他の要素に対して必然的に影響を与え、それは計算することができる。

発声現象の中に普遍的な特徴があって、それが音素の局所的な多様性すべてに優先すると予測されるのだとしたら、その特徴とは恐らく、今問題にした、規則的な力学であろう。そして、音群の音韻論が一般言語学に対して重要性を持つのは、その点にあると考えられる。ラングの可変的で偶然的な要素である音を調音するための規則を与えることに、関心を限定するのが一般的であるの

に対して、この組み合わせ音韻論では、相互に依存する音素に認められる、定常的な関係の可能性の範囲が定められ、明確化される。例えば、hagl, balg などの事例 (p.82 を参照) は、インド・ヨーロッパ祖語の鳴音[185] についてよく議論されてきた問題を提起する。そして、このような領域ではまさに、ここで考えているような音韻論なしで済ませるわけにはいかない。なぜならば、この音韻論では、言わば最初から最後まで唯一の事実として問題にされるのは、音節の区切りだからである。この方法で解決しなければならない問題はこれだけではないが、1 つだけ確かなことがある。それは、音素の組み合わせを支配する法則を正確に評価することをしなければ、鳴音の問題を議論することはほぼ不可能になるということである。

第 2 節　内破と外破

まず基本的な観察から始めよう。[appa] という音群を発音する時、2 つの [p] の間には違いがあることに気づく。一方は閉鎖に、2 番目は開放に結びついている。これら 2 つの印象はよく似ているので、連続 [pp] を単一の [p] で表すほどであった (p. 69 の注記を参照)。しかし、違いは存在するので、[appa] にある 2 つの [p] を特別の記号 (><) で表し (a̭pp̯a)、音群で連続していない時も、この記号で特徴づけることにする (例えば、ap̯ta, atp̭a)。同じ区別は、閉鎖音の系列以外でも続けることができて、摩擦音 (a̭ffa)、鼻音 (a̭mma)、流音 (a̭lla)、そして [ɑ] を除く母音まで (a̭ooa)、一般的にすべての音素に当てはめることができる。

閉鎖は「内破」、開放は「外破」と呼ばれた。だから、同じ [p] でも、内破音 (p̭) や外破音 (p̯) であると言われる。同じ意味で、「閉じる」音、「開く」音とも言うことができる。

恐らく、[appa] のような音群では、内破と外破以外に休止の時間があって、その間では自由に閉鎖を長くすることができる。そして、音群 [alla] のように、より開きが大きい音素の場合には、音声器官が動かないままに、音の放出そのものが継続する。一般的には、あらゆる発話連鎖の中に、このような中間的な局面があって、これを「保持」または「停留調音」と呼ぶことにしよう。しかし、これらの調音は、内破と同じだと考えることができる。なぜならば、その

---

185)　共鳴音とも呼ばれる。[m], [n], [l], [r] のような、鼻音、流音が鳴音に属し、インド・ヨーロッパ祖語では母音と同様に音節の中核をなすことができた。

効果は同様だからである。したがって以下では、内破と外破だけを考察することにする。原注1)

原注1　ここが、この理論について、最も議論になりそうな点の1つである。ありそうな反論をあらかじめ避けるために、停留調音は、［f］の調音と同様に、次の2つの力の結果であることを指摘しておこう。①直面する口腔壁に対する気流の圧力、②これらの口腔壁の抵抗。口腔壁は緊張し、気流の圧力との均衡を取ろうとする。したがって、保持は内破が継続したものに過ぎない。このことから、同一の種類の音素の内破と保持を続けると、効果が最初から最後まで持続する。この理由で、これら2つの種類の調音を単一の運動と聴覚の単位にまとめることは不合理ではない。これに対して外破は、内破と保持を合わせたものに対立する。外破は定義上弛緩だからである。また、第6節を参照。（編者）

　この方法は、音韻論の包括的な概説では受け入れられないだろうが、本質的な要因という観点から考察する音節化の現象を、できるだけ単純な図式に帰着させようとする報告でならば、正当なものだと考えることができる。こうすることで、発話の連鎖を音節へと区分する際に生じるすべての困難が解決できると主張するわけではなく、この問題を研究するための合理的な基礎を作ろうとしているだけである。

　もう1つ注意しておこう。音の放出のために必要な閉鎖と開放の運動と、これらの音それ自体についての、さまざまの開口度を混同してはならない。どんな音素も、内破音でも外破音でもありうるからである。ただし、開口度が内破と外破に影響を与える場合もある。実際、音の開口度がだんだん大きくなると、この2つの動きの区別はだんだんと明瞭ではなくなる。例えば、［i］［u］［ü］に関しては、この区別はまだ非常によく知覚できる。aiitaでは、閉じる［i］と開く［i］を聞き取るのは可能である。同様に、auuta, a üütaでも、内破音と、それに続く外破音を明確に区別できて、区別がこれほど明確なので、文字表記においても、その慣習に反して、その区別が時に表記されることがある。英語のw、ドイツ語のj、そしてしばしばフランス語のy（yeux〈目〉など）は、開く音（u̯, i̯）を表しており、これに対して、uとiはǔとǐを表すために用いられる。しかし、開口度がもっと上がると（［e］と［o］）、内破と外破は、理屈の上では知覚可能なはずだが（aeea, aooaの場合）、実際には区別するのがとても難しい。最後に、上で見たように、最も開口度が大きい［ɑ］になると、内破も外破も起きない。なぜならば、この音素に関しては、開口度が大きいため、この種類の区別をなくさせてしまうからである。

　したがって、［ɑ］を除いては、音素の表を2倍にし、次のような最小の単位の一覧を作らなければならない。

第 2 章　発話連鎖における音素　　85

$\overset{><}{\text{pp}}$ など
$\overset{><}{\text{ff}}$ など
$\overset{><}{\text{mm}}$ など
$\overset{<>}{\text{rr}}$ など
$\overset{><}{\text{iy}}$ など
$\overset{><}{\text{ee}}$ など
a

　文字のおかげで示すことができる区別（y w）は取り消さないで、大事に取っておくことにする。この観点が正しいことについては、後の第 7 節で説明する。
　こうして初めて、抽象的な議論から抜け出すことができ、そして初めて、それ以上分割することができず、発話連鎖中に位置を占め、一定の時間を示す、具体的な要素が現れ出てきた。P のような音は、$\overset{>}{\text{p}}$ と $\overset{<}{\text{p}}$ に共通の特徴をまとめた、抽象的な単位に過ぎなかったのだと言える。$\overset{>}{\text{p}}$ や $\overset{<}{\text{p}}$ こそが、現実に耳にする音なのである。これは、B P M という音が、さらに高度な抽象化を経て、唇音の系列に統合されるのと全く同じである。P のような音は、動物の種と同じように考えることができるだろう。動物種には雄と雌の個体が存在しているのであって、その種の理想的な個体がいるわけではない。これまでは、このような抽象的な単位が区別し分類されてきたのだが、そこからさらに踏み込んで、具体的な要素に到達する必要があったのである。
　音韻論の大きな過ちは、このような抽象的な対象を、現実の単位だと見なし、単位の定義をもっと注意深く検討することをしなかったことである。ギリシア文字は、この抽象的な要素を区別することには到達していたのであり、そこから想定される分析は、すでに述べたように、極めて素晴らしいものであった。しかしそれでも、それは不完全な分析であり、ある程度のところで止まってしまった。
　それでは、これ以外の限定のない [p] とは、どんなものなのだろうか。発話の連鎖を構成する要素として、この音を時間の中で考察するとすれば、この音は特に $\overset{<}{\text{p}}$ だということはありえないし、$\overset{>}{\text{p}}$ でもなく、ましてや $\overset{><}{\text{pp}}$ でもない。この音群をさらに分割できないのは明らかだからである。そして、もしこの音を発話連鎖と時間から切り離して捉えたとしたら、それは、固有の実在ではなく、これ以上対処の仕様がないものでしかなくなる。それに、[l] + [g] のような音群は、そもそも何を意味しているのだろうか。2 個の抽象的単位では、時間の中での瞬間を構成することはできない。他方、$\overset{><}{\widehat{\text{ik}}}$、$\overset{<<}{\widehat{\text{ik}}}$、$\overset{><}{\widehat{\text{ik}}}$、$\overset{>>}{\widehat{\text{ik}}}$ について考察し、

こうして、パロール中の真の要素を結合することは、また別の問題である。以上のことから、2個の要素さえ持ち出せば、伝統的な音韻論に問題を突きつけるのに十分であり、抽象的な音韻的単位によって、これまでのように研究を進めることは不可能であることが証明される。

　これまで述べてきた理論では、発話連鎖の中で考察されるすべての音素について、例えば [pa] や [apa] 中の [p] では、内破と外破 ($\overset{><}{apa}$) があるとした。恐らく、すべての開放には、閉鎖が先行していなければならない。また別の例をあげれば、$\overset{><}{rp}$ を発音する場合、[r] のための閉鎖を実行した後で、[p] の閉鎖が唇の辺りで形成される間に、口蓋垂を使って、開放に向かう [r] を調音しなければならないことになりそうである。ただ、このような反論に答えるためには、どのような観点をとるのかを特定すれば十分である。分析しようとしている発声行動では、示差的要素だけを考慮に入れることにする。つまり、耳によく聞こえて、発話連鎖の中で聴覚的単位を確定することに寄与することができる要素である。考察すべきは、このような聴覚的・運動的単位だけである。例えば、外破の [p] の調音に伴う内破の [p] の調音は、この観点では存在しない。なぜならば、この調音は知覚できる音を作ることができないか、あるいは少なくとも、音素列を構成する要素としては数えられないからである。ここが最も肝要な点であり、これからの理論の展開を理解するためには、十分に納得しておかなければならない。

第3節　連鎖における外破と内破のさまざまな組み合わせ

　それでは、外破と内破が、可能な4つの組み合わせ ①＜＞、②＞＜、③＜＜、④＞＞ で連続することから、何が帰結するのかを見てみよう。

　①　外破－内破の群（＜＞）。最初が外破で、2番目が外破である2つの音素は、発話の連鎖を中断させることなく、いつも結合することができる。その例は、$\overset{<>}{kr}$, $\overset{<>}{ki}$, $\overset{<>}{ym}$ などである（サンスクリット語 $\overset{<>}{kr}$ta-〈購入〉、フランス語 $\overset{<>}{ki}$te (quitter〈離れる〉)、インド・ヨーロッパ祖語 $\overset{<>}{ym}$to-〈つかまれた〉など）。恐らく、$\overset{<>}{kt}$ などのようなある種の組み合わせは、実際に起こりえる聴覚的効果を持つことはないだろう。しかしだからと言って、開放に向かう [k] を調音した後で、ある点での緊張に移るために、音声器官が必要な位置を取ることが正しくないというわけではない。これら2つの発声局面は、互いを阻害することなく連続することができる。

　②　内破―外破の群（＞＜）。同じ条件、同じ留保のもとで、最初が内破で2

番目が外破である 2 つの音素を結合させることは、完全に可能である。例えば、
i̯m, k̯t など（ギリシア語 haîma（αἷμα）〈血〉、フランス語 actif〈活動的な〉など）。

　恐らく、ここで連続する調音時点は、先の場合に比べて自然に継起するということはないだろう。最初の内破と最初の外破の間には、次のような違いがある。外破は、口腔の形状が中立的になる傾向があるため、後続する調音時点に関わるということはないのだが、内破は、特定の位置を形成して、それがどの外破についても、開始点としての働きをすることはできない。このため、音声器官が 2 番目の音素の調音のために要求される位置を取るために、何らかの調整的な動きが常に必要となる。例えば、音群 sp̂ の [s] を調音している間に、開放に向かう [p] を準備するために唇を閉じなければならない。しかし、この調整的な動きは、聞き取れないほど小さな音を作り出すだけで、それを考慮に入れる必要もなければ、それが音連鎖の繋がりを阻害することも全くないので、何らかの価値あるものを作り出すことなどないということは、実際に観察してみれば分かる。

　③　外破の連鎖（＜＜）。2 つの外破を連続して発音することはできる。しかし、2 番目の外破に対応する音素の開口度が、最初のものより小さいか同じである場合、単位があるという聴覚的な感覚は得られない。このような感覚は、そうではない場合には認められるし、先にあげた 2 つの音群でも示されていた。p̌ǩ を発音することはできる（p̌ǩa のように）。しかし、これらの音が連鎖を形成することはない。なぜならば、P と K という音類は、開口度が同じだからである。このような発音はかなり不自然で、cha-p̌ǩa にある最初の [a] の後で休止を置くことで得られるようなものである。[原注1) これに対し、p̌ř は、音が連続しているという印象を与える（例えば、フランス語 prix〈値段〉）。ř y̌ も、それほどの困難はもたらさない（例えば、フランス語 rien〈何もない〉）。これはどうしてだろうか。それは、最初の外破が起きる瞬間には、音声器官はすでに、2 番目の外破を行うために必要な位置にあるため、最初の外破の聴覚的な効果が阻害されることはないからである。例えば、prix〈値段〉では、[p] が発音される間に、音声器官はすでに [r (ʁ)] を発音する態勢にある。しかし、これとは逆の音列 ř p̌ を、切れ目のない連鎖として発音することはできない。それは、開放に向かう ř を調音すると同時に、p̌ を調音する位置を取ることが、調音運動として不可能だということではなく、この ř の動きが、それより開口度の小さい p̌ と出会うことで、知覚されることができなくなるからである。したがって、ř p̌ を聞き取ってもらいたければ、これを 2 回繰り返さなければならないから、音の放出が阻害されることになる。

切れ目のない外破音の連鎖には、2つ以上の要素が含まれることもありうる。ただしその場合は、開口度の小さい音から開口度が大きい音に移る必要がある（例えば、k͏͏͏͏rwa）。特別な場合は除外し、あえて言及することはしないが(原注2)、並列可能な外破音の個数は、現実に区別することができる開口度の個数によって自然的な限界が決まるものと考えることができる。

原注1　恐らく、この範疇に属するある種の音群が、非常によく使われている言語もある（例えば、ギリシア語の kteínō (κτείνω)〈殺す〉に見られるような、語頭の [kt]）。ただ、発音するのは簡単であるが、この音群が聴覚的単位を構成することはない（次の原注を参照）。
原注2　理論を単純化することを目的としているので、音素についてここでは、開口度のみを考慮し、調音点や調音の個別的な特徴（有声か無声か、ふるえ音か側面音かなど）は考慮に入れない。唯一開口度についてだけの原理から引き出される結論は、したがって、あらゆる現実の事例に例外なく適用することはできない。例えば、trya[186]のような音群では、最初の3つの要素は、連鎖を中断しないで発音することは難しく、tryaのようになる（ただし、yがrを口蓋化して、両者が融合する場合は別）。しかし、try という3つの要素が形成する外破音の連鎖は完全である（meurtrier〈殺人者〉などについての p.96 の説明も参照）。これに対して、trwa[187]には問題がない。さらに、pmla などのような連鎖について言えば、鼻音を内破音として発音しないのはかなり難しい（pmla）。このような例外的な事例は、特に外破音について見られる。外破は、そもそも瞬間的な運動であり、遅れを許容しないからである。（編者）

④　内破の連鎖（＞＞）は、上とは逆の法則に従っている。ある音素が、それに後続する音素よりも開きが大きい限り、音が連続しているという印象がある（ir, rt）。この条件が満たされず、後続する音素が先行する音素よりも開口度が大きいか同等である場合は、発音は依然として可能ではあるが、音が連続しているという印象はなくなってしまう。例えば、asrta 中の sr は、cha-pka 中の音群 pk（上記 p.87 参照）と同じ特性を持っている。この現象は、外破の連鎖について分析した時の現象と完全に平行的である。rt 中の t は、先行する音素よりも開口度が小さいおかげで、r の外破がなくて済むようにしている。また、rm のように、2つの音素が同じ場所で調音されない連鎖を見てみると、m によって r の外破が必要でなくなることはないが、m の調音の際の開口度が r より小さいため、外破を完全に覆ってしまい、結果は前と同じことになる。そうでなければ、これとは逆の音群 mr の場合のように、外破はほとんど聞こえな

---

186)　trya [trja] は、フランス語の動詞 trier〈選別する〉の直説法単純過去3人称単数形 tria に当たる。
187)　trwa [trwa] は、フランス語の数詞 trois〈3〉に当たる。

いが、調音運動としてはどうしても必要なので、発話の連鎖を妨害することになる。

内破の連鎖は、外破の連鎖と同様に、先行する2つの音素のいずれもが、後続する音素よりも開口度が大きい場合には、その連鎖が2つ以上の要素を含むことがありうる（a͓r͓s͓t 参照）。

音連鎖が中断される事例は除外しておいて、「生理学的」とでも呼ぶことができる、通常の連続した連鎖のことを、今は考えることにしよう。それは、フランス語のparticulièrement〈特に〉という単語に見られるような連鎖、partıkülyermã である。この連鎖の特徴は、開口度の異なる内破音と外破音の連鎖が連続しているということである。これは、口腔の器官の開放と閉鎖の連続に対応している。

このように定義された通常の連鎖によって、次のような内容が実証できるようになる。そしてこれは、極めて重要である。

第4節　音節の境界と母音点

音の連鎖において、内破から外破に移ると（>|<）、「音節の境界」の指標となる、特別の効果が得られる。その一例は、particulièrementのik に見られる。調音運動の条件と、一定の聴覚的効果が規則的に一致している事例により、内破から外破に移る音群に、音韻論の枠組みの中で、固有の位置づけが確保される。この特徴は、音群がどのような種類の音素によって構成されていても変わらずに見られ、音素の可能な組み合わせの数と同じだけの種類を含む部類を構成する。

音節の境界は、ある場合には、同じ音素列の異なる2か所に置かれることがありうる。境界の位置は、内破から外破に移動する際の速度に応じて変わる。例えば、ardraという音群は、ardraのように切ろうが、ardraのように切ろうが、音の連鎖は阻害されない。なぜならば、内破音の列ardは、外破音の列drと同様に連続して段階づけられるからである。particulérement〈特に〉のülye [ylje]についても、事情は同じである。（ülye または ülye）。

次に指摘できるのは、無音から最初の内破に移る時（>）、例えばartiste〈芸術家〉のartの場合、あるいは、外破から内破に移る時（< >）、例えばparticulérement〈特に〉のpartのような場合、この最初の内破が作り出される時の音は、それ特有の効果、つまり母音の効果によって、隣接する音とは区別される。この効果は、[a]の音の開口度が最も大きいことによるのでは全くない。な

ぜならば、p̆rt についても、[r] がこれと同様の効果を作り出すからである。つまりこの効果は、どんな種類の音素であれ、つまり開口度が何であれ、最初の内破に本質的に属するものなのである。また、最初の内破が無音の後に起こるのか、それとも外破の後に起こるのかということも、この効果には無関係である。最初の内破という特徴によって、このような印象をもたらす音は、「母音点」と呼ぶことができる。

　このような単位は「鳴音」という名前でも呼ばれ、同じ音節内でこれに先行または後続するすべての音は「副鳴音」と呼ばれてきた。母音と子音という用語は、p.79 で見たように、これとは異なる種類の音を表している。鳴音と副鳴音が表すのは、音節中での機能の方である。このような二重の用語を用いることにより、これまで長い間続いてきた混乱を避けることができる。例えば、音類 I は、fidèle〈忠実な〉と pied〈足〉では、母音という点では同じである。しかし同じ音類が、fidèle では鳴音であり、pied では副鳴音である。このような分析で分かるのは、鳴音は常に内破音であるが、副鳴音は内破音（例えば、英語bŏi̭（表記は boy〈少年〉）中の i̭）であることもあれば、外破音（例えば、p̆y̌e（表記は pied〈足〉）中の y̌）であることもあるということである。この事実はまさに、2 つの種類の間に設定された区別の正しさを立証するものである。確かに実際のところ、[e] [o] [a] は規則的に鳴音であるのだが、それは単なる偶然の一致である。というのは、これらの音は、他のすべての音よりも開口度が大きいため、常に内破音の連鎖の先頭に位置するからである。これとは逆に、閉鎖音は、開口度が最も小さいため、常に副鳴音である。実際上は、開口度 2, 3, 4 の音素（鼻音、流音、半母音）が、周囲の環境と調音の性質に応じて、どちらかの役割を持つ。

第 5 節　音節化理論の批判

　人間の耳は、あらゆる発話連鎖中で、音節への区分を知覚し、あらゆる音節中の鳴音を知覚する。これら 2 つの事実はよく知られているが、音節や鳴音の存在理由は何なのだろうかという疑問は出てくるだろう。これに対しては、さまざまの説明がある。

　① ある種の音素が他の音素よりも聞こえがよいことに注目して、音節の基礎を音素の聞こえに置くことが試みられた。しかしそうなると、[i] や [u] のような有声の音素が、必ずしも音節を形成することがないのは何故なのかという疑問が生じる。そして次に、[s] のような摩擦音でも、例えば pst[188] の場合

のように、音節を作ることができるのだとすると、聞こえの範囲はどこまでにすればよいかという問題もある。隣接している音の総体的な聞こえだけが重要だというのならば、w̥l̥（例えば、インド・ヨーロッパ祖語の wlkos (*wl̥kʷos)〈狼〉）のように、聞こえの小さい方の要素が音節を作っているような音群は、どう説明すればよいのだろうか。

② ジーファース氏[189]は、母音に分類される音が、母音としての印象を与えないこともありうることを最初に実証した（例えば、上述のように、y [j] と w [w] は、[i] と [u] に他ならないこと）。しかし、このような二重の機能、あるいは二重の聴覚的効果（こう呼ぶのは、「機能」という言葉は、ここではこれ以外の意味を持たないからである）は、どうして生じるのだろうかという疑問に対しては、こういう音は、「音節的アクセント」を受けるかどうかによって、こういう機能を持つのだと答えることになる。

しかし、これは循環論法である。まずは、鳴音を作り出す音節的アクセントを、どんな状況でも好き勝手に取り除くことが自由にできるのだとしたら、そのアクセントを、鳴音的ではなく音節的だと呼ぶ理由はない。また、音節的アクセントに意味があるのだとしたら、それは明らかに、音節についての法則を引き合いに出していることになる。しかし、そのような法則が提示されていることもなければ、この鳴音的性質に「音節形成的」という名前まで与えている。それはまるで、音節が形成されるのは、このアクセントのおかげだと言っているようなものである。

本書で主張している方法が、上の2つの方法とは対立するものであることは、次のように理解される。発話連鎖の中に見出されるような音節の分析によって、開放に向かう音と閉鎖に向かう音という、それ以上は分割できない単位を取り出し、次に、これらの単位を結合して、音節の限界と母音点を定義することができた。こうすることにより、どのような生理的条件のもとで、このような聴覚的効果が生み出されることになるのかが分かる。ところが、上で批判した諸理論は、これとは逆の道筋をたどっている。つまりこれらの理論では、孤立した音素類を取り上げ、これらの音から、音節の限界や鳴音の場所を導出できると主張されている。確かに、何らかの音素列が与えられた場合、それらの音素を調音する、他よりは自然で容易な方法はありうる。ただ、開放に向かう調音

188） ドイツ語の pst は「静かに」という意味の間投詞。フランス語の pst は、人を呼んだり注意を引いたりする時に発せられる間投詞。
189） Georg Eduard Sievers (1850–1932)。ドイツの言語学者、音声学者。ゲルマン語の韻律を研究。

と閉鎖に向かう調音のどちらかを選択する能力は、広い範囲で認められるのであり、音節化は音素類に直接依拠しているのではなく、このような選択に依拠しているのである。

　ただ恐らく、ここで述べている理論では、すべての問題を尽くして解決できるというわけにはいかない。例えば、母音連続は、非常に頻繁に用いられるが、これは発話者の意志が介在しようがしまいが、「中断された内破の連鎖」に他ならない。例としてあげられるのは i-a̭ (il cria〈彼は叫んだ〉中) や a̭-i (ébahi〈唖然とした〉中) などである。この連鎖は、開口度の大きな種類の音韻についての方が容易に生じる。

　これと並んで「中断された外破の連鎖」の例もある。この連鎖には段階がなく、通常の音群と同じ資格で音列中に加わる。この例については、ギリシア語の kteínō〈殺す〉に関して、p.87 の注で触れた。さらに例えば、[pzta] という音群があるとしよう。普通ならば、この音群は p̌žťa としか発音できない。したがって、この音群は 2 個の音節を含んでいなければならず、[z] を喉音化した音を明瞭に聞き取ってもらおうとすれば、実際音節は 2 個になる。しかし、この [z] が無声化すれば、この音は開口度が最も小さい音素に属するから、[z] と [a] の対立により、1 個の音節しか知覚されないようになり、ほとんど p̌žťa のように聞こえることになる。

　このような種類の事例すべてについて、意志や意図を介在させることにより、発音をうまくごまかして、生理学的な必要性をある程度はそらすことはできる。しかし、これら 2 つの種類の要因のそれぞれに、どの程度の割合が振り向けられるかを正確に言うことが難しい場合が多い。ただ、事情がどうであれ、発声には内破と外破の連続が想定されるのであり、これこそが音節化の根本的な条件なのである。

第 6 節　内破と外破の持続時間

　外破と内破の働きによって音節を説明することで、重要な考察へと導かれる。それは、韻律に関わる事実の一般化に他ならない。ギリシア語とラテン語の単語については、2 種類の長音節が区別される。本質的な長音節 (māter [ma:ter]〈母〉) と位置による長音節 (factus [faktus]〈なされた〉) である。どうして factus にある fac [fak] が長音節だとされるのだろうか。その答えとしては、ct [kt] という音群があるからだとされる。しかし、長音節になる理由がこの音群そのものにあるのだとしたら、2 個の子音で始まる音節ならどれでも、長い音量を

持つことになるだろう。しかし、実際にはそんなことはない（例えば clĭens [kliens]〈被保護平民〉など）。

　本当の理由は、持続時間に関して、外破と内破は本質的に異なっているということである。外破は常に急速に起こるので、耳には不合理なほどの音量が残る。外破音が母音的な印象を決して与えないのもこのためである。持続を知覚できるのは内破だけである。ここから、内破が母音で始まる場合は、その母音が実際より長く持続する感覚が生じる。

　一方で、閉鎖音または摩擦音＋流音で構成される音群の前に母音がある場合、この母音は2通りに取り扱われることが分かっている。patrem〈父を〉では、[a] は長くても短くてもよいのだが、これは上と同じ原理に由来している。実際、t̂r と t̂r は同じように発音可能である。最初の調音の方法だと、[a] の持続は短くてよい。2番目の方法では、長音節が作り出される。このように [a] を2通りに取り扱うことは、factus のような単語ではできない。なぜならば、ĉt ではなくて ĉt だけが発音可能だからである。

第7節　開口度4の音素　二重母音　表記の問題

　最後に、開口度4の音素についても、いくつかの考察をしておく。p.84 で見たように、他の音の場合に確認されるものとは異なり、これらの音には2種類の文字が用いられる（w = ŭ, u = ŭ, y = ĭ, i = ĭ）。それは、aiya [aija] や [auwa] のような音群では、＜と＞で示される区別が、他のどの場合にくらべてもよく知覚されるからである。ĭ と ŭ は、母音の印象を明確に与えるし、ĭ と ŭ は子音の印象を与える。^{原注1)} この事実を説明するつもりはないが、この子音的 [i] は、閉鎖に向かう局面では決して存在しないことは観察される。したがって、[ai] では、ĭ が aiya [aija] 中の y [j] と同じ効果をもたらすことはありえない（英語の boy〈少年〉とフランス語の pied〈足〉を比べてみればよい）。したがって、y [j] が子音で、[i] が母音であるのは、位置によるものである。というのも、音類Ⅰのこれらの変種は、どこでも同様の現れ方をすることはできないからである。[u] と [w]、ü [y] と ẅ [ɥ] についても、同じ指摘ができるだろう。

原注1　開口度4のこのような要素と、硬口蓋有声摩擦音（ドイツ北部方言の liegen [liːjən]）を混同してはならない。この種類の音韻は子音に属し、子音の性質をすべて備えている。

このことによって、二重母音の問題が解決できる。二重母音は、内破の連鎖の特別な事例に過ぎない。音群 a̋rta と a̋uta は完全に平行的である。両者の間には、2番目の要素の開口度の違いがあるだけである。二重母音は、2つの音素から成る内破の連鎖であり、2番目の母音が比較的に開いている。ここから、特別の聴覚的印象が生じてくる。このような音群の2番目の要素の中で鳴音が持続しているのだと言ってもいいかもしれない。これとは逆に、t̋ya のような音群は、最後の外破音の開口度を除いては、t̋ra のような音群と区別される点はない。だとすると結局のところ、音韻学者が上昇二重母音と呼んでいる音群は、二重母音ではなく外破音と内破音の列であり、最初の要素が比較的開いているが、聴覚の観点からは特別の効果は生じないものだ（t̋ya）ということになる。űo や ı̋a のような種類の音群で、u と i に強勢があるものは、ドイツ語の方言に見られるが（buob〈幼児〉, liab〈可愛い〉など）、これらの音群も同様に見せかけの二重母音であり、őu, a̋i などのような統一体としての印象をもたらさない。また、űo を、連鎖を中断させずに内破音＋内破音として発音するのは、この音群には本質的に存在しない統一性を、人工的に無理に作り出すというのでもなければ、不可能である。

　二重母音のこのような定義は、内破の連鎖についての一般原理へと帰着する。二重母音は、音韻現象の中でも、他とは一致点がなく、分類できないものだと思われるかもしれないのだが、この定義を見れば、そうではないことが分かる。つまり、二重母音に特別の位置を割り当てる必要はない。それ本来の特性は、現実には何の興味も惹かないし、重要性もない。確定することが重要なのは、鳴音の終わりではなくて始まりなのである。

　ジーファース氏を初め多くの言語学者たちは、i, u, ü, r̥, n̥, などと i̯, u̯, ü̯, r, n など（i̯ ＝非成節的、i ＝成節的）を表記の上で区別していて、mirta, mai̯rta, mi̯arta と表記しているが、本書の方法では、mirta, mairta, myarta のように表記する。i と y は同じ音韻類に属することが確認されているので、まず何より両者を統一する同じ記号を使おうと思ったわけである（これは、並列された音韻類によって音列が構成されているという考えと何も変わりがない）。しかしこのような表記は、耳で聞こえる証拠に基づいてはいるものの、理屈には反していて、するべき区別をしていないとしか言いようがない。つまり以下のようなことである。① 開放に向かう [i] [u]（＝ y, w）と閉鎖に向かう [i] [u] を混同している。だから例えば、newo と neuo を区別することができない。② これとは逆に、閉鎖に向かう [i] [u] を2つに分けている（mirta と mairta のような場合）。このような表記がもたらす不都合をいくつかあげてみる。古代ギリシア語の dwís と

dusí[190]、そして rhéwō と rheûma[191] の組を見てみると、これらの組における対立は、正確に同一の音韻的条件で生じており、表記上も同一の対立で表されている。[u] に後続する音素の開きが大きいか小さいかに応じて、開放に向かう [w] になるか、閉鎖に向かう [u̯] になるかが決まる。ところが、du̯is, dusi, rheu̯ō, rheu̯ma などのように表記すると、このような事実はすべて消え去ってしまう。同様に、インド・ヨーロッパ祖語の māter, mātrai, māteres, mātrsu[192] と sūneu, sūnewai, sūnewes, sūnusu[193] という 2 つの系列は、一方では [r] を、他方では [u] を 2 通りに取り扱っているという点で、厳密に平行的である。2 番目の系列では、少なくとも内破と外破の対立は、表記の上で区別されており、ここで批判している表記法 (sūnu̯e, sūneu̯ai, sūneu̯es, sūnusu) では、この対立が見えにくくなっている。したがって、開放に向かう音と閉鎖に向かう音の間で、慣習的になされてきている区別を保持する必要があるだけでなく、すべての体系に拡大して、例えば、māter, mātɾai, mātɾes, mātrsu のように表記すべきだろう。こうすることで、音節化の働きが明瞭に見えてきて、母音点と音節の境界が自然と確定してくることになる。

編者注
　ここで提示した理論に、いくつもの問題があることは明らかであり、ソシュールも授業の中でそのいくつかに触れている。以下にその代表例をあげる。

1. ジーファース氏は、同じ音が交替で、2 度鳴音として、2 度子音として機能している典型的な例として、beritn̥nn̥n (ドイツ語の berittenen〈騎乗する〉) をあげている (実際には、[n] はここでは 1 度しか子音としての働きをしておらず、beritnnn と書くべきなのだが、それは大した問題ではない)。「音」と「音類」が同義語ではないことを示すためには、この例ほど分かりやすく適切なものはないだろう。実際、2 つの [n] が同じ、つまり、内破音とそれが持続する調音だとしているままでは、ただ 1 つの長音節があると考えられるだけだろう。鳴音と子音の [n] の交替があるとするためには、内破 (最初の [n]) に外破 (2 番目の [n]) が続き、それからまた内破が起こる (3 番目の [n]) と考えなけれ

---

190) 古典ギリシア語の dis (δίς)〈2 度〉, duoin (δυοῖν) = duo (δύο)〈2〉の与格に対応する。
191) 古典ギリシア語の rhéo (ῥέω)〈流れる〉, rheûma (ῥεῦμα)〈流れ〉に対応する。
192) 「母」を意味する名詞の、単数主格、単数与格、複数主格、複数処格。
193) 「息子」を意味する名詞の、単数主格、単数与格、複数主格、複数処格。

ばならない。一方の内破音が他方の内破音に先立たれるということはないのだから、これら 2 つの音は鳴音的な特徴を持つことになる。

2. meutrier〈殺人者〉や ouvrier〈労働者〉などのような種類のフランス語の単語では、語末の -trier, -vrier は、かつては 1 音節を形成するだけだった（このことは、発音の方法がどうであれ同じだった。p.88 を参照）。後になると、これらの語尾は 2 音節（meur-tri-er、母音連続はある場合もない場合もある、つまり -trĭe または trĭye）で発音されるようになった。この変化が生じたのは、要素 [i] に「音節的アクセント」を置いたことによるのではなく、内破の調音と外破の調音を変更したことによる。

大衆は ouvrier [uvʁije] の代わりに ouvérier [uveʁije] と言っているが、これも今述べたのと全く似たような現象である。3 番目の要素ではなくて、2 番目の要素の調音が変化し、これが鳴音になっただけである。つまり、uvrye → uvrye ということである。[e] の音は、鳴音の r [ʁ] の前で、後になってから加えられることができた。

3. フランス語で、子音が後続する [s] の前に母音が添加される、よく知られた事例を見てみよう。例えば、ラテン語 scutum〈盾〉→ iscutum → フランス語 écu。p.88 で見たように、音群 sk では連鎖が妨げられており、sk の方が自然である。しかし、この内破音の [s] は、文の先頭や、先行する単語が開口度の小さい子音で終わっている場合には、母音点を形成しなければならない。語頭に添加される [i] や [e] は、この鳴音的性質を強調する役割を持つだけである。つまり、ほとんど知覚できない音韻的な特性はすべて、それを保持しようとすれば、拡大される傾向が出てくる。同じ現象は、esclandre〈騒動〉[194] や、esquelette〈骸骨〉, estatue〈彫像〉[195] のような大衆的発音にも見られる。さらに同じ現象が、前置詞 de の俗語的発音にも見出される。それは、un œil ed tanche〈テンチの目〉で、de が ed と記される場合である。まず、de tanche が語中音消失によって d'tanche となった。しかし、この位置でも聞き取れるようにするためには、[d] は内破音、つまり dtanche のようでなければならない。このため、先の事例と同じように、この音の前に母音が添加されることになった。

4. インド・ヨーロッパ語の鳴音の問題に立ち返って、例えば、古高ドイツ語

---

[194] 中世ラテン語の scandalum（罠、障害）が変化してフランス語の scandale（悪評、醜聞）になったのだが、これに加えて、語頭に e が添加された結果作られた esclandre もある。

[195] 正式のフランス語では squelette（＜ギリシア語 skeletós (σκελετός〈ミイラ〉), statue（＜ラテン語 statua〈彫像〉）。

の hagl〈あられ〉が hagal に変化したのに、balg〈皮〉はそのままだった理由を考える必要はもうないだろう。今あげた balg にある [l] の音は、内破音の連鎖の 2 番目の要素（ba̋lg）であり、副鳴音としての役割を果たしていて、機能を変更する理由はなかった。これに対し、hagl の [l] は、同様に内破音ではあったが、母音点を形成していた。つまり鳴音性を持っていたということで、このため、その前にさらに開きの大きい母音を加えることができた（表記上の証拠を信じなければならないのだとしたら、その母音は [a] である）。ただし、この母音は時間の経過とともに弱まってしまった。というのも、現代ドイツ語のHagel は、再び hagl と発音されているからである。まさにこの点で、ドイツ語のこの単語の発音と、フランス語の aigle〈鷲〉の発音は異なっている。ゲルマン語の単語にある [l] は閉鎖に向かう音だが、フランス語の音は開放に向かっており、語末には無音の e[196] が加えられる（egle）。

---

196)　無音の e は、国際音声字母では [ə] で表される、中舌のやや狭い母音である。

第1部
一般原理

第1章
言語記号の性質

第1節　記号、シニフィエ、シニフィアン

　ラングを、その根本原理に引き戻すと、それは用語集、つまりそれぞれがどれかの事物に対応している用語の目録だと考える人もいる。例えば、次の図のようなものである。

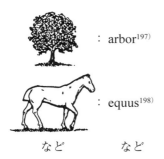

: arbor[197)]

: equus[198)]

など　　　など

　このような考えは、多くの点で批判されるべきところがある。まず、この考えは、単語に先立ってすでに全部出来上がった観念があることを前提としている（この点については、後の p. 158 を参照）。そして、名前が音声的な性質を持つのか、それとも心的な性質を持つのかについても教えてくれない。arbor は、どちらの側面からでも考察することができるからである。最後に、このように考えると、名前と事物を結びつけている関係は、全く単純な操作であるように思えてくるが、それは真実からかけ離れている。とは言え、このような過度に単純化された見方の方が、真実に近づいているところもある。言語的な単位には二重性があって、2つの辞項を結びつけて作られるものだということを示してくれているからである。

　p. 29 で、パロールの回路に関して、言語記号に含まれる辞項はすべて心的なものであり、連合の関係によって人間の脳内で結合されていることを見た。この点については、改めて強調しておこう。

　ただし言語記号が結びつけているのは、事物と名前ではなく、概念と聴覚映

---

197)　arbor はラテン語で「木」を表す単語。
198)　equus はラテン語で「馬」を表す単語。

像である。[原注1] 聴覚映像は、物質的な音、つまり純粋に物理的なものではなく、音の心的な刻印、つまり人間の感覚によってその存在が証拠づけられる表示である。この表示は感覚に関わるものであり、「物質的な」性質があるとしたら、それは感覚が関わるという意味と、結合されているもう1つの辞項、つまり一般的にはより抽象的な対象である概念と対立しているという意味においてのみである。

原注1　聴覚映像という用語は、あるいは限定的に過ぎると思われるかもしれない。なぜならば、単語については、その音の表示以外にも、調音の表示や、発声行為の際の筋肉の映像などもあるからである。しかしソシュールにとって、ラングは基本的には貯蔵庫であり、外部から受け取ったものである。聴覚映像は第一に、ラングの潜在的な要素として単語を自然的に表示したものであり、パロールによって実現されたすべてのものの外部にある。発声運動に関わる側面は、したがって明確に指摘する必要がないか、あるいは少なくとも、聴覚映像に比べると従属的な地位を占めているに過ぎない。（編者）

　自分の聴覚映像の心的な特徴は、自身のランガージュを観察してみればよく見えてくる。唇や舌を動かさなくても、自分自身に話しかけることができるし、詩作品を心の中で朗唱することもできる。ラングの単語が人間にとっては聴覚映像であるからこそ[199]、聴覚映像を構成している「音素」について語ることは避けなければならない。音素という用語は、発声行為を想起させてしまうため、声に出された単語、つまり、内部の映像が談話中で実現したものを言う場合にだけ使うのが適切である。単語の「音」や「音節」について述べる場合には、そこで問題になっているのは聴覚映像であることを忘れない限りは、このような誤解が避けられる。
　このように、言語記号は2つの側面を持つ心的な実体であり、次のような図で表される。
　これら2つの要素は密接に結びついていて、互いになくてはならないものである。ラテン語のarborの意味を調べる時であれ、あるいは「木」の概念を表すラテン語の単語を調べる時であれ、この言語で認められている

199）　ラングの要素としての単語は、シニフィアンとしての聴覚映像と、シニフィエとしての概念の結合体なのだから、単語が聴覚映像だとするのは適切ではない。ここでは、単語を構成する要素が具体的な音声ではなく、抽象的な聴覚映像であることが言われているのだと理解しなければならない。

関係だけが現実に適合している[200]と思われるのであり、それ以外の関係は、どんなものが想像できたとしても、すべて排除される。

　このように定義すると、用語についての重要な問題が出てくる。まず、概念と聴覚映像の結合体を「記号」と呼ぶことにする。ただ、普通に使われる場合、この用語は聴覚映像だけを表すのが一般的であり、単語（arborなど）がその例である。この際に忘れられているのは、arborが記号と呼ばれるのだとしたら、それは「木」という概念を表す限りにおいてだということである。そしてそのことによって、感覚に関わる部分の観念が、全体の観念を含意するようになるのである。
　こういう曖昧性を解消させるためには、上に出てきた3つの心象を、対立しながらも互いを想起させるような名称で表すようにすればいいだろう。全体を表すためには「記号」という単語を前と同じように当てることにするが、「概念」と「聴覚映像」は、それぞれ「シニフィエ」（signifié）と「シニフィアン」（signifiant）と呼ぶことにしたい。これらの用語を使う利点は、両者を互いに区別し、また両者が属している全体と両者を区別している対立を明示できることである。「記号」の方は、これで十分だと思うのだが、それは、日常言語で他の対象が連想されるということはなく、この用語に代えることができるものを知らないからである。
　このように定義された言語「記号」には、2つの最も重要な特徴がある。その特徴を述べることで、この種のあらゆる研究の原理をも提示できることになる。

---

[200]　ラテン語ではarborという音列には「木」という意味しか結合しておらず、「木」を意味する音列としてはarborしかないというのが、この言語に関する現実であり、arborが他の意味を表したり、「木」という意味に対応する音列として他のものがあったりするということはない、ということを言っている。

第2節　第一原理：記号の恣意性

　シニフィアンをシニフィエと結合している関係は恣意的である。さらに言えば、シニフィアンとシニフィエが連合した結果の全体が記号だと理解されるのだから、もっと簡単に「言語記号は恣意的である」と言うことができる。

　例えば、«sœur»〈姉妹〉の概念は、これに対応するシニフィアンとしての働きをしている音列 s-ö-r [sœʁ] と結びついてはいるが、その関係は内在的なものでは全くない。つまり、同じ概念が、他のどんな音列によっても表されることができるはずである。その証拠として、言語による違いが見られるし、そもそも異なった言語が存在しているという事実もある。«bœuf»〈雄牛〉というシニフィエに対応するシニフィアンは、国境のこちら側では b-ö-f [bœf] であるが、向こう側では o-k-s (Ochs) である。[201]

　言語記号の恣意性という原理には、誰も異論を唱えられない。ただ多くの場合、真実を発見することの方が、その真実にふさわしい地位を与えることよりも容易である。今述べた原理は、ラングの言語学全体を支配しており、そこから帰結することは無数にある。ただし、原理からの帰結が、すべて同じように明白に直ちに現れてくるようなことがないというのは確かである。数々の曲折を経てようやく見出すことができるのであり、それと同時に、この原理が極めて重要であることも明らかになる。

　ついでに次のことにも注意しよう。記号学が組織される際には、パントマイムのように全く自然な記号に基づく表現方法が、記号学にとって正当なものなのかは、疑問に思ってみる必要があるだろう。記号学でこのような方法が受け入れられたと仮定しても、その主要な対象が、記号の恣意性に基づく体系の全体であることに変わりはないだろう。実際、社会において受け入れられているすべての表現手段は、原則として、集団的な習慣、あるいは、結局は同じことなのだが、規約に基づいている。例えば、敬意を示す身振りは、ある種自然的な表現性を備えていることが多いのだが（中国人が皇帝に挨拶する時に、地面に9回ぬかずくこと[202]を思ってみよう）、これであってもやはり規則によって決まっているものである。この規則が、これらの身振りを使うように強制しているのであって、そこに内在的な価値があるからではない。したがって、完

---

201)　フランスとドイツは国境によって隔てられており、国境の西側のフランス語では「雄牛」を bœuf [bœf] と呼び、東側のドイツ語では Ochs [ɔks] と呼ぶということ。
202)　この行為を「九拝」と呼ぶ。

全に恣意的な記号は、記号学の方法の理想を、他の記号よりもよく実現するものだと言うことができるだろう。このことから、ラングは、表現の体系の中で最も複雑であり、最も広く使われているのだから、すべての記号の中で、その特徴を最もよく表すものであることが分かる。この意味で、ラングは個別の体系であるにしても、言語学は記号学全体を一般的に統括するものになりうる。

　言語記号、より正確に言えばここでシニフィアンと呼んでいるものを表すために、かつては「象徴」という用語が用いられた。この用語を受け入れることにはいくつか不都合がある。上で述べた第一原理が、まさにその理由である。象徴は、完全に恣意的であることは決してないという特徴を持つ。つまり象徴は中身が空虚だということはなくて、シニフィアンとシニフィエの間には、自然的な関係の痕跡がある。例えば、正義の象徴としての天秤を、何にでも、例えば戦車のようなものに置き換えることはできないだろう。

　「恣意的」という用語にも注意が必要である。[203] シニフィアンが発話主体の自由な選択に委ねられるという考えが、この用語によって出てこないようにしなければならない（後に述べるが、言語集団内で一旦確定されると、記号に変更を加える力を個人が持つことはない）。むしろ、シニフィアンには動機づけがない、すなわち「無契的」[204] だと言った方がいいだろう。つまり、シニフィエとの関係は恣意的であり、現実世界でシニフィアンはシニフィエとの間に自然的なつながりを持たないということである。

　この節を終える前に、この第一原理を確定することに対して出されるかもしれない2つの反論をあげておこう。

　① 「オノマトペ」[205] を持ち出せば、シニフィアンの選択がいつも恣意的だとは限らないことになるかもしれない。しかし、オノマトペは、言語体系の本質

---

203) 「恣意的」は「勝手気まま」という意味を表すから、個人が勝手にシニフィアンを決めることができるかのような印象を与える可能性があるが、シニフィアンとシニフィエとの関係は言語集団が決めるのだから、個人が決定に関わることはできないということ。
204) 「動機づけ」とは、記号が形成される際に、シニフィエの基礎となる事物の断片が刺激となって、そこから直接的に特定のシニフィアンが選択されることを意味すると考えられる。動機づけがあることは「有契的」、動機づけがないことは「無契的」と呼ばれる。
205) 「オノマトペ」はフランス語 onomatopée に由来する用語。日本語の擬声語、擬態語の両方を包括する意味を持つ。ギリシア語の ónoma〈ὄνομα〉〈名前〉と poiéō〈ποιέω〉〈作る〉の複合語。

的な要素では全くない。そもそもオノマトペの数は、思われているほど多くない。fouet〈鞭〉や glas〈弔鐘〉のような単語は、あるいはそれらしい響きがあるように聞こえる人もいるかもしれない。[206] しかし、語源であるラテン語の形にまでさかのぼれば、これらの単語が最初からこのような特徴を持っているわけではないことが分かる（fouet は fagus〈ブナ〉に、glas は classicum〈トランペット（による戦いの合図）〉に由来する）。現在これらの単語の音が持つ性質、あるいはむしろ、その音にあるように思われる性質は、音変化により偶然生じたものである。

　本物のオノマトペ（glou-glou〈ごぼごぼ、どくどく〉や tic-tac〈チクタク〉などのようなもの）については、数が非常に少ないだけでなく[207]、その選択もすでにある程度は恣意的である。なぜならばそれらは、ある種の騒音を大ざっぱに真似しているだけで、すでに半ば慣習的なものに過ぎなくなっているからである（フランス語の ouaoua［wawa］とドイツ語の wauwau（どちらも、犬の鳴き声「ワンワン」）を比べてみれば分かる）。さらに、一度ラングの中に組み入れられれば、オノマトペと言えども、他の単語と同様に、音変化や形態変化を多少なりとも蒙ることになる（例えば、フランス語の pigeon〈ハト〉は、俗ラテン語の pipiō に由来するが、このラテン語自体はオノマトペ由来である）。この事実は、オノマトペが最初の特徴を一部失って、動機づけがないという言語記号一般の特徴を持つようになっていることの明白な証拠である。

　② 「感動詞」[208] は、オノマトペに非常に近く、同様の説明をすることができるし、ここで主張している内容を危うくするものではない。感動詞についても、現実を自発的に表現したもので、言わば自然に主導されているものなのだと思いたくはなる。しかし、感動詞の大部分については、シニフィエとシニフィアンの間に必然的な関係があると言うことはできない。この点については、2つの言語を比べてみれば十分で、このような表現が言語ごとにどれくらい違っているのかが分かる（例えば、フランス語の aie!〈痛い〉に対応するドイツ語は au! である）。また、多くの感動詞は、一定の意味を表す単語に由来することも分

---

[206] 鞭が「ヒュー」とうなる音が「フエ」に似ていて、鐘の「ガーン」と鳴る音が「グラ」を思わせるということ。
[207] 真性のオノマトペは、西洋語では数が非常に少ないが、日本語、朝鮮・韓国語、中国語、ベトナム語などでは種類も数も多い。
[208] 感動や感情に伴って発話される声を表す単語。日本語なら、「ああ」「おお」「ほー」「へー」「きゃー」など。文法用語としては「間投詞（interjection）」の方が一般的。

かっている (diable![209] mordieu! = mort Dieu![210] など)。

要するに、オノマトペも感動詞も、その重要性は二次的であり、それが象徴としての起源を持つことは、一部疑わしいところがある。

第3節　第二原理：シニフィアンの線状性

シニフィアンは、聴覚的な性質を持っているから、時間の中でだけ展開し、時間に由来する特徴を持つ。すなわち、a) 広がりを示す。そして b) この広がりは、ただ1つの次元で測定可能である。つまり、シニフィアンは線である。

この原理は自明ではあるが、これについての説明はこれまでなされて来なかったように思える。それは恐らく、あまりにも単純なことだと考えられたからだろう。しかしこの原理も基本的なものであって、そこから帰結するものは数えきれないほどあり、その重要性は、最初の法則に匹敵する。実際、ラングのすべての機構はこの原理に基礎を置いている (p.172 を参照)。視覚的なシニフィアン (海洋信号など) には、同時に多次元にわたる複雑性が見られるが、これに対して聴覚的なシニフィアンは、時間の線のみを用いる。したがって、その要素は一方向的に提示され、連鎖を形成する。聴覚的シニフィアンを文字によって表記し、時間の中での連続を、文字記号による空間的な線に置き換えてみれば、この特徴が直ちに見えてくる。

ただし、このことが明白に分からない場合もある。例えば、ある音節にアクセントを置いて発音する場合、同じ点の上に複数の異なった意味的要素を集積しているようにも思える。しかしそれは幻想である。音節とそのアクセントは、1個の発声行為を構成しているだけであり、この行為の内部には二重性などなく、並列する要素との様々の対立があるだけである (この点については p.182 を参照)。

---

[209] diable は「悪魔」。驚き、疑い、不安、不満あるいは賞賛などを表す間投詞。
[210] mordieu は悪態、ののしりの間投詞。mort は「死んだ」、Dieu は「神」。

第2章
記号の不変性と可変性

第1節　不変性

　表される意味に関して、シニフィアンは自由に選択できるように思えるにしても、これとは逆に、それを用いる言語共同体については、シニフィアンは自由ではなく、強制されるものである。大衆が意見を求められることはなく、ラングによって選択されたシニフィアンは、他のものに置き換えられることもないだろう。この事実は矛盾をはらむようにも思えるのだが、俗に「（手品師に）選ばせられたカード」[211] とでも言えばいいだろう。ラングは「選べ」と言われるのだが、次にこう付け加えられる「その記号であって、他のでは駄目だ」。一度決まった選択はどんなものであれ、個人がそうしたいと思っても、変更することはできないし、これが大衆であっても、どの1つの単語に対してもその支配権を行使することはできない。大衆は、現にあるラングに束縛されているのである。

　したがってラングは、純粋で単純な契約と同じようなものだと考えることはできない。そしてまさにこの面で、言語記号の研究が特に興味を引くのである。というのは、集団の中で認められた法則が、従うべきものであって、自由な意志で同意された規則ではないことを証明しようとする場合、最も明白な証拠を提示してくれるのがラングだからである。

　それでは、言語記号がどのようにして人間の意志を逃れるのかを見て、それから、この現象に由来する重要な帰結を引き出すことにしよう。

　どんな時代でも、またどんなに時代をさかのぼっても、ラングは常に、先行する時代の遺産であるように思える。そうすると、ある一定の時期に、名前を事物に対して分配し、その結果、概念と聴覚映像との間に契約が交わされるこ

---

211)　手品師が「フォース（force）」という技を使うことにより、手品師が選ぶように仕向けたカードを、客は自分で選んだかのように錯覚する。

とになった行為があったようなことを、想像することはできるだろうが、そういうものがかつて確認されたことは全くない。もっとも、言語記号の恣意性のことを、非常に鋭敏に意識しようとすると、そのような事態が起こったのではないかという考えも出てくる。

しかし実際には、先行する世代から受け継がれ、ありのままで受け入れられる産物として以外のラングは、社会には存在していないし、かつて存在したこともない。このため、ランガージュの起源に関する問題は、一般に考えられているほどの重要性を持たない。[212] そもそもこれは、問題として設定されるものでもない。言語学の真性にして唯一の対象は、すでに作り上げられた固有語が、日常的、規則的にはどのような姿をしているのかということである。ラングの一定の状態は、常に歴史的な要因の産物であり、記号が不変であること、つまり、記号があらゆる恣意的な置換を受け入れないことの理由は、この要因によってしか説明されない。

しかし、ラングが過去の遺産だと言うだけで、さらに解明を進めなければ、何も説明できない。現に存在し過去から受け継がれた法則を、時代が変わる際に変更することはできないのだろうか。

こう反論することは、ラングを社会的な枠組みの中に位置づけて、他の社会制度についてと同様の方法で問題を設定することにつながる。それでは、これらの社会制度はどのようにして伝えられていくのだろうか。これが、不変性の問題を包含する、さらに一般的な問題である。まずは、ラング以外の諸制度が、どの程度の自由度を持っているのかを評価しなければならない。制度のそれぞれについて、変えられない伝統と、社会の自由な裁量との間の均衡はさまざまに異なっていることが分かるだろう。次に、ある特定の分野で、第1級の要因が、第2級の要因に比べて、程度の違いこそあれ強力であるのはなぜなのかを探究する。そして最後にラングに戻って、ラングを伝達する歴史的な要因が、ラングの全体を支配しており、この要因によって、全体的な、突然の言語変化がすべて排除される理由を考えることにする。

この問題を解決するためには、多くの議論を活用することができるだろう。

---

[212] 言語が歴史の産物だとすれば、どんな時代の言語も、その前の言語を前提としなければ存在することはありえない。したがって、言語の起源を問うことは無意味になる。これがソシュールの考えであるが、人類の言語がアフリカ東部で誕生したという学説が正しいとすれば、それがどのような過程を経て生まれたのかということは、問題としては設定することができる。

例えば、ラングの変化は、世代が連続していることに関係しているのではないと言うことができる。なぜならば、戸棚の引き出しのように、ある世代の上に別の世代が積み重なっているというのとは全く違っていて、世代は混じり合い、相互に解釈し合うのであり、各世代には、あらゆる年齢の個人が含まれている。また、母語を習得するために全体としてどのような努力が要求されるのかを考えてみると、変化一般が不可能であるという結論になるだろう。さらに付け加えると、固有語を実際に使う場合に、それへの反省が介在することはなく、話し手がラングの法則を意識していることは、まずほとんどない。ラングの法則を話し手が理解していないのだとすると、その法則を変化させるようなことは恐らくできないだろう。たとえ話し手が法則を理解していたとしても、どの民族も自分が受け入れたラングに一般的には満足しているのだから、ラングに関わる事実が批判を引き起こすようなことはないことは覚えておかなければならない、というふうな議論である。

　以上のような考察は重要ではあるが、核心をついたものではない。それよりも、次のような考えの方が本質的かつ直接的であり、他のすべての考えの基礎になるものと考える。

1.　記号の恣意的な性質

上述のように、言語記号の恣意性は、言語変化を可能にさせる要因だと見なすことができる。しかし、深く考えてみると、実際には記号のこの恣意性があるからこそ、ラングを変化させようというあらゆる試みからラングが守られているのだと考えることができる。大衆が現実よりもラングのことをよく意識していたとしても、ラングについて議論することなどできないだろう。なぜならば、ある事柄を問題にするためには、それが理性的な規範に基づいている必要があるからである。例えば、婚姻の形について、一夫一婦制の方が一夫多妻制よりも理性的であるのかどうかを議論して、そのどちらかを支持する理由を主張することができる。また、象徴の体系についての議論もできるだろう。なぜならば、象徴はそれが意味する事物との間に合理的な関係を持っているからである（p. 104を参照）。しかしラングについては、恣意的な記号の体系であるのだから、このような基礎が欠けていて、このことから議論のための確固たる土台が崩壊してしまうのである。実際、sister〈姉妹〉よりもsœurの方を、bœuf〈雄牛〉よりもOchsの方を選ぶ動機は全くない。

2.　任意の言語を構成するために必要な記号の多数性

この事実がもたらす影響は重大である。20個から40個の文字によって構成される表記の体系は、どうしても必要であれば、他の体系に置き換えることがで

きる。[213] もしラングが所蔵している要素の数に限定があれば、ラングについても同様のことが言えるだろうが、言語記号の個数は無限である。

3. 体系の極めて複雑な特徴

ラングは体系を構成する。それが、後で見るように、ラングが完全には恣意的ではなく、ある程度の合理性が支配している側面の特徴であったとしても、その点においても、大衆にラングを変化させる力がないことは明らかである。なぜならば、この体系は複雑な機構であり、よく反省しなければこの機構を理解することはできないからである。だから日常的にラングを使用している人間でも、この機構のことを深くは知らない。この機構に変化がありうるとすれば、文法学者や論理学者などの専門家が介入する場合だけだろう。しかし、これまでにそのような種類の干渉が成功したことがないことは、経験の教えるところである。

4. あらゆる言語的改変に対する集団の無気力による抵抗

ラングは、そしてこの考察は他のすべてに優先されるのだが、あらゆる時点においてすべての人間に関わる事態である。大衆の中に広がり、大衆によって操作されるのがラングであり、すべての個人が一日中使用しているものである。この点で、ラングと他のいかなる制度との間にも比較を成立させることはできない。法令の定め、宗教の儀式、海上信号などは、一定の数の個人のみが、同時に、そして限定された時間だけ用いるものである。これに対してラングは、誰もがあらゆる時に参与するものであり、このため、すべての参与者からの影響を絶えず受けている。この重要な事実だけでも、ラングの変化が不可能であることを証明するのに十分である。あらゆる社会制度の中で、個人の自発性が関与する余地が最も小さいのがラングである。ラングは社会を構成する大衆の生活と一体をなしており、大衆は本質的に無気力であるのだから、まず何より保守的な要因としての働きをする。

　しかしながら、ラングに自由度がないことを明確に理解するためには、それが社会的な力の産物であると言うだけでは十分ではない。ラングが常に、先行する時代の遺産であることを思い起こすならば、この社会的力が、時間と関連を持ちながら作用することを付け加えておかなければならない。ラングに不変性があるのだとすれば、それは、ラングが集団の力と結びついているからだけ

---

[213] トルコ語は、1928年にケマル・アタチュルクによる言語改革によって、アラビア文字からローマ字による表記に変わった。モンゴル共和国は、1941年に当時のソ連の指示によって、伝統的なモンゴル文字表記からキリル文字表記へと転換した。中国の内モンゴル自治区では、モンゴル語の表記にはモンゴル文字を使用している。

でなく、時間の中に位置づけられているからでもある。そして、これら2つの事実は不可分に結合している。過去と連帯しているという性質により、選択の自由はあらゆる瞬間に頓挫する。現在 homme〈人間〉や chien〈犬〉と言うのは、前の時代に homme や chien と言っていたからである。ただ、だからと言って、言語現象の全体で、2つの二律背反的要因の間に関連性がないというわけではない。その要因とは、1つは恣意性の決まりであり、これによって選択が自由になる。もう1つは時間であり、これによって選択は固定される。記号が恣意的であるからこそ、伝統以外の法則には従わないのであり、伝統に依存しているからこそ、記号は恣意的でありうるのである。[214]

第2節　可変性

　ラングの連続性を保証するのが時間ではあるが、時間には別の効力もあり、一見最初のものと矛盾している。それは、程度こそ違え、言語記号を急速に変異させるという効力である。となると、ある意味で、記号には不変性と同時に可変性もあるということになる。[原注1]

原注1　ラングに2つの矛盾する性質があるとしているソシュールを、非論理的あるいは逆説的だと言って非難するのは間違っているだろう。2つの際立った用語を対立させることで、発話主体が変化させることはできないのに、ラングが変わってしまうというこの真実を、ソシュールは強く印象づけたかったということだけである。さらに言えば、ラングは不可侵ではあるが、変化を受け入れないわけでもない。（編者）

　結局のところ、これら2つの事実は連動している。つまり、記号は継続するがゆえに変化する機会を持つということである。あらゆる変化において支配的なのは、古い材料が長く残るということである。過去をそのまま受け継いでいないというのは、相対的なものに過ぎない。こうして、変化の原理が継続の原

---

214)　言語記号が恣意的であることがラングの第一原理であり、絶対的な性質である。恣意的であれば人間がシニフィアンを選択する自由があることになる。しかし、ラングは時間の中でのみ存在し、過去の状態を受け継いでいるのだから、過去に決められたシニフィアンはそのまま受け入れるしかなく、この点で人間に選択の自由はない。この意味で、恣意性と時間性は互いに矛盾する二律背反的特性である。ただし、人間が自由にシニフィアンを選択することができれば、記号の意味を他者に伝達することが妨げられるから、すでに定まっているシニフィアンを受け入れなければならない。そしてまた、すでに決まっているシニフィアンは、単に慣習的に決まっているだけで、決定された理由は分からないのだから、シニフィエとの関係は必然的なのではなく恣意的である。

理に依拠するということになるのである。

　時間の中での変化には、様々の形態があり、そのうちのどれもが、言語学の重要な項目の材料を提供することになるだろう。ここでは細部には立ち入らないで、取り上げることが重要なものだけを以下で説明する。

　まず、ここでの変化という単語に与えられる意味について誤解のないようにしておこう。変化というと、シニフィアンが受ける音変化、または表される概念に生じる意味の変化が特に問題になっていると考える者もいるだろう。しかし、このような見方は不十分である。変化の要因に関わらず、また変化が孤立したものであれ、複数の変化が結合して生じるものであれ、変化は常に「シニフィエとシニフィアンの間の関係のずれ」を引き起こす。

　いくつか例をあげよう。ラテン語で「殺す」を意味する necāre は、フランス語では noyer になった。意味は知っての通りである。[215] この例では、聴覚映像と概念の両方が変わった。しかし、この現象の2つの側面を区別するのは無益であり、概念と記号の間の結びつきがゆるんで、両者の関係にずれが生じたのだということを「全体として」確認すれば十分である。古典ラテン語の necāre と現代フランス語の noyer を比較するのではなく、古典ラテン語のこの単語と、紀元4世紀から5世紀の俗ラテン語[216]で、「溺れさせる」を意味した necāre を対立させるのだとしたら、事情は少し違ってくる。ただこの場合であっても、シニフィアンに目立つほどの変化は起きなかったのではあるが[217]、観念と記号の間にある関係にはずれが生じている。

　古ドイツ語の dritteil〈3分の1〉は、現代ドイツ語では Drittel になった。この場合、概念は同じままだったが、関係は2つの方法で変化した。すなわち、シニフィアンは物質的な側面で変化しただけでなく、文法的な形態に関しても変化している。実際、Teil〈部分〉の概念を表すことはもはやなく、単純語になっている。[218] このように、何らかの方法で関係のずれが常に生じているのである。

---

215) フランス語 noyer の意味は「溺死させる」。
216) 俗ラテン語は、ラテン語の口語であり、その性質上ほとんど記録は残っていない。しかし、現代のフランス語、イタリア語、スペイン語、ポルトガル語、ルーマニア語などのロマンス諸語は、この俗ラテン語が変化して生じたものである。
217) necāre のシニフィアンは、古典ラテン語では [nekaːre]、俗ラテン語では [nɛkare] だった。
218) dritteil であれば、drit〈3番目の〉と teil〈部分〉に分割されることが分かるが、Drittel だと、これ以上の部分に分割することはできない。

第 2 章　記号の不変性と可変性　　113

　アングロ・サクソン語[219]では、文献以前の形 fōt〈足〉は、fōt のままであった（現代英語では foot）。一方で、その複数形 *fōti[220] は fēt になった（現代英語では feet）。ここからどのような変化が仮定されようと、1 つのことだけは確かである。それは、関係のずれが生じたということである。このことで、音声的な実質と概念の間に、以前とは異なる対応関係が起きることになった。[221]

　シニフィエとシニフィアンの関係を時々刻々と変動させようとする要因に対して、ラングは根本的に無力である。それは、記号の恣意性からの帰結の 1 つである。

　慣習や法律など、ラング以外の人間の制度はすべて、程度こそ違え、事物の自然的な関係に基礎を置いている。そこでは、用いられている手段と求められている目的の間に、必然的な一致がある。人々の服装を決める流行ですら、完全に恣意的とは言えない。人間の身体によって否応なしに決まって来る条件に従う、一定の寸法を超える範囲を逃れることはできないからである。これに対してラングは、その手段の選択に際し、どの点でも制限を受けることはない。なぜならば、どんな概念であっても、任意の音列に結びつけることを妨げるものはないからである。

　ラングが純粋な制度であることがよく理解してもらえるように、ホイットニーは記号の恣意性を強調したのだが、それはまさに正当なことであった。そしてそのことによって、彼は言語学を正しい方向へと進めてくれた。しかし、彼は最後まで進むことはなく、この恣意的な特徴がラングと他のすべての制度を根本的に区別するものであることが、理解できなかった。しかしそのことは、ラングがどのように進化するのかを見ることによって分かる。ラングほど複雑な制度はない。実際、ラングは社会的な集団と時間の内部に同時に位置しており、ラングについては誰もが何も変えることができないし、また一方で、ラングに

---

219)　ブリテン島で 5 世紀中葉から 12 世紀頃まで使用された英語で、「古英語」とも呼ばれる。
220)　文献に記されてはいないが、理論的に推定される語形は、*fōti のように、左上にアスタリスク（＊）を付して示される。
221)　古英語では「足」の単数形が fōt、複数形が fōti で、複数形では fōt- が「足」の意味を、-i が複数を表していることが分かった。ところが、現代英語では複数形が feet だから、全体で「足の複数形」を意味していることを知らなければ、この形が複数形であることは分からない。つまりソシュールによれば、古英語の fōti のシニフィアンは fōt-〈足〉と -i〈複数〉という 2 個のシニフィアンの結合であるのに対し、現代英語の feet はただ 1 つのシニフィアンにしか対応していない。

属する記号の恣意性によって、音声的実質と概念の間にどんな関係でも打ち立てる自由があることが、理論的に導出される。そこから以下のことが帰結する。すなわち、記号の中で結びつけられたこれら 2 つの要素は、他の場合には知られていないほどの割合で、それぞれ独自のあり方を保持しており、音または意味に関与しうるあらゆる要因の影響によって、ラングは変容、あるいはむしろ進化する。この進化は必然的なものであって、それに逆らうことができるラングの例は存在しない。ある程度の時間が経過すれば、顕著な変動を確認することができる。

このことの真実性は非常に高いので、この原理は、人工言語についてすら当てはまるはずである。人工言語を作る人間は、それが広まらない限りは、それを自分だけのものにしておくことができる。しかし、その使命を果たし、万人のものになった瞬間に、制御ができなくなる。エスペラント語[222]はこの種の試みである。もしエスペラント語が成功を収めたとして、それは必然的な法則から逃れることができるだろうか。最初の段階を過ぎると、この言語が記号としてのあり方を獲得していく可能性は高いだろう。つまり、これが伝播していく際には、熟慮して考案された法則とは共通点を持たない法則に従うことになり、そこからの後戻りはできないだろうということである。変化しない言語を作り、後世もそれをありのままで受け入れなければならないと主張する人間がいたとしたら、その人間は、アヒルの卵を孵した雌鶏のようなものだと思う。[223]その人間によって作られた言語は、他の言語すべてを押し流している流れに、否応なしに運ばれて行ってしまうことになる。

時間の中での変化と結びきながら、時間の中で記号が連続するという性質は、記号学一般の原理である。それは、文字表記の体系や聾唖者の言語などを見ても確認できる。[224]

しかし、変化の必然性は何を根拠にしているのだろうか。不変性の原理につ

---

[222] 人工言語エスペラント語は、ポーランドの医師ルドビコ・ザメンホフ（Ludovico Lazaro Zamenhof, 1859–1917）によって考案され、1887 年に発表された。人工言語（国際補助言語）としては最も成功した言語である。

[223] 雌鶏がアヒルの卵を抱いて孵化させることができたのだが、アヒルの雛たちは雌鶏の言うことを聞かずに、池の方に行ってしまったという民話がある。自分が作ったものが自分の思い通りにならないことを喩えた話である。

[224] 漢字のような表意文字であれ、ギリシア文字やローマ字のような表音文字であれ、それが歴史的に変化したことはよく知られている。聴覚障害者が用いる手話にも歴史的変化はある。

第2章　記号の不変性と可変性　115

いてほど、この点については明確にしていなかったという批判もあると思う。その理由は、変化を引き起こす異なった要因を区別しなかったからである。だから、それらの要因がどの程度必然的なのかを知るために、さまざまの観点から考察する必要があるだろう。

継続性の理由は、「先験的に」観察者が理解できる範囲にある。しかし、時間を通して変化することの理由については、それと同じではない。ここでは、その正確な説明をするのはとりあえず諦めて、関係のずれについて一般的に述べるだけに止めたい。要するに、時間はあらゆるものを変化させるのであり、ラングがこの普遍的な法則を逃れる理由もないということである。

導入部分で立証した諸原理を振り返りながら、これまでの論証の過程をまとめてみよう。
①　用語の不毛な定義はしないでおいて、「ランガージュ」が表示する現象の全体の内部について、まず2つの要因、すなわち「ラング」と「パロール」を区別した。ここでラングは、ランガージュからパロールを除いた部分である。ラングは言語習慣の総体であり、発話主体が意味を理解し、そして理解してもらうことを可能にするものである。
②　ただこの定義だけでは、ラングがその社会的現実の外部に残されたままになり、現実とは異なる事態を表すことになる。というのは、これでは現実を構成する諸側面の1つである、個人的な側面しか含んでいないからである。ラングが存在するためには、「話す大衆」が必要である。どの時点においても、そして表面的な様相とは反対に、ラングは社会的な事実の外に存在することはない。なぜならば、ラングは記号学的な現象だからである。ラングの社会的な本性は、ラングに内在する特徴の1つである。ラングを完全に定義すると、そこには不可分の2つのものが現れてくる。それは、右の図が示す通りである。

しかし、このような条件は、ラングの実現可能性を規定しているだけで、現実のラングを規定しているのではない。社会的現実を考慮しただけで、歴史的な事実を組み入れていないからである。
③　言語記号は恣意的であるのだから、上のように定義されたラングは、自由な、つまり人間の意志で作り上げることができる体系であって、合理的な原理にのみ基礎を置いているように思われる。だから、ラングの社会的な特徴は、

それ自体として考えてみると、このような見方と完全に対立するものではない。ただ恐らく集団的心理は、純粋に論理的な事項に対しては作用しないだろうから[225]、個人と個人の間の実際的な関係の中で、理性に譲歩を促すあらゆる要因を考慮に入れなければならないだろう。しかし、ラングが単なる慣習であり、それに関与する者たちの意向によって変えることができるものだとは考えることができない理由は、これではない。それは、社会的な力と結合した時間の作用である。時間的経過の外部では、ラングの現実は完成しないし、どんな結論を出すことも不可能である。

話す大衆がいないところに存在する、時間の中でのラングを考えてみるとしよう。何世紀もの間、一人で孤立して生きている個人のような場合であるが、その場合には恐らく、変化を実証することはできないだろう。時間がラングに作用しないだろうからである。これとは逆に、時間がない場合の話す大衆のことを考えるとしたら、そのラングに作用する社会的な力の効果を見ることはないだろう。そうすると、現実のあり方を表すためには、先に提示した図に、時間の経過を示す記号を加える必要がある。

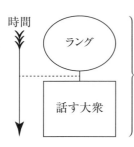

以上のように、時間があることで、社会的な力がラングに作用して、その影響を発揮することが可能になり、こうして継続性の原理が帰結して、ラングの自由を奪うのだから、ラングには自由がないということになる。そして、継続性からは必然的に変化、すなわちシニフィアンとシニフィエの間の関係の、程度はさまざまだがかなり大きなずれが帰結する。

---

225) 論理が認定するものは、人間の意志が介在することができない絶対的真理であるから、集団の心理のような、確立した論理とは無関係の対象は、論理的構築物に作用することができない。

第3章
静態言語学と進化言語学

第1節　価値に作用するすべての学問に内在する二重性

　時間という要因が介在することが本質的原因となって、言語学に独特の困難が生じ、この学問の前に2つの完全に対立する進路が作り出されることになることを疑う言語学者は、まずほとんどいない。

　他の学問の大部分には、このような根本的二重性はない。時間が特別の効果を作り出すことはないからである。天文学は、天体が著しい変化を被ることを実証したが、だからと言って、2つの分野に分かれる必要はなかった。地質学は、ほぼいつも継起性について考察しているが、地質の固定した状態に取り組む時に、それを根本的に異なった研究対象とすることはない。法律を記述する学問と、法律の歴史学があるが、お互いを対立させることはない。国家の政治史は、完全に時間の中を推移するが、ある時代を描写しようとする場合には、歴史の外部に出るという印象はない。逆に、政治制度を対象とする学問はその本質上記述的であるのだが、時に歴史的な問題を取り扱うことがあったとしても、その一体性が揺らぐようなことは全くありえない。

　これに対して、ここで問題にしているような二重性は、経済学には絶対的なものとして強制される。ここでは、上であげたような事例で起こったのとは逆に、経済学と経済史は、同じ1つの学問の内部で明白に分離される2つの分野を構成する。この種の対象に関して近年刊行された著作では、この区別が強調されている。このような方法を取ることで、それを十分に意識していなくても、内的な必然性に従っていることになる。そしてこの必然性は、それぞれが固有の原理を有する2つの部分に言語学を分割することを要求する必然性と、完全に類似したものである。その理由は、経済学の場合と同様に言語学でも、「価値」という概念に直面することになるからである。これら2つの学問では、「異なった種類の事物の間にある等価の体系」が問題になる。それは一方では、労働と賃金であり、他方では、シニフィエとシニフィアンである。

どんな学問でも、研究の対象としている事物が依拠している軸については、他のものよりも綿密に表示することに関心が払われるだろうということは確かである。あらゆる場合に、左のような図に従った区別をする必要がある。① 同時性の軸（AB）。この軸は共存する事物の間にある関係に関わるものであり、このため、時間の介在は排除される。そして、② 継起性の軸（CD）。この軸上では、一時に必ず１つの事物しか考察することはできないが、最初の軸上にあるすべての事物が、その変化とともに位置している。[226]

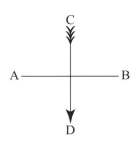

価値を対象とする研究を行っている学問については、この区別は研究を実践する際に必要なものとなるのだが、ある場合には、絶対的に必要なものでもある。この分野では、これら２つの軸を考慮に入れず、それ自体として考察される価値と、時間の変化に応じて考察される同じ価値の体系を区別しないでは、厳密な方法で研究を組織することが、学者たちにはできないものと考えることができる。

この区別を否が応でも行うことを強制されるのが言語学者である。なぜならば、ラングは純粋な価値の体系であって、それに属する項の瞬間的な状態を離れたところでは、何物によっても決定されることはないからである。これらの側面のうちの１つで、ある価値の根拠が事物、そして事物の間の自然な関係にある限りは（これは、経済学のような場合である。例えば、土地の資産価値は、その土地が生む収益に比例する）、ある程度までは、この価値を時間の中でたどることができる。ただしこの場合には、どの時点でも、価値が、同時に存在する価値の体系によって決まることを忘れてはならない。事物との繋がりを持っているということで、このような価値には、いずれにしても自然的な基礎がもたらされ、そのことによって、その価値に付与される評価は、完全に恣意的なものとなることは決してない。そしてそのため、価値が変異する程度には限界がある。しかし、上で見たように、言語学については、自然な材料は存在しない。

さらに付け加えて言えば、価値の体系が複雑で、厳密に組織されていればい

---

[226] AB 軸上に位置する事物を e_i とし、CD 軸上の各点は時点 t_j を表すとする。この時、組 (e_i, t_j) は、t_j における e_i の状態を表す。t_k が t_m に先行する時点だとすると、組 (e_i, t_k), (e_i, t_m) が、t_k から t_m へと時間が経過した時の、e_i の変化を表す。

るほど、まさにその複雑性のゆえに、2つの軸に従って継起的に研究する必要がある。そして、ラングに匹敵するほど、その特徴を備えた体系はない。価値がこれほど正確に機能しており、項目の数がこれほど多く多様であり、相互にこれほど厳密な形で依存し合っている事例は確認されない。記号が多数あることは、ラングの連続性を説明するためにすでに引き合いに出したが[227]、これが理由で、時間の中での関係と体系の中での関係を同時に研究することが、全く不可能となる。

　ここに、2つの言語学を区別する理由がある。それではこれらをどのように呼んだらよいだろうか。すでにある用語は、この区別を強調するために、すべて同じように適切だというわけにはいかない。例えば、歴史と「歴史言語学」を使用することはできない。なぜならば、このような用語はあまりにも漠然とした観念を呼び起こすからである。政治史に、出来事の叙述と同時に、時代の記述が含まれるのと同様に、連続するラングの状態を記述しながらも、時間軸に沿ったラングの研究を行うことを想定することは可能である。このため、ラングをある状態から別の状態へと推移させる現象を、別々に考察する必要がある。となると、「進化」と「進化言語学」という用語の方が正確であり、以後この用語をしばしば使うことになる。そしてこれに対して、ラングの「状態」についての学問、すなわち「静態言語学」を考えることができる。

　しかしながら、この対立と、同一の対象に関わる2つの種類の現象の交差を、さらによく目立たせるために、「共時」言語学と「通時」言語学という用語の方を用いたい。共時的というのは、言語学の静的な側面に関わるすべてのものであり、通時的というのは、進化に関わるすべてのものである。同様に、「共時態」と「通時態」という用語は、それぞれ、ラングの状態と進化の局面を表す。

第2節　内的な二重性と言語学の歴史

　ラングに関わる事実を研究する際に最初に注意を引くのは、発話主体にとって、時間におけるラングの連続は存在せず、ただその状態を目にするだけだということである。したがって、この状態を理解したいと思っている言語学者は、その状態を作り出したあらゆるものを一掃し、通時態を無視しなければならない。言語学者は、過去を消し去らなければ、発話主体の意識の中に入り込むことはできない。歴史の介在は、言語学者の判断を誤らせるだけである。アルプ

---

[227]　第2章第1節 p. 109。

ス山脈の全景を描写するのに、ジュラ山脈のいくつもの山々の頂上から同時に見晴らすのは馬鹿げたことであって、全景はただ1つの地点から見晴らさなければならない。ラングについても同様で、ある特定の状態に身を置かなければ、ラングを記述することも、使用するための規範を決めることもできない。言語学者がラングの進化をたどるのだとしたら、それはジュラ山脈の端から端まで動いて、眺望の推移を記そうとする観察者と同じようなものである。

　現代言語学は、創始されて以来、全面的に通時態に没頭してきたと言える。インド・ヨーロッパ語の比較文法は、手にしている資料を、先行するラングの類型を仮定して再建[228]するためにしか利用していない。つまり、比較言語学にとって比較は、過去を再構築するための手段に過ぎないのである。下位の言語集団（ロマンス諸語、ゲルマン諸語など）に関する個別的研究においても、用いられる方法は同じである。ラングの状態は断片的で、非常に不完全な形でしか組み入れられない。ボップによって始められた傾向がこのようなものである。このため、ボップが抱いていたラングの概念は、混合的で不明瞭なものであった。[229]

　他方、言語学的研究が創設される前にラングを研究した者たち、すなわち、伝統的な方法に導かれた「文法家たち」は、どのようにして考察を進めたのだろうか。これが不思議なことに、ここで取り上げている問題についての彼らの見方が、全く非の打ちどころがないものであることが確認される。その業績を見ると、彼らがラングの状態を記述しようとしていることがはっきりと分かる。つまり彼らの研究の方針は、厳密に共時的なのである。例えば、ポール・ロワイヤル文法[230]は、ルイ14世治下のフランス語の状態を記述し、その価値を決定することを試みたのだが、この目的のために、この文法が中世のフランス語を必要とすることはなかった。平行の軸（p. 118参照）を、そこから決してそれ

---

[228]　再建とは、同一の語族に属すると判断される諸言語を比較して、それらの言語の祖先に当たる言語の状態を推定する作業である（p. 302以下参照）。

[229]　ラングの共時態と通時態を明確に区別していなかったことを「混合的」と呼んでいる。

[230]　ポール・ロワイヤル修道院に属していたアントワーヌ・アルノー（Antoine Arnaud, 1612–1694）とクロード・ランスロ（Claude Lancelot, 1615–1695）による『一般的・理性的文法：明確で自然な方法で説明された、話す技術の基礎所収』（*Grammaire générale et raisonnée: contenant les fondemens de l'art de parler, expliqués d'une manière claire et naturelle.* Paris: Prault fils l'aîné. 1754）で提唱された、論理的文法。生成文法の創始者ノーム・チョムスキーが高く評価した。

ることなく忠実にたどっている。したがって、この方法は全く正しいものではあるのだが、だからと言って、それを適用した結果が完璧であるというわけではない。伝統的な文法では、ラングのある部分、例えば語形成については、全面的に知られておらず、規範的であって、事実を実証するのではなく、規則を制定しなければならないと考えられている。また、全体的な観点が欠けていて、書かれた単語と話された単語を区別することもできないような場合すらよくある。

　古典文法については、科学的でないという批判があった。しかし、古典文法の基礎はそれほど批判されるべきものでもないし、その対象も、ボップによって創始された言語学の場合よりもよく定義されている。ボップによる言語学は、不十分にしか画定されていない領域に身を置いていて、どんな目的に向かおうとしているのかが正確には分かっていない。この言語学は2つの分野にまたがっているのであり、それは、状態と継起性をはっきり区別することができなかったからである。

　言語学は、あまりに大きな部分を歴史に割いてきた後で、伝統文法のような静的な観点へと立ち戻ろうとしているが、その精神は新しく、方法もこれまでとは異なっている。そして、この若返りには、歴史的方法も役立つことになるだろう。歴史的な見方の方が却って、ラングの状態をうまく理解させてくれるからである。古い文法は、共時的な事実しか見ていなかった。言語学が、新しい種類の現象を明らかにしてくれたのではあるが、それだけでは不十分である。言語学に関わるすべての帰結を引き出すためには、2つの領域の対立を意識させるようにしなければならない。

第3節　内的二重性の例示

　共時的と通時的という2つの観点の対立は絶対的なものであって、これに妥協の余地はない。以下では、この違いの本質がどこにあり、どうして妥協を許さないのかを実証する事実をあげることにしよう。

　ラテン語の crispus〈波打った、逆毛を立てた〉は、フランス語に語根 crép- をもたらし、この語根から、動詞 crépir〈漆喰で上塗りする〉、décrépir〈漆喰を落とす〉が作られた。一方で、ある時期に、ラテン語から、語源の分からない dēcrepitus〈老いぼれた〉が借用され、フランス語では décrépit になった。だから décrépi と décrépit という2つの単語の間には、歴史的には何の関係もないのではあるが、今日では、«un mur décrépi（漆喰を落とした壁）» と «un homme décrépit（老いぼれた男）» の間には関係があるのだと、発話主体の集団が考え

ているのは確かである。このため、「家の décrépite な正面」という言い方がよくされる。[231] そして、これは静態的な事実である。なぜならば、ラングの中に共存している2つの項目の間にある関係のことが問題になっているからである。この事実が生じるためには、進化に関わるいくつかの現象が共同することが必要であった。つまり、crisp- が crép- [krep] と発音されるようになることと、ある時期に、ラテン語から新しい単語が借用されることである。ただし、明らかなことではあるが、これらの通時的事実は、それが作り出した静態的な事実とは何の関係もない。これらは異なった範疇の事実なのである。

また別の例をあげよう。これは、極めて広い範囲に当てはまるものである。古高ドイツ語では、gast〈客〉の複数形は、最初は gasti であり、hant〈手〉の複数形は hanti などであった。後になるとこの -i がウムラウト[232]を引き起こした。すなわちこの結果、-i に先行する音節にある [a] が [e] に変化し、gasti → gesti、hanti → henti のようになった。それから、この -i が音色を失った結果、gesti → geste などのようになった。この結果現代では、Gast : Gäste, Hand : Hände のようになっており、この種類の単語はすべて、単数形と複数形の間で同じ相違を示している。[233] これとほぼ同様の事態が古英語でも起こった。最初は、単数形 fōt〈足〉: 複数形 *fōti、単数形 tōþ〈歯〉: 複数形 *tōþi、単数形 gōs〈鵞鳥〉: 複数形 gōsi などであった。次に、最初の音変化であるウムラウトによって、*fōti は *fēti になり、2番目の音変化である語末の -i の脱落によって、*fēti は fēt になった。この時以来、fōt の複数形は fēt、tōþ の複数形は tēþ、gōs の複数形は gēs となる（現代英語では、foot : feet, tooth : teeth, goose : geese）。

以前、gast : gasti, fōt : fōti と言っていた時には、複数形は単に -i を付加することで表示されていたのだが、Gast : Gäste、fōt : fēt だと、複数を表示するための仕組みは新しいものになっていることが分かる。もっとも、これら2つの例では仕組みが異なっている。古英語では、母音の対立があるだけであるが、ドイツ語では、これに加えて、語末の -e の有無がある。しかし、この違いはここでは問題にしない。

---

231) 原文のフランス語では la façade d'une maison décrépite であり、この形で「漆喰のはがれた家の正面」という意味を表そうとしている。正しくは、la façade d'une maison décrépie としなければならない。
232) ウムラウト (Umlaut) は、ゴート語を除くゲルマン語で生じた母音変化で、アクセントのある母音 [a, o, u] および二重母音 [ou, uo] が、後続する [i, u] の影響で口蓋化または唇音化した現象。
233) Arzt: Ärzte〈医者〉、Stadt : Städte〈町〉、Wald: Wälde〈森〉など。

単数形とその複数形の関係は、その形態が何であれ、どの時点においても水平軸によって表すことができる。次のような図である。

　ある形態から別の形態への推移を引き起こした事実は、それがどんなものであれ、上とは違って、垂直軸の上に位置づけられる。全体としては、次のような図になる。

　ここであげた典型的な例を見ると、本書で取り上げている問題に直接関わる所見が数多く想起される。
① このような通時的な事実は、他の記号を用いて価値を表示することを目的とするものでは全くない。gasti が gesti, geste（Gäste）になったことは、名詞の複数とは無関係である。実際、tragit → trägt[234] という変化では、同じウムラウトが動詞の活用に関わっている、などの例がある。したがって、通時的な事実は、それ自体に存在価値がある出来事であって、そこから生じてくる個別の共時的な結果は、通時的事実とは全く無関係である。
② これらの通時事実は、体系を変化させる方向に向かうこともない。ある関係の体系から別の体系に移ることが望まれたことはないのであり、体系の変化は、その内部の配置に及ぶのではなく、配置されている要素に働くものである。
　ここで、すでに述べた原理を改めて見ておこう。体系に直接変更が加えられることは決してない。体系は、それ自体としては不変であり、ある種の要素のみが変化するのであって、このことは、要素を全体に結びつけている連帯性とは関係がない。これは、太陽の周りを回っている惑星の 1 つが、体積や質量を

234）　tragen〈運ぶ〉の直説法現在 3 人称単数形。

変化させたようなものだと思えばよい。この孤立した事態は、全体に関わる帰結をもたらし、太陽系全体の均衡を変更させることになるだろう。複数を表すためには、2つの項目の対立が必要である。それが、fōt : *fōti や fōt : fēt である。これら2つの方式はどちらも可能なものではあるが、一方から他方へと移った際には、言ってみれば全体には手がつけられなかった。だから、全体が変異したのでもなければ、ある体系が別の体系を生み出したのでもなく、最初の対立中の要素の1つが変化しただけである。そしてこのことで、別の体系を生み出すのには十分であった。[235]

③　以上の考察により、状態が常に「偶然的な」特徴を持つということがよく理解できる。ラングについてとかく作り上げられがちな間違った考えとは違って、ラングは、表現したい概念を目指して創造され整備された機構ではない。むしろ実際は、変化の結果生じた状態は、その中に含まれる意味を表示するように予定されてなどいなかったということである。まず、偶然的な状態 fōt : fēt が与えられる。そしてこの状態に、単数と複数の区別を担うようにさせたのであるが、fōt : fēt の対立の方が、fōt : *fōti の対立よりも、この目的のためにうまく作られているということはない。どんな状態でも、人間の精神は、与えられた材料を取り込んで、それに命を与えるのである。このような見方は、歴史言語学によって示唆されたのであるが、伝統的な文法では知られていないものだし、その固有の方法では決して得ることはできなかっただろう。また同様に、言語哲学者の大半も、このことを知らない。しかし、哲学的な観点からしてこれほど重要なこともないのである。

④　通時的な系列に属する事実は、共時的な系列に属する事実と、少なくとも性質だけは同じなのだろうか。いや全くそういうことはない。なぜならば、すでに実証したように、変化はあらゆる意図とは無縁のところで生じるからである。これに対して、共時態に関わる事実は常に意味を持ち、同時的に存在する2つの項目を頼りとする。例えば、Gäste が複数を表すのではなく、Gast : Gäste という対立がそれを表すのである。通時的な事実においては、これとは全く逆

---

235) 体系の全体が直接変化しないのに、要素が変化すれば体系が変わるというのは一見矛盾しているように思える。しかし、体系の全体が、要素とは無関係に変化するのではなく、体系を構成する要素の変化によって、体系内部の性質が変化し、その性質の変化によって体系全体が変化するのだと考えればよい。ここであげられている例では、単数と複数の形態的表示を可能にする体系が、複数を表す形態の変化（複数語尾の添加から母音の変化）によって、その形態的性質が変化し、それがこの体系全体の変化をもたらしたということになる。

である。単一の項目のみを考察するのであって、例えば、新しい形態（Gäste）が現れるためには、古い形態（gasti）がそれに場所を譲る必要があるというような見方である。

となると、これほど食い違った事実を同じ学問分野に統合しようとするのは、妄想とも言えそうな企てなのかもしれない。体系は言語現象を規定するのではあるが、通時的な観点では、体系とは何の関係もない現象が取り扱われる。

次にあげる例は、これまでの例から引き出された結論を補強し、補完するものである。

フランス語では、語末の音節に無音の e [ə] がない限りは、常に語末の音節にアクセントが置かれる。これは共時的な事実、つまり、フランス語の単語の総体とアクセントの関係である。それでは、この事実はどこに由来するのであろうか。それは、先行する状態である。ラテン語は、フランス語とは異なり、フランス語よりは複雑なアクセント体系を持っていた。語末から2番目の音節が長い時は、この音節にアクセントがあり、この音節が短い場合は、語末から3番目の音節にアクセントが移動した（amī́cus〈友人〉, ánĭma〈息〉など）。この法則を見る限りでは、フランス語の法則とは何の類似もないように思える。しかし恐らくは、アクセントが同じ位置に止まっているという意味では、同じアクセントなのである。フランス語の単語では、ラテン語の時と同じ音節に常にアクセントが置かれる。実際、amī́cum → ami、ánimam → âme である。[236] しかしながら、これら2つの時代の2つの方式は、異なったものである。なぜならば、単語の形態が変化しているからである。すでに知られているように、アクセントのある音節に続く母音はすべて、脱落するか、弱化して無音のeになった。単語のこの変化の結果として、単語の全体に対しては、アクセントの位置はすでに同じではなくなった。この時以来、発話主体は、この新しい関係を意識して、本能的にアクセントを最終音節に置くようになった。これは、文字を介して伝えられた借用語についても同様であった（facile〈簡単な〉, consul〈執政官〉, ticket〈切符〉, burgrave〈城市司令官〉など [237]）。体系を変化させて新し

---

[236]　amī́cum では最後から2番目の音節が長いので、このīの上にアクセントがあり、ami では、最終音節のiの上にアクセントがある。anĭma では、最後から2番目の音節 nĭ が短いので、最後から3番目の音節 a にアクセントがある。âme の発音は [ɑm] なので、当然この音節の上にアクセントが置かれ、結局ラテン語の時と同じ音節にアクセントがあることになる。

[237]　facile, consul は、ラテン語 fácilis, cónsul からの借用語。ticket は英語（[tíkət]）からこのままの形で借用された。burgrave はドイツ語 Búrggraf から借用され、語形が変化した。

い方式を当てはめることが望まれなかったのは明らかである。なぜならば、amícum → ami のような単語で、アクセントは依然として同じ音節の上に置かれたからである。しかしそこには、通時的な事実が介在している。すなわち、何の作用も働いていないのに、アクセントの位置が変化してしまったということである。アクセントの法則は、言語体系に関わるすべてのものと同様に、項目の配置であって、進化の偶然的で非意図的な結果なのである。

　さらに注目すべき事例をあげよう。スラブ祖語の slovo〈言葉〉は、単数具格形が slovemь、複数主格形が slova、複数属格形が slovъ などである。この活用[238]では、どの格にも屈折語尾がある。しかし現在では、インド・ヨーロッパ語の ĭ と ŭ のスラブ語での対応音である、「弱い」母音 ь と ъ[239] は消滅している。このため、チェコ語では、例えば slovo, slovem, slova, slov であり、同様に、žena〈女〉は、単数対格が ženu、複数主格が ženy、複数属格が žen である。この例では、属格 (slov, žen) を表す指標がゼロである。[240] このことから、ある概念を表すために、実質的な記号が必要だというわけではないことが分かる。ラングでは、あるものが何もないものと対立することでも十分なのである[241]。ここでは、例えば、žen が複数属格形であることが、それが žena でも ženu でも、他のどの形態でもないということで認定されるのである。一見すると、複数属格のような特別の概念がゼロ記号を取るようになったことは不思議に思える。しかし、これこそがまさに、すべてのものが純粋な偶然に由来することの証拠である。ラングは、たとえ損壊が生じたとしても、依然として機能し続ける機構なのである。

　以上述べたことにより、すでに定式化された原理が確証されたと考える。それは以下のようにまとめられる。

---

[238]　伝統的な古典文法では、名詞の屈折（語形変化）を「曲用」（déclinaison）、動詞の屈折を「活用」（conjugaison）と呼んで区別するが、本書ではどちらの語形変化も「活用」と呼ぶことにする。
[239]　スラブ祖語では、ь, ъ は、[ɪ], [ɯ] に近い母音を表す文字であった。ただロシア語では、ь は「軟音記号」と呼ばれ、先行する子音が口蓋化されていることを表す文字。ъ は「硬音記号」と呼ばれ、子音字と口蓋化母音（軟母音）の間に挿入され、子音字が口蓋化されないことを表す。いずれも母音を表す文字ではない。
[240]　スラブ祖語では、複数属格を表すために具体的な指標 ъ があったが、チェコ語ではこれが失われている。本来、複数属格語尾があるべきなのにないということを「ゼロ」と呼んでいる。
[241]　英語には単数の不定冠詞 a/an があるが、複数の不定冠詞は存在しない。つまり、名詞の複数形の前に何もないことで、この複数名詞が不定であることが理解される。

第3章　静態言語学と進化言語学

ラングは体系であって、その体系のすべての部分は、共時的な連帯の中で考察することができるし、考察されなければならない。

変化は体系の全体に対して起こることは決してなく、体系の要素のどれか1つに対して起こるのだから、変化を研究するとすれば体系の外部でしか行うことはできない。恐らく、どんな変化が生じても、その余波が体系に及びはするだろう。それでも、最初の事実はある1つの点にだけ関わったのであって、そこから全体に対して生じうる帰結との内的な関係は全くない。継起する事項と共存する事項、部分的な事実と体系に関わる事実の間には、このように本質的な相違があるのであり、このため、両者を1つの学問にまとめることはできないのである。

第4節　比較によって例示される2つの領域の違い

共時的事実と通時的事実が独立していると同時に相互に依存していることを示すためには、物体を平面に投影した図に喩えてみればよいだろう。実際のところ、投影図はすべて投影された物体に直接的に依存しているのだが、物体とは別物である。この性質がなければ、投影を対象とする学問分野はすべて存在しないことになるだろう。物体それ自体を考察するだけで十分だからである。言語学でも、歴史的な現実とラングの状態との間に同様の関係がある。ラングの状態は、ある時点における歴史的な現実の投影のようなものだからである。物体、つまり通時的な出来事を研究するのでは、共時的な状態を知ることはできない。これは、多様な種類の物体を、たとえ非常に注意深く研究したとしても、幾何学的な投影がどのようなものであるのかを理解できないのと同じである。

さらにまた同様に、植物の茎を水平的に切断すると、その切断面には、多少なりとも複雑な図面が見える。それは、茎を縦断する繊維の透視図に他ならないのであるが、この繊維は、最初の切断面に垂直な切断を実行すれば見えてくる。ここでもまた、透視図の一方は他方に依存している。つまり、縦断面は、植物を構成している繊維そのものを示し、横断面は、個別の平面上で繊維がどのように集まっているのかを示している。しかし、横断面は縦断面

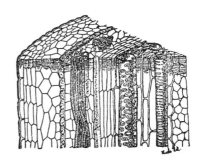

からは区別される。なぜならば、横断面を見れば、繊維の間に一定の関係があることが確認できるが、縦断面を見ただけではそのことは決して理解できないからである。

　しかし、想像できるすべての比較のうちで最も説得力があるのは、ラングの働きとチェスの試合の間に設定される比較だろう。どちらの場合にも、価値の体系を目にし、その変容を経験する。チェスの試合は、ラングが自然的な形で提示するものを、人工的に実現させているようなものである。

　さらに細かくこのことを見ることにしよう。

　まず、試合の局面はラングの状態によく対応している。駒のそれぞれの価値は、チェス盤の上の位置によって決まるが、これは、ラングにおいて、各項目が、他のすべての項目との対立によって価値を持つのと同じである。

　2番目に、体系は常に瞬間的なものでしかなく、局面ごとに変異する。確かに、価値はまた、そしてとりわけ、不変の慣習、つまり競技の規則によって決定され、この規則は試合が始まる前から存在しており、どの局面の後でも継続する。決定的なものとして認定された規則は、ラングについても存在している。それは、記号学の定常的原理である。

　最後に、ある均衡から別の均衡、あるいは、本書の用語を用いれば、ある共時態から別の共時態に移るには、ある1つの駒を動かすだけで十分である。全体的で大きな動きなどは存在しない。ここには、あらゆる個別的な事例を含む通時的な事実に対応するものがある。具体的には次のように説明できる。

a)　チェスの1手はすべて、ただ1つの駒しか動かさない。同様にラングでも、変化は孤立した要素にしか及ばない。

b)　それにも関わらず、1つの指し手は、体系全体に影響を及ぼす。そして、この影響がどこまで及ぶのかを正確に予見することは、競技者にとって不可能である。ここから生じる価値の変化は、場合によって、全くないこともあれば、非常に重大であることもあれば、中間程度の重要性を持つこともある。指し手の中には、試合全体の流れをひっくり返し、その時点では展開に関わりのない駒にさえ影響を及ぼすようなものもある。ラングについても全く同様であることは、上で見た通りである。

c)　駒の移動は、それに先行する均衡とも、それに後続する均衡とも全く異なる事実である。実行される変化は、そのどちらの均衡にも属していない。そして、重要なのは均衡状態の方である。

　チェスの試合では、現れるどの局面も先行する局面からは自由であるという、奇妙な特徴を持っている。どんな道筋を通ってそこに到達したのかは、全く重

要ではないのである。だから、試合を全部見てきた人間が、重大な時点で試合の状態を見にやって来たやじ馬に比べて、少しでも有利だということは全くない。この局面を記述するために、その10秒前に起こったことを思い出す必要など全然ない。これはすべてラングにも同様に当てはまり、このことによって、通時態と共時態の根本的な区別が正当であることが認定される。そして、パロールは、ラングの1つの状態にしか作用しないし、複数の状態の間で生じる変化は、それ自体では、状態の中に位置を占めることもない。

　この比較が成り立たない場合は1点しかない。それは、チェスの競技者は「自分の意志で」移動を操作して、体系に対する作用を実行するのに対して、ラングが前もって考えることは何もないということである。ラングに属する駒は自然に、そして偶然的に動くのだし、あるいはむしろ自ら形を変えるのだとも言える。実際、hanti に対する Hände、gasti に対する Gäste のようなウムラウト（p. 122 を参照）は、複数を表す新しい形成法を作ったのだが、これに加えて、tragit に対する trägt などのような、新しい動詞形をも出現させた。だから、チェスの試合があらゆる点でラングの働きと同様になるためには、意識がないか、知性を持たない競技者を想定しなければならないことになる。ただし、この唯一の相違があるため、両者を比較することがはるかに有益になる。なぜならば、言語学で共時態と通時態という2種類の現象を区別することが絶対的に必要だということを、この比較が示してくれるからである。事実、共時的な体系を条件づけるのは通時的な事実なのであるが、この種の変化を意志が支配する場合ですら、通時的な事実と共時的な体系が相容れないものだとするならば、通時的な事実が盲目的な力で記号体系の組織と戦う場合には、両者は一層相容れないものになる。[242]

第5節　方法と原理において対立する2つの言語学

　通時的なものと共時的なものの対立は、あらゆる点で明白である。

　例えば、そして最も明らかな事実から始めるとすれば、両者の重要性は同じではない。この点に関しては、共時的な側面の方が他方に勝ることは明らかで

---

[242]　人間の意志でラングに変化を生じさせる場合でも、その変化は体系に属する個別の要素に及ぶだけであり、したがってその通時的な変化と、共時態としての体系全体は無関係である。そして原理的には、ラングの変化に人間の意志が介在することはないのだから、通時態と共時態が相容れないことは、ラングの本質に属するということである。

ある。なぜならば、話す大衆にとっては、共時的側面が真の、そして唯一の現実だからである (p. 119を参照)。このことは、言語学者にとっても同じである。通時的な見地に身を置くのだとしたら、見えているのはもはやラングではなく、ラングを変容させる一連の出来事である。確かに、与えられた状態の生成を知ることの方が重要だと主張されることも多く、ある意味ではそれも真実である。そのような状態を作り出した条件によって、その本当の性質が明らかになるし、ある種の幻想を懐かなくてすむようにもなる (p. 123以下を参照)。しかし、まさにこのことが、通時態にはそれ本来の目的がないのだということを正しく証明している。通時態については、ジャーナリズムについて言われたことが当てはまる。そこから外れさえすれば、すべてのものに通じて行く。

それぞれの種類が用いる方法も、やはり異なっており、その相違は2点ある。
a) 共時態にはただ1つの観点しかない。それは、発話主体の観点であり、共時態の方法はすべて、発話主体の証言を収集することにある。あることがどの程度真実であるのかを知るためには、それが主体の意識の中にどの程度存在しているのかを探究しなければならないし、それで十分である。これに対して、通時言語学では、2つの観点が区別されなければならない。1つは「展望的な」観点であり、時間の流れをたどるものであって、もう1つは「回顧的な」観点であり、時間の流れをさかのぼるものである。このため、方法は二重になるのだが、これについては第5部で問題にする。
b) 2番目の相違は、2つの分野それぞれが占める範囲に限界があることに由来する。共時的研究の対象は、同時的に存在するもののすべてというわけではなく、個々のラングに対応する事実の集合に過ぎない。もちろん、必要に応じて、方言や下位方言にまで区別が及ぶこともある。だから実際には、「共時的」という用語は十分に正確ではなく、少し長いことは確かなのだが、「特殊共時的」という用語に置き換えた方がいいのかもしれない。[243] これに対して、通時言語学はそのような特殊化を必要としないだけでなく、それを拒絶する。通時言語学が考察する項目は、必ずしも同じ1つのラングに属しているわけではない（インド・ヨーロッパ祖語の *esti (h₁ésti) とギリシア語の estí (ἐστί)、ドイツ

---

[243] 本書で用いられている「ラング (langue)」という用語は、厳密にはそれぞれ異なる体系としての個別言語（日本語、フランス語、英語など）を指示しており、英語の human language のような、人間の言語一般を指示する用語は考案されていない。「ラング」が個別言語に対応することを正確に表そうとすれば「特殊共時的」「特定共時的」「個別共時的」のような用語を当てなければならない、ということがここで述べられている。

語の ist、フランス語の est を比較するような場合である)。言語のこのような多様性が生み出されるのは、まさに通時的な事実が連続し、それが空間的にも拡大していくからである。2つの形態を関連づけることを正当化するためには、それらの間に、たとえ間接的なものであろうと、歴史的な関連性があれば十分である。

　このような対立は、しかし最も顕著なものでも、最も重大なものでもない。進化に関わる事実と状態に関わる事実の間には根本的な対立があるので、その結果として、そのどちらかに関わるすべての心象は、お互いに同じ程度に他方との妥協点を持たない。こういう心象のどれを取っても、今述べていることが真実であることを実証する役割を果たすことができる。実際このように、共時的な「現象」は通時的な現象との共通性を全く持っていない (p. 124 を参照)。一方は、同時的に存在する要素の間にある関係であり、他方は、時間の中でのある要素から別の要素への置き換え、つまり何らかの出来事である。以下 p. 152 で、通時的な同一性と共時的な同一性は、2つの非常に異なるものであることを解説する。例えば、否定辞の pas〈〜でない〉は、歴史的には、名詞の pas〈歩み〉と同一であるが、今日のラングの中で考えてみると、これら2つの要素は、全く異なったものである。このような事実を確認してみれば、2つの観点を混同しないことが必要だということを理解するのに十分であろう。ただし、これから行う区別ほど明らかに、区別の必要性が説得的に示される解説はないと思う。

第6節　共時的法則と通時的法則

　言語学では法則のことがよく言われる。しかし、ラングに属する事実は、本当に法則に支配されているのだろうか、またそれらの事実はどのような性質を持っていると考えればよいのだろうか。ラングは社会的な制度であるのだから、集団を支配する規定に類似した規定によって統御されていると「先験的には」考えることができる。ここで、すべての社会的法則には2つの基本的特徴がある。それは「強制的」だということと「一般的」だということである。つまり、社会的法則は押しつけられるものであり、すべての事例にまで拡大して適用されるものである。もちろん、時間や場所に関する一定の制限はある。

　ラングの法則は、この定義に当てはまるだろうか。そのことを知るために、これまで述べてきたことを踏まえて最初にすべきことは、共時的なものと通時的なものの領域を、今一度改めて分離することである。そこには、混同してはならない2つの問題がある。ラングの法則一般を話題にすることは、幽霊を抱

きしめようとすることと同じだからである。[244]

　以下では、ギリシア語からいくつか例を取り上げる。そこでは、2つの種類の「法則」が意図的に混同されている。

1. インド・ヨーロッパ祖語の有声有気音は、無声有気音になった：*dhūmos[245] (dhuh₂mós) → thūmós (θῡμός)〈息吹〉、*bherō → phérō (φέρω)〈私は運ぶ〉など。
2. アクセントは、語末から3番目の音節よりも前にさかのぼることはない。
3. すべての単語は、母音または [s, n, r] で終わり、これ以外の子音で終わることはない。
4. 母音に先行する語頭の [s] は [h]（強い息が出る音）になった：*septm（ラテン語 septem）→ heptá (ἑπτά)〈7〉
5. 語末の m は n に変化した：*jugom → zugón (ζυγόν)（ラテン語 jugum）〈くびき〉原注1)

原注1　メイエ氏[246] (*Mémoire de la Société de Linguistique de Paris*, IX, p. 365 以下) とゴティオ氏[247] (*La fin de mot en indo-européen*, p.158 以下) によれば、インド・ヨーロッパ祖語の語末子音は -n だけで、語末の -m はなかった。もしこの説を認めるとすれば、法則5は、次のように定式化すれば十分である。すなわち、インド・ヨーロッパ祖語の語末の -n はすべてギリシア語でも保存された。ただし、このことによってこの法則の論証的価値が下がるわけではない。なぜならば、古い状態が保存されるに至る音声現象は、状態が変化して伝わるという現象と、性質は同じだからである (p. 203 を参照)。（編者）

6. 語末の閉鎖音は脱落した：*gunaik → gúnai (γύναι)〈女〉、*epheret → éphere (ἔφερε)〈彼（女）は運んでいた〉、*epheront → épheron (ἔφερον)〈彼（女）らは

---

[244] ラングの共時態と通時態は、それぞれ性質を異にするものだから、両者に共通するものとしての、ラングを一般的に支配する法則など存在しえないということを、物理的実体のない幽霊を抱きしめることに喩えている。

[245] ソシュールがインド・ヨーロッパ祖語にあることを仮定した「喉音」(laryngeals) は、1927年にポーランドの言語学者クリウォービチ (Jerzy Kuriłowicz, 1895–1978) によって、ヒッタイト語に存在していたことが示された。喉音としては、h_1, h_2, h_3 の3種類がある。この喉音理論は、本書が刊行された際にはまだ仮説に過ぎなかったため、インド・ヨーロッパ祖語の再建形には反映されていない。本書では、原文にあげられた再建形の後に、(　) に入れて、喉音理論を反映する新しい再建形をあげておく。

[246] Antoine Meillet (1866–1936)。フランスの言語学者、インド・ヨーロッパ語学者。パリ大学で学び、高等研究院ではソシュールに師事した。

[247] Robert Gauthiot (1876–1916)。フランスの言語学者、探検家。高等研究院でメイエのもとで学んだ。

運んでいた〉

　これらのうち最初の法則は、通時的なものである。dh［dʰ］であった音が th［tʰ］になったなど。第 2 の法則が表しているのは、語単位とアクセントの間の関係である。つまり、共存する 2 つの項目の間にある一種の契約であり、これは共時的な法則である。第 3 の法則についても、語単位とその末尾に関するものだから、事情は同様である。第 4、第 5、第 6 の法則は、通時的なものである。すなわち、［s］であったものが［h］になった、［n］が［m］に取って代わった、［t, k］などの音が痕跡を残さずに消滅したということである。

　これに加えて、第 3 の法則が、第 5 と第 6 の法則の結果であるということに注意しなければならない。つまり、2 つの通時的事実が、1 つの共時的事実を作り出したということである。

　これら 2 つの範疇に属する法則を区別するとすると、第 2、第 3 の法則は、第 1、第 4、第 5、第 6 の法則とは同じ性質を持っていないことが分かるだろう。

　共時的な法則は一般的なものではあるが、強制的ではない。恐らく、共時的な法則は、集団的に使用されるという規約があるため、個々人に対しては強制されるものだということになるだろうが、発話主体に対しての強制については、ここでは考察しない。ただ言いたいのは、「ラングの中では」何らかの点に対して力が支配する場合でも、規則性の維持を保証する力はないということである。共時的な法則は、現存している秩序の単なる表現だから、事物の状態を認定するだけである。つまり、果樹園の木々が 5 の目型[248]に配置されていると認定する法則と同じ種類のものである。そして、共時的な法則が定義する秩序は、まさにそれが強制的なものではないだけに、長続きはしない。例えば、ラテン語のアクセントを支配する共時的な法則ほど規則的なものはない（この法則は、まさに第 2 の法則と比肩するものである）。しかし、このアクセント規則も、変化の要因に逆らうことができず、新しい法則、すなわちフランス語の法則の前に道を譲ることになった（上述 p.125 以下を参照）。以上を要約すると、共時態で法則が問題になるとしたら、それは配列や規則性の原理という意味においてである。

　これに対して通時態で仮定されるのは、ある結果が生み出されたり、ある事柄が実行されたりする、動的な要因である。しかし、このように強制的な特徴

---

[248]　サイコロの「5」を表す目のように、正方形の 4 点の真ん中に 1 つの点があるような配置の方法。

があるというだけでは、進化に関わる事実に法則の概念を適用するには十分ではない。なぜならば、法則という言葉を使うことができるのは、事実の総体が同一の規則に従う場合だけだからである。ところが、確かに見かけ上これに反する事例がいくらかはあるものの、通時的な出来事は常に偶然的で個別的な特徴を持っている。

　意味的な事実についてであれば、このことが即座に理解できる。フランス語の poutre〈雌馬〉は「木片、梁」という意味を持つようになったのだが、[249] これは個別的な要因によるものであり、同じ時代に生じ得た他の変化に原因を持つものではない。だからこの変化は、あるラングの歴史が記録しているあらゆる変化の中の偶然的な出来事に過ぎない。

　統語や形態に関わる変化については、一見すると事態はこれほど明白ではない。ある時期に、フランス語の古い主格の形態[250] はほとんどすべて消滅した。これは、事実の総体が同じ１つの法則に従っている例ではないのだろうか。いやそうではない。なぜならば、これらの事実はすべて、唯一で同じ単独の事実が、多様な形で現れたものに過ぎないからである。つまり、主格という個別的な概念が変化の対象となったのであって、その消滅によって、一連の形態すべてが必然的に消滅するようになったということである。ラングの外面しか見ない者にとっては、単一の現象が、そこから生じる多様な現れの中に埋没してしまっている。しかしこの現象こそが、その根本的な性質を表す唯一のものなのであり、この現象が作り出した歴史的な出来事は、その性質からして、poutre に生じた意味的な変化と同様に孤立したものである。これが一見法則のように見えるのは、体系の中で実現するからに過ぎない。つまり、体系の構成が厳密であることから、通時的な事実が共時的な事実と同じ条件に従っているという幻想が作り出されるのである。

　最後に音変化について言えば、これも全く性質は同じである。しかし普通には、音法則という言葉がよく言われる。実際、ある一定の時期に、一定の地域で、同一の音声的特徴を示す単語に同一の変化が生じるということが確認される。例えば、p. 132 にあげた第１の法則（*dhūmos → ギリシア語 thūmós）は、有声有気音を含んでいたすべてのギリシア語の単語に当てはまる（例えば、*ne-

---

[249]　poutre は俗ラテン語の *pullitra〈若い雌馬〉に由来する。この単語が比喩的に「ぴちぴちした娘」を意味し、若い娘は痩せて細いのが通常であることから、14 世紀半ば以降、細い木片を意味するようになったものと考えられる。

[250]　古フランス語（９世紀から 14 世紀）では、主格と非主格が、男性名詞では形態的に区別されていた。非主格は、目的語や所有など、単独で幅広い意味を表した。

第 3 章　静態言語学と進化言語学　135

bhos → néphos (νέφος)〈雲〉, *medhu → méthu (μέθυ)〈酒〉, *anghō (h₂emĝh-oh₂) → ánkhō (ἄγχω)〈圧迫する〉など)。第 4 の法則 (*septm → heptá) は、*serpō → hérpō (ἕρπω)〈這う〉, *sūs → hûs (οὖς)〈耳〉、および s で始まるすべての単語に適用される。このような規則性には、時に異議が唱えられることもあるが、非常にしっかりと確定しているように思える。表面的な例外があるにしても、それでこのような性質の変化が不可避である程度が弱まることはない。なぜならば、例外ではあっても、通常の法則よりは特殊な音法則として (p. 140 tríkhes (τρίχες): thriksí (θριξσί) の例を参照)、あるいは、別の種類に属する事実 (類推など) が介在することによって適用されるからである。だとすると、法則という言葉に関して上で述べた定義に、音法則ほどよく当てはまるものはないようにも思える。とは言え、音法則が実証される事例がどんなにたくさんあったとしても、その法則が包含する事実は、ただ 1 つの個別的な事実の現れに過ぎない。

　本当に問題なのは、音変化が単語に関わるものなのか、それとも音だけに関わるものなのかを明らかにするということである。これに対する答えには疑問の余地はない。néphos, méthu, ánkhō などで、インド・ヨーロッパ祖語の有声有気音という特定の音が、無声有気音に変化し、古代ギリシア語の語頭の [s] が、[h] に変化するなどの事実はそれぞれ、孤立していて、同じ種類の他の出来事からは独立しており、この変化が生じた単語からも独立している。[原注1]これらの単語は、当然のことながら音声的な実質に変化が生じたのではあるが、このことによって、音素の真の性質を見誤るようなことがあってはならない。

原注 1　言うまでもないことだが、上であげた例は、純粋に単純化された特徴を持つものである。現代の言語学では、出来るだけ広い範囲の音変化の系列を、同一の基本的原理に帰着させようとしており、この試みは正しい。例えば、メイエ氏は、ギリシア語の閉鎖音に関わるすべての変化を、その調音の弱化が進行したということによって説明している (*Mémoire de la Société de Linguistique de Paris*, IX, p.163 以下を参照)。このような一般的な事実が、現実に存在するのだとしたら、音変化の特徴に関するこのような結論が最終的に適用されるのが、これらの事実であることは当然である。(編者)

　それでは、単語それ自体が、音変化で直接の原因にはならないことを明示するための基礎は、何に置けばよいのだろうか。基礎があるとしたら、そのような音変化は、根本的に単語とは無関係で、音変化が単語に関わることは本質的にありえないという、非常に単純な認定でよい。単語という単位は、その要素としての音素の集合だけで構成されているのではない。この単位には、その物質的な性質以外の特徴も関与している。ピアノの弦が歪んでいるとしよう。そうすると、曲を演奏する際にその弦に触れる度に音が狂うことになる。ただ、

どこがおかしいのだろうか。旋律だろうか。もちろんそうではない。障害が生じたのは旋律ではない。損傷を受けたのはピアノだけだからである。音韻論においても、事情は全く同じである。音素の体系は、ラングに属する単語を調音するために演奏される楽器のようなものである。これらの要素のどれかに変化が生じた場合、その結果はいろいろあるだろう。しかし、この事実は、それ自体としては単語とは無関係である。単語は、言ってみれば、演目に含まれる旋律のようなものだからである。[251]

このように、通時的な事実は個別的なものである。体系が推移するのは、いろいろな出来事の作用によるのだが、その出来事は体系とは無関係であるだけでなく（p. 123 参照）、それぞれ孤立していて、互いの関係で体系を形成することはない。

以上をまとめると、次のようになる。共時的な事実は、それがどんなものであれ、一定の規則性を示すが、強制的な特徴は全く持っていない。これに対して、通時的な事実は、ラングに押しつけられるものではあるが、一般性は持っていない。

簡単に言うと、そして最終的にはこれを述べたかったのだが、共時的な事実も通時的な事実も、上で定義したような意味での法則に支配されるものではない。そして、それでも言語の法則のことを問題にしたいというのであれば、この用語は、共時態と通時態のどちらに属する事柄に適用されるかによって、完全に異なった意味を表すことになる。

第7節　汎時的な観点はあるか

これまで、「法則」という用語を法律的な意味で解釈してきた。[252] しかし恐らくは、ラングの中にも、物理学など自然科学で理解されているような意味での法則、すなわち、あらゆる空間であらゆる時に実証される関係があるのかもしれない。一言で言えば、汎時的な観点でラングを研究することはできないのだ

---

[251] 単語とそのシニフィアンの要素としての音素の変化が無関係であること、つまり共時態と通時態が無関係であることを、単語を旋律（楽曲）、音素の変化を楽器に喩えることで例示しようとしている。楽器が損傷を受けて、どれかの音符の音色に変化が生じたとしても、演奏される楽曲が別のものに変わるわけではない。

[252] ソシュールはラングを社会制度の一種だと考えているから、「法」や「法則」という用語を、社会が定めて人間がそれに従う法律と性質を共有するものだと見なしてきたのは当然である。

ろうかということである。

　多分できるだろう。例えば、音変化は常に起きているしこれからも起きるだろうから、この現象を一般的に、ランガージュの定常的な側面だと見なすことができる。したがって、音変化はランガージュが持つ法則の1つである。チェスの試合の場合と同様に、言語学においても、どんな出来事があっても生き残る規則がある。しかしそれは、具体的な事実からは独立して存在する一般的な原理であって、個別的で明らかな事実が問題になると、汎時的な観点は存在しなくなる。実際、どの音変化も、それが及ぶ範囲がどの程度のものであっても、ある時代と特定の地域に限定される。あらゆる時代、あらゆる場所で生じる音変化などない。つまり音変化は、通時的にしか存在しないということである。そしてまさにこの基準によって、ラングに属するものとそうではないものを認定することができる。だから、汎時的な説明をすることができる具体的な事実は、ラングに属するものではないということになる。フランス語の単語 chose〈もの〉を考えてみよう。通時的な観点では、この単語が由来するラテン語の causa〈理由、事例〉と対立する。共時的な観点では、現代フランス語でこれと結びつくことができるすべての項目と対立する。それ自体として捉えられたこの単語の音（šǫz [ʃoz]）だけが、汎時的な考察の対象となる。しかし、これらの音は言語学的な価値を持っていない。そして、汎時的な観点からしても、šǫz を、ün šǫz admirablə [yn ʃoz admiʁabl]《une chose admirable》〈素晴らしいもの〉のような連鎖の中で考えてみると、これは1個の単位ではなく、不定形の塊であって、境界を確定することはできない。実際のところ、šǫz が切り出されて、ǫza や ns šǫ が切り出されないのはなぜなのかを説明することはできない。[253] このような音列には意味がないのだから、そこに価値も存在しない。だから汎時的な観点は、ラングの個別的な事実を対象とすることは決してない。

第8節　共時的なものと通時的なものを混同することから生じる帰結

　これについては、2つの事例を提示できる。
a)　共時的な真理は、通時的な真理の否定であるように見える。そして、物事

---

253)　もちろん、šǫz という音列には、フランス語では意味が対応しているのだが、ここでは汎時的な観点のことを考えていて、そこでは音だけが考察の対象となっているのだから、意味に対応することはない。意味を考えるからこそ、šǫz を切り出すことができるのであって、意味を考慮に入れなければ、さまざまな音列を切り出すことが可能である。

を皮相的に見るならば、どちらかを選択しなければならないようにも思えてしまうが、実際には、そんなことをする必要はない。一方の真理が他方の真理を排除することはないからである。フランス語で dépit が「軽蔑」を意味していたとしても、そのことで、現在全く別の意味を持つことが妨げられるわけではない。[254] 語源と共時的な価値は2つの異なったものだからである。さらにまた同様に、伝統的な現代フランス語文法では、ある場合には、現在分詞が語形変化し、形容詞と同じように名詞との一致をする（例えば、une eau courante〈流れる水〉）、また別の場合には不変化である（例えば、une personne courant dans la rue〈通りを走っている人〉）と教えられる。しかし、歴史文法が教えるのは、ここには同じ1つの形態があるのではないということである。すなわち、最初のものは、ラテン語の分詞（currentem）を継承していて、語形変化をするのだが、他方は、動名詞の奪格（currendō）に由来し、これは不変化だとされる。[原注1] 共時的な真理は通時的な真理と矛盾しており、歴史文法の名のもとに伝統文法を糾弾しなければならないのだろうか。いや、そういうことはない。なぜならば、それだと真理の半分しか見ないことになるからである。歴史的な事実だけが重要で、ラングを作り上げるのにこれだけで十分なのだと考えてはならない。恐らくは、起源の観点からすると、分詞 courant には2つのものがある。しかし、ラングにおける意識では、それらが関係づけられて、すでに1つのものしか認められなくなっている。この真理も、もう1つの真理と同様に絶対的で議論の余地のないものである。

原注1　この説は、一般的に認められているのだが、[255] 最近レルヒ氏[256]による反論がなされた（*Das invariable Participium praesenti*「不変化の現在分詞」、Erlangen 1913）。しかし、反論は成功していないと思う。したがって、例を削除する必要はなかったし、こ

---

254)　現代フランス語での意味は「悔しさ、恨み」。語源のラテン語は dēspectus で、これは動詞 dēspiciō〈軽蔑する、見下す〉の過去分詞。
255)　フランス語で gérondif と呼ばれるラテン語の動名詞には、gerundium と gerundivum の2種類があり、前者は「～すること」という名詞的な機能、後者は「～されるべき」という形容詞的な機能を持っていた。本書のこの箇所では、前者の意味で用いられていると思われる。フランス語の現在分詞は「～している」という形容詞的な機能を持つ形式なので、ラテン語の名詞的な動名詞とは性質が異なるように思われる。現代フランス語の現在分詞は、名詞を直接限定する形容詞としての特性が顕著な場合は名詞と性・数の一致をし、関係節で置き換えられるような、動詞的な特性の方が強い場合には、一致をしないと考えた方がよさそうである。
256)　Eugen Lerch (1888–1952)。ドイツのロマンス語学者。上記の著作は、ミュンヘン大学への教授資格取得論文。

の例は、いずれにしろ、教育的な価値を依然として持っていると考える。

b）　共時的な真理と通時的な真理が非常によく符合するため、両者が混同されたり、両者を分けるのは無駄だと判断されるたりすることもある。例えば、père〈父〉いう単語の現在の意味を、ラテン語の pater が同じ意味を持っていたと言うことで説明できていると考えるような場合である。別の例をあげよう。語頭に位置しない開音節[257]にあるラテン語の短い [a] は、[i] に変化した。faciō〈私はする〉の一方で、conficiō〈完成させる〉があり、amīcus〈友人〉の一方で、inimīcus〈敵〉があるなど。この事実は、faciō の [a] は conficiō では [i] になるが、それは [a] が語頭の音節に位置しなくなったからだと定式化されることがよくある。しかしそれは正確ではない。faciō の [a] は、conficiō で [i] に「なった」のでは決してない。真実を確定するためには、2つの時代と4つの項目を区別しなければならない。まず最初に、faciō – confaciō と言っていた。次に、confaciō が conficiō に変化したが、faciō は変化しないで存続したため、faciō – conficiō と発音されるようになった。これを図式化すると次のようになる。

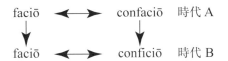

ここで「変化」が生じたのだとすれば、それは confaciō と conficiō の間である。ところが、規則は、うまく定式化されていなかったので、第1の関係のことは述べてもいなかった。次に、当然のことながら通時的なこの変化と並んで、第1の事実とは全く異なり、faciō と conficiō の間にある純粋に共時的な対立に関わる第2の事実がある。これは事実ではなくて結果なのだと言いたくなるのだが、独自の領域に属する事実なのであって、共時的な現象はすべて、やはりこの性質を持っている。faciō – conficiō の対立の本当の価値は理解しにくいのだが、それはこの対立がそれほど重要ではないからである。しかし、Gast –

257）　母音で終わる音節が「開音節」、子音で終わる音節が「閉音節」。faciō は fa-ci-ō [fa-ki-o:] という3つの音節から成り、最初の音節の [fa] は、[a] という母音で終わっているので、開音節である。
258）　ドイツ語 Gast は「客」を意味する男性名詞の単数形、Gäste はその複数形。
259）　ドイツ語 gebe は、動詞 geben〈与える〉の直説法1人称単数形、gibt は、同じ動詞の直説法3人称単数形。

Gäste[258], gebe – gibt[259] の組を考察してみると、これらの対立もまた、音変化の偶然的な結果であることが分かるのだが、それでも、共時的な領域では、最も重要な文法的現象を構成している。ただ、これら2つの種類の現象は、お互いに密接に結びついており、一方が他方を規定していることから、両者を区別する必要がないという考えに至ってしまうことになる。実際言語学でも、何十年もの間両者が混同されてきていて、その方法に価値がないことは気づかれなかった。

しかし、このような間違いは、ある場合には明白な形で現れてくる。例えば、ギリシア語の phuktós（φυκτός）〈避けるべき〉を説明するためには、次のように言えば十分だと考えたくなる。すなわち、ギリシア語では、[g] まはた kh [kʰ] は、無声子音の前では [k] に変化する。これは、phugeîn（φυγεῖν）〈逃げる〉: phuktós（φυκτός）, lékhos（λέκτος）〈寝台〉: léktron（λέκτρον）〈寝台〉などのような、共時的な対応によって表されている。しかし、tríkhes（τρίχες）: thriksí（θρικσί）[260] のような例に出くわすと、事情は複雑になる。[t] が th [tʰ] に「移行」しているからである。この単語がとる諸形態は、歴史的に、つまり相対的な時系列によってしか説明できない。祖語の語幹 *thrik は、語尾 -si が続くと、thriksí となった。これは非常に古い時代の現象であり、語根 lekh- から lektron が作られた現象と同じである。後になると、同じ単語の中で、別の有気音に後続される有気音は、すべて無気音になった。このため、*thríkhes は tríkhes になったのだが、thriksí の方は当然にこの法則の適用を免れた。[261]

第9節　結　論

こうして言語学は、2番目の分岐点に到達したことになる。最初は、ラングとパロールのいずれかを選択しなければならなかった（p.38を参照）。そして今は、一方は通時態へ、他方は共時態へと通じる道の交差点にある。

こうした二重の分類原理を一旦手にしたとなると、「ラングにおいて通時的なもののすべては、パロールによってそうなっているに過ぎない」と付け加えることができる。実際、パロールの中にあらゆる変化の萌芽があるのである。変化はどれも、まずは一定の数の個人によって始められ、それから一般的に使用

---

260)　tríkhes は thríks（θρίξ）〈髪〉の複数主格形、triksí は同じ名詞の複数与格形。

261)　*thrik- に続く複数与格語尾は -si であって、ここに有気音は含まれていないので、語幹の th [tʰ] は有気音のまま存続した。

されるようになる。現代ドイツ語は、ich war〈私は〜だった〉, wir waren〈私たちは〜だった〉のように言うが、古いドイツ語では、16 世紀まで ich was, wir waren のように活用させていた（英語では今でも、I was, we were と言う）。このような was の war への置き換えは、どのようにして起こったのだろうか。少数の人々が、waren に影響されて、類推により war を作り出したのだが、これはパロールに関わる事実であった。そしてこの形態が何度も繰り返され、共同体に受け入れられた結果、ラングに属する事実になった。ただし、パロールでの改変がすべて同じようにうまく進むわけではない。改変が個人的なものであり続ける限りは、それを考慮に入れる必要はない。言語学の研究対象はラングだからである。そのような改変が言語学の領域に入って来るのは、集団がそれを受け入れる時だけである。

　進化に関わる事実の前には常に別の事実、あるいはむしろ、パロールの領域にある類似した多数の事実がある。しかしだからと言って、上で確定した区別の有効性がなくなるわけでは全くない。なぜならば、あらゆる改変の歴史には、いつも 2 つの異なる時期があるからである。それは、① 個人の間で改変が生じる時期、② 改変が、外面的には変わりがないが、集団が受け入れることによってラングの事実となる時期、である。

　次の図によって、言語研究が取るべき合理的な形式が示される。

$$
\text{ランガージュ} \begin{cases} \text{ラング} \begin{cases} \text{共時態} \\ \text{通時態} \end{cases} \\ \text{パロール} \end{cases}
$$

　ある学問の理論的で理想的な形式が、その学問を実行する時に、強制力を持って要求されるものでは必ずしもないことは認めなければならない。しかし言語学では、このような要求は、他のどの場合よりも絶対的なものである。ただそれだけに、言語研究において、現状では混同が広く見られるのではあるが、それも、ある程度は許容される。だからここで確定した区別が、最終的に認められたとしても、この理想の名のもとに、言語の探究に対して妥協を許さない方針を押しつけることはできないだろう。

　例えば、古フランス語の共時的研究では、同じフランス語の、13 世紀から 20 世紀までの歴史によって明らかになるかもしれないものとは、全く共通性を持たない事実や原理を用いて、言語学者は分析を進める。他方、このような事実

や原理は、現代バントゥー語や、紀元前 400 年の古典ギリシア語、あるいはまた現代のフランス語などの記述によって明らかになるものと比較することができる。それは、このような様々の報告が、類似した関係に基づいているからである。もしどの固有語も閉鎖された体系[262]を形成しているのだとしたら、そのすべてに一定の恒常的な原理があると仮定され、そのような原理は、どの固有語についても同じように見出されることになる。なぜならば、同一の種類の現象を対象としているからである。歴史的研究についても事情は同様である。フランス語のある特定の時代（例えば、13 世紀から 20 世紀）、ジャワ語あるいは任意のラングのある時代をたどる場合、研究の対象となるのは類似した事実であって、通時的な範疇に属する一般的な真理を確定するためには、それらの事実を対照させれば十分である。理想的なのは、どの学者がどのような歴史的研究に取り組む時も、この種の事実をできるだけ多く視野に入れることだろう。しかし、それほど多くの異なったラングを科学的に自らのものにすることは非常に難しい。それに、実際上は、ラングはそれぞれ 1 つの研究単位を形成していて、その単位をあるいは静態的に、あるいは歴史的に考察するように、否応なく仕向けられるのである。いずれにしても、決して忘れてはならないのは、理論的にはこの単位は表面的なものであり、他方で、諸固有語が示す相違の中に、根本的な単位が隠されているということである。[263] あるラングの研究において、状態と歴史、どちらかの側面について考察を行う場合、どの事実についても、適切な領域の中に位置づけ、方法を混同しないことがどうしても必要である。

　言語学の 2 つの部分を、以上のように画定したので、研究の対象としてそれぞれを順番に取り上げていくことにする。

　「共時言語学」は、共存し体系を構成する項目を結びつけており、同一の集団的な意識によって捉えられるような、論理的、心理的な関係を対象とする。

　「通時言語学」は、これに対して、同一の集団的意識によっては捉えられず、全体として体系を構成することなく、次々に置き換わる連続した項目を結びつける関係を研究する。

---

262)　ラングは個別言語であり、ラングに観察される体系は、共通の性質を持つ要素の集合であるから、集合の要素に一定の条件が課せられている限り、要素が無制限に拡大することはない。この意味で、体系は閉鎖的であり開放的ではない。
263)　ソシュールがラングとして提示しているのは個別言語であることが多いのだが、ここでは、個別言語の相違を超えて存在するはずの、人間の言語が持つ普遍的な特性の存在が想定されていると理解することができる。

第 2 部
共 時 言 語 学

第 1 章
総　　　論

　一般的な共時言語学の目的は、あらゆる個別的共時体系が持つ根本的な原理、ラングのあらゆる状態を構成する要因を解明することである。これまでの部分ですでに解説した多くのことは、どちらかと言えば共時態に属している。例えば、記号の一般的特性は、この共時態を構成する部分だと見なすことができる。もっとも、これらの特性のおかげで、2つの言語学を区別する必要性を証明することができたことも確かではある。

　「一般文法」と呼ばれるもののすべては、共時態に属している。なぜならば、ラングの状態を知ることによってしか、文法の領域に属する異なった関係を明らかにすることはできないからである。以下では、いくつかの最も重要な原理だけを考察することにする。そして、これらの原理なしでは、静態に関する個別的な問題に手をつけることも、ラングの状態の詳細について説明することもできないと思う。

　一般的には、静態言語学を研究する方が、歴史を研究するよりはるかに困難である。進化に関わる事実はより具体的であり、それだけに想像力に強く訴えかけるものがある。そこで観察される関係は、容易に把握できる継起的な項目の間で取り結ばれている。だから、一連の変化をたどっていくことは簡単であるし、多くの場合楽しくさえある。これに対し、価値や共存する関係について行われる言語学には、はるかに大きな困難が伴う。

　実際上は、ラングの状態は点ではなく、ある程度の長さを持つが、その間に生じた変化の総計が最小であるような、時間的区間である。区間の長さは10年、1世代、1世紀、あるいはそれ以上でもありうる。長期にわたってラングにほとんど変化がない場合があるかと思うと、次には数年の間に相当大きな変化が生じることもある。同じ時代に共存する2つのラングのうち、1つは大きく変化し、もう1つはほとんど変化しないということもある。この2番目の場合には、研究は必然的に共時的なものとなり、最初の場合には、通時的なものとなる。絶対的な状態は変化がないことによって定義されるが、それでもラン

グはたとえわずかでも変化するのだから、ラングの状態を研究する際には、結局のところ実際上、あまり重要ではない変化を無視することになる。それは数学者が、対数計算のような一定の操作に際し、無限小の数量を無視するのと同じである。

　政治史では、時点としての「時代」と、ある一定の長さを包含する「時期」が区別される。しかしながら歴史家は、アントニヌス時代[264]、十字軍の時代などを語る場合には、この時期を通じて一定であった特徴の総体のことを考察している。ならば、静態言語学についても、時代を対象とするのだと言えるだろう。しかしやはり、「状態」という用語の方が望ましい。時代の始まりと終わりは、多少なりとも突然で、事物の確立した状態を変更させる傾向を持つ何らかの変革によって刻印されるのが一般的だが、状態という言葉であれば、ラングにそのようなものが起きるのだと思わせなくて済むようになる。さらに、時代という用語は、まさにこれが歴史から借用されたものだという理由で、ラングそのものよりも、ラングを取り巻き、条件づける状況の方を思わせる。要するに、この用語だと、先に外的言語学（p. 42 参照）と呼んだものの観念の方が思い起こされることになるということである。

　また、時間の中に境界を定めることが、ラングの状態を定義する際に出会う唯一の困難ではない。空間に関しても、同じ問題が提起される。つまり、ラングの状態という概念は、近似的なものでしかありえないということである。静態言語学においては、他の大部分の学問と同様に、資料を規約によって単純化しなければ、いかなる論証も不可能である。

---

264) 「アントニヌス朝」とも呼ばれる。ローマ帝国中期（紀元 96 年～ 192 年）の王朝で、ネルウァ（Nerva, 96–98）、トラヤヌス（Trajanus, 98–117）、ハドリアヌス（Hadrianus, 117–138）、アントニヌス＝ピウス（Antoninus Pius, 138–161）、マルクス＝アウレリウス（Marcus Aurelius, 161–180）、ルキウス＝ウェルス（Lucius Verus, 161–169）、コンモドゥス（Commodus, 180–192）の 7 人の皇帝が統治した。

第 2 章
ラングの具体的な実体

第 1 節　実体の単位　定義

　ラングを構成する記号は、抽象的存在ではなく、具体的な対象である（p.34 参照）。言語学が研究するのは記号と記号の間の関係である。これらを、言語学の「具体的な実体」と呼ぶことができる。
　言語学の問題全体に対して支配的に振る舞う 2 つの原則について、まず復習しておこう。
① 言語的な実体は、シニフィアンとシニフィエの連合によってのみ存在する（p.102 参照）。これらの要素のうちの 1 つしか考慮しないとなると、その実体は消え去ってしまう。つまり、目の前にあるのは、もはや具体的な実体ではなく、純粋に抽象的な存在に過ぎないということである。だからあらゆる時点で、実体の全体を視野に入れていると信じながら、その一部しか捕捉していないという危険が生じうる。例えば、発話の連鎖を音節に分割する際に、そのような危険がある。音節は音韻論でしか価値を持たないからである。一連の音が言語学の対象となるのは、観念の媒体となる場合だけである。それ自体として捉えられた時には、もはや音連鎖は生理学的な研究の材料でしかない。
　シニフィエについても、対応するシニフィアンから分離してしまうと、事情は同じになる。「家」「白」「見る」などの概念は、それだけを考察した場合には、心理学に属するものとなる。それらの概念が聴覚映像と結びついて初めて、言語的な実体となる。つまりラングにおいては、概念は音的実質の性質なのであり、それは、一定の音響が概念の性質であるのと同じである。
　2 つの側面を持つこの単位は、肉体と精神によって形作られた人間という単位と、よく比べられてきた。しかし、この比較で満足できるとはとても言えない。むしろ、化学的化合物、例えば水を考えた方がもっと適切だろう。水は水素と酸素が結合したもので、別々にしてしまうと、これらの元素のどちらもが、水の特性を持つことはなくなる。

② 言語的実体が完全に確定されるのは、その「境界が定められた」時、すなわち、音連鎖上でそれを取り巻くあらゆるものから分離された時である。ラングの機構において対立するのは、この境界が定められた実体、つまり「単位」である。

　最初は、言語記号と視覚的な記号は、混同されることなく同じ空間に共存することができるので、両者を同様のものだと考えたくなる。そして、意味を表す要素を分離することも同じ方法で、精神の作用を必要とすることなく行うことができると思い込んでしまう。例えば、「形式」という単語が、記号を表すためによく使われる。「動詞形式」「名詞形式」のような表現のことである。しかしこの用語のために、2種類の記号を混同するという誤りを続けることになるのである。しかし、音連鎖は、その第一の特徴が線状的だということは分かっている (p. 106 参照)。だから、それ自体として考察されれば、それは線、切れ目のない帯でしかなく、耳で聞いても、それだけで十分かつ正確な区切りを知覚することはできない。だからこそ、意味に助けを求めなければならないのである。知らないラングを耳にした時は、一連の音がどのように分析できるのかを言うことはできない。言語現象の音的側面しか考慮に入れなければ、このような分析は不可能だからである。しかし、この連鎖の各部分に、どの意味や働きを対応させられるのかを知っていれば、これらの部分をそれぞれ分離することができて、不定形の帯が断片へと切り分けられる。そして、この分析には物質的なところはどこにもない。

　以上をまとめると、ラングは、前もって境界が画定された記号の集合として提示されているのではなく、だから、それらの記号の意味と集合中の配置を研究するだけでよいというものではない。ラングは、ぼんやりとした塊であり、注意して習熟しなければ、個別の要素を見出すことはできない。ラングの単位には、特別の音的特徴はなく、これに対して与えることができる唯一の定義は、以下のようなものである。単位は「音響の断片であって、発話連鎖でこれに先行する部分と後続する部分から分離される、何らかの概念に対応するシニフィアンであるものである」。

第2節　境界設定の方法

　ラングを所有している人間は、少なくとも理論的には、大いに単純な方法でその単位の境界を定めている。ラングの本質は、ラングの資料だと見なされるパロールの中に位置し、概念の連鎖 (a) と聴覚映像の連鎖 (b) という平行的な

2つの連鎖によって表されるということにある。

　ラングにおける境界を正確に設定しようとすると、聴覚の連鎖 (α, β, γ...) において確定される区分が、概念の連鎖 (α', β', γ') における区分に対応していることが必要である。

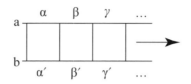

　フランス語の sižlaprã (ʃiʒlapʁɑ̃) を考えてみよう。この連鎖を [l] の後で切断して、sižl を単位として設定することができるかというと、それはできない。この区分が誤りだということが分かるには、意味のことを考えてみれば十分である。音節に分割して、siž-la-prã としても、そこにもやはり、「先験的に」言語学的なものは何もない。可能な区分は次のものだけである。① si-ž-la-prã (si je la prends)[265] と　② si-ž-l-aprã (si je l'apprends)[266]。そして、その区分は、これらのパロール[267]に結びつけられる意味によって確定される。

　この操作の結果を実証し、単位が正しく設定されていることを確認するためには、同じ単位が現れる一連の文を比較して、どの場合にも、文脈の残りの部分からこの単位を分離することができなければならない。そしてその際には、意味によってこの境界設定が認可されることが確認されなければならない。また、文に属する次の2つの語句があるとしよう。lafǫrsdüvã (la force du vent)[268] と abudfǫrs [abudfɔʁs] (à bout de force)[269] である。

　どちらの語句にも、同じ概念が同じ音的断片 fǫrs [fɔʁs] に一致している。したがって、これはまさしく言語的な単位である。しかし、ilməfǫrsaparlę [ilməfɔʁsapaʁle] (il me force à parler)[270] では、fǫrs は全く違った意味を持っており、したがって異なった単位である。

---

265)　条件節で「もし私がそれを取るならば」という意味を表す。
266)　条件節で「もし私がそれを学ぶならば」という意味を表す。
267)　問題となっている音連鎖は、文法的には条件節を構成しており、節は文と同じ資格を持つ。ソシュールにとって文はラングではなくパロールに属する要素である。
268)　「風の力」という意味の名詞句。
269)　「精根尽き果てて」という意味の前置詞句。
270)　「彼は私に無理に話させる」という意味の文。

第 3 節　境界設定の実際的な難しさ

　この方法は、理論的には非常に単純だが、適用するのは簡単なのだろうか。切り出される単位が単語であるという考えを出発点にすると、簡単だと思いたくなる。なぜならば、文は単語の結合体なのだから、これほどすぐに捕捉できそうなものはないように見えてしまうからである。例えば、先にあげた例を再び取り上げてみると、発話連鎖 sižlaprã は、分析して境界を確定すると、4 つの単位に分割され、それは同じ数の単語、つまり si-je-l'-apprends であるということになりそうである。しかし、すぐにこのことについては疑念が生じてくる。というのも、単語の本質についての議論がたくさんあったことは知られているし、少しよく考えてみると、単語だと理解されているものが、ここで述べている具体的な単位の概念とは矛盾することが分かるからである。

　このことについては、cheval〈馬〉とその複数 chevaux のことを考えてみるだけでも納得できる。これらは、同じ名詞の 2 つの形態だとよく言われる。しかし、これらを全体として考えてみると、意味の面でも音の面でも、まさに 2 つの異なった対象である[271]。mwa〈月〉(le mois de décembre〈12 月〉の mois) と mwaz (un mois après〈ひと月後〉の mois)[272] についても、同じ単語を異なる 2 つの側面で捉えており、1 つの具体的な単位の問題だということにはならないと考えてよい。なぜならば、意味は同じだが、音響の断片は異なるからである。このように、具体的な単位を単語と同一視しようとしても、すぐにジレンマに直面する。すなわち、cheval と chevaux、mwa と mwaz などを結びつけている関係を、明白ではあるにしても無視して、これらが異なった単語だとするか、もしくは、具体的な単位があるとはしないで、同じ単語の異なった形態を結合する抽象的な操作があるということで満足するかである。後者の場合には、単語以外のところに具体的な単位を求める必要がある。さらには、複合的な単位としての単語も数多くある。そのような単語では、下位の単位（接尾辞、接頭辞、語幹）を容易に区別することができる。例えば、désir-eux〈～を欲している〉, malheur-eux〈不幸な〉のような派生語は、はっきりした部分に分

---

[271]　cheval の発音は [ʃval], chevaux の発音は [ʃvo] であるから、音的には明らかに異なる。また意味についても、cheval は「馬である 1 個の事物」を表し、chevaux は「馬である複数の事物」を表しているから、やはり同じではない。

[272]　フランス語の mois は、単独では [mwa] と発音されるが、名詞句のような 1 つの文法的単位中で、母音で始まる語が後続すると、語末の -s が有声化して発音され [mwaz] となる。

けることができ、それぞれの部分は明白な意味と役割を持っている。これとは逆に、単語よりも大きな単位もある。複合語 (porte-plume〈ペン軸〉、熟語 (s'il vous plaît〈どうぞ〉)、活用形 (il a été)[273] などである。しかし、このような単位についても、本来の単語についてと同様に、境界の設定については同様の困難が突きつけられるのであって、音連鎖中に存在する単位の働きを解明し、ラングがどの具体的な要素を機能させているのかを知るのは、極めて困難である。

恐らく、発話主体はこのような困難を知らないだろう。何らかの程度で意味を表すものはすべて、発話主体には具体的な単位として理解され、談話中ではこれらを間違いなく識別する。しかし、単位をすばやく敏感な働きで感じ取ることと、一定の方法による分析によって単位を理解することは、別のことである。

かなり広まっている理論では、唯一の具体的な単位は文であることが主張されている。すなわち、話をする時に用いるのは文だけであり、その後で文から単語が取り出されるということである。しかし、まず考えなければならないのは、どの程度まで文がラングに属しているのかということである (p.174参照)。もし文がパロールに属しているのだとしたら、言語的な単位だと見なすことはできないだろう。ただ、このような難しい問題は取り除かれたものと認めておこう。発音することができる文の集合が提示されているものとすると、その最も顕著な特徴は、互いに全く類似していないということである。最初は、文に無限の多様性があるのは、動物学的な種を構成している個人にも、これに劣らぬ多様性があるのと同じなのだと考えたくなる。しかし、それは幻想である。同じ種に属する動物については、個体を区別する相違よりも、共通の特徴の方がはるかに重要である。これに対し、文の間では、多様性の方が支配的であり、この多様性を通じてすべての文を結びつけているものを探求しようとすると、そのようなものが明らかになることはなく、見つかるのは文法的な特徴を持った単語なのであり、結局は再び同じ困難の中に陥ることになる。[274]

---

273) a été は動詞 être (〜である) の直説法複合過去時制3人称単数形。
274) ソシュール以降の言語研究の成果として、無限の多様性を持つようにも思える文にも、この単位を支配する一般的な規則があることが解明されている。文を構成する単語の配列には規則性があるが、この配列規則は極めて明示的な形で示され、その規則の個数もわずかである。文が表す意味についても、これを普遍的な枠組みで提示することができる。

第4節　結　論

　学問の対象となる大多数の分野では、単位の問題が提起されることすらない。単位は直ちに与えられるからである。例えば動物学では、動物が最初の瞬間から提示される。天文学も、宇宙に存在する個別の単位である天体を取り扱う。化学でも、重クロム酸カリウムの特性と構造を研究する場合、これが明確に定義された対象だということを一瞬でも疑うことはない。

　ある学問で、直ちに認定することができる具体的な単位が現れてこないとしたら、それはそのような単位が本質的なものではないからである。例えば、歴史では、それが個人、時代、国家のどれなのだろうか。それは分からないのだが、しかし重要なことではない。この点についてはっきり分かっていなくても、歴史の研究を行うことはできる。

　しかし、チェスの試合の全体が、異なった駒の組み合わせであるのと同様、ラングも、それに属する具体的な単位の対立に完全に基礎を置く体系としての特徴を持っている。だから、単位を知らないで済ませることも、単位に頼らずに進んでいくこともできない。それなのに、単位の境界を定めるのは非常に難しい問題であって、本当にそんな単位が存在しているのだろうかと思いたくなるほどである。

　このように、最初から知覚することができる実体が提示されないのだが、それでもそのような実体は存在していて、ラングを構築しているのはそれらの働きであるという、不思議で顕著な特徴がある。恐らくはこれが、他のあらゆる記号的な制度とラングを区別する特色なのだろう。

第3章
同一性、実在、価値

　すぐ前の部分で実証したことから生じてくる問題は重要なのだが、静態言語学では、あらゆる最重要の概念が、単位についてめぐらされる考えに直接的に依存していて、この考えと混同されさえするため、その重要性はさらに増してくる。以下では、共時態における同一性、実在、価値の概念について、この順番で説明していく。

A. 共時的な「同一性」とは何だろうか。ここでは、フランス語の否定辞 pas をラテン語の passum[275] に結びつける同一性のことを問題にしているわけではない。これは、通時的な種類の問題である。これについては、別のところ p. 253 で問題にする。問題になるのは、«je ne sais *pas*»〈私は知らない〉と «ne dites *pas* cela»〈そのことを言わないでください〉のような2つの文が同じ要素を含んでいると主張することを可能にするような、同様に興味深い同一性である。これは、役に立たない問題だと思われるかもしれない。2つの文の中では、同じ音響の断片（pas [pɑ]）が、同じ意味を表しているのだから、同一性は当然ありそうではある。しかし、この説明では不十分である。なぜならば、音の断片と概念の対応（先にあげた «la force du vent» と «à bout de force» の例を参照）が同一性の証明になるとしても、その逆は真ではない。[276] というのも、このような対応がなくても、同一性が存在することはできるからである。会議で、Messieurs!〈皆さん〉という単語が何度も繰り返されるのを聞くと、その度に同じ表現が使われているのだという意識を持つ。しかし、口調や抑揚が変わるのだから、使われる様々の状況で、音的な性質の相違は非常に顕著である[277]。こ

---

275)　passum は、ラテン語の名詞 passus（歩み）の単数対格形。
276)　2つの要素 a, b について、それらが同じ音の断片（音列）で表され、同時に同じ意味を表していれば、要素 a と要素 b は同一であると言える。しかし、要素 a と要素 b が同一であれば、これらの要素が同じ音列と同じ意味を持つということにはならない、ということを「逆は真ではない」という表現が表している。
277)　ソシュールは明確には述べていないが、抑揚（イントネーション）は意味の相違を

の相違は、異なった単語（例えば、pomme〈リンゴ〉と paume〈掌〉、goutte〈水滴〉と je goûte〈私は味わう〉、fuir〈逃げる〉と fouir〈掘る〉など）を区別する働きをするような相違と同じくらい目立つものである。さらに、意味的な観点からしても、それぞれの場合の Messieurs! の間に、絶対的な同一性はないのだし、それは、1つの単語が相当に異なった観念を表すことができても、その同一性が大きく損なわれることはない（例えば、«*adopter* une mode»〈流行を取り入れる〉と «*adopter* un enfant»〈子供を養子にする〉、«la *fleur* du pommier»〈リンゴの花〉と «la *fleur* de la noblesse»〈高貴の精髄〉など）のと同じである。それにも拘わらず、これらが同一だという意識がなくなることはない。

　ラングの機構はその全体が、同一性と相違性の上で展開している。そして、相違性は同一性の反面に過ぎない。このことから、同一性の問題は、あらゆる場合に生じてくることになる。ただ一方で、同一性の問題は、実体や単位の問題と部分的には混同されている。後者の問題は、前者の問題を複雑にしたに過ぎないのだが、しかし実りの多いものである。この特徴は、ランガージュ以外から持ってきたいくつかの事例と比較すれば、よく分かるようになる。例えば、24時間の間隔を置いて出発する「ジュネーブ発パリ行き午後8時45分」の急行2本に関する同一性のことを考えてみよう。私たちの目には、同じ急行なのだが、しかし恐らくは、機関車や客車や乗員など、すべてが異なっているだろう。あるいはまた、ある街路が取り壊されて、その後再び建造されたとすると、物質的には前の街路のものは何も残っていないだろうと思われるが、それでも同じ街路だと言われる。街路をすっかり再建していながら、同じ街路であり続けられるのはどうしてなのだろうか。その理由は、街路が構成する実体が、純粋に物質的なものではないからである。この実体は、一定の条件に基礎を置いていて、その中には、例えば他の実体との地理的位置関係などが含まれるのだが、偶然的に選ばれた材料は、その条件とは無関係である。同様に、急行を作っているのは、出発時刻や行程など、一般的にはそれを他のすべての急行から区別する、あらゆる状況である。同じ条件が実現される度ごとに、同じ実体が得られる。ただしかし、これらの実体は抽象的なものではない。というのも、街路であれ急行であれ、物質的な実現以外のところで知覚されることはないから

担うのでラングに属する要素だとしても、口調の方は、意味の相違に積極的には関与しないから、パロールに属するものと考えた方がよい。だとすると、「皆さん」という呼びかけが状況によってそれぞれ異なるというのは、必ずしもラングの問題ではないことになるから、同一性がラングに関わる問題なのだとすると、この例が必ずしも適切だとは言えないことになる。

である。

　これまであげた事例とは全く違う例を取り上げて比べてみよう。それは、私が盗まれて、古着屋の陳列台で見つけた服の例である。服の本質は動かない物質、すなわち織物、裏地、折り返しなどだけで決まるのだから、ここで問題になるのは物質的な実体である。他の服は、最初の服にどれだけ似ていようと、私の服ではない。しかし、言語的な同一性は、服の同一性ではなく、急行や街路の同一性である。私が Messieurs という単語を使う度に、その材料は新しくなる。新しい発声行為であるし、新しい心理的活動であるからである。2度使用された同じ単語の間の結びつきは、物質的な同一性や意味の正確な類似性ではなくて、これから探究する必要があり、言語的な単位の本当の性質と非常に密接な関係を持つ要素に基づいている。

B. 共時的な「実在」とは何だろうか。ラングに属するどの具体的な、あるいは抽象的な要素をそう呼ぶことができるのだろうか。

　例えば、品詞の区別のことを考えてみよう。単語を、名詞や形容詞などに分類することは、何を基礎としているのだろうか。純粋に論理的、言語外的で、地球上の経度や緯度のように、外部から文法に適用された原理の名のもとにそうされているのだろうか。あるいは、ラングの体系中に位置を占めて、この体系によって条件づけられている何かに対応しているのだろうか。簡単に言えば、品詞は共時的な実在なのだろうか。この2番目の仮説の方がありそうに思えるのだが、最初の仮説も擁護できるのかもしれない。例えば、«ces gants sont *bon marché*»〈この手袋は安い〉の bon marché は形容詞なのだろうか。論理的には、この単語には形容詞としての意味がある[278]、しかし文法的には、形容詞としての性質があるかどうかは確実ではない。なぜならば、bon marché は、形容詞としての振る舞いをしないからである（不変化であるし、*bon marché* が名詞の前に置かれることは決してないなど）[279]。さらに、2つの単語から成っているということもある。ところで、品詞の区別はまさに、ラングに属する単語を分類

---

278) 形容詞の意味とは、名詞が表す事物の集合の範囲を限定することである。「美しい花」という表現では、名詞「花」が表す事物の集合のうち、「美しさ」の点で、その平均値よりも上の事物が表されている。つまり「花」であるものの集合を、美しさという観点から限定しているということである。本文の「安い」についても、「手袋」である事物の集合のうち、手袋の価格の平均値よりも低い価格で販売されるものの集合を表している。

279) フランス語の形容詞は、名詞と性・数の一致をする。形容詞 beau〈美しい〉だと、beau garçon〈1人の美しい少年〉, beaux garçons〈複数の美しい少年〉, belle fille〈1人の美

することに役立つはずのものである。それでは、単語のある集団が、これらの品詞（語類）のどれか1つに帰属させられる方法とはどんなものなのだろうか。ただ逆に、bon は形容詞で marché は名詞だと言ったとしたら、この表現のことを説明したことにはならない。というわけで、今あげているような分類は、欠陥があるか、不完全なものだということになる。つまり、単語を名詞、動詞、形容詞などに区分したものが、明白な言語的実在だというわけではないのである。

このように、言語学は、文法学者たちによって作り上げられた概念を使いながら、絶えず活動を行っているのだが、それらの概念については、ラングの体系を構築している要因に、本当に対応しているのかどうかは分かっていない。ただ、どのようにしたらそれが分かるのだろうか。そして、もしそれらの概念が幻影なのだとしたら、これに対する実在とはどんなものなのだろうか。

幻想から逃れるためには、まず、ラングに属する具体的な実在が、観察者の目に自ら現れ出てくることはないということを納得しなければならない。もし実在を捉えようとするならば、現実と接触することになる。そこから出発することで、言語学の領域に属する事実に秩序を与えるために必要な、すべての分類を精密に作り上げることができるのである。また、このような分類の基礎を、具体的な実体以外のものに求めるとしよう。例えば、品詞は、論理的な範疇に対応しているからという単純な理由で、ラングの要素だと言うようなものである。しかしこれでは、意味を表す要素へと分割された音的な質料から独立している言語的事実が存在しないということを忘れたことになる。

C. 最後に、この節で触れたすべての概念は、別のところで「価値」と呼んだものと本質的には違いがない。チェスの試合との比較を新たに取り上げたが（p. 128 以下参照）、この比較によって、そのことが理解できる。ナイトの駒を考えてみよう。この駒だけで、試合の要素になるのだろうか。もちろんそうではない。なぜならば、升目や試合の他の条件を取り除いて、純粋に物質的な側面だけにすると、競技者には何も意味しないからである。現実的で具体的な要

しい少女〉, belles filles〈複数の美しい少女〉のように形態変化をする。ところが bon marché は、修飾する名詞の性・数に関わらず常にこの形しか取らない。また、フランス語の形容詞は、語形が短くて使用頻度の高いものは名詞の前に、語形が長いものは名詞の後ろに置かれるのが原則だが、その原則が常に守られるわけではない。beau は名詞の前に置かれるのが普通だが、une fille exceptionnellement belle〈例外的に美しい少女〉のように、副詞によって修飾されている場合は名詞の後ろに置かれることもできる。しかし bon marché は、名詞の前に置かれることはできない。

素になるのは、価値を与えられて、その価値と一体となった時だけである。試合の最中に、この駒が壊れるか、なくなるかしたとしよう。この場合、同じ価値を持つものと交換できるだろうか。もちろんできる。そしてそれは、他のナイトでもよいし、この駒と外見が全く似ていない立体ですら、それに同じ価値を認めさえすれば、同一のものだと宣言することができる。このように、ラングのような記号学的体系においては、一定の規則に従って、要素が相互に平衡関係を保っているため、同一性の概念が価値の概念と混同され、またその逆も同様であることが分かる。

　結局以上のような理由で、価値の概念は、単位、具体的実体、実在の概念を包含している。しかし、これら様々な側面の間に根本的な相違がないのだとすると、この問題は、連続的にいくつもの形で設定できることになる。つまり、単位、実在、具体的実体、あるいは価値を決定しようとすればいつも、静態言語学すべてを支配する同じ中心的な問題の設定に帰着するということである。

　研究を実践するという観点からすると、単位から始めて、これを確定し、単位を分類することでその多様性を説明することが有利だと思われる。そのためには、単語への分割の根拠がどこにあるのかを探究する必要があるだろう。なぜならば、単語は、これを定義する際に困難が伴うにも拘わらず、精神に不可避的に訴えかける単位であり、ラングの機構における中心的なものであるからである。ただし、このテーマを取り扱うだけで1冊の本が必要になるだろう。[280]　そして次には、単語の下位に位置する単位を分類しなければならないし、さらには上位の単位の分類も必要だというように、課題は次々に出てくる。取り扱

---

[280] ギリシア語やラテン語のような言語では、単語の定義は比較的容易である。名詞と動詞という最も重要な品詞に関しては、意味の中核を担う語幹と、文法的な機能を表す接辞や活用語尾が一体となった単位を単語だと定義すればよいからである。文法記述の基礎を確立したのはギリシア語とラテン語の文法家たちであるから、文の下位に位置する単位として単語があることは、当然のように受け入れられてきた。しかし、例えば日本語のような言語では、単語を定義することが非常に難しい。「見た」「見ない」を、動詞「見る」の連用形「見」と、助動詞「た」「ない」という2つの単語に分割したとする。この場合「見」の部分はこの動詞の意味の中核を担い、「た」は過去を、「ない」は否定という文法的機能を表すと考えなければならない。ところが、伝統的な単語の定義では、形態的、意味的に独立性があることが前提とされてきた。独立性があるとは、単独で文を形成することができるということである（もちろん、これだけでは独立性を十分に定義したことにはならないのだが、ここでは最も重要な特性だけをあげておく）。「見た」「見ない」の「見」については、「テレビを見、新聞を読んだ」のような例からも、独立性があることは実証できる。しかし「た」と「ない」については、動詞と一緒でなければ使

う要素をこうして確定していけば、言語学はその課題のすべてを実行したことになる。というのは、そうすれば、この学問の領域に属するすべての現象が、その第一の原理へと導かれたことになるからである。ただし、この中心的な問題が正面から取り組まれたことがあり、その射程と困難のことが理解されてきたと言うことはできない。だからラングに関しては、不十分にしか定義されていない単位を用いて研究を行うことで、事足りるとされたままになってきたのである。

　しかし、単位が最も重要ではあるにしても、価値の側面から問題に取り組む方が望ましい。なぜならば、価値の方が、この問題の根源的な側面だと思われるからである。

用することができないから、独立性は全くない。だとすると「た」「ない」を単語だと見なすことには問題があることになる。

第4章
言語的価値

第1節　音的質料で組織される思考としてのラング

　ラングが純粋な価値の体系でしかありえないことを理解するためには、ラングが作用する際に機能する2つの要素、すなわち観念と音を考察すれば十分である。

　心理学的には、単語により表現されることを除外すれば、人間の思考は不定形でぼんやりした塊に過ぎない。哲学者と言語学者が常に一致して認めてきたのは、記号の助けがなければ、2つの観念を明確に、そして定常的に区別することはできないだろうということである。それ自体として考えてみると、思考は星雲のようなもので、必然的に境界を定められたものは存在しない。だから、あらかじめ確定している観念はないし、ラングが登場する前に区別されているものはない。

　この浮動する王国を前にして、音はそれだけで、前もって境界を決められた実体なのだろうか。思考と同じように、そんなことはない。音的な質料も、思考と変わりなく、不変でも固定的でもない。音が鋳型のようなもので、思考が必然的にそれに合わせて形をとるようになっているのではなく、音は柔軟な物質で、区別された部分に自分の方から分かれて、思考が必要とするシニフィアンを提供するのである。したがって、言語的事実の全体、つまりラングを表現

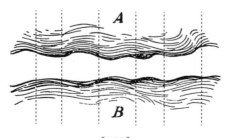

しようとすれば、混沌とした観念が作る不定の平面（A）と、音が作るこれに劣らず不明確な平面（B）の両方にまたがって描かれる、互いに隣接した一連の下位区分となる。非常に概略的に図示すると、前ページの図のようになる。

　思考に対してラングが果たす特徴的な役割は、観念を表現するための音声的実質による手段を作り上げることではなく、思考と音を媒介する役割を果たすことである。この際の条件は、思考と音の結合体が、単位の境界を相互に確定することに必然的に繋がるということである。思考は、本質的に混沌としているので、分解されなければ明確にならない。したがって、思考が物質化されることも、音が精神化されることもないのであって、「思考と音」が区分を意味し、2個の不定形の塊にまたがって形をなしながら、ラングがその単位を精密に作り上げていくという、ある種神秘的な事実が見られるのである。例えば、一面の水と接触している空気を思い浮かべてみよう。気圧が変化すると、水は一連の区分、つまり波に分解される。結合体、つまり思考と音的質料とが連結しているという観念を与えるのは、このような波動である。

　ラングは、p. 24で定義した意味に従えば、分節により構成される領域だと呼ぶことができる。すなわち、ラングの項目はそれぞれ小さな器官、言い換えれば「結節」であり、そこでは、観念が音へと固定され、音が観念の記号となる。

　さらにラングは、1枚の紙にも喩えられる。思考が表面で、音が裏面である。表面を切ろうとすれば、同時に裏面も切らなければならない。これと同様にラングでも、思考から音を切り離すことも、音から思考を切り離すこともできない。もしそれができるとすれば、抽象的な操作をするしかないが、その結果は、純粋な心理学あるいは純粋な音韻論を実行することになるのだろう。

　したがって言語学は、これら2つの種類に属する要素が結合する、境界的な領域で作業を実行することになる。そして「この結合が作り出すのは形式であって、実質ではない」。

　このような見方をすることにより、p. 102で記号の恣意性について述べた内容をさらによく理解することができる。言語的事実によって結びつけられるこれら2つの領域は、漠然としていて形をなさないだけでなく、ある観念に対してある音の断片を呼び出す選択は、完全に恣意的である。もしこれが事実でなかったとしたら、価値の概念からは、その特徴のいくらかが失われるだろう。というのも、そこには、外部から強制された要素が含まれていることになるからである。しかし実際のところ、価値は完全に相対性を保持し続けており、このことから、観念と音の結びつきは根本的に恣意的であることになる。

　次に、記号の恣意性により、社会的な事実だけが言語体系を作り上げること

ができる理由を、さらによく理解することができる。価値の唯一の存在理由は、慣用と一般的な合意にあるのだから、価値を決定するためには、集団性が必要である。個人だけでは、何らの価値も確定することはできない。

そしてさらに、このように規定された価値の概念によって、ある項目を、単に一定の音と一定の概念の結合体だと見なすことは、重大な幻想だということが示される。項目をこのように定義することは、属している体系から項目を切り離すことである。これは、項目から出発して、それらを合計することで体系を構築することができると考えるようなものである。実際は逆で、連結により構成される全体から出発しなければならないのであって、そこから分析によって、全体に包含される要素が得られるのである。

以上の主張を展開させるために、まずシニフィエつまり概念の観点に立ち（第2節）、次にシニフィアン（第3節）、そして記号全体（第4節）の観点に移っていこう。

ラングの具体的な実体、つまり単位を直接捉えることはできないので、単語について考察を行うことにする。単語は、言語的な単位の定義と正確に合致することはないのだが（p.149 参照）、少なくとも近似的な観念を示すので、具体的であるという利点を持つ。したがって、共時的体系に属する本当の項目と同じ資格を持つ見本として、単語を取り上げることにする。単語に関して引き出された原理は、実体一般についても当てはまるはずである。

第2節　概念的側面から考察された言語的な価値

単語の価値が問題になる場合、一般的には、そして何にも増して、単語が観念を表すという特性のことが想起されるが、それが実際のところ、言語的価値の側面の1つである。ただそうであったとしても、この価値は、「意味」と呼ばれるものとどの点で異なっているのであろうか。これら2つの用語は、同義語なのだろうか。いやそうだとは思われない。もっとも、用語が類似しているからではなくて、両者が表している区別が微妙であることが原因であるため、どうしても両者は混同されやすい。

価値は、概念的な側面から見てみると、恐らくは意味の要素なのであり、意味が価値の支配のもとにありながら、どのようにして価値とは区別されるのかを知るのは非常に難しい。しかし、この問題を解決する必要はあるのであり、そうでなければ、ラングは単なる用語目録になってしまう（p. 100 参照）。

まず、通常思い描かれる、p. 100 で図示したような意味のことを考えてみよう。

意味は、図中の矢印が示しているように、聴覚的映像に対立する部分に過ぎない。すべては聴覚的映像と概念の間で生じるのであって、閉鎖された領域だと見なされ、自律的に存在する単語という限界を越えることはない。

しかし、この問題については以下のような逆説的側面がある。一方で、概念は、記号の内部で聴覚的映像に対立する部分として現れてくるのだが、他方で、この記号そのもの、つまりこれら2つの要素を結びつける関係もまた全く同様に、ラングの他の記号に対立する部分なのである。

すでに述べたように、ラングはすべての項目が連帯している体系であって、そこでは、ある項目の価値は、他の項目が同時的に存在していることから生じてくる。これを図示すると以下のようになる。

だとすると、このように定義された価値が、意味、すなわち聴覚的映像に対立する部分と混同されるのはどのようにしてなのだろうか。一見すると、ここで水平の矢印によって図示されている関係を、その前に垂直の矢印によって表した関係と同一視することは不可能であるように思える。別の言い方をすれば、切断する1枚の紙の比喩（p. 159参照）をまた使うとすると、A, B, C, Dなどの異なった紙片の間に確認される関係が、同じ断片の表面と裏面、すなわちA/A', B/B' などの間に存在する関係とは区別されないことの理由が、理解できないということである。[281]

この問題に答えるために、ラングの外部においても、すべての価値がこの逆説的な原理に支配されているように見えることを確認しておこう。価値を構成しているのは常に以下のものである。

---

281) 記号の価値と記号の意味は異なる。そして、記号の価値は体系に属する他のすべての記号との対立によって決定される。記号の意味（シニフィエ）は、記号の部分に過ぎず、聴覚映像であるシニフィアンと対立しているだけである。このように記号の価値と記号の意味が異なるのは自明であるはずなのに、記号の価値と言うと記号の意味が容易に想起されてしまうのはどうしてなのだろうか、ということがこの部分で問題とされている。

① 価値を決定すべきものと「置き換える」ことができる「類似していない」もの
② 価値が問題になっているものと「比較する」ことができる「類似している」もの

　この２つの要因は、価値が存在するために必要なものである。例えば、５フラン貨幣の値打ちを決定するために知ることが必要なのは、①　貨幣とは異なるもの、例えばパンの一定量と交換できること。②　同じ体系の類似した価値、例えば１フラン貨幣や、他の体系に属する通貨（ドルなど）と比較できることである。同様に単語は、似ていないもの、つまり観念と交換されることができる。さらに、同じ性質を持つ他のもの、つまり他の単語と比較されることができる。単語の価値はしたがって、どんな概念と「置き換える」ことができるのか、つまり単語がどんな意味を持っているのか確認することばかりにこだわっている限り、決定することができない。これに加えて、類似した他の価値、つまりその単語と対立させることができる他の単語と比較する必要がある。単語の内容は、その外部に存在しているものとの競合によってしか、本当の意味で決定することはできないのである。単語は体系の部分をなしているから、単語には意味があるだけでなく、特に価値が付与されているのであり、これは意味とは全く別物である。

　以上が実情であることを示すために、いくつか例を取り上げる。フランス語の mouton〈羊〉は、英語の sheep と同じ意味を持っていると考えることはできるかもしれないが、同じ価値を持っているとは言えない。そしてそれにはいくつか理由があるが、特に、調理してテーブルの上に出された肉片について言う時には、英語では mutton と言い sheep とは言わない。[282] sheep と mutton の間の価値の相違は、前者には、これに加えて２番目の項目があるが、フランス語の単語についてはそうではないということに起因する。

　同一の言語の内部では、隣接する観念を表す単語はすべて、相互に範囲を限定し合っている。例えば、redouter, craindre, avoir peur〈恐れる〉という同義語は、相互に対立しているということによってしか、本来の価値を持たない。も

---

[282]　1066 年フランスのノルマンディー公に征服されてから 1154 年まで、イングランドはフランス語を使用する王家の支配下にあった。このため、英語にはフランス語からの借用語が非常に多く含まれている。フランス語では、「牛」と「牛肉」は bœuf、「豚」と「豚肉」は porc、「羊」と「羊肉」は mouton のように、動物と肉は区別されないが、英語では cow/bull と beef、pig と pork、sheep と mutton のように、動物とその食用肉を表す単語が異なる。

し redouter が存在していなかったとしたら、その内容はすべてその競争相手の方に移るだろう。これとは逆に、他の項目と接触することによって内容が豊かになる項目もある。例えば、décrépit に導入された新しい要素（«un vieillard décrépit»〈よぼよぼの老人〉p. 121 を参照）は、décrépi〈漆喰が剥がれた〉（«un mur décrépi»〈漆喰が剥がれた壁〉）と共存していることに由来する。このように、どんな項目の価値も、その周囲にあるものによって決定される。「太陽」を意味する単語ですら、その周囲にあるものを考慮しなければ、その価値を直ちに確定することはできない。というのも、«s'assoir au soleil»〈日なたに座る〉と言えないような言語もあるからである。[283]

単語について言えることは、ラングのどの項目、例えば文法的な実体にも当てはまる。実際、フランス語の複数とサンスクリット語の複数は、非常に多くの場合表す意味が同一なのだが、それでも両者の価値が重なり合うことはない。それは、サンスクリット語が、2つではなくて3つの数を持っているからである（「私の目」「私の耳」「私の手」「私の足」は双数形を取る）。[284] だから、サンスクリット語とフランス語の複数に同じ価値があるとするのは正確ではない。サンスクリット語では、フランス語で複数を使用するのが規則であるすべての場合に、複数を用いることができるとは限らないからである。複数の価値はしたがって、その外部および周囲にあるものによって決定されるということになる。

もし単語の役割が、前もって与えられている概念を表すことであったとしたら、ある言語から別の言語に移ったとしても、すべての単語が意味について正確な対応を示していることだろう。しかし実情はそうではない。フランス語では、「賃借する」も「賃貸する」も、無関係に louer（une maison）〈（家を）借りる、貸す〉と言うが、ドイツ語では2つの単語 mieten と vermieten を用いる。

---

283) 英語の sun、ドイツ語の Sonne にも「太陽」の意味以外に「日なた」の意味がある。しかし、日本語の訳を見ても分かるように、日本語の「日」や「太陽」は、それだけで「日光」「日光の当たる場所」という意味を表すことはできない。「ひなた」の「な」は、格助詞の「の」の古形であり、「た」は「こなた」「かなた」にある「た」と同じで場所を表す。だから日本語では「日の場所」とすることで、ようやく日光の当たる場所を表すことができるのである。
284) サンスクリット語、古典ギリシア語、古代教会スラブ語などでは、単数と複数以外に双数（両数）があった。双数は、目、耳、手足、双子のように、対で存在するのが通常のあり方であるものについて用いられた。そうではない事物については、たとえ2個であっても、複数形が用いられた。

したがって、そこには価値の正確な対応はない。ドイツ語の動詞 schätzen と urteilen は、フランス語の estimer と juger の意味に大まかに対応する意味の集合を表しているのだが、いくつもの点で、この対応には欠けるところがある。[285]

語形変化は、特に顕著な例を提供してくれる。時制[286]の区別は、我々にはなじみがあるが、この区別をしない言語もある。ヘブライ語には、過去、現在、未来という、基本的であるはずの区別すらない。ゲルマン祖語には、未来を表す固有の形式がない。未来は現在によって表されるのだと言っても、その表現は不適切である。なぜならば、現在に並んで未来を持っている言語とゲルマン語では、現在の価値が同じではないからである。また、スラブ諸語では、動詞について2つのアスペクト（相）[287]を規則的に区別する。完了体[288]は、動作を全体として、あらゆる推移を除いた点として提示する。不完了体は、動作が進行中であるとして、時間軸の上で提示する。このような範疇は、フランス人にとっては難しく思える。フランス語にはアスペクトの区別がないからである。もしこれらの区別があらかじめ決まっているのだとしたら、そのようなことにはならないだろう。したがって、これらの事例すべてにおいて観察されるのは、前もって与えられた「観念」ではなくて、体系に由来する「価値」なのである。

価値が概念に対応していると言われる場合、そこで前提とされているのは、概

---

[285] ドイツ語の schätzen とフランス語の estimer のどちらにも「見積もる、（高く）評価する」という意味があるが、フランス語にある「〜を〜と思う」という意味は、ドイツ語では口語でしか使われない。ドイツ語の urteilen とフランス語の juger のどちらにも「判断する」という意味があるが、フランス語にある「裁判する」という意味はドイツ語にはない。

[286] 現在を基準として、それに先行する時区間を「過去」、後続する時区間を「未来」だとするのは、人間の基本的な時間認識である。これを述語（主として動詞）の体系的な語形変化によって表示する方法が「時制（テンス）」である。時間認識がすべての人間に共通であるのに対し、時制は言語によって異なる。日本語の時制は「過去」と「非過去」の2種類である。

[287] アスペクトは、事態（事柄）の全体が成立するのか（全体相、完了相）、事態の部分が成立しているのか（部分相、未完了相）を区別する方法である。アスペクトの区別は、現在・過去・未来という時間の区別と同様に、人間に生得的に備わった認識能力に含まれる。しかし、アスペクトを述語の形式によって区別するかどうかは、言語によって異なる。英語の進行形は部分相を、非進行形は全体相を表し、日本語の「走る」は全体相を、「走っている」は部分相を表す。しかし、フランス語やドイツ語などの言語には、アスペクトを区別する特定の形式がない。

[288] ロシア語をはじめとするスラブ諸語の文法では、アスペクトを表すのに「相」ではなく「体」を用いる習慣がある。

念が純粋に差異的なものであり、その内容によって積極的に定義されるのではなくて、体系中の他の項目との関係によって消極的に定義されるものだということである。つまり、価値の最も正確な特徴は、他の価値がそうであるものではないということなのである。

こうして、記号を示す図式の正しい解釈が理解できるようになる。つまり、この図式が意味するのは、フランス語では概念 «juger» が、聴覚映像 juger と結合しているということ、簡単に言えば、この図式は意味を象徴化しているということである。しかし、当然ではあるが、この概念が最初から与えられていることはなくて、類似した他の価値との関係によって決定される価値に過ぎないのである。そして、そのような他の価値がなければ、意味も存在しないはずである。ある単語が何かを意味すると単純に主張したり、聴覚映像が概念と連合しているとするだけにしておいたりしたら、ある程度は正確で、真実に関する観念を与える作業を実行していることにはなる。しかし、どの場合も、言語的事実を本質的に、十分に広い範囲にわたって表現しているのでは決してない。

第3節　物質的な側面について考察された言語的価値

価値の概念的な部分を構成する唯一のものが、ラングの他の項目との関係との差異なのだとすると、価値の物質的な部分についても同じことがいえるだろう。単語において重要なのは、音それ自体ではなくて、この単語を他のすべての単語から区別することを可能にする音的な相違である。なぜならば、意味を担うのはこの音的相違だからである。

このことは、あるいは意外に思えるかもしれない。しかし、この反対である可能性は、実際どこにもないのではないだろうか。音声映像が、あるものを表す働きをしていたとして、その映像よりもよく表されるものに対応している他の映像は存在しないのだから、たとえ先験的にではあっても、あるラングの断片が基礎を置くことができるのは、結局のところ、この残りの断片とは一致しないということ以外にはないということは明白である。「恣意的」であることと「差異的」であることは、相関する2つの特性なのである。

言語記号の変化が、この相関をよく示している。項目 a と b が、そのままでは、意識の領域に到達することは根本的に不可能であり、意識には永遠に差異

a/bしか知覚できないというまさにその理由で、これらの項目のいずれもが、その意味的な機能とは無関係の法則に従って自由に変化することができるのである。チェコ語の複数属格 žen を特徴づける明示的な記号はない (p. 126 を参照)。しかし、žena: žen という形態の組は、先行する時代の žena: ženъ という組と同じ機能を果たしている。つまり、記号の相異だけが機能しているということである。žena が価値を持つのは、それが他と異なっているからなのでああある。

　音的な差異のこのような作用にある体系的な特性をもっとよく理解できる、別の例を見てみよう。ギリシア語では、éphēn (ἔφην)〈私は言っていた〉は未完了過去で、éstēn (ἔστην)〈私は立てた〉はアオリストであるが、同一の方法で形成されている。すなわち、前者は phēmí (φημί)〈私は言う〉の直説法現在の体系に属しているが、後者については、現在の形態 *stēmi は存在しない[289]。だから、現在と未完了過去の間の関係に対応するのは、まさに phēmí と éphēn などの対立である (deíknūmi (δείκνῡμι)〈私は示す〉– edeíknūn (ἐδείκνῡν)〈私は示していた〉[290] を参照)。したがって、これらの記号の働きは、その内在的な価値ではなく、その相対的な位置に依拠しているのである。

　ただし、音は物質的な要素なので、それ自体ではラングに属することは不可能である。音は、ラングにとっては二次的なもの、道具として使われる材料に過ぎない。社会慣習的な価値もすべて、媒体として使われる具体的な要素とは混同されないという特徴を示す。実際、貨幣の価値を決めるのは、その貨幣の金属ではない。名目上は 5 フランの価値があるエキュ貨には、その金額の半額の銀しか含まれていない[291]。刻印された肖像によって価値に違いは出てくるだろうし、政治的な国境のこちら側か向こう側かによっても値打ちは違うだろう。このことは、ラングに属するシニフィアンには一層よく当てはまる。その本質として、シニフィアンは音的なものでは全くない。それは形のないものであり、物質的な実質によって構成されているのではなくて、その聴覚映像を他のすべての聴覚映像から区別する差異のみによって構成されているのである。

　この原理は非常に本質的なものなので、音素を含むラングの物質的な要素す

---

[289] éphēn (ἔφην) は、動詞 phēmí (φημί) の現在語幹 phē (φη) をもとにして作られた直説法未完了過去 1 人称単数形。éstēn (ἔστην) も、前に加音 (e) があり、語尾が ēn であるという点では éphēn と同じだが、時制はアオリストであるし、対応する直説法現在形は hístēmi (ἵστημι) であって、理論的に仮定される形態 *stēmi ではない。

[290] deíknūmi は直説法現在 1 人称単数形、edeíknūn は直説法未完了過去 1 人称単数形。

[291] 盾 (écu) の紋章が刻印されたフランスの硬貨。最初 1266 年に鋳造された時は金貨だったが、後には銀貨も発行された。19 世紀には 5 フラン銀貨をエキュと呼んだ。

べてに適用される。どの固有語も、音的な要素の体系に基づいて単語を構成しているのだが、どの音的要素も、明確に範囲の定まった単位を形成しており、その数も完全に決まっている。さて、音的要素を特徴づけるのは、それがもともと明示的に持っている性質だと考えたくなるのではあるが、そうではなくて、単に要素が互いに混同されないという事実なのである。つまり、音素はとりわけ、対立的、相対的、そして否定的な実体だということである。

　これを証明するのは、音が相互に区別されている範囲で、発話主体が発音にある程度の幅を持たせているということである。例えばフランス語では、r を普通は喉を使って発音するのだが、それでもこれを震え音で発音する人も大勢いる。[292] しかし、ラングがこのことによって混乱することは全くない。ラングで要求されるのは差異だけであって、時に想像されるように、音が一定不変の性質を持つことが要求されるのではない。フランス語の r は、ドイツ語の Buch〈本〉、doch〈しかし〉にあるような ch の音で発音することさえできる。[293] 一方でドイツ語では、r を ch のように発音することはできない。なぜならばこの言語では、これらの要素は 2 個の音として認定されていて、両者を区別しなければならないからである。[294] 同様にロシア語でも、[t']（湿音の [t]）に対する [t] の発音には幅がない。なぜならば、発音に幅を持たせると、この言語で区別される 2 つの音が混同される結果を生むことになるからである（例えば、govorit'〈話す〉と govorit〈彼は話している〉）[295]。しかし、th（有気音の t [tʰ]）に対しては自由度が大きい。なぜならば、この th は、ロシア語の音素の体系に備わっていないからである。

　文字表記という別の記号体系についても、同じ事情が確認できるので、比較の対象として取り上げて、この問題の全体を明らかにしよう。実際、

---

292)　現代フランス標準語では、r は口蓋垂の摩擦音（有声は [ʁ]、無声は [χ]）、または震え音 [ʀ] として実現されるが、フランス革命までは歯の震え音 [r] であったし、現代でもこの音は方言で使用されている。

293)　ドイツ語の ch は、後舌母音の後では、軟口蓋無声摩擦音 [x] である。フランス語の音素にはこの音が含まれていないので、r を口蓋垂摩擦音ではなく、調音点の近い軟口蓋摩擦音に置き換えることも可能である。

294)　ドイツ語では、口蓋垂無声摩擦音 [χ] と軟口蓋無声摩擦音 [x] は異なった音素である。Docht [doxt]〈蝋燭の芯〉: dort [doχt]〈あそこに〉、poche [poxe]〈私がノックする〉: Pore [poχe]〈小さな穴〉のように、両者を交換すると意味に変化が生じる例がある。

295)　govorit'（говорить）は「話す」を意味する動詞の不定詞、govorit（говорит）は、この動詞の現在 3 人称単数形。

① 文字記号は恣意的である。例えば、tという文字と、この文字が表す音との間には、何の関係もない。
② 文字の価値は、純粋に否定的で差異的なものである。例えば、同じ人間がtの文字を、次のような変異形を用いて書くことができる。

重要なのは、この記号が、同じ人の書く文字で、lやdや他の文字と混同されないということだけである。
③ 文字の価値が機能するのは、一定数の文字によって構成される、定義された体系の内部で、文字が相互に対立しているという性質があるからこそである。この特徴は、第2の特徴と同じではないのだが、それと密接に結びついている。なぜならば、第2と第3の特徴はどちらも、第1の特徴に根拠を置いているからである。文字記号は恣意的であるから、その形はほとんど重要ではない。あるいはむしろ、体系によって強制される範囲の中でしか重要性を持たない。[296]
④ 記号を作り出す方法は、価値には全く関与してこない。なぜならば、その方法は体系と関わることがないからである（この特徴も、第1の特徴に由来する）。文字を白い色で書こうと、黒い色で書こうと、彫って書こうと、浮き立たせて書こうと、ペンで書こうと、鑿で書こうと、文字が意味を表す過程には全く重要ではない。

第4節　全体として考察された記号

これまで述べてきたことは、結局次の事実に帰着する：「ラングにおいては、差異しか存在しない」。さらに次のように言える。差異については、一般的には肯定的な項目が仮定され、その間で差異が確定する。しかしラングについては、「肯定的な項目を持たない」差異しか存在しない。シニフィエとシニフィアンを

296）　文字と音（あるいは意味）との間の関係は恣意的である。しかし、文字は音を表す記号として機能しなければならない。このためには、文字がそれぞれ視覚的に区別される必要がある。文字が区別されるということと、体系内で文字が相互に対立するということは論理的に同値である。なぜならば、文字が区別されることがなければ、体系内で文字が対立することはないからである。

第 4 章　言語的価値　169

考えてみると、ラングには、言語体系に先立って存在する観念も音もないのであって、あるのは、この体系に由来する概念的差異と音的差異のみである。1個の記号の中にある観念や音的質料の重要性は、その記号の周辺にある他の記号がもたらす重要性よりも劣る。その証拠としてあげられるのは、ある項目の価値が、その意味や音に関わることなく変更されることができて、変更の原因は、それに隣接する何らかの項目に変更が加えられたという事実だけである（p.162 参照）ということである。

　しかし、ラングではすべてが否定的だと言っても、それが当てはまるのは、シニフィエとシニフィアンを別々に捉えた場合だけである。記号を全体として考えようとすると、秩序を持った肯定的なものがあるのが見えてくる。言語体系は、一連の観念の相異と組み合わされた、一連の音の相異であるのだが、一定数の聴覚的記号が、思考の塊の中で形作られた同じ数の断片に結びついているという見方から、価値の体系が生じてくる。そして、それぞれの記号の内部で、音的要素と心的要素の間の実効性のある結合を構成するのは、この体系である。つまり、シニフィエとシニフィアンは、それぞれを別個に考えると、純粋に差異的で否定的なものであるのだが、両者が結合すると、それは肯定的な要素となる。297) そしてこれこそが、ラングに含まれる唯一の種類の事実である。なぜならば、言語的な制度の本質は、これら 2 つの種類の差異の間にある平行関係を保持することだからである。

　この点に関して、非常に特徴的な通時的事実がある。それは、シニフィアンの変更が観念の変更を引き起こす無数の事例である。そしてその場合には、原則として、区別される観念の合計は、異なった記号の合計に対応している。音変化によって 2 つの項目が混同されるようになった場合（例えば、décrépit = de-

---

297)　p. 161 の記述から判断すると、シニフィエとシニフィアンが結合した単位である言語記号の価値も、他の記号との差異によって決定されるとあるので、記号全体についても、肯定的な性質はないように思われる。ただし、それぞれ差異によって範囲が確定されたシニフィアンとシニフィエがあるとして、それらの結合によって 1 個の記号が形成され、これがラングを構成する基本的な要素として機能するのであるから、記号が差異によってしか存立しえないとすると、記号体系を構築するはずの要素が、前もって決定されないことになる。ラングは記号の体系なのであるから、体系を構成する要素の、価値の決定はともかくとして、存在までが否定されると、ラングそのものの存立が危うくなる。恐らくこのような理由で、先行する記述とは矛盾するように見える記号の肯定性を導入したのではないかと推測される。

crepitus〈よぼよぼの〉、crispus〈波状の〉に由来する décrépi〈漆喰の剥がれた〉)、観念もまた、相応の環境にありさえすれば、混同される傾向にある。単一の項目でも、複数の項目に分化することはあるのだろうか（例えば、chaise と chaire[298])。こうして生まれた相異は、意味の相異にも確実に関与することになるのだが、いつもうまく行くとは限らないし、うまく行っても最初からすぐにそうなるわけでもない。これとは逆に、精神が認知する観念的な相異はすべて、異なったシニフィアンによって表現される方向に向かい、精神がもはや区別しなくなった2つの観念は、同一のシニフィアンの中で混同される方向に向かう。

　肯定的な項目としての記号を相互に比較しようとすると、今度はもう相異が問題ではなくなる。いやこの言い方は適切ではないだろう。なぜならばこれは、例えば père と mère のような2つの聴覚映像、あるいは 例えば «père» という観念と «mère» という観念のような、2つの観念の間の比較にしか当てはまらないからである。それぞれシニフィエとシニフィアンを含む2つの記号は、異なっているのではなく、ただ区別されているだけなのである。つまり、これらの間には「対立」しかないということである。ランガージュの機構については、後に問題にするが、その全体がこの種の対立と、この対立が含意する音的な差異と概念的な差異に基礎を置いている。

　価値について真実であることは、単位についても真実である（p.156を参照)。単位は、発話連鎖の断片で、ある概念に対応しているものである。いずれの単位も、純粋に差異的な特性を持っている。

　単位に適用される場合には、差異化の原理は次のように定式化される。「単位の諸特徴は、単位それ自身と混合する[299]」。ラングにおいては、他のあらゆる記号体系と同様に、記号を区別するものは、記号を構成しているものの全体である。そして、差異が価値と単位を作り出すのと同じように、特徴を作るのも

---

[298]　ラテン語の cathedra〈安楽椅子〉が、フランス語で変化して chaire になった。15世紀初頭に、フランス中部で chaire が chaise へと変化したのだが、標準フランス語ではどちらの語形も残存し、chaise が通常の「椅子」の意味を、chaire は「説教台」の意味を表すようになった。

[299]　この表現だけだと、単位の特徴を明示的、無矛盾的に提示することは不可能だということになる。価値であれ単位であれ、そこには差異しかないというソシュールの主張をそのまま適用するなら、この帰結は必然である。しかし、個々の価値や単位は、他とは異なると言うだけでは、これらの要素の特性が明らかにならないのはもちろんである。現代言語学は、ソシュールが正しく指摘した差異の中身を解明することを重要な課題としてきた。

差異なのである。
　この同じ原理から帰結することはもう1つあるが、かなり逆説的である。「文法的な事実」と一般に呼ばれるものは、最終的には、単位の定義に対応する。というのも、文法的な事実は常に項目の対立を表しているからである。まさにこのような項目の対立は特に重要なのであり、例えば、Nacht : Nächte〈夜〉の型に見られるドイツ語の複数を形成する方法がそれである。文法的な事実の中で対立する項目のそれぞれ（ウムラウトと語末のeのない単数形と、ウムラウトと語末のeのある複数形）は、体系内部での対立の働き全体によって作り上げられている。別の言い方をすれば、Nacht : Nächte の関係は、数式 a/b で表すことができる。この式で、aとbは単純な項目ではなく、それぞれ関係の集合から帰結するものである。[300] ラングはいわば、複合項しか持たない代数のようなものである。ラングに含まれる対立の中には、他よりも重要なものがある。しかし、単位と文法的事実は、同じ一般的な事実の様々な側面を表すための異なった名称に過ぎない。Nacht : Nächte のような対立を想定する場合、この対立において機能している単位はどんなものになるのだろうか。これら2つの単語だけ、あるいは同様の一連の単語の全体なのか、あるいはすべての単数形とすべての複数形なのか、あるいは他のものなのだろうか。
　もし言語記号が差異以外のものによって構成されているのだとしたら、単位と文法的事実が混同されることはないだろう。しかしラングのあり方はこのようになっているのだから、どの側面から考察しようと、単純なものが見つかることはない。あらゆる場所、あらゆる時点で、相互に条件づけ合う項目が形成する、この同じ複雑な平衡が見つかるだけである。言い換えれば、「ラングは形式であって実質ではない」（p. 159 参照）ということである。この真実が十分に深く理解されることは期待できないかもしれない。なぜならば、言語学用語の誤りのすべて、ラングを構成する事物を表す不正確な方法のすべては、言語現象の中に実質が存在するということを、無意識のうちに仮定してきたことが原因だからである。

---

300)　この数式との比較は適切とは言えない。a/b は、a を b によって除するという演算（a÷b）であるが、この演算の結果が a と b に依存することはあっても、数 a と b の値がこの演算によって決まるということはない。a, b はそれ自体で値を持つ数である。

第5章
連辞関係と連合関係

第1節 定　　義

　これまで述べてきたように、ラングの状態においては、すべてのものが関係に基礎を置いている。それでは、この関係はどのように機能を果たしているのだろうか。

　言語的な項目の間の関係と差異は、異なった2つの領域で展開しており、その領域のいずれもが、一定の種類の価値を生成している。これら2つの種類の対立を見てみれば、そのいずれもの性質をよく理解することができる。これら2種は、人間の精神活動の2つの様態に対応しており、いずれもが、ラングのあり方にとって必要不可欠のものである。

　まず一方で、談話においては、単語が連鎖をなしているから、2つの要素を同時に発音する可能性を排除するという (p. 106参照)、ラングの線状的特徴に基づく関係を、単語は取り結んでいる。つまり、単語は、パロールの連鎖上で、連続的に配置される。時間的広がりを基礎とするこの組み合わせは「連辞」と呼ぶことができる。[原注1)]したがって連辞はいつも、2つまたはそれ以上の連続する単位により構成される（例えば、re-lire; contre tous; la vie humaine; Dieu est bon; s'il fait beau temps; nous sortirons など[301)])。ある項目が連辞中に配置されている時、その項目が価値を獲得するのは、先行する項目または後続する項目、あるいはそのいずれもと対立しているからである。

---

301)　re-lire〈読み返す〉は1つの単語で「接頭辞＋動詞」、contre tous〈全員に逆らって〉は「前置詞＋代名詞」という仕組みの前置詞句、la vie humaine〈人生〉は「定冠詞＋名詞＋形容詞」という仕組みの名詞句、Dieu est bon〈神はよい〉は「主語名詞＋繋辞動詞＋述語形容詞」という仕組みの文、s'il fait beau temps〈天気がよければ〉は、「接続詞＋代名詞＋動詞＋限定形容詞＋名詞」という仕組みの節、nous sortirons〈私たちは出発する〉は「主語代名詞＋動詞」という仕組みの文。

原注 1 「連辞」の研究が「統語論」と混同されないことを指摘する必要はまずない。統語論は、p.186 以下で見るように、連辞研究の一部をなすに過ぎない。

　他方で、談話の外部では、何らかの共通点を持つ複数の単語は、記憶の内部で連合して群を形成するが、その群の内部では、非常に多様な関係が支配する。例えば、enseignement〈教育〉という単語は、他の数多くの単語を、無意識のうちに思い浮かべさせる（enseigner〈教える〉, renseigner〈教える〉など、あるいは、armement〈武装〉, changement〈変化〉など、あるいは éducation〈教育〉, apprentissage〈実習〉など）。これらのどの側面についても、すべての単語は互いに共通のものを持っている。

　このような連携は、最初の組み合わせとは全く違う種類のものであることが分かる。これは時間的広がりを基礎とはせず、その所在は脳の中にある。個々人についてラングを構成しているこの内部の宝物に、これらの連携が含まれている。これを「連合関係」と呼ぼう。[302]

　連辞関係は「現存の」ものである。つまりこの関係は、現実にある連続の中に同様に存在している 2 つあるいはそれ以上の項目に基礎を置いている。これに対して、連合関係は、記憶されている潜在的な群の中にある「不在の」項目を結びつけるものである。

　この二重の観点からすると、言語的な単位は、建物の一定の部分、例えば円柱と比較することができる。円柱は、一方で、それが支えているアーキトレーブと一定の関係にある。これら 2 つの、空間に同時的に存在する単位の配置は、連辞関係を思わせる。他方で、この円柱がドーリア式であれば、同じ空間中には存在しない要素である、他の様式（イオニア式、コリント式など）との観念的な比較が呼び起こされる。この関係は連合的である。

　これら 2 種類の連携のどちらについても、個別に説明をしておくことが必要である。

---

302) ソシュール理論の後継者であるデンマークの言語学者イェルムスレウ（Louis Hjelmslev, 1899–1965）は、連合関係を「範列関係」（rapport paradigmatique）と呼び替えた。「範列」は、動詞や名詞の活用表のことであり、範列に含まれる要素は整然として緊密な関係を持ち、その範囲も確定しているから、この種の関係の典型を示すと言える。

第2節　連辞関係

　p. 172 にあげた例からすでに分かっているように、連辞の概念は、単語だけでなく、語群、あらゆる段階と種類の複合的な単位（複合語、派生語、文の一部、文全体）にも適用される。

　ただし、連辞を構成する様々な部分を互いに結びつける関係（例えば、contre tous〈全員に逆らって〉中の contre と tous、contremaître〈現場監督〉中の contre と maître）を考察するだけでは不十分である。全体をその部分に結びつけている関係（例えば、contre tous が一方で contre と、他方で tous と対立している関係、また、contremaître が contre と、そしてまた maître と対立している関係）も考慮に入れなければならない。

　ここで、次のような反論が出るかもしれない。文はまさに連辞と言うべき型である。ところが、文はパロールに属していて、ラングに属しているのではない (p.32 参照)。だとすると、連辞はパロールに属することになるのではないだろうかとも思えるのだが、そうは考えられない。パロールの本性は、組み合わせが自由だということにある。したがって、すべての連辞が同様に自由なのかを考えてみる必要がある。

　まずは、ラングに属する非常に数多くの表現がある。それは決まり文句であり、考えてみて、意味のある部分を区別することができたとしても（例えば、à quoi bon?〈それが何になるのか〉、allons donc!〈まさか〉など）、慣用で定まっているのだから、何も変更を加えることはできない。prendre la mouche〈腹を立てる〉, forcer la main à quelqu'un〈強制する〉, rompre une lance〈一戦交える〉、そしてさらには、voir mal à (la tête)〈(頭が) 痛い〉, à force de (soins)〈(手当の) おかげで〉, que vous en semble?〈あなたはそのことをどう思いますか〉, pas n'est besoin de...〈～は必要ではない〉などの表現[303]についても、表す意味や単語の配列から、その通常の特徴が出てきているのだから、決まり文句に比べて程度は劣るものの、事情は同じである。このような言い回しは、即席で作ることはできない。伝統によって与えられるものだからである。他にも、分析をすることは完全に可能ではあるが、形態的にはいくらか変則的で、慣用だけに

---

[303] 文字通りの意味は、prendre la mouche「蠅を捕まえる」, forcer la main à quelqu'un「誰かに手を強制する」, rompre une lance「槍を折る」, avoir mal à「～に苦痛を持つ」, à force de「～の力で」, que vous en semble?「それについてあなたには何のように見えるか」。pas n'est besoin de については、通常の言い方だと、il n'est pas [il n'y a pas] besoin de のようになる。

よって維持されている単語をあげることができる（例えば、facilité〈容易さ〉に対する difficulté〈困難〉[304]、dormirai〈私は眠るだろう〉に対する mourrai〈私は死ぬだろう〉[305] など）。

しかし、これだけではない。規則的な形式に基づいて構成される型の連辞も、パロールではなく、ラングに属すると考えなければならない。実際、ラングには抽象的なものは存在しないのだから、この種の連辞も、十分に多くの事例がラングに登録されていなければ、存在することはない。indécorable〈装飾できない〉のような単語が、パロールの中に現れた場合（p. 232 を参照）、ある一定の型が想定されるのだが、この型についても、ラングに属する同様の語（impardonnable〈許しがたい〉, intolérable〈耐え難い〉, infatigable〈疲れを知らない〉など）を十分な数だけ記憶していなければ、作り出すことはできない。規則的な型に基づいて作られた文や語群についても、事情は全く同じである。la terre tourne〈地球は回る〉, que vous di-il?〈彼はあなたに何を言うのか〉のような組み合わせは、一般的な型に対応していて、これらの型はさらに、具体的な記憶という形でラングの中に基礎を置いている。

しかし、ここで認めておかねばならないのは、連辞の領域では、集団が使用する標識としてのラングの事実と、個人の自由に委ねられるパロールの事実との間に、明確な境界はないということである。多くの場合、単位の組み合わせを分類することは困難である。なぜならば、その単位を作るためには、さまざまの要因が競合してきたのであり、それぞれがどの程度の割合だったのかを決定することは不可能だからである。

第 3 節　連合関係

脳の中での連合によって形成される語群は、何らかの共通性を示す項目を関連づけるだけに止まることはない。精神は、あらゆる場合に、項目を結びつける関係の性質を捉え、存在する様々な関係と同じだけの、連合の連鎖を作り出

---

304)　形容詞 facile〈容易な〉から派生した名詞が facilité であるから、形容詞 difficile〈困難な〉から名詞を派生させるとすれば、difficilité となるところなのに、difficulté という変則的な形になっている。通常は、imbécile〈愚劣な〉→ imbécilité〈愚劣〉、fragile〈壊れやすい〉→ fragilité〈壊れやすさ〉など。

305)　不定詞が -ir で終わる動詞の直説法未来形（1 人称単数）は、dormir〈眠る〉→ dormirai, finir〈終わる〉→ finirai, agir〈活動する〉→ agirai のようになるのが原則。だから mourir もこの原則に従えば mourirai になるところだが、mourrai が用いられている。

す。例えば、enseignement〈教育〉, enseigner〈教える〉, enseignons〈私たちは教える〉などでは、すべての項目に共通の要素、すなわち語根がある。しかし、enseignementという単語は、他の共通の要素、すなわち接尾辞に基づく連鎖の中に含まれることもできる（例えば、enseignement, armement, changementなど）。さらにまた連合は、シニフィエの類推だけに基づくことも（enseignement, instruction〈教育、教化〉, apprentissage〈実習〉, éducation〈教育、訓練〉など）、あるいは逆に、聴覚映像の単なる共通性（例えば、enseignementとjustement〈まさに〉）に基づくこともある。^{原注1)}したがって、意味と形態の両方に共通性がある語群もあれば、形態だけ、意味だけに共通性がある語群もあるということになる。どんな単語についても、それと何らかの方法で連合することができる単語を想起することができる。

原注1　この最後の例はまれであり、変則的だと見なされるかもしれない。なぜならば、談話の理解を混乱させる性質を持つ連合は、当然頭の中では避けられるからである。しかし、純粋で単純な同音語に起因する合理性のない混乱に基づく言葉遊びのような下位の範疇では、このような連合が存在することは実証される。例えば、「音楽家はson〈音〉を作り出すが、穀物証人はそのson〈糠〉を売る」と言うような場合である。このような例は、全く偶然的ではあるが、連合が観念の結びつきに由来すると考えることができる例とは区別しなければならない（例えば、フランス語のergot〈雄鶏の蹴爪、麦角〉: ergoter〈難癖をつける〉³⁰⁶⁾、ドイツ語のblau〈青い〉: durchbläuen〈さんざんに殴る〉）。ここでの問題は、これらの単語の組のうちの1つが、新しい解釈を受けるようになったということであり、民間語源の事例である（p.243を参照）。このような事実は、意味的な変化にとっては興味深いのだが、共時的な観点からすると、上にあげたenseigner : enseignementの範疇に全く単純に組み入れられるだけである。

連辞が直ちに呼び起こすのは、連続する要素の順序や、一定の数の要素という観念であるのに対し、連合による集団に属する項目が提示される場合は、その個数は決まっていないし、その順序にも限定がない。例えば、désir-eux〈望んでいる〉, chaleur-eux〈熱烈な〉, peur-eux〈おびえた〉などを連合させるとすると、記憶によって想起される単語の数がいくつなのか、それらがどの順番で現れるのかを、前もって予測することはできない。与えられた項目は、星座の中

---

306)　*Dictionnaire étymologique de la langue française*『フランス語語源辞典』によれば、ergotの本来の意味は「麦角」であり、ここから「蹴爪」の意味が生じたと考えられる。一方、ergoterの語源は、ラテン語のergo〈ゆえに〉であるとされる。だとすると、雄鶏が蹴爪で相手を威嚇することが、ergotに形が似たergoに作用して、ergoterという動詞が作り出され、これが「難癖をつける」という意味を表すようになったものと推測される。

心、つまり連携する他の項目が収束する点のようなものであって、項目の合計数は決まっていない（次の図を参照）。

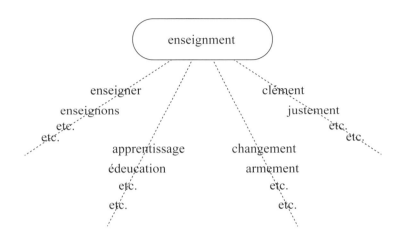

しかし、順序が決まっておらず、個数も不定であるという、連合による連鎖が示す2つの特徴のうちで、常に実証されるのは最初のものだけで、2番目の特徴は見られないこともある。この種類の集団に属する典型的なタイプは名詞や動詞の活用表であるが、そこに認められるのがこの最初の特徴である。ラテン語で、dominus, dominī, dominō[307]〈主人〉などでは、名詞語幹 domin- という共通の要素によって形成される連合的な語群が見られる。しかし、この連鎖は、enseignment, changement などのように、範囲が一定していないということはない。格の個数は決まっているからである。これに対し、その連続が空間的に順序づけられているということはなく、文法家がある方法ではなく別の方法で格を配置するのは、純粋に恣意的な操作によるものである。発話主体の意識にとっては、主格が活用の最初の格だということは決してなく、項目は場合に応じて任意の順序で現れることができる。

---

307) dominus は、単数・主格、dominī は単数・属格または複数・主格、dominō は、単数・与格または奪格。

第6章
ラングの機構

第1節　連辞的な連帯

　ラングを構成している音的差異と概念的差異の集合は、これまで述べてきたように、2つの種類の組み合わせから生じている。すなわち、関連は連合的であることもあれば、連辞的であることもある。どちらの種類の集合体も、大部分はラングによって決定される。そして、ラングを構成し、ラングの働きを統括するのは、この日常的な関係の集合である。

　この組織について最初に目を引くのは、「連辞的な連帯」である。ラングを構成する単位のほとんど全部が、発話連鎖中でその周囲にあるもの、または、それ自身が構成している連続性を持つ部分[308]のいずれかに基礎を置いている。

　単語の形成法を見れば、このことを理解するのに十分である。désireux〈望んでいる〉のような単位は、2つの下位単位（désir-eux）に分割されるが、これらの下位単位は、2個の独立した部分で、互いに単純に加えられている（désir + eux）のではない。それは下位単位の積であって、2個の連帯した要素の組み合わせであり、上位の単位の中で、相互に作用を及ぼし合うことによって初めて価値を与えられる（désir × eux）。接尾辞は、それだけを切り離しても存在はできない。接尾辞に対してラングの中での地位を与えるのは、chaleur-eux〈熱烈な〉, chanc-eux〈幸運な〉のような、日常的に用いられる一連の項目である。

　ただ今度は語根の方にも自律性はない。語根も、接辞と組み合わされなければ存在できない。roul-is〈揺れ〉では、roul- という要素は、後続する接尾辞がなければ、何でもなくなる。このように、全体は部分によって価値を持ち、部分も、全体の中に位置を占めることによって価値を持つ。このことが、部分の全体に対する連辞的な関係が、部分相互の連辞的な関係と同様に重要であるこ

---

[308]　ある単位が、さらに小さな成分によって構成されている場合を言っている。ラングには線状性があるから、小さな成分は連続的に配置されて単位を構成する。

との理由である。

　これが一般的な原理であり、先に p. 174 であげたすべての型の連辞について実証される。このような場合、常に比較的大きな単位が問題になるのだが、この単位自体も、さらに制限された単位によって構成されており、これらの単位は、相互に連帯する関係をとり結んでいる。

　ただ、ラングの中には、その部分とも、他の単位とも連辞関係を持たない、独立した単位があることも確かである。oui〈はい〉, non〈いいえ〉, merci〈ありがとう〉などのような、文と同等の表現がそのよい例である。しかしこの事実は、そもそも例外的なものであり、一般的な原理を損なわせるほどのものではない。原則として、話をする時に単独の記号を使うことはなく、記号の群、それ自身も記号である組織された集合体を用いる。そして、ラングにおいては、すべてが差異に根拠を置いているが、またすべてが集合にも依拠している。この機構は、連続する項目の働きによって作り上げられているから、その部品が、ただ1つの次元に配置されていても、相互に関係して1つの作用をなしている機械の働きに似ている。

第2節　2つの形態の集団の同時的な機能

　上のように構成されている連辞的な集団の間には、相互依存の関係がある。つまり、相互に規定し合っているということである。そして実際、空間での連携により、連合的な連携が作り出されることになり、この連携が今度は、連辞の部分を分析するために必要となる。

　複合体 dé-faire〈解体する〉を考えてみよう。これは、発話連鎖に対応する水平の帯の上に表すことができる。

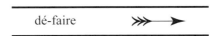

　しかし同時に、別の軸上でも、下意識の中に、1個あるいはいくつかの連合的な連鎖で、この連辞と共通の要素を持つものが存在している。例えば、次のようなものである。

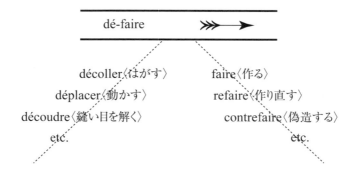

同様に、ラテン語の quadruplex〈4倍の〉が連辞だとすると、それは、2つの連合的な連鎖に基づいているからである。

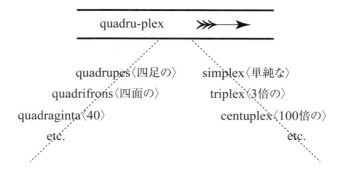

　これら2つの単語が下位単位に分割できる、言い換えれば、連辞でありうるのは、上のような他の形態が défaire や quadruplex の周囲に漂っている限りにおいてである。だから、もし dé や faire を含む他の形態がラングから消滅したとしたら、défaire はこれ以上分解できないだろう。つまり、これはもはや単純な単位でしかなく、その2つの部分も、もう互いに対立するものではなくなるということである。

　人間の記憶の中では、どのような種類に属し、どのような広がりを持つものであれ、多少なりとも複合的な、あらゆる型の連辞が保持されており、その連辞を使用する時には、連合性を持つ群を介在させて、選択を決定する。誰かが marchons!〈進もう〉と言う時には、連合関係のさまざまな群を無意識のうちに想起するのであるが、それらの群が交差するところに、連辞 marchons! が存在

している。この連辞は、一方で、marche! marchez!〈進め〉[309]という連鎖の中に存在していて、これらの形態と marchons! との対立により、その選択が決定される。他方で、marchons! は、montons!〈乗ろう〉, mangeons!〈食べよう〉などの連鎖を想起させ、その連鎖の中で、同じ手続きによって選択が決定される。そしてどの連鎖についても、求めている単位に相応しい差異を得るためには、どのような変異を想起しなければならないのかは分かっている。表現したい観念が変われば、他の価値を現出させるために、他の対立が必要になる。その場合には、例えば marchez! と言ったり、montons! と言ったりするわけである。[310]

したがって、肯定的な観点に立って、表現したいことを意味するために marchons! を選ぶと言うだけでは不十分である。現実には、観念が呼び起こすのは、1個の形態ではなく、隠れているすべての体系であって、この体系によって、記号を構成するのに必要な対立を獲得することができる。marchons! に対する marche! marchez! がもはやなくなっている日が来るとしたら、対立のいくつかは消滅し、その結果、marchons! の価値は変化することになるだろう。

この原理は、どんなに複雑なものであっても、連辞とあらゆる型の文に当てはまる。«que vous dit-il?»〈彼はあなたに何と言っているのか〉という文を発音する時には、例えば «que te dit-il?»〈彼は君に何と言っているのか〉, «que nous dit-il ?»〈彼は私たちに何と言っているのか〉などのような、潜在的連辞型の中の1つの要素を変異させる。こうして、代名詞 vous へと選択が決定されるのである。このような操作においては、意図している点に関して意図する差異を引き出さないものをすべて、頭の中で排除することにその要点があり、そこでは、連合的な集団と、連辞的な型のいずれもが作用している。

そしてこれとは逆に、決定と選択についてのこのような手続きは、最小の単位、そして価値が与えられている場合には、音韻的な要素までをも統率している。ここで考えているのは、[pəti]（表記は petit）〈小さい〉に対する [pətit]（表記は petite）や、ラテン語の dominō〈主人に（から）〉に対する dominī（主人の、主人たちが）のようなものだけについてだけではない。このような例での差異は、たまたま1個の音素だけに基づいているのだが、それだけでなく、音素がそれ自体として、ラングの状態を構成する体系の内部で役割を果たしている、

---

309) marche は、命令法2人称単数形、marchez は命令法2人称複数形だが、相手が1人であっても、話し手が距離を置いている場合には、この複数形を使う。
310) marchez! であれば、一方では marche! marchons! と、他方では、montez!〈乗れ〉, mangez!〈食べろ〉などと対立する。montons!〈乗ろう〉であれば、一方では monte! montez!〈乗れ〉と、他方では marchons!〈進もう〉, mangeons!〈食べよう〉などと対立する。

さらに特徴的で精緻な事実のことも考えられる。例えば、ギリシア語で、[m, p, t] が決して語末に現れることができないのだとすると、それは結局、ある位置にこれらの音があること、またはないことが、単語や文の構造において重要性を持つのと同じことになる。そしてまた、このような種類に属するあらゆる場合において、単独の音も、他のすべての単位と同様に、頭の中にある二重の対立の結果として選択される。例えば、[anma] という想像上の群で、[m] という音は、その周囲にある音と連辞的な対立をなしていると同時に、頭の中で想起されるすべての音と連合関係をなす。これは、次のように図示される。

$$\begin{array}{c} anma \\ v \\ d \end{array}$$

第3節　絶対的恣意性と相対的恣意性

　ラングの機構は、特に重要な別の角度からも提示できる。

　記号の恣意性は基本的な原理ではあるが、それでも各言語において、根本的に恣意性のあるもの、つまり動機づけがないものと、相対的にしか恣意性のないものを区別することは可能である。だから、完全に恣意的なのは、記号の一部でしかない。他の記号に関しては、恣意性をなくしてしまうわけではないが、恣意性に程度の違いを認めることを可能にするような現象が生じる。つまり「記号は相対的に有契性がありうる」。

　例えば、vingt〈20〉は無契的であるが、dix-neuf〈19〉は同程度に無契的ではない。なぜならば、この記号では、それを構成する項目と、これに連合している他の項目、例えば dix〈10〉, neuf〈9〉, vingt-neuf〈29〉, dix-huit〈18〉, soixante-dix〈70〉などが想起されるからである。別々に取り出されると、dix と neuf は vingt と同様であるが、dix-neuf の方は、相対的な有契性がある例だと認められる。poirier〈梨の木〉についても同様である。この記号は、単純語 poire〈梨〉を想起させ、接尾辞の -ier は、cerisier〈桜桃の木〉, pommier〈林檎の木〉などを思わせる。他方で、frêne〈トネリコ〉や chêne〈コナラ〉などには、同様のものはない。さらに、完全に無契的な berger〈羊飼い〉と相対的に無契的な vacher〈羊飼い〉を比べてみよう。以下にあげる組についても同様である。geôle〈牢獄〉と cachot〈監獄〉、hache〈斧〉と couperet〈包丁〉、concierge〈管理人〉と portier〈門番〉、jadis〈かつて〉と autrefois〈昔〉、souvent〈しばしば〉と fréquemment〈頻繁に〉、aveugle〈盲目の〉と boiteux〈足が悪い〉、sourd〈聾の〉と bossu〈せむしの〉、second〈2番目の〉と deuxième〈2番目の〉、ドイツ語の Laub〈木の葉〉と feuillage〈木の葉〉、métier〈職業〉とドイツ語の Handwerk〈職業〉。英語の複数形 ships〈船〉は、その形成法から、flags〈旗〉、birds〈鳥〉、books〈本〉など、一連の複数形全体を想起させるが、一方で、men〈男たち〉、sheep〈羊たち〉は、何も想起させない。ギリシア語の dṓsō〈私は与えるだろう〉は、lúsō〈私は解くだろう〉, stḗsō〈私は立てるだろう〉, túpsō〈私は打つだろう〉[311]などの連合を呼び起こすが、一方で、eîmi〈私は行くだろう〉[312]は、完全に孤立している。

それぞれの場合について、動機づけを規定する要因を追究することを、ここではしないが、連辞的な分析が容易で、下位単位の意味が明らかであればあるほど、動機づけは常に完全になる。実際、ceris-ier, pomm-ier などに対する poir-ier にある -ier のように、形成用の明白な要素があるとしても、意味が不明瞭であるか、あるいは全くないような要素も他にはある。例えば、cachot にある接尾辞 -ot が、意味のある要素にどの程度まで対応しているのかは分からない。coutelas〈大包丁〉, fatras〈がらくたの山〉, plâtras〈不良材料〉, canevas〈帆布〉などの単語を比べてみると、-as が名詞に特有の形成要素ではないかと、ぼんやりと感じるのだが、それよりも正確にこれを定義することはできない。さらに、最も好都合な場合ですら、動機づけは決して完全だとは言えない。有契的な記号であっても、その要素自体は恣意的である（例えば、dix-neuf の dix と neuf）だけでなく、項目全体の価値が、その部分の価値の合計に等しいことは決してない。実際、poir×ier は、poir＋ier と同じではない（p. 178 を参照）。[313]

この現象そのものについても、前節で述べた原理によって、以下のように説明される。相対的な有契性の概念が意味するのは、次のものである。① 所与の項目の分析、つまり連辞関係。② 1個またはいくつかの他の項目の想起、つまり連合関係。これはまさに、何らかの項目を用いてある観念を表現するための機構に他ならない。これまでは、単位は価値として、つまり体系の要素として

---

311) dídōmi (δίδωμι)〈与える〉, lúō (λύω)〈解く〉, hístēmi (ἵστημι)〈立てる〉, túptō (τύπτω)〈打つ〉の直説法未来1人称単数形が dṓsō (δώσω), lúsō (λύσω), stḗso (στήσω), túpsō (τύψω)。
312) eîmi (εἶμι) は、形は現在形だが、未来の意味を表す。
313) poirier 全体で「梨の木」を意味するのであって、接尾辞の -ier に「木」という意味はないのだから、poire〈梨〉と -ier を足し合わせても「梨の木」という意味が生じることはないのだと、ここでは主張されている。

提示されてきて、特にその対立という点から単位が考察された。しかし今では、単位を結びつけている連帯があることが分かっている。この連帯は、連合的な種類のものと、連辞的な種類のものがあり、恣意性に制限を設けるのはこれらの連帯である。dix-neuf〈19〉は、連合の面では dix-huit〈18〉や soixante-dix〈70〉などと連帯しており、連辞の面ではその要素である dix〈10〉と neuf〈9〉と連帯している（p. 180 を参照）。この二重の関係によりもたらされるのは、単位の価値の一部でしかない。

　体系としてのラングに関係があるものはすべて、この観点、すなわち恣意性の限定という観点から取り組むことが必要なのだが、言語学者たちはこのことを全く考慮していない。しかし、これがまさに最も優れた基礎なのである。実際、ラングの体系全体は、記号の恣意性という不合理な原理[314]に基礎を置いているのだが、この原理は、無制限に適用されると、この上もない錯綜を導いてしまう。しかし精神は、記号の集合体の一定の部分に、秩序と規則性の原理を導入することに成功しており、それが相対的な有契性の役割である。もしラングの機構が完全に合理的だったとしたら、それ自体を研究すればよいだろう。しかしこの機構は、本来混沌としている体系を部分的に修正したものに過ぎないから、ラングのまさに本性によって強制される観点を採用しながら、恣意性を制限するものとしてこの機構を研究するのである。

　有契的なものが何もないラングは存在しない。ただ、すべてが有契的であるラングを思い浮かべるとしても、それは定義上不可能である。最小の組織性と最小の恣意性という、2つの極端な境界の間に、あらゆる可能な変異が存在している。さまざまの固有語は常に、これら2つの種類の要素、すなわち根本的に恣意性のあるものと、相対的に有契性のあるものを含んでいるのだが、両者の割合は非常に多様である。これは重要な特徴であって、諸言語を分類する際に考慮に入れることも考えてよい。

　あまり真剣に受け取ってもらってもいけないのだが、恣意性と有契性の対立の現れ方の1つを捉えやすくしてくれるものとして、ある意味では次のように言うこともできるかもしれない。すなわち、無契性が最大に到達しているラングは、より「語彙的」であり、無契性が最小にまで下がっているラングは、よ

314）　記号のシニフィエは意味であるが、意味は事物の集合の特性であり、画像、動画、音声、知識などのすべてを総合したものである。一方シニフィアンは音素列であるのだから、シニフィエとシニフィアンは、根本的に性質の異なる実体である。したがって、両者の間に恣意性があることは必然的に導かれることになり、必ずしも不合理だとは考えられない。

り「文法的」である。一方で「語彙的」と「恣意的」が、他方で「文法」と「相対的有契性」が常に同義語だということではないのだが、原理的には何らかの共通性がある。これらは、体系の全体がその間で活動している2つの極のようなもの、また、ラングの動きを分割する2つの対立する流れのようなものである。それは、語彙的な道具、すなわち無契的な記号を用いる傾向があるのか、それとも文法的な道具、すなわち構成の規則に優先権を与えるのかということである。

　例えば、英語はドイツ語に比べて、無契性にはるかに重要な地位を与えている。しかし、超語彙的なタイプの言語は中国語であり、他方で、インド・ヨーロッパ祖語とサンスクリット語は、超文法的な言語の典型である。同じ言語の内部でも、進化のあらゆる動きは、有契性から恣意性への、また、恣意性から有契性への絶え間ない推移によって特徴づけられることもできる。このような往復運動の結果として、これら2つの範疇の記号の割合が、明らかに変動することがよく起こる。例えば、ラテン語との関係から見たフランス語の特徴は、とりわけ、恣意性が膨大に増加していることである。ラテン語では、inimīcus〈敵の〉は、in-〈否定接辞〉と amīcus〈友〉を想起させ、これらによって動機づけられる。一方、フランス語の ennemi〈敵〉を動機づけるものは何もない。つまり、この記号は完全な恣意性を持つようになったのであり、そしてこれが言語記号の本質的な条件である。このような推移は、何百もの例で確認することができる。例えば、constāre〈対応する〉(stāre〈立つ〉): coûter〈値段が〜である〉、fabrica〈産物〉(faber〈職人〉): forge〈鍛冶〉、magister〈師〉(magis〈より大きい〉): maître〈主人〉、berbīcārius〈羊飼い〉(berbix〈雄羊〉): berger〈羊飼い〉[315]。このような変化が、フランス語に全く特別の様相もたらすことになっている。

---

315) 古典ラテン語の vervex〈雄羊〉は、俗ラテン語では *berbix という形を取った。この俗ラテン語形から派生したのが *berbīcārius。

第7章
文法とその下位区分

第1節　定義；伝統的な区分

　静態言語学、またはラングの状態の記述は、非常に厳密な意味で「文法」と呼ぶことができる。文法と呼べるのは、また日常的な意味でもそうである。というのも、「チェス競技の文法」「株相場の文法」などの表現があり、そこで言われているのは、複雑で体系的な対象であって、共存する価値を作用させるもののことである。

　文法は、表現手段の体系としてのラングを研究する。文法的とは、共時的で意味を表すということであり、いくつもの時代に同時にまたがっている体系はないので、「歴史文法」のようなものはないと考える。そのように呼ばれるものは、実際には通時言語学に過ぎない。

　ここでの定義は、一般に使われている、もっと制限された定義とは一致しない。一般的な定義とは、実際のところ、「形態論」と「統語論」が結合したもので、それを文法と呼ぶ取り決めになっている。一方で、「語彙論」、つまり単語の研究は、文法の中には入れられていない。

　しかしまず、このような区分は果たして真実に対応しているのだろうか。上で述べた原理と調和しているのだろうか。

　形態論は単語の多様な範疇（動詞、名詞、形容詞、代名詞など）と、語形変化するいろいろな形態（活用と曲用[316]）を取り扱う。この研究を統語論から分離させるために、統語論の方は、言語的単位に与えられている機能を対象としているが、形態論は単位の形態のみを考察するのだと主張されている。例えば、

---

316)　すでに注238で述べたように、本書では、動詞と名詞の語形変化をどちらも「活用」と呼ぶことにしている。したがって、名詞の活用を指す特別の伝統的な用語「曲用」は用いない。

形態論では、ギリシア語 phúlax（φύλαξ）〈番人〉の属格は phúlakos（φύλακος）とするだけだが、統語論は、これら2つの形態の用法を教える[317]というような具合である。

　しかし、この区別は見せかけのものである。名詞 phúlax の一連の形態は、異なった形態に与えられた機能を比較しなければ、活用表にはならない。また逆に、このような機能のそれぞれが、一定の音的記号に対応しているからこそ、それが形態論に属することができるのである。名詞の活用は、形態の一覧表でも一連の論理的な抽象概念でもなく、これら2つのものの組み合わせである（p. 146 を参照）。形態と機能は一体化しているのであって、両者を分離するのは、不可能であるとまでは言わないが、困難である。言語学的には、形態論は現実で自律性のある対象を持っておらず、統語論と区別される学問分野を構成することはできない。

　さてもう一方で、語彙論を文法から排除するのは論理的なのだろうか。一見したところ、辞書に登録されているような形の単語は、文法研究に繋がるようには思えない。文法研究は、単位の間に存在する関係に限定されるのが一般的だからである。しかし、このような関係の多くが、文法的な手段だけでなく、単語によっても表すことができることが、即座に確認できる。例えば、ラテン語の fīō〈される〉と faciō〈する〉は、dīcor〈言われる〉と dīcō〈言う〉と同じ方法で対立しているのだが、後者は、同じ単語で、異なる文法機能を表す形態である。ロシア語では、完了体と不完了体の区別は、sprosít'（спроси́ть）: sprásivat'（спра́шивть）〈質問する〉では文法的な方法で表されるが、skazát'（сказа́ть）: govorít'（говори́ть）〈話す〉では語彙的に表されている。前置詞は、一般的には文法に属するとされるが、前置詞句の熟語 en considération de〈〜を考慮して〉は、considération〈考慮〉という単語が本来の意味で現れているのだから、基本的には語彙的なものである。ギリシア語の peíthō（πείθω）: peíthomai（πείθομαι）[318]とフランス語の je persuade〈私は説得する〉: j'obéis〈私は従う〉を比べてみると、ギリシア語では対立が文法的に表され、フランス語では語彙的に表されていることが分かる。ある言語では格形態や前置詞によって表される関係が、他の言語では語彙的に表される例が、以下のようにたくさんある。本来の意味での単語により近い位置にある複合語（フランス語 royaume des

---

317) phúlax は主格形であり、文の主語を表わす。phúlakos は属格形であり、所有の他事物の属性を表わす。
318) peíthō〈説得する〉は、直説法1人称単数現在能動態、peíthomai は受動態で「説得される」という受動の意味を表すほか、「従う」という意味も表す。

cieux〈天の国〉とドイツ語 Himmelreich〈天国〉)、あるいは派生語(フランス語 moulin à vent〈風車〉とポーランド語 wiatr-ak[319]))、あるいは最後に、単純語(フランス語 bois de chauffage〈薪〉とロシア語 drová (дровá)〈薪〉、フランス語 bois de construction〈材木〉とロシア語 lês (лес)〈材木〉)。同一の言語で、単純語と複合表現が交替すること(例えば、considérer と prendre en considération〈考慮する〉、se venger de と tirer vengence de〈〜に復讐をする〉)は、同様に非常によくあることである。

　このように、機能の観点からすると、語彙的な事実が統語的な事実と混同されることがあるのが分かる。他方で、単純でそれ以上分割できない単位ではない単語の全体は、文の一部、つまり統語的な事実と、基本的には区別できない。というのも、文の一部を構成する下位単位の配置は、語群の形成法と同じ基本原理に従うからである。

　以上をまとめると、文法の伝統的な区分は、実用の上では役に立つかもしれないが、本来的な区別には対応しておらず、論理的な関係によって結びついてもいない。文法は、それとは異なる上位の原理に基づくのでなければ、構築されることはできないのである。

第2節　合理的な区分

　形態論と統語論と語彙論が相互に浸透し合っていることは、共時態に属するすべての事実が根本的には同一の本性を持っているということによって説明される。これらの間には、前もって引かれている境界など全くありえないのである。先に明らかにした、連辞関係と連合関係の区別だけが、本質的なものとして要請される分類の方法を提示するのであり、それこそが、文法体系の基礎に据えることができる唯一の分類法である。

　ラングの状態を構成するものはすべて、連辞の理論と連合の理論に帰着することができるようにしなければならない。こう考えると、伝統文法の一定の部分は、これら2つの種類のどちらかに、たやすく分類することができるように思われる。語形変化は明らかに、発話主体の頭の中にある、形態の連合の典型的な形である。他方で、統語論、最も通用している定義に従って言い換えると、単語を集団化するための理論は、連辞的なものの中に含まれる。なぜならば、

---

[319]　wiatr は「風」、接尾辞 -ak は、動詞に後続すると、道具・場所・行為者などを表す派生名詞を作る。

このような集団化では、空間に配列された少なくとも2つの単位が常に想定されるからである。連辞的な事実のすべてが統語論に分類されるわけではないのだが、統語論に属するすべての事実は、連辞的なものに属している。

　文法のどんな点を見ても、あらゆる問題を、この二重の観点から研究することが重要であることが分かる。例えば、単語の概念からは、それを連合的に考察するか、連辞的に考察するかに応じて、異なった2つの問題が生じてくる。形容詞 grand〈大きい〉は、連辞においては形態の二重性を示す（grã garsõ [gʁãgaʁsõ] «grand garçon»〈背の高い少年〉と grãt ãfã [gʁãtãfã]〈背の高い子供〉[320]）、そして連合の観点からも、もう1つの二重性がある（男性形 grã «grand»、女性形 grãd [gʁãd] «grande»）。

　以上のように、どの事実についても、それが属すべき連辞または連合のいずれかの種類に導いて、これら2つの本来的な軸の上に、文法の材料すべてを配置することができなければならない。このような配分だけが、共時言語学の通常の枠組みに関して変えるべきものを教えてくれる。この課題にここで取り組むことは当然できない。ここでは、最も一般的な原理を提示することに範囲を限定しているからである。

---

320)　フランス語の形容詞 grand は、後に子音が続く時は [gʁã] だが、後に母音が続く時は [gʁãt] という形になる。

第8章
文法における抽象的な実体の役割

　これまでまだ取り扱っていないが、上で区別した2つの観点で文法的な問題の全体を検討する必要性があることを、まさに示してくれる重要な問題がある。それは、文法における抽象的な実体に関わるものである。まずは、連合的な側面からそれを考察することにしよう。

　2つの形式を連合することは、それらが何らかの共通性を示すことを感じとることだけではなくて、連合を支配する諸関係の性質を区別することでもある。例えば、発話主体には、enseigner〈教える〉と enseignement〈教育〉や、juger〈判断する〉と jugement〈判断〉を結びつける関係が、enseignement と jugement の間に認められる関係と同じではない（p. 176 を参照）という意識はある。この点で、連合の体系が文法の体系と関係してくる。ラングの状態を、歴史を介在させずに研究している文法家たちが行う、意識的で秩序だった分類の総体は、パロールにおいて作用している連合が意識的であるかどうかは別にして、その総体に一致しなければならないと考えることができる。連合こそが、単語の集団や語形変化表、また、語幹、接尾辞、活用語尾などの語形成の要素（p. 260 以下参照）を、人間の頭の中に定着させるのである。

　ただ、連合が引き出すのは、物質的な要素だけではないのかという疑問も生じる。恐らくそうではない。すでに述べたように、意味のみで結びつけられている単語も連合に関わって来る（例えば、enseignement〈教育〉, apprentissage〈実習〉, éducation〈教育〉など）。文法についても事情は同様のはずである。例えば、次のラテン語の3つの属格形を見てみよう。domin-ī, rēg-is, ros-ārum[321] である。これら3つの活用語尾の音には、連合を促すような類似性は全くない。しかしそれでも、同一の用法が規定されているのだから、共通の価値がある と

321）　dominus〈主人〉の単数属格形が dominī、rex〈王〉の単数属格形が rēgis、rosa〈薔薇〉の複数属格形が rosārum。

いう感覚によって、これらは関係づけられる。これだけで、物質的な根拠が全くなくても、連合を作り出すには十分であり、こうして、属格の概念が、それ自体としてラングの中に位置を占めるようになる。全く同様の方法で、-us, -ī, -ō などの活用語尾（dominus, dominī, dominō[322] などの語尾）も、意識の中で結合され、格と格語尾についてのより一般的な概念が導き出される。そして、同じ種類だが、はるかに大きな連合が、すべての名詞、すべての形容詞などを関連させ、品詞の概念を決定する。

　これらすべてのものがラングの中に存在しているのだが、それは「抽象的な実体」としてである。それを研究することには困難が伴う。なぜならば、発話主体の意識が、文法家たちの分析と、常に同程度に深いものであるかを正確に知ることはできないからである。しかし、最も重要なのは、「抽象的な実体は、結局のところ、常に具体的な実体に基礎を置いている」ということである。文法的な抽象化は、その基層となる一連の物質的な要素がなければ不可能であり、最終的に立ち戻らなければならないのは、常にこのような要素なのである。

　次に、連辞的な観点から見てみることにしよう。群の価値は、多くの場合、その要素の順序と関連している。連辞を分析する際に、発話主体は、その部分を区別することしか行わないわけではなく、その部分の間に、連続における一定の順序を確認する。フランス語 désir-eux〈望んでいる〉やラテン語の signi-fer〈意味を持つ〉の意味は、その下位単位それぞれの位置に依存している。実際、eux-désir や fer-signi とは言えない。価値も、具体的な単独の要素（-eux や -fer のようなもの）の中では、何らの関連を持つことはありえず、項目の配列だけから、価値が帰結する。例えば、もしフランス語で、je dois〈私は～しなければならない〉と dois-je?〈私は～しなければならないのか〉という2つの語群が、異なった意味を持つのだとしたら、その根拠は語順以外にはない。同じ観念でも、ある言語では連続した項目によって表されているのに、別の言語では、1個またはいくつかの具体的な項目によって表されている例が時にある。英語では、gooseberry wine〈グズベリー酒〉、gold watch〈金時計〉などのような連辞的な型では、項目の純粋で単純な順序によって表される関係が、現代フランス語では、vin de groseilles や montre en or のように、前置詞によって表される。今度は、現代フランス語では、直接目的語の概念を、他動詞の後に名詞を置くという方法だけで表す（例えば、je cuille une fleur〈私は花を摘む〉[323]）

322）　いずれも単数形で、dominus は主格、dominī は属格、dominō は与格・奪格。

のに対し、ラテン語などの言語では、特別の活用語尾によって特徴づけられる対格形を用いることによって表す[324]、などの例である。

しかし、もし語順が確実に抽象的な実体であるのであれば、これに劣らず真実であるのは、その実体の存在が、具体的な単位のみに依拠していて、この具体的な単位が抽象的な実体を含んでおり、ただ1つの次元上で展開しているということである。空間の中に配置されている物質的な単位の外部に、形を持たない統語論が存在すると考えるのは誤りだと考える。英語の the man I have seen «l'homme que j'ai vu» 〈私が会った男〉という表現は、ゼロ形態によって表されているように見える統語的事実を提示しているが、[325] フランス語では同じ事実を que[326] によって表している。ただし、フランス語の統語的事実と比較するからこそ、何もないものが何かを表すことができるという幻想が作り出されるのである。実際には、物質的な単位が、ある一定の順序で配列されて、この価値が作りだされているだけのことである。そもそも、具体的な項目の総体を除いては、統語的な事例について思考することはできない。また、言語的な複合体（先にあげた英語の語句のようなもの）を理解できるという事実だけからも、この項目の連続でも、思考の適切な表現であると言える。[327]

物質的な単位は、意味、すなわち与えられた機能によってのみ存在する。この原理は、狭い意味での単位[328]の理解には、特に重要である。なぜならば、このような単位が、その純粋な物質性によって存在しているのだと考えたくなるからである。例えば、aimer〈愛する〉の存在は、これを構成する音だけに依拠している、というような考えである。これとは逆に、すぐ上で述べたように、

---

323) je〈私〉が主語の代名詞、cueille〈摘む〉が他動詞、une fleur〈（1輪の）花〉が目的語名詞。

324) ラテン語では legō flōrem となる。legō が他動詞、flōrem が名詞 flor (flos)〈花〉の対格形。

325) I have seen は関係節であり、これが先行する名詞 the man を修飾（限定）している。本来この関係節は、目的格関係代名詞が先頭にある who(m) I have seen であるべきところだが、関係代名詞が目的格の場合、英語ではこれを表現しないことが多い。関係代名詞があるはずなのにないということから、「ゼロ形態」と呼ばれている。

326) que は、フランス語で目的格関係代名詞として機能する。

327) the man という名詞の後に、I have seen という文に近い形の語句（目的語が欠けている）が後続しているという事実だけで、I have seen が関係節であり、the man が関係節中では他動詞の目的語に当たることが理解できるのであって、本来あるべき目的格関係代名詞が「省略」されているのではないという、正しい主張がここではなされている。

328) 狭い意味での単位としては、単語のことが念頭に置かれている。

意味や機能は、何らかの物質的な形態の支えなしには存在することはできない。この原理については、もっと大きな連辞や統語的な型に関して定式化したのではあるが、それは、文を構成する項目の上に漂う、非物質的な抽象概念を、どうしてもそこに見てしまうことになりがちだからである。これら2つの原理を、互いに補完させると、先に単位の境界に関して主張した内容と一致することになる。

第3部
通時言語学

第 1 章
総　　　論

　通時言語学は、ラングの状態中に共存する項目の間にある関係を研究するのではなくて、時間の中で互いに置き換わる連続した項目の間の関係を研究する。

　実際のところ、絶対的な不変性は存在しない (p.114 を参照)。ラングのすべての部分は、変化のもとに置かれている。どの時代も、多少なりとも大きな進化を見せている。ラングの変化は、速度や強度はさまざまだが、このことで変化の原理そのものが危うくなることはない。ラングという川は絶え間なく流れ続けるのであって、その流れが平穏であるか急激であるかは、二次的に考えればよいことである。

　この絶え間ない進化が、文学語に関心が向けられることによって、覆い隠されてしまうことがよくあるのは事実である。文学語は、p. 273 以下で見るように、大衆の言語、つまり自然的なラングの上に重なっていて、これとは別の存在条件に従っている。文学語は、一度形作られると、一般的にはかなり安定しており、もとの状態のままに止まる傾向にある。文学語の基礎が文字表記にあることも、それが保持されることを特別に保証する確実な根拠となっている。したがって、文学語のあらゆる規制から逃れた自然的なラングが、どの程度多様であるのかを示してくれるのは、文学語ではない。

　音声学、そして音声学の全体は、通時言語学の最初の対象となる。もっとも、音の進化は、状態の概念とは相容れないものである。だから、個々の音素や音素群を、前の状態と比較することで、通時態を確定することになる。先行する時代との距離が、ある程度近いこともありうるのだが、もし2つの時代が混交してしまうと、音声学の介在する余地はなくなってしまう。そうすると残るのは、ラングの状態に属する音の記述のみであり、この作業は音韻論の担当である。

　音声学の通時的な特徴が非常によく符合するのは、音声学に属するものはすべて、広く解釈された場合の意味にも文法にも無縁であるという原理である (p. 38 を参照)。ある単語の音の歴史を記述するために、その意味を無視して、

物質的な外形だけを考察しながら、音声的な断片を切り出して、それに意味があるかどうかを問わないということはできる。例えば、ギリシア語アッティカ方言[329]で、音群 -ewo- がどうなったのかを探究することはできるが、この音群は意味を持たない。もしラングの進化が音の進化に還元されるのだとしたら、言語学の 2 つの部分に特有の対象がなす対立は、直ちに明白なものとなるだろう。つまり、共時的なものが文法的なものに等しいのと同じく、通時的なものは非文法的なものに等しいということが、はっきりと分かるだろうということである。

　しかし、時間とともに変化するのは音だけなのだろうか。単語は意味を変化させるし、文法範疇も進化する。文法範疇を表す働きをしていた形態とともに消滅するものもある（例えば、ラテン語の双数）。[330] 連合と連辞に関わる共時態の事実のすべてに歴史があるのであれば、通時態と共時態の絶対的な区別を維持するにはどうしたらいいのだろうか。このことは、純粋な音声学から一歩飛び出すと、非常に困難になる。

　しかし注意しておかなければならないのは、文法的だとされている変化の多くは、音変化に帰着するということである。ドイツ語の hant : hanti〈手〉に置き換わった Hand : Hände のような文法的型が作り出されたことは（p. 122 を参照）、完全に音声的事実によって説明することができる。Springbrunnen〈噴水〉や Reitschlue〈乗馬学校〉などのような型の複合語の基底にあるのは、やはり音声的事実である。古高ドイツ語では、複合語の最初の要素は動詞ではなく名詞であった。例えば、beta-hūs は「礼拝堂」を意味していた[331]。しかし、語末の母音が音声的に脱落し（beta → bet など）、動詞（beten〈祈る〉など）との意味的接触が出来上がった。こうして、Bethaus が最終的に「礼拝堂」を意味するようになった。

　全く同様のことが、古いゲルマン語が līch〈外見〉を用いて形成していた複合語においても生じた（例えば、mannolīch〈男らしい〉, redolīch〈理性的な〉）。今日では、多くの形容詞（verzeihlich〈許すことができる〉, glaublich〈信頼でき

329）　古代ギリシア語の方言の 1 つで、文化的中心地アテネで使用されていたため、ギリシア古典の大部分はアッティカ方言で書かれた。
330）　ラテン語を含むイタリック語派では、インド・ヨーロッパ祖語にあった双数はすでに失われていた。ただ、duo〈2〉, ambo〈両方〉, octo〈8〉の語尾 -o は古い双数形の残存だとされる。
331）　古高ドイツ語で、beta は名詞で「祈り」の意味、hūs は「家」。

る〉など）で、-lich は接尾辞になっており、これはフランス語の pardonn-able〈許すことができる〉, croy-able〈信じることができる〉などにある接尾辞と比較することができる。また同時に、最初の要素の解釈も変化した。そこに認められるのは、もはや名詞ではなく、動詞の語根である。それは、一定数の場合に、最初の要素の末尾にある母音の脱落によって（例えば redo- → red-）、この要素が動詞の語根に同化されることになった（reden〈話す〉の red-）からである。

こうして、glaublich では、glaub- は名詞の Glaube〈信念〉ではなく、動詞の glauben〈信じる〉の方に関係づけられることになった。そして、語根が違うにも関わらず、sicht-lich〈明らかな〉は、sehen〈見る〉と連合させられ、もはや Sicht〈視界〉と結びつくことはなくなった。

このような場合のすべて、そして多くの類似した場合にも、共時態と通時態という2種の区別は依然として明白である。このことをよく覚えておいて、歴史文法を研究しているなどと軽率に言わないようにしなければならない。その場合、実際には、通時的な領域で連続した時代をたどって、音変化を研究しているか、共時的な領域で、その変化から生じる帰結を分析しているのである。

しかし、このような限定を加えたからと言って、すべての困難が除かれるわけではない。文法に属する何らかの事実の進化は、連合している集団であれ、連辞的な型であれ、音の進化とは比較にならない。文法の変化は単純ではなく、たくさんの個別的な事実に分解されて、そのうちの一部だけが音声学の領域に入ってくるからである。フランス語で未来を表す prendre ai のような連辞型が、prendrai〈私は取るだろう〉[332] になったのだが、その生成過程においては、少なくとも2つの事実が区別される。1つは心理的なもの、つまり、2個の概念的要素の統合である。もう1つは音声的なもので、最初の事実に基礎を置いている。すなわち、語群に2つあったアクセントが、ただ1つに縮約されたということである（préndre aí [préndrə aí] → prendraí [prendrɛ́]）。

ゲルマン語の動詞の強変化[333]（現代ドイツ語の geben, gab, gegeben[334] など

---

332) ラテン語からフランス語へ変化する間に、ラテン語本来の未来形はすべて失われ、義務の意味を表していた「不定詞 + avoir の現在形」が、規則的な未来形へと変化した。prendre は「取る」という意味の動詞の不定詞であり、ai は「持つ」を意味する動詞 avoir の直説法現在1人称単数形である。

333) 動詞の不規則な活用を、ゲルマン語学では「強変化」と呼ぶ。規則活用は「弱変化」。

334) geben〈与える〉は不定詞、gab は直説法過去（1人称・3人称単数形）、gegeben は過去分詞。

の型。ギリシア語の leípo, élipon, léloipa[335] なども参照）は、その大部分が、語幹母音の交替の働きに基づいている。この交替については（p. 219 以下を参照）、その体系は当初かなり単純だったのだが、恐らく純粋に音声的な事実に由来するものである。しかし、この対立がこのように機能的な重要性を持つようになるためには、最初の活用体系が、一連のさまざまな過程によって単純化する必要があった。その過程とは、現在形の大きな多様性と、それに結びついていた意味の微妙な差異の消失、未完了過去、未来、アオリストの消失、完了形の畳音[336]の消滅などである。このような変化は、本質的に音声に関わるところは何もないのだが、動詞の活用を限定された形態群にまで縮小させた。そこでは、語幹の母音交替が第一級の重要な価値を獲得した。例えば、geben : gab での [e]:[a] の対立の方が、ギリシア語の leípō : léloipa での [e]:[o] の対立よりも重要である。それは、ドイツ語の完了形には畳音がないからである。

このように、進化の何らかの側面に音声学が介在することがよくあるにしても、音声学が進化の全体を説明することはできない。音声的な要因を除いてしまうと、その残りの部分は、「文法の歴史」という考えを正当化するようにも思える。ここで、真の困難が生じてくるのである。通時的なものと共時的なものの区別は、維持されなければならないのだが、そのために必要な説明は厄介であり、この講義の枠組みとは相容れない。原注1)[337]

---

335) leípo (λείπω)〈私は残す〉は、直説法現在1人称単数，élipon (ἔλιπον) は、直説法アオリスト1人称・3人称単数，léloipa (λέλοιπα) は、直説法現在完了1人称単数。
336) ゲルマン祖語では、動詞の過去形は基本的には語幹の母音交替によって形成されたが、一部の動詞では語幹の先頭の子音に e を付した形態を語幹に先行させる方法（畳音）によって過去形が形成された。現代のゲルマン語学では、直説法動詞の時制は、現在と過去だとされ、完了形という名称は用いられない（Hans Krahe & W. Meid (1969) *Germanische Sprachwissenschaft II. Formenlehre*）。
337) 編者たちがここでわざわざ長い注を入れているのは、共時態と通時態の区別は絶対だと言っておきながら、どうしてそうなのかを合理的に説明することができないとされているからである。説明できないのであれば、両者の区別には、もしかしたら根拠がないのかもしれないということになってしまう。どうして説明できなくなってしまったのかというと、ソシュールが通時態を音変化に限定してしまい、文法の変化などは本来ないのだと言ってしまっているからである。しかし本文でも述べているように、音変化だけでは説明できない文法的な変化はいくらでもある。例えば、ラテン語からフランス語への変化では、ラテン語にあった名詞の6個の格は、古フランス語では2個に減少してしまった。この理由は、恐らく語末の母音や子音が脱落するという音変化に帰着させることができる。しかし、ラテン語の基本語順「主語＋目的語＋動詞」が、古フランス語

200　第 3 部　通時言語学

原注 1　このような教育的で外的な理由に加えて、多分他にも理由がある。ソシュールは、その講義で、パロールの言語学には全く手をつけなかった (p. 38 以下を参照)。新しい用法は、常に一連の個人的な事実によって始まるのであった (p. 140 を参照)。だとすると、個人的な事実に文法的な事実が持つ特徴があるとするのを、次のような意味で、著者は認めたくなかったのかもしれないと考えることもできる。すなわち、孤立した行為は必然的にラングとその体系には無縁のものであり、ラングの基礎は、集団的な習慣の総体にしか置くことができないということである。事実がパロールに属している限り、それらの事実は、確立した体系を、特殊で全く偶然的な方法で使用したものに過ぎない。改新が何回も繰り返されて記憶に刻まれ、体系の中に入った時に初めて、その改新が価値の均衡を動かし、ラングがその結果として自然的に変化するのである。文法的な進化には、p. 38 と p. 123 で述べたことを当てはめることができるだろう。それは、文法の変遷は体系の外部にあるということである。その理由は、体系はその進化の途中を決して認めることができず、時に応じて別の体系が見出されるだけだからである。ただし、このような説明の試みは、編者の側からの単なる提案に過ぎない。

　以下では順番に、音変化、交替、類推の事実を研究し、最後に民間語源と膠着について簡単に説明する。

で「第 1 要素 + 動詞 + その他の要素」という、動詞が 2 番目に置かれる語順に変化したことは、音変化ではまず説明できない。なぜならば、これはゲルマン語であるフランク語の影響だからである。そして現代フランス語の基本語順は「主語 + 動詞 + 目的語」である。この変化も、音変化では説明できない。したがって、通時態には音変化以外の要素も含めなければならないのであって、それを排除しようとしたことが、共時態と通時態の峻別を合理的に説明する手段を失わせたのだと考えることができよう。

第 2 章

音　変　化

第 1 節　音変化の絶対的規則性

　p. 135 で、音変化は単語に起こるのではなくて、音に起こるのだということを見た。つまり、変化するのは音素である。まず、すべての通時的な事象と同様であるが、孤立した事象が生じ、しかしそれが結果として、問題の音素が現れるすべての単語を、同一の方法で変化させる。まさにこの意味において、音変化は絶対的に規則的なのである。

　ドイツ語では、すべての ī [iː] は [ei] に、そして [ai] になった：wīn, trīben, līhen, zīt は Wein〈ワイン〉, treiben〈駆り立てる〉, leihen〈貸す〉, Zeit〈時〉へと変化した。すべての ū [uː] は [au] になった：hūs, zūn, rūch → Haus〈家〉, Zaun〈垣根〉, Rauch〈煙〉。同様に、ü [y] は [eu] に変化した：hüsir → Häuser〈複数の家〉など。これに対し、二重母音 [ie] は [i] へと移行した。ただし、表記は依然として ie のままである。例えば、biegen〈曲げる〉, lieb〈愛する〉, Tier〈獣〉。これと平行的に、すべての [uo] は ū [uː] になった。muot → Mut〈勇気〉など。すべての [z]（p. 64 を参照）は [s] に変化した（表記は ss）：wazer → Wasser〈水〉, fliezen → fliessen〈流れる〉など。語中のすべての [h] は、母音間では脱落した：līhen, sehen → leien, seen（表記は leihen〈貸す〉, sehen〈見る〉）。すべての [w] は、唇歯音の [v] に変化した（表記は w）：waser → wasr (Wasser [vásər])。

　フランス語では、すべての湿った [l] は y [j] になった[338]：piller〈略奪する〉, bouillir〈沸騰する〉は [pije], [bujiʁ] などと発音される。

　ラテン語では、母音間の [s] であったものは、後の時代には [r] で現れる：*genesis, *asēna → generis〈種類〉, arēna〈砂場〉など。

　どんな音変化でも、そのありのままの姿を見れば、その変化には完全な規則性があることが実証される。

---

338)　注 178 参照。

第2節　音変化の条件

　先にあげた例を見れば、音声的な現象は、常に絶対的であるということは決してなく、非常に多くの場合、一定の条件に関係していることが分かる。別の言い方をすれば、変化をするのは音韻類ではなく、周囲の環境、アクセントの位置などの一定の条件のもとに現れる音素である。ラテン語で [s] が [r] になったのは、母音間や他のいくつかの位置においてのみであって、他の場所では [s] は保持された (est, senex, equos[339] を参照)。

　絶対的な変化は、極めて稀であり、変化が絶対的であるように見えても、それはその条件の特徴が隠れているか、あるいはあまりに一般的である場合が多い。例えばドイツ語では、ī [iː] は [ei]、[ai] になったが、それは強勢のある音節にある場合だけであった。インド・ヨーロッパ祖語の k₁[340] は、ゲルマン祖語では [h] になった (例えば、インド・ヨーロッパ祖語 k₁olsom〈首〉、ラテン語 collum〈首〉、ドイツ語 Hals〈首〉)。しかし、この変化は、[s] の後では生じなかった (例えば、ギリシア語 skótos (σκότος)〈暗闇〉とゴート語 skadus〈陰〉)。

　ただし、変化を絶対的なものと条件的なものに区分するのは、物事を皮相的にしか見ていないことに起因している。もっと合理的に言うなら、そしてその傾向はますます強まっているのだが、そこには、「自発的な」音声現象と、「結合的な」音声現象があるということである。音声現象が自発的であるのは、内的な原因によって生じる場合で、結合的であるのは、1つまたはいくつかの他の現象があることが原因で生じる場合である。例えば、インド・ヨーロッパ祖語の [o] がゲルマン語の [a] に移行したこと (例えば、ゴート語 skadus[341]〈影〉、ドイツ語 Hals[342]〈首〉) は、自然的な事実である。ゲルマン語の子音推移、ドイツ語では Lautvershiebungen〈音推移〉は、自発的な変化の型である。例えば、インド・ヨーロッパ祖語の k₁ [k] は、ゲルマン祖語では [h] になった (例えば、ラテン語 collum、ゴート語 hals)、ゲルマン祖語の [t] は、英語では保持され

---

339)　est (動詞 esse〈存在する、〜である〉の直説法現在3人称単数) では、[s] は母音 ([e]) と子音 ([t]) の間にある。senex〈老人〉では、[s] は語頭にある。equos〈馬〉(equus の古形) では、[s] は語末にある。
340)　k₁ は、軟口蓋音 [k] のこと。
341)　インド・ヨーロッパ祖語の再建形は *skotos。skot の o が、skadus で a になっている。
342)　インド・ヨーロッパ祖語は *kolsos だから、最初の音節の o が、ドイツ語の Hals では a になっている。

たが、古高ドイツ語では z（発音は [ts]）になった（例えば、ゴート語 taihun、英語 ten、ドイツ語 zehn〈10〉）。これに対し、ラテン語の ct [kt], [pt] が [it] になったこと（factum〈行為〉→ fatto〈事実〉, captīvum〈捕えられた〉→ cattivo〈悪い〉）は、1番目の要素が2番目の要素に同化[343]しているのだから、結合的な事実である。ドイツ語の母音交替も、外的な原因、すなわち後続する音節中に [i] があることによるものである。実際、gast〈客〉は変化しなかったが、gasti〈複数の客〉は gesti, Gäste に変化した。

注意してほしいのは、どちらの場合でも、結果は全く問題にならないこと、つまり、変化が起こったか起こらなかったかは重要ではないということである。例えば、ゴート語の fisks〈魚〉とラテン語の piscis〈魚〉、ゴート語の skadus〈陰〉とギリシア語の skótos〈暗闇〉を比べてみると、最初の場合は、[i] が保持されており[344]、2番目の場合は、[o] が [a] に移行している。これら2つの音のうち、最初の音はそのまま残り、2番目の音は変化した。しかし最も重要なのは、これらの音が自分自身で行動したということである。

もし音声的事実が結合的なものであれば、それは常に条件的である。しかし、それが自発的なものである場合は、必ずしも絶対的であるとは限らない。なぜならば、変化するためのある種の要因がないことによって、否定的に条件づけられていることもありうるからである。例えば、インド・ヨーロッパ祖語の k_1 [k] は、ラテン語では自発的に qu [kʷ] になった（例えば、quattuor[345]〈4〉, inquilīna[346]〈賃借人〉など）。しかしこの場合、例えば [o] や [u] が後続していてはならなかった（例えば、cottidie[347]〈毎日〉, colo[348]〈耕す〉, secundus[349]〈2番目の〉など）。同様に、インド・ヨーロッパ祖語の [i] が、ゴート語の fisks などに残っているのも、条件と結びついている。つまり、[r] や [h] が後続して

---

[343] 同化は、連続または隣接した2つの音の一方が、他方の音と全く同じか類似した音に変化する現象。ラテン語 factum の ct [kt] は、イタリア語で [k] の音が後続する [t] に同化して [t] になった。ラテン語 captīvum の [pt] は、イタリア語で [p] の音が後続する [t] に同化して [tt] になった。

[344] インド・ヨーロッパ祖語の語形は *pisk/*peisk（現在は pik̂sk̂os）であり、ラテン語の piscis でも、ゴート語の fisks でも、インド・ヨーロッパ祖語の [i] が保持されている。

[345] 対応するインド・ヨーロッパ祖語は * kʷetwóres。

[346] inquilīna は colō〈耕す〉と関係した単語で、インド・ヨーロッパ祖語の語根は *kʷel-

[347] 対応するインド・ヨーロッパ祖語は、*kʷotitei。[kʷ] に [o] が続いていたため、ラテン語では、唇軟口蓋音は維持されず（*quottidie にはならなかった）、ただの軟口蓋音 [k] に変化した。

いてはならないということであり、[r] また [h] が後続していると、[i] は [e] になり、ai と表記される（例えば、wair = ラテン語 vir[350]〈男〉、maihstus = ドイツ語 Mist〈堆肥〉）。

第3節　方法の要点

　現象を表現する方式は、上で述べた区別を考慮していなければならない。そうでなければ、現象を誤った見方で提示することになる。
　以下にいくつか、このような間違いを示す事例をあげる。
　ウェルナーの法則[351]の古い定式によると、「ゲルマン語では、語頭にないすべてのþ [θ] は、アクセントが後続している場合には、ðに変化した」。例えば、*faþer → *faðer（ドイツ語 Vater〈父〉）、*liþme → *liðme（ドイツ語 litten[352]〈苦しむ〉）。他方で、*þrīs（ドイツ語 drei〈3〉）、*brōðer（ドイツ語 Bruder〈兄弟〉）、*liþo（ドイツ語 leide[353]〈苦しむ〉）では、þが残存している。この定式では、積極的な役割がアクセントに与えられ、語頭のþに対しては、制限的な条項が取り入れられている。しかし実際は、この現象は全く異なったものなのである。ゲルマン語では、ラテン語と同様に、þが語中で自発的に有声化する傾向にあった。そして、先行する母音に置かれたアクセントだけが、有声化を妨げることができたということである。こうすると、すべてが逆転する。事実は、結合的ではなく自発的であり、アクセントは変化を阻害するものではあっても、変化を引き起こす原因ではない。だから、実は次のように言うべきなのである。「語中のþは、先行する母音に置かれたアクセントによって妨げられない限りは、すべてðになった」。
　自発的なものと結合的なものを正しく区別するためには、変化の局面を分析

---

348)　colō の col- に対応するインド・ヨーロッパ祖語の語根は *kʷel- だが、ラテン語では母音が [e] から [o] に置き換えられたため、唇軟口蓋音 [kʷ] ではなく、軟口蓋音 [k] になった。
349)　secundus は、もともとは動詞 sequor の分詞形。対応するインド・ヨーロッパ祖語の語根は *sekʷ- で、u が後続するため [kʷ] は [k] になった。
350)　インド・ヨーロッパ祖語では *wiro- (*wihₓrós)。
351)　デンマークの言語学者カール・ウェルナー (Karl Verner, 1846–1896) が 1875 年に発表した、ゲルマン祖語における音韻法則。無声摩擦音 *f, *θ, *s, *x がアクセントのない音節の直後にある場合、有声化して *b, *ð, *z, *g になるという法則。
352)　litten は、動詞 leiden の接続法過去第2式1人称・3人称複数。
353)　leide は、動詞 leiden の直説法現在1人称単数。

しなければならず、間接的な結果を直接的な結果と取り違えてはならない。例えば、r 音化 (ラテン語の *genesis → generis〈種類〉を参照) を説明しようとして、[s] が母音間では [r] になったと言うのは不正確である。なぜならば、[s] には喉頭音[354]の要素がないので、直接 [r] になることは決してできない。実際には、2 つの段階があった。すなわち、結合的変化により [s] が [z] になった。しかし、この [z] は、ラテン語の音体系中で維持されることがなかったため、非常に近い音である [r] に置き換えられたのだが、この変化は自発的なものである。このように、重大な誤りによって、別々の 2 つの事実が混交されて、ただ 1 つの現象だとされてしまったのである。この誤りの内実は、まず間接的な結果を直接的な結果だと考えてしまったこと ([z] → [r] なのに [s] → [r] だとした)、次に、この現象全体が、最初の部分ではそうではないのに、結合的なものだと想定したことである。これはまるで、フランス語で、鼻音の前で [e] が [a] になったと言うようなものである。実際には、結合的変化が連続して生じている。すなわち、[n] によって [e] が鼻音化し (例えば、ラテン語 ventum → フランス語 vẽt〈風〉、ラテン語 fēmina → フランス語 femə, fẽmə〈女〉、次に [ẽ] が自発的に [ã] に変化した (すなわち、vãt, fãmə, 現在では vã, fam)。この変化は鼻子音の前でしか生じなかったと反論しても無駄である。[355] 問題なのは、[e] が鼻音化した理由を知ることではなくて、[ẽ] の [ã] への変化が自発的なのか結合的なのかを知ることだけなのである。

　上で示した原理に関係するわけではないのだが、方法についての最も重大な誤りをここでもう一度繰り返すとすると、この誤りの本質は、現代の音法則を、まるでそれが掌握する事実が永遠に存在するかのようにして定式化していることにある。実際には、そのような事実はある限られた時間に発生して消滅するのである。こうなるとまさに混沌とした状態になる。なぜならば、出来事の時間的な連続性がすべて失われることになるからである。p. 140 以下で、ギリシア語の tríkhes: thriksí に見られる二重性を説明する連続した現象を分析する際に、この点についてはすでに強調しておいた。「ラテン語では [s] が [r] になる」と言うと、r 音化がラングの本質に内在しているかのように思わせてしまうこ

---

354)　喉頭音は、音声学で声門で調音される [h] のような音 (声門音) を言うが、ここでは声帯を振動させて作られる有声音の意味だと理解される。[s] は無声音だが [r] は有声音なのだから、[s] がすぐに [r] に変化することはできないということである。
355)　後続する鼻音の影響で [e] が [a] に変化したのではなく、[e] が鼻音に同化して鼻母音の [ẽ] になった後 (結合的変化)、鼻母音 [ẽ] の口の開きが大きくなって [ã] に変化した (自発的変化) ということ。

とになる。ところが、causa〈原因〉, rīsus〈笑い〉のような例外を前にすると、当惑を免れえないのである。「ある時代にラテン語では、母音間の [s] が [r] になった」という形の定式にすることだけで、[s] が [r] に移行した時に、causa, rīsus などは母音間の [s] を持っておらず、この変化を被ることがなかったと考えることが可能になる。事実、その当時にはまだ caussa, rissus と言っていたのである。[356] 似たような理由で、次のように言わなければならない。「イオニア方言では ā [aː] が ē [eː] になった（例えば、máter → métēr〈母〉）。なぜならば、そうでなければ、pâsa[357]〈すべて〉, phâsí[358] などのような形をどう考えればよいか分からなくなるからである（これらは、変化が起きた時代にはまだ pansa, phansi などであった）。

第 4 節　音変化の原因

　音変化の原因の研究は、言語学の最も困難な問題の 1 つである。これまでいくつもの説明が提案されてきたが、どれ 1 つとして完全に解明できたものはない。
　I.　民族には、音変化の方向を前もって描いておく性向があるのだという説がある。これは、比較人類学の問題になるだろうが、音声器官が民族によって違うということがあるのだろうか。そんなことはないし、個人による違いがないのも同様である。生まれてすぐにフランスに移住してきた黒人は、現地の人間たちと同じようにうまくフランス語を話す。さらに、「イタリア人の器官や、ゲルマン人の口はそれを受け入れない」のような言い方をすると、純粋に歴史的な事実を永続的な特徴に変えてしまう危険がある。現在の音声現象を一般化してしまうのと同様の誤りである。だから、イオニア人の器官が長い ā [aː] を妨げて、これを ē [eː] に変えたと主張するのは、イオニア方言で ā が ē に「なる」と言うのと全く同じくらい間違っている。
　イオニア人の器官は、ā を発音することを嫌っていたなどということは全くなかった。なぜなら、ある場合にはこの音を受け入れているからである。だからここで考えるべきは、人類学的に能力が備わっていないということではなく、調音の習慣に変化があったということである。同様にラテン語では、母音間の

---

356)　caussa, rissus であれば、母音間にあるのは重子音の [ss] であって、単独の [s] ではないから、r 音化することはなかった。
357)　pâsa (πᾶσα) は「すべて」を意味する形容詞 pâs (πᾶς) の女性単数主格形。
358)　phāsí (φᾶσί) は「言う」を意味する動詞 phēmí (φημί) の、直説法 3 人称複数形。

[s] が保持されなかった (*genesis → generis〈種類〉) ことがあるのだが、もう少し後になってこの音を再び取り入れた (例えば、*rissus → risus〈笑い〉)。このような変化を見ると、ローマ人の器官に永続的な傾向などないということが分かる。

　ただ恐らくは、ある特定の民族が、ある一定の時代に、音的現象について一般的な方向性を持つということはあるだろう。例えば、現代フランス語における二重母音の短母音化は、ただ1つの同じ傾向の現れである。しかし、政治史の中にも、同様の一般的な流れは見いだされるだろうが、それでも、その純粋に歴史的な特徴が疑われることはないし、また、民族の直接的な影響が認められることもない。

　II.　音変化は、地質や気候の条件に適応するためのものだと考えられることがよくあった。例えば、北方の諸言語は、数多くの子音を使うとか、南方の諸言語は、母音を幅広く使い、音が耳に快く聞こえるなどである。気候や生活環境が言語に影響を与えることは十分にありえるだろうが、詳細にまで立ち入ると、問題は複雑になる。例えば、スカンジナビアの諸固有語は、確かにたくさんの子音を使うが、ラップ人[359]やフィンランド人の固有語は、イタリア語などよりも母音が豊かである。また以下のような事実にも注意しておきたい。現代ドイツ語では子音が多用されるが、多くの場合は、アクセントに続く母音の脱落に起因する、全く最近の出来事である。フランス南部の方言のいくつかは、北部のフランス語よりも、子音群を受け入れやすいし、モスクワのロシア語と同じくらいの子音群がセルビア語でも用いられるなど。

　III.　最小努力の法則が持ち出されたこともある。2個の調音を1個に、あるいは困難な調音を他のもっと簡単な調音に置き換えるというものである。この考えについては、異論もあろうが、検討してみる価値はある。なぜならば、現象の原因をある程度は解明するか、あるいは少なくとも、どの方向でその原因を究明すべきかを指摘してくれる可能性があるからである。

　最小努力の法則によって説明できるように見える事例は、一定数ある。例えば、閉鎖音から摩擦音への移行 (habēre → avoir[360])、多くの言語での、極めて大量の語末音節の脱落、同化の現象 (例えば、ly [lj] → [ll]、*alyos (haélyos) → ギ

---

359)　スカンジナビア北部とロシアのコラ半島に居住する先住民で、現代ではこの民族を「サーミ人」、その言語を「サーミ語」と呼ぶのが普通である。サーミ語は、フィンランド語と同じ、ウラル語族フィン・ウゴル語派に属する。

360)　ラテン語 habēre〈持つ〉にあった語中の閉鎖音 [b] が摩擦音 [v] に変化し、フランス語では avoir になった。

リシア語 állos (ἄλλος)〈他の〉、[tn] → [nn]、*atnos (hₐetnos) → ラテン語 annus〈年〉)、二重母音の単母音化、ただしこれは同化の一種に過ぎない（例えば、[ai] → ẹ [ε]、フランス語 maizōn → mẹzõ [mεzɔ̃] (maison)〈家〉)、など。

ただ、これとは全く逆のことが起こる場合も同じくらいたくさん提示することができる。単母音化に対しては、例えば、ドイツ語の ī [iː]、ū [uː]、ǖ [yː] が、[ei]、[au]、[eu] に変化した例があげられる。スラブ語で ā [aː]、ē [eː] が ă [a]、ĕ [e] へと短縮されたことが、最小努力に帰することができると主張するのだとしたら、ドイツ語に起こった逆の現象（fāter → Vāter〈父〉、gĕben → gēben〈与える〉）は、最大努力に帰せられるのだと考えなければならない。有声音の方が無声音より発音が容易だと考えるのなら（例えば、opera → プロバンス語[361] obra〈作品〉)、その逆はより大きな努力を必要とするはずであるが、スペイン語では ž [dʒ] が [x] になった（例えば、hixo〈息子〉は hijo と書かれる[362])、またゲルマン語では、[b, d, g] が [p, t, k] に変化した。[363] 有気性の消失（例えば、インド・ヨーロッパ祖語 *bherō → ゲルマン祖語 beran〈運ぶ〉）が、努力の軽減だと見なされるならば、以前はなかったところに有気音を導入しているドイツ語（Tanne〈樅の木〉、Pute〈雌の七面鳥〉などは、Thanne [tʰánə]、Phute [pʰúːtə] と発音される）については、どう考えたらいいのだろうか。

このように述べたからと言って、上で提案されている解決法への反論を主張しているわけではない。実際のところ、それぞれの言語について、発音が難しいのはどれか、発音が易しいのはどれなのかを決めることはまずできない。短音化が、長さの点で最小努力に対応するのが真実なのだとしたら、疎かな発音は長くなりやすいし、短い発音の方が注意を要することも、同じように真実である。だから、異なった性向を仮定すれば、対立する2つの事実を、同じ性質のものとして提示できることになる。同様に、[k] が tš [tʃ] になった例（例えば、ラテン語 cēdere〈退却する〉→イタリア語 cedere〈屈服する〉[364])では、変

---

[361] 現代のロマンス語学では「オック語」(occitan) と呼ぶのが普通。「プロバンス」の名称は、フランス南東部のプロバンス地方を中心として使用されるオック語の方言を指すために用いられる。

[362] ラテン語の filium〈息子〉は、中世のスペイン語では [hidʒo] であったが（f が h に変化したのはバスク語の影響だとされる）、[h] は脱落し、有声破擦音 [dʒ] は、無声摩擦音 [x] へと変化した。

[363] インド・ヨーロッパ祖語の有声閉鎖音が無声閉鎖音に変化したのは「グリムの法則」と呼ばれる音韻法則の一部である。

[364] ラテン語 cēdere [keːdere] ＞イタリア語 cedere [tʃedere]

化の両端しか考慮に入れなければ、努力が増大したようにも見える。しかし、次のような連鎖を想定すれば、恐らくその印象は別のものになるだろう。すなわち、後続する母音に同化して、[k] が硬口蓋音の k' [kʲ] になる。次に、[k'] が ky [kj] に移行する。そのことで、発音がより困難になったわけではなく、[k'] の中で絡み合っていた2つの要素が明確に区別されただけである。そして、ky から、順番に ty [tj], tχ' [tç], tš [tʃ] へと移行していったわけだが、どの段階でも、努力は減少している。

　この点で完璧を期そうとすれば、膨大な研究を行うことが必要で、生理学的な観点（調音の問題）と心理学的な観点（注意の問題）の両方を考慮しなければならないだろう。

　IV.　近年流行している説明では、発音の変化の原因が、幼児期における発音の習得にあるとしている。幼児は、多くの試行錯誤や矯正を経て、ようやく自分の周囲で耳にする音を発音することができるようになるのだが、ここに変化の萌芽があるとされる。間違いの中には修正されないものもあって、それが個人の中で優勢になり、成長するに及んで固定化してしまう。幼児は [k] の代わりに [t] を発音することがよくあるが、諸言語の歴史の中で、これに対応する音変化が見られることはない。しかし、他の音声的歪みについては、これとは事情が異なるものもある。例えば、パリでは、fl'eur〈花〉、bl'anc〈白い〉のように、湿音の l [ʎ] を使って発音する幼児が多い。イタリア語で、florem〈花〉が fl'ore に移行して、それから fiore になったのも、同様の過程によるものである。

　このような主張は、大いに注目する価値はあるが、問題は手つかずのままである。事実、どれも同じように自然な間違いなのに、どうしてある世代では、ある間違いを保持するのが許容されて、他の間違いは保持されなかったのかは分からない。実際のところは、どの誤った発音が選択されるのかは、純粋に恣意的であるように思われ、その理由は不明である。そしてその上、現象が今回はうまく生き残ったのに、別の場合にはどうしてそうではなかったのかも、また不思議である。

　このような観察は、先に想定された原因が作用する変化が受け入れられたのであれば、そのすべてについても当てはまる。だから、気候の影響、民族の性向、最小努力への傾向は、永続的または持続的に存在しているのである。ただ、そのような原因が作用するのが断続的であって、音韻体系のある時点で作用することもあれば、また別の時点で作用することもあるのは、どうしてなのだろうか。ある歴史的な出来事には、決定的な理由があるはずで、どの場合にも、

変化を引き起こすに至ったものには、一般的な原因があって、それはずっと前から存在していた、などと言われることはない。この点が、最も解明の難しいものである。

　V.　このような決定的な理由の1つを、ある時点での国家の一般的な状態に求めようとすることが時にある。諸言語は、他よりも動きの大きい時代を横切ることがあるのだが、その場合、ラングの外面にある歴史の激動する時期とラングを関係づけ、こうして、政治的な不安定と言語的な不安定の間に関連性を見出したと主張される。こうすることで、音変化に対して、ラング一般に関わる結論を適用できるのだと考えられることになる。例えば、ラテン語からロマンス諸語へ移行する際に生じた最も重大な混乱と、ゲルマン民族の侵入による非常に動揺した時代が一致していると指摘される。ここで議論の方向を誤らないためには、2つの区別を押さえておかなければならない。

　a）　政治的な安定のラングに対する影響のあり方は、政治的な不安定と同じではない。つまり、両者の間には何の相互性もない。政治的な安定がラングの進化を遅くさせる場合、そこでは、外的ではあるが積極的な原因が問題になっている。他方、政治的不安定の影響はそれとは逆であって、消極的にしか作用することができない。固有語の不変性あるいは相対的な固定性は、ラングの外部にある事実（宮廷、学校、アカデミー、文字表記などの影響）に由来する可能性があるが、これらの事実の方も、社会的、政治的な均衡があれば、不変性に対して積極的に有利な働きをする。これに対して、国家の状態に生じる、何らかの外的な混乱によって、ラングの進化が速められるとしても、それは単に、ラングが自由な状態に立ち戻るだけで、その状態では、ラングは通常の流れに沿って進むのである。古典時代にラテン語が変化しなかったのは、外的な事実が原因であり、後になってラテン語が受けた変化と比較することはできない。なぜならば、これらの変化は、一定の外的な条件が存在しなかったことによって、自然に作り出されたものだからである。[365]

　b）　ここで問題になっているのは、音声的な現象だけであって、あらゆる種類のラングの変容ではない。ただ、文法的な変化は、この種の原因に依存するものと理解できそうである。文法に関わる事実は、常に何らかの側面で思想に起因しており、外的な混乱の余波を、音声的な事実よりも容易に受ける。外的

---

[365]　このように述べると、ラングには変化という性質が内在しているのだから、時間が経過すれば必然的に変化する、つまりラングは変わるから変わるとだけ言うことになってしまい、これまで変化の原因をあれこれ論じてきたことの意義が失われてしまうのではないかと思われる。

な混乱は、精神に対してより直接的な影響をもたらすからである。しかし、国家の歴史における動乱の時代に、固有語の音の急速な進化が対応していることを認めるのを保証してくれるものは何もない。

　さらには、ラングが作為的に変化しない状態に置かれている場合ですら、音変化が生じなかった時代を指摘することはできない。[366]

　VI.　「先行する時代の言語基層」という仮説に訴えることもあった。これは、新参者たちに吸収された土着の人々が原因で変化が生じた場合もあるという説である。例えば、オック語とオイル語[367]の間の相違は、ガリア（ゴール）の2つの地域におけるケルト系先住民の要素の割合の相違に対応しているとされる。[368] この理論はまた、イタリア語の方言の多様性にも適用された。すなわち、地域に応じて、リグリア人[369]、エトルリア人[370]などの影響が方言分化の原因だとするのである。しかしまず、この仮説は、まれにしか起こらない状況を仮定している。さらに、次のことを明確にしなければならない。すなわち、新しいラングを取り入れる場合、前の民族が、そのラングに自分たちの発音の習慣をいくらかでも導入したと考えてよいのかということである。ただ、このことは許容できるだろうし、また十分に自然なことでもある。しかし、民族についての予測できない要因などを、新たに持ち出そうとするならば、上で指摘したような困難に再び陥ることになるのである。

---

[366]　ヨーロッパ中世を通じてラテン語の書き言葉は、基本的には不変だったが、前舌母音の前での [k] の口蓋化や、母音の長短の曖昧化などの変化が生じた。フランス語は、アカデミー・フランセーズ（Académie française）による規範化が18世紀に確立した後も、標準語において、rの音価が歯茎震え音の [r] から、軟口蓋または口蓋垂震え音の [ʁ][ʀ] に変化した。
[367]　ガリア地方（現代のフランスを中心とする地域）のラテン語は、南方ではオック語、北方ではオイル語（さらには、スイスの西部をも含む地域のフランコ・プロバンス語）に分化した。オイル語は現代フランス語へと変化する。
[368]　ケルト人は、ローマ共和国の時代には、北イタリアからガリア全土に広く分布していたので、ケルト民族の居住人口の程度よりも、南フランスでは北フランスに比べてローマ化が徹底していたことや、北フランスでゲルマン民族（フランク族）の言語の影響が大きかったことなどが、オイル語とオック語が分化した主要な原因だとされている。
[369]　イタリア半島北部からスペインにかけて居住していたとされる、ヨーロッパの先住民族。その起源などの詳細は知られていない。
[370]　ローマ時代以前に、イタリア中部地域を支配していた民族。ローマ建国期に、ローマ人に対して文化的影響を与え、ローマの初期の第5代から第8代の王はエトルリア人だったとされる。その言語は「エトルリア語」だが、まだ十分には解読されていない。

VII. 最後の説明は、ほとんど説明という名には値しないのだが、音変化を流行の変化と同様に扱おうとするものである。ただ流行の変化については、これを説明した人は誰もいない。分かっているのは、それが模倣の法則に基礎を置いていて、心理学者たちが大きな関心を寄せているということだけである。しかしながら、この説明では問題が解決されないとしても、別のさらに射程の広い説明へと、この問題を導いて行くという利点はある。それは、音変化の原理は純粋に心理学的なものだろうということである。ただし、模倣の出発点がどこにあるのかは謎で、これは、流行の変化についても、音変化についても同様である。

第5節　音変化の作用には制限がない

　このような変化の結果を評価しようとすると、それが無制限で計り知れない、つまり、変化がどこで止まるのかを予見することはできないということが、直ちに分かる。単語の中に音変化を妨げるものが何かあるかのように、単語はある一定の点までしか変形できないと考えるのは、幼稚なことである。音的変容が持つこの特徴は、言語記号の恣意的な性質、つまり意味とは何の関係もないという性質に起因している。

　ある一定の時点で、単語の音が変化を被らなければならず、それがどの程度であったのかを実証することはできるが、どの程度まででその変化が確認できなくなったのか、あるいは将来確認できなくなるのかを、前もって言うことはできないだろう。

　ゲルマン語では、インド・ヨーロッパ祖語の *aiwom（h₂óyus）（ラテン語 aevom〈一生〉参照）が、*aiwan, *aiwa, *aiw と変化し、これは同じ語末を示すすべての単語と同じだった。それから、*aiw は古いドイツ語で ew になったが、これは音群 aiw を含むすべての単語と同様であった。そして、語末にあるすべての [w] は [o] に変化したため、ēo [e:o] に達した。今度は、これまでと同様に全く一般的な規則に従って、ēo [e:o] が、[eo], [io] に移行した。さらに [io] は [ie], [je] になり、最終的に現代ドイツ語では jē [je:]〈かつて〉になっている（次を参照：das schönste, was ich je gesehen habe〈私が今まで見たうちで最も美しいもの〉）。

　出発点と到着点しか考慮しなければ、現代の単語は、最初にあった要素のどれ1つとしてもはや含んでいない。しかし、それぞれの段階を個別に捉えてみると、どれも全く確実で規則的である。さらに、段階のどれについても、その

第 2 章 音 変 化　213

効果は限定的であるのに、その全体を見ると、総量に制限のない変容が起こったという印象を受ける。ラテン語 calidum〈暑い〉についても、同様のことが確認される。まずこの形と、それが現代フランス語に変化した形 (šo [ʃo]、表記は chaud〈暑い〉) を、途中の段階を見ないで比較する。次に、各段階を復元する：calidum, calidu, caldu, cald, calt, tšalt [tʃalt], tšaut [tʃaut], šaut [ʃaut], šot [ʃot], šo [ʃo] である。さらに、以下の比較も見てみよう：俗ラテン語 *waidanju → gẽ [gẽ]（表記は gain）〈勝利〉、minus → mwẽ [mwẽ]（綴りは moins〈より少ない〉）、hoc illī[371] → [wi]（表記は oui〈はい〉）。

　音声的現象は、あらゆる種類の記号に及び、形容詞や名詞など、語幹、接辞、活用語尾などを区別しないという意味では、さらに無制限で計り知れないものである。そもそも、音声的現象は先験的にそうでなければならない。なぜならば、もし文法が介在してくると、音声的な現象が共時的事実と混同されることになり、これは根本的に不可能なことだからである。だからここには、音の進化の盲目的特徴とでも呼べるものがある。

　例えば、ギリシア語では、[n] の後で [s] が脱落したのだが、これは *khānses〈鵞鳥〉、*mēnses〈月〉（ここから、khênes (χῆνες), mênes (μῆνες)) のような、文法的な価値が伴わないような場合[372]だけでなく、*etensa, *ephansa など（ここから éteina (ἔτεινα)〈伸ばす〉, éphēna (ἔφηνα)〈現れる〉[373]) のような型の動詞形で、アオリストを特徴づける役割を持つ場合でも同じだった。中高ドイツ語では、アクセントに続く母音 ĭ ĕ ă ŏ [i, e, a, o] は、統一的に [e] の音色を持つようになった (gibil → Giebel〈切妻〉, meistar → Meister〈親方〉)。とは言え、これらの音色の違いにより、たくさんの活用語尾が特徴づけられていたため、単数対格形 boton〈使者〉と単数属格・与格形 boten は混交して boten になった。

　したがって、もし音声的現象が無制限に進んでいくとしたら、文法組織に深甚な混乱をもたらすことになるはずである。次にはこの側面から音声的現象を考察することにしよう。

---

371) hoc illi は「彼らがそれを（した）」または「それを彼（彼女）に」という意味を表すと考えられる。*Dictionnaire étymologique de la langue fraçaise* では、oui は hoc ille (fēcit)〈彼がそれを（した）〉に由来すると説明されている。

372) これらの語形の中の [s] は、語幹末尾の子音であって、この音があることで、何らかの文法的機能が表示されることはなかった。

373) éteina は teíno (τείνω) の、éphēna は phaíno (φαίνω) の、直説法アオリスト 1 人称単数形。

第 3 章
音的進化の文法的帰結

第 1 節　文法的な結びつきの切断

　音声的現象の最初の帰結は、2 つまたはそれ以上の項目を統合している、文法的な結びつきを断ち切ってしまうことである。例えば、ある単語が、別の単語から派生したものであることが、感じられなくなることが起きる。以下の例である。

$$
\begin{array}{ll}
\text{mansiō}\,\langle住居\rangle\rangle & \text{*mansiōnāticus}\,\langle住居の\rangle[374] \\
\text{maison}\,\langle家\rangle \parallel & \text{ménage}\,\langle家事\rangle
\end{array}
$$

　言語的な意識は、かつては *mansiōnāticus の中に mansiō の派生語を見ていたのだが、後になると、音声的な変遷が両者を分類することになる。次も同様の例である。

$$
\text{俗ラテン語}
\begin{cases}
(\text{vervēx} & - & \text{vervēcārius}) \\
\text{berbīx} & - & \text{berbīcārius} \\
\text{brebis} & \parallel & \text{berger} \\
\langle雌羊\rangle & & \langle羊飼い\rangle
\end{cases}
$$

　このような分離は、当然のことながら価値に対しても余波をもたらした。例えば、地方の方言の中には、berger が特に「牛の番人」を表すようになっているものがある。

---

[374] *mansiōnāticus は、俗ラテン語で「住居、邸宅に関係する」という意味を表していたが、中世のラテン語では意味が特化して「修道院に滞在する」という意味を表すようになった。

さらに同様の例をあげよう。

Grātiānopolis	—	grātiānopolitānus	decem	—	undecim
Grenoble	‖	Grésivaudan[375]	dix	‖	onze
〈グルノーブル〉		〈グルノーブルの〉	〈10〉		〈11〉

類似した例としては、ゴート語 bītan〈噛む〉— bitum〈我々は噛んだ〉— bitr〈噛んでいる、苦い〉がある。一方では、[t] → [ts]（[z]）という変化によって、他方では、音群 [tr] の保持によって、西ゲルマン語ではこれが、bīzan, bizum ‖ bitr になった。

音声的進化によりさらに、同じ単語の2つの変化形の間にあった通常の関係が分断されることもある。例えば、comes〈仲間が〉— comitem〈仲間を〉が、古フランス語では cuens ‖ comte になったし、他にも次のような例がある。barō[376]〈男爵が〉— barōnem〈男爵を〉→ ber ‖ baron, presbiter〈神父が〉— presbiterum〈神父を〉→ prestre ‖ provoire。[377]

別の場合には、活用語尾が2つに分かれることもある。インド・ヨーロッパ祖語では、すべての単数対格形は、同じ語末の -m[原注1]で特徴づけられていた（*ek₁wom (h₁ékwom)〈馬〉, *owim (h₂ówim)〈羊〉, *podm〈足〉, *māterm (méh₂tērm)〈母〉など）。

原注1　あるいは -n だったかもしれない。p. 132 注参照。

ラテン語では、この点に関しては根本的な変化は起こらなかった。しかし、ギリシア語では、成節的、子音的鼻音の取り扱いが非常に違っていたので、形態について、2つの異なった系列が作り出された（híppon (ἵππον), ó(w)in (ὄιν) : póda (πόδα), mátera (μάτερα)）。複数対格形も全く同様の事実を示している（híppous (ἵππους) と pódas (πόδας) を参照）。

375）Grésivaudan が、規則的音変化によって grātiānopolitānus から派生したことを説明するのは難しい。grātiānopolitānum valdānum〈グルノーブルの谷〉に由来するという説もある。現在では、Grésivaudan は、フランス南東部、アルプスの渓谷地域を指す。都市名 Grenoble に対応する形容詞は、grenoblois である。
376）barō はラテン語ではなく、フランク語起源の単語だから、本来は *barō, *barōnem とすべきである。
377）古フランス語の cuens, ber, prestre のような形は、名詞の主格形、comte, baron, provoire のような形は、名詞の非主格形（または被制格形）と呼ばれる。非主格形は、直接目的語、間接目的語、所有格など、幅広い意味を表した。

第 2 節　単語の複合の消失

　音変化がもたらす文法的影響のもう 1 つは、単語の価値を決定することに寄与していた、異なった部分を析出することができなくなることにある。つまり、単語は分割できない 1 つの全体になるのである。以下に例をあげる。フランス語 ennemi〈敵〉（ラテン語 in-imīcus〈敵〉— amīcus〈友人〉、ラテン語 perdere〈破壊する、失う〉（古い形は per-dare〈全部与える〉— dare〈与える〉）、amiciō〈覆う〉（以前は *ambjaciō〈両方投げる〉— jaciō〈投げる〉）、ドイツ語 Drittel〈3 分の 1〉（以前は drit-teil〈3 つの部分〉— teil〈部分〉）。

　この事例は、結局前節の事例に立ち戻ることになる。例えば、ennemi が分析不可能なのだとすると、それは、in-imīcus が単純な amīcus に関係づけられるようには、もはや他の単純語に関係づけることができないのだと言うことと同じである。以下の定式：

amīcus　　—　　inimīcus
ami　　　　∥　　ennemi
〈友人〉　　　　　〈敵〉

は、次の定式と全く同様である。

mansiō　　—　　mansiōnāticus
〈住居〉　　　　　〈住居に関わる〉
maison　　∥　　ménage
〈家〉　　　　　　〈家事〉

　さらに、次も参照：decem〈10〉— undecim〈11〉: dix〈10〉∥ onze〈11〉。
　古典ラテン語の単純形 hunc, hanc, hāc[378] などは、碑文にある形態が示すように、hon-ce, han-ce, hā-ce などに遡るのだが、これらは、代名詞と小辞 -ce が融合した結果作られたものである。以前ならば、hon-ce などと ec-ce〈見ろ〉を関係づけることができた。しかし後になると、-e が音声的に脱落したため、この関係づけはできなくなった。要するに、hunc, hanc, hāc などの要素を区別で

378）　これらは、代名詞 hic〈これ〉の活用形であり、hunc は男性単数対格形、hanc は女性単数対格形、hāc は女性単数奪格形。

きなくなったということである。

　音の進化は、最初は分析を妨害し、次に分析を完全に不可能にする。インド・ヨーロッパ祖語の名詞の語形変化に、このような場合の例が見られる。

　インド・ヨーロッパ祖語の名詞の活用は、次のようであった。単数：主格 *pod-s、対格 *pod-m、与格 *pod-ai、処格 *pod-i、複数：主格 *pod-es、対格 *pod-ns〈足〉など。*ek₁wos〈馬〉の活用も、最初はこれと完全に平行していた。すなわち、*ek₁wo-s[379]、*ek₁wo-m、*ek₁wo-ai、*ek₁wo-i、*ek₁wo-es、*ek₁wo-ns などである。この時代には、*pod- と同じくらい容易に *ek₁wo- を取り出すことができた。しかし後になると、母音の縮約によって、この状態に変化が生じた。単数：与格 *ek₁wōi、処格 *ek₁soi、複数：主格 *ek₁wōs となる。この時点から、語幹 ek₁wo- を明瞭に認識することが妨げられるようになり、分析は混迷するようになった。さらに後になると、対格形の分化（p. 215 参照）のような新しい変化によって、原初的状態の最後の痕跡が消滅する。クセノポーン[380]の同時代人たちは恐らく、語幹は hipp- であって、活用語尾は母音を中心とする（hipp-os など）という印象を持っていただろう。このことにより、*ek₁wo-s の型と *pod-s の型が決定的に分離することになる。このように、語形変化の領域でも、他の場合と同様に、分析を妨害するものはすべて、文法的な結びつきを緩くする結果をもたらす。

第 3 節　音声的二重語[381]は存在しない

　第 1 節と第 2 節で考察した 2 つの場合では、音声的進化によって、もともとは文法的に結びついていた 2 つの項目が、根本的に分離していた。この現象は、解釈に関する重大な誤りを引き起こす可能性がある。

　後期ラテン語の barō : barōnem〈男爵〉が比較的同一であり、古フランス語の ber : baron〈男爵〉の両形が一致を見せないことを確認すると、ただ 1 つの同じ

---

[379]　喉音理論に従う再建形は h₁ék̂wos など。活用語尾は、具格 *-(e)h₁ を除いて同じ。
[380]　Xenophon（Ξνοφῶν）。紀元前 430 頃〜 354 頃。ギリシアの軍人、歴史家。『ソクラテスの思い出』、小アジア遠征を題材とする『アナバシス』などの作品がある。
[381]　二重語（doublet）は、同じ語源を持ちながら、語形と意味が異なる 2 つ（あるいはそれ以上）の単語で、どちらも同じ言語で使用されているもの。英語の history〈歴史〉と story〈物語〉は、ラテン語の historia〈歴史、物語〉（〈ギリシア語 ίστορία）に由来する。フランス語の livrer〈引き渡す〉と libérer〈解放する〉は、ラテン語の liberare〈解放する〉に由来する。

原初的単位（bar-）が、2つの分岐する方向に発展し、2つの形態を作り出したのだと言いたくなるのではないだろうか。いや、そうではない。なぜならば、同じ1つの要素が、同時に、そして同じ場所で、2つの異なった変形を受けることはありえないからである。これはまさに、音変化の定義に反するものになる。音の進化は本来的に、1つではなく2つの形態を創造する力はないのである。

この説に対しては、次のような反論がありうるだろう。恐らくは、以下のような例によって反論がなされるものと思う。

collocāre〈据えつける〉からは、coucher〈寝かせる〉と colloquer〈押しつける〉が生じたと言えるのではないか。いや、そうではない。生じたのは coucher だけで、colloquer の方は、ラテン語からの学者的借用語に過ぎない（rançon〈身代金〉と rédemption〈贖罪〉[382] なども参照）。

しかし、cathedra〈安楽椅子〉からは、chaire〈説教台〉と chaise〈椅子〉という、どちらも正真正銘のフランス語が生じたのではないか。しかし実際には、chaise は方言形である。パリの方言で、母音間の [r] が [z] に変化したのである。他にも例えば、père〈父〉や mère〈母〉の代わりに、pèse, mèse と言っていた。フランス語の文学語では、この地域的な発音の例は2つしか残っていない。すなわち、chaise と bésicle〈眼鏡〉（béryl〈緑柱石〉[383] に由来する béricles との二重語）である。この例は、ピカルディー方言[384] の rescapé〈生存者〉の例と完全に軌を一にしている。この単語は、フランス共通語に入り、上の場合と同様に、後になって réchappé〈生存者〉と対立するようになった。また、cavalier〈騎手〉と chevalier〈受勲者、騎士〉[385]、cavalcade〈騎馬行進〉と chevauchée[386]〈騎行〉が併存しているのは、cavalier と cavalcade がイタリア語から借用されたからである。ラテン語 calidum〈暑い〉が、フランス語で chaud、イタリア語

---

382) どちらもラテン語 redemptiō に由来する。このラテン語には、「買い戻すこと」と「贖罪」の意味があった。
383) béryl〈緑柱石〉のうち美しいものは宝石であり、虫眼鏡のレンズとしても用いられた。後にこの単語が水晶や眼鏡のレンズを指すようになり、さらに眼鏡そのものを表すようになった。
384) ピカルディー地方は、フランス北部のベルギーとの国境に近い地域。ピカルディー方言は、フランス語（オイル語）に属し、ピカルディー地方とベルギー南部で使用される。
385) cavalier, chevalier ともに、ラテン語 caballus〈馬〉の派生語 caballārius〈騎兵〉に由来する単語。
386) cavalcade, chevauchée ともに、後期ラテン語の cabbalicare〈騎行する〉の名詞派生語 cabbalicatum〈騎行〉に由来する単語。

で caldo になったのも、結局のところは同じ例である。これらすべての例で、借用が関わってきている。

　今度は、ラテン語の代名詞 mē が、フランス語では me と moi（例えば、il me voit.〈彼は私を見ている〉と c'est moi qu'il voit.〈彼が見ているのは私だ〉）で表されているではないかという主張もある。これに対しては、次のように答えられる。me になったのは、ラテン語でアクセントのない mē であり、アクセントのある mē は moi になった。ところで、アクセントの有無が基礎を置いているのは、mē を me と moi に変化させた音声法則ではなくて、この単語の文中での役割である[387]。すなわち、これは文法的な二重性なのである。同様にドイツ語では、*ur- は、アクセントがある場合には ur- のままだったが、アクセントの前では er- になった（例えば、Urlaub〈休暇〉: erlauben〈許す〉[388]）。しかし、このアクセントの働き自体は、ur- がどのような型の合成の要素となったのかに結びついており、結局は文法的で共時的な条件が関わっているということである。最後に、最初にあげた例に戻ると、bárō : barónem の組が示している形態とアクセントの相違が、音変化よりも先の時代のものであることは明らかである[389]。

　以上のように、音声的な二重語はどこにも確認することができない。音の進化が行うのは、その前に存在していた相違を強調するだけのことである。このような相違が、借用語の場合のように、外的な原因に由来するものでない場合はいつでも、音声的な現象とは全く無縁の、文法的で共時的な二重性を想定しなければならない。

第4節　交　替

　maison〈家〉: ménage〈家事〉のような2つの単語では、これらの項目の相違を作り出しているものを求めようという気にはならない。と言うのも、相違の

---

387)　現代フランス語で me にはアクセントがなく、常に動詞の前に置かれる。moi にはアクセントが置かれて、単独または強調構文で強調される要素などとして用いられる。
388)　ur, er はゲルマン祖語で「分離、原初」を意味した接頭辞 *uz に由来する。ゲルマン祖語で *lauba は「許可」を意味していた。
389)　barō では、a にアクセントがあるので、古フランス語に移行する際に、[a]＞[e] という変化が起こり、語末の [o] が脱落したため、ber になった。barōnem では、ō にアクセントがあるため、語末の -em が脱落しただけで、古フランス語では baron という形になった。

原因となる要素（-ezō と -en-）を比較するのは困難であることもあるし、これと類似した対立を提示する他の組はないからである。しかし、隣接する2つの項目が、容易に取り出すことができる1つまたは2つの要素だけで相違していて、この同じ相違が、類似した一連の組でも規則的に繰り返されているということはよくある。これは、非常に広範で、非常にありふれた文法的な事実のことであり、そこでは音変化が役割を果たしていて、「交替」と呼ばれる。

　フランス語では、開音節に位置するラテン語のすべての [o] は、アクセントがある場合には [eu] に、アクセントの前では [ou] になった。このため、pouvons〈私たちはできる〉: peuvent〈彼らはできる〉, œuvre〈作品〉: ouvrier〈労働者〉, nouveau〈新しい〉: neuf〈新しい〉[390] などの組が生じ、これらの組については、相違を示し、規則的に変異する要素を楽に取り出すことができる。ラテン語では、r 音化によって、gerō[391]〈運ぶ〉と gestus〈運ばれた〉、oneris〈負荷の〉と onus〈負荷〉、[392] maeror[393]〈悲しむ〉と maestus〈悲しんでいる〉などの交替が生じた。ゲルマン語では、アクセントの位置によって [s] が異なる取り扱いを受けたため、中高ドイツ語では、ferlisen〈失う〉: ferloren〈失われた〉, kiesen[394]〈調べる〉: gekoren〈調べられた〉, friesen[395]〈冷やす〉: gefroren〈冷やされた〉のような対立が生じた。インド・ヨーロッパ祖語 [e] の脱落は、現代ドイツ語の beissen[396]〈噛む〉: biss〈噛んだ〉, leiden[397]〈苦しむ〉: litt〈苦しんだ〉, reiten[398]〈乗る〉: ritt〈乗った〉などの対立に反映されている。

　これらすべての例で、影響を受けたのは語幹の要素である。しかし言うまで

---

390) *potḗmus＞pouvons: *pótount＞peuvent, óperam＞*euvre＞œuvre: operā́rius＞ouvrier, novéllum＞nouveau: nóvum＞neuf
391) *gesō＞gerō
392) *enos＞*onos, onus, *onesis＞oneris
393) *maesor＞maeror
394) kiesen は、インド・ヨーロッパ祖語の語根 *ĝeus-〈味わう、選ぶ〉に由来し、ゲルマン祖語では *kiusan。
395) friesen は、インド・ヨーロッパ祖語の語根 *preus-〈冷やす、燃やす〉に由来し、ゲルマン祖語では *friusan。
396) beissen は、インド・ヨーロッパ祖語の語根 *bheid-〈割る〉に由来する。過去形の biss では語根母音 [ei] の [e] が脱落している。
397) leiden は、インド・ヨーロッパ祖語の語根 *leit-〈進む〉に由来する。過去形の litt では、語根母音 [ei] の [e] が脱落している。
398) reiten は、インド・ヨーロッパ祖語の語根 *reidh-〈乗る〉に由来する。過去形の ritt では、語根母音 [ei] の [e] が脱落している。

もなく、単語のあらゆる部分が類似した対立を示すことはありうる。例えば、語幹の先頭がどのような性質を持っているかに応じて、接頭辞が多様な形態で現れるのは、全く普通のことである（例えば、ギリシア語 apo-dídōmi (ἀποδίδωμι)〈返す〉: ap-érkomai (ἀπέρκομαι)[399]〈出発する〉、フランス語 in-connu〈未知の〉: inutile〈無駄な〉[400]）。インド・ヨーロッパ祖語の交替 [e]：[o] は、結局のところ、音声的な原因にさかのぼるものと考えるべきだが、非常に多くの接尾辞的要素の中にも見られる（ギリシア語 híppos (ἵππος)〈馬が〉: híppe (ἵππε)〈馬よ〉[401], phér-o-men (φέρομεν)〈私たちは運ぶ〉: phér-ete (φέρετε)〈あなたがたは運ぶ〉[402], gén-os (γένος)〈部族が〉: *gén-es-os に代わる gén-e-os〈部族の〉[403]など）。古フランス語では、ラテン語の硬口蓋音に続くアクセントのある [a] は、特別の取り扱いを受けた。このため、多くの活用語尾において、[e]：[ie] という交替が生じている（例えば、chant-er〈歌う〉: jug-ier〈裁く〉, chanté〈歌われた〉: jug-ié〈裁かれた〉, chant-ez〈あなたたちは歌う〉: jugi–iez〈あなたたちは裁く〉[404]など）。

以上より、交替は次のように定義できる：2個の音または一定数の音から成る音群の間の対応であって、これらの音や音群は、併存する2組の形態群の間で、規則的に置換される。

音声的な現象だけでは二重語のことを説明できないのと同様に、交替についても、単一の原因や主要な原因というのが存在しないことは容易に分かる。ラ

---

399)　「起点」を意味する接頭辞 apo- (ἀπο-) が、子音で始まる語幹 dido (διδο) の前ではこのままの形で現れるが、母音で始まる語幹 erko (ἐρκο) の前では、母音が脱落して ap (ἀπ) で現れる。

400)　否定を意味するフランス語の接頭辞 in- は、子音の前では [ɛ̃] という鼻母音として実現されるが、母音の前では [in] で実現する。

401)　híppos は単数主格形、híppe は単数呼格形。

402)　phéromen は、直説法現在1人称複数形、phérete は、直説法現在2人称複数形。

403)　génos は単数主格形、géneos は単数属格形。属格形は *génesos の語中の [s] が脱落して形成されたが、アッティカ方言では、母音の縮約が生じて génous (γένους) になっている。génos の語幹は genes- であり、ここでは、gen-os の -os 中の [o] と、*gén-es-os の -es- 中の [e] が交替しているという主張である。

404)　cantāre の語幹末母音 [t] は歯音なので、-āre＞-er。jūdicāre では、語末部分の [kare] が [gare] を経て [ger] へと変化した。母音 [e] は前よりの母音なので、軟口蓋音 [k] が同化によって口蓋化した。この結果、語尾の -er が -ier へと変化した。cantātum＞chanté : jūdicātum＞jugié, cantātis＞chantez : jūdicātis＞jugiez についても同様。

テン語の nov-〈新しい〉が、音変化により neuv- と nouv-(neuve[405]) と nouveau)になったと言う場合、そこでは架空の単位が作り上げられたのであり、これに先行する共時的な二重性が見過ごされている。すなわち、nov-us と nov-ellus の中で、nov- の位置が違っていたのは、音変化に先立つ時代のものであると同時に、優れて文法的な事実だということである (barō : barōnem を参照)[406]。そしてこの二重性が、すべての交替の起源であり、交替を可能にしたものである。音声的な現象は、単位を打ち砕いたのではなく、音を分離することによって、共存する項目の対立を、それまでよりも目立つようにしただけのことである。多くの言語学者は、交替が音声的な種類のものだと考えているが、それは間違いである。その理由は、音は交替の材料なのであって、交替の形成に音の変容が関わっていただけのことだからである。実際のところ、交替の出発点と帰着点のどちらを考えても、それはつねに文法と共時態に属しているのである。

第 5 節 交替の法則

交替を法則にまで還元することはできるのだろうか、そしてそれはどんな性質を持った法則なのだろうか。

現代ドイツ語で非常に頻繁に見られる、[e] : [i] の交替を見てみよう。すべての場合を全体として整理しないで捉えてみても (geben〈与える〉: gibt〈彼は与える〉, Feld〈畑、野原〉: Gefilde〈野原〉, Wetter〈天気〉: wittern〈感づく〉, helfen〈助ける〉: Hilfe〈助け〉, sehen〈見る〉: Sicht〈眺め〉など)、一般的な原理を定式化することはできない。しかし、この総体から geben : gibt を取り出して、schelten〈叱る〉: schilt〈彼は叱る〉, helfen〈助ける〉: hilft〈彼は助ける〉, nehmen〈取る〉: nimmt〈彼は取る〉などと対立させると、この交替が、時制や人称などの区別と一致していることが分かる[407]。lang〈長い〉: Länge〈長さ〉, stark〈強い〉: Stärke〈強さ〉, hart〈硬い〉: Härte〈硬さ〉などでは、上とよく似た [a] : [e] という対立が、形容詞から名詞を形成する方法に結びついている。

---

405) neuve は、novus に由来する形容詞 neuf の女性形。
406) ラテン語のアクセント規則に従って、novus では語幹の nov- に、novellus では語尾である指小辞 ellus の e の上にアクセントが置かれた。-ellus は、名詞や形容詞に付加されて、意味をいくらか弱める働きをしていた。avis : *avicellus＞*aucellus＞oiseau〈鳥〉、castrum : castellum＞chateau〈城砦〉など。この意味的な相違のことを、文法的な事実だと見なしている。
407) 不定詞と直説法現在 3 人称単数形が対立している。

Hand : Hände, Gast : Gäste などでは、同じ対立が複数の形成に結びついており、ゲルマン語学者がアプラウトの名称で理解している、すべての場合にこれが当てはまり、その例は非常によく見られる（さらに、finden〈見つける〉: fand〈見つけた〉や finden : Fund〈発見物〉、binden〈結ぶ〉: band〈結んだ〉や binden : Bund〈結びつき、同盟〉、schiessen〈撃つ〉: schoss〈撃った〉: Schuss〈射撃〉、fliessen〈流れる〉: floss〈流れた〉: Fluss〈流れ、川〉なども参照）。アプラウト、すなわち文法的な対立と一致する語幹母音の変異は、交替の重要な例である。ただし、アプラウトを他の一般的な交替現象と区別する格別の特徴はない。

　このように、交替は、規則的な方法でいくつかの項目の間に分布しているのが普通であり、機能や範疇や限定など、重要な対立と一致している。交替の文法的な法則のことを考えることができるかもしれないのだが、これらの法則は、交替を生み出した音声的な事実から、偶然的に帰結したものに過ぎない。音声的な事実が、2組の項目群の間に、規則的な音的対立を作り出し、こうしてこれらの組が価値の対立を表示するようになると、人間の頭は、この物質的な相違を捉えて、それに意味があるものと考え、概念的な差異を持たせるようにする（p. 123 以下参照）。しかし、すべての共時的な法則と同様に、これらの相違は、単なる配置の原理なのであって、強制力を持つものではない。だから、よく進んで言われるように、Nacht〈夜〉の ［a］ は、複数形の Nächte では ä ［ɛ］ に変化すると言うのは、非常に間違ったことである。なぜならばこう言うと、どちらの項目についても、強制力を持つ原理に支配される変形が関与しているという、錯覚を与えてしまうからである。実際には、音変化の結果として生じる、単なる形態の対立を目にしているだけである。確かに、すぐ後で問題にする類推は、同じ音的対立を示す新しい組を作り出すことができる（例えば、Gast : Gäste などに基づく Kranz : Kränze〈花輪〉）。そうすると、この法則は、慣習に命令してそれを変えるほどまでの規則として適用されているかのように思える。しかし、忘れてならないのは、ラングにおいては、このような置換は、反対の類推的影響も受けやすいということである。このことだけでも、この種の規則は常に脆弱であり、共時的な法則の定義に完全に一致するものだということを強調するのに十分である。

　また、交替を引き起こした音声的条件がまだ明らかに分かる場合もある。例えば、p. 222 で引用した組は、古高ドイツ語では geban : gibit, feld : gafildi などの形態を取っていた。つまりこの時代には、語幹に ［i］ が後続している場合には、語幹自体も ［e］ ではなく ［i］ を伴って実現したが、他の場合にはすべて、［e］ を示していたということである。ラテン語の faciō〈する〉: conficiō〈完成

する〉, amīcus〈友人〉: inimīcus〈敵〉, facilis〈易しい〉: difficilis〈難しい〉などの交替も同様に、音的な条件に結びついていて、この条件は、発話主体であれば次のように表現しただろう。faciō, amīcus のような型の単語にある［a］は、同じ仲間の単語で、この［a］が内部の音節にあるものの中では［i］と交替する。

　しかし、このような音的対立からは、あらゆる文法的な法則と全く同じ考察が想起される。すなわち、これらの対立は共時的なものだということである。このことを忘れると、すでに p. 139 で指摘した、解釈の誤りを犯す危険が直ちに出てくる。faciō : conficiō のような組を前にして、このような共存する項目の間にある関係と、通時的な事実の連続する項目（confaciō → conficiō）を結びつける関係を混同しないように注意しなければならない。もしそうしたくなるのだとしたら、それは、音声的な相違を作り出した原因が、その組ではまだ見えるからである。しかし、その作用は過去に起こったものであって、発話主体にとって、そこには単なる共時的な対立があるだけである。

　以上の説明はすべて、交替が示す完全に文法的な特徴について述べられたことを確証するものである。交替のことを表すために、置換という用語を使ったのだが、こちらの方が正確ではある。ただ、この用語は避けた方がよい。それはまさに、これは音変化に適用されることが多く、状態しかないところに、推移という誤った観念を呼び起こしてしまうからである。

第6節　交替と文法的な連結

　音声の進化が、単語の形態を変化させることによって、単語を関連づけることができる文法的な結びつきを断ち切ってしまうという結果をもたらす過程を見た。しかし、これが当てはまるのは maison〈家〉: ménage〈家事〉, Teil〈部分〉: Drittel〈3分の1〉などのような、孤立した組についてだけである。交替が問題になると、もはや事情は同じではなくなる。

　まず明らかなことは、2つの要素の間にいくらかでも規則的な音的対立があれば、それらの間に連結が作り出される傾向がいつでもあるということである。例えば、Wetter〈天気〉は、本能的に wittern〈感づく〉と関係づけられるのだが、それは、［e］が［i］と交替するのを日常的に見ているからである。まして、音的対立が一般的な法則に支配されていると、発話主体が感じるようになると、この日常的な関係に対して、必然的に注意が向けられるようになり、その結果、文法的な連結は強くなりこそすれ、緩くなることはない。このようにして、ドイツ語のアプラウト（p. 223 を参照）により、母音的な変異を通じて、語幹の統

一体があるという認識が強められるようになる。

　意味には関わらず、純粋に音的な条件に関係する交替についても、事情は同様である。接頭辞 re-（reprendre〈取り返す〉, regagner〈取り戻す〉, retoucher〈修正する〉など）は、母音の前では r- に縮約される（rouvrir〈再開する〉, racheter〈買い戻す〉など）。同様に、接頭辞 in- は、学者語起源であるのに非常によく用いられるのだが、上と同様の条件で、2 つの異なった形態として実現される：[ɛ̃]-（inconnu〈未知の〉, idigne〈ふさわしくない〉, invertébré〈無脊椎の〉などの場合）と [in]-（inavouable〈口に出せない〉, inutile〈無駄な〉, inesthétique〈美的でない〉などの場合）。このような違いがあっても、概念的な統一性は全く損なわれない。なぜならば、意味と機能は同一のものだと捉えられ、ラングがどの形態を用いるのかは、場合ごとに決定されているからである。[408]

408）　要するに、re- と r- は形態素 {re-} の異形態であり、[ɛ̃-] と [in-] は形態素 {in-} の異形態であるということである。異形態は相補分布をするから、それぞれの異形態が実現する条件はラングにおいて確定している。

第4章
類　　　推

第1節　定義と例示

　これまで述べたことから帰結するのは、音声的な現象は混乱を引き起こす要因となるということである。音声現象が交替を作り出さないような場合にはいつでも、単語を互いに関連づけている連結を緩める結果をもたらす。そうなると、形態の総計は無駄に増えることになり、ラングの機構は不明瞭さを増し、音変化により生まれた不規則性が、一般的な型に従ってまとめられた形態を上回るようになるにつれて、どんどん複雑になる。複雑化を促す要因を言い換えれば、絶対的な恣意性が、相対的な恣意性（p. 184 参照）を上回る程度が増すということになる。

　幸いなことに、このような変形の影響は、類推によって釣り合いがとれるようにされている。単語の外的な側面で、音声的な性質を持たない、通常の形態への変化が作り出されるのは、すべて類推によるものである。

　類推では、ある手本と、それを規則的に模倣する過程が想定される。「類推による形態は、1つあるいはいくつかの他の形態の像をもとにして、一定の規則に従って作り出される形態である」。

　例えば、ラテン語の主格形 honor〈名誉〉は、類推によるものである。最初は、honōs（主格）: honōsem（対格）と言っており、次に、[s] の r 音化によって、honōs: honōrem となった。この時以来、語幹は二重の形態を持つようになったのだが、この二重性は、新しい形態 honor によって解消された。この形態は、ōrātor〈弁論家が〉: ōrātōrem〈弁論家を〉などを手本にして作られたものである。その形成過程は、後で検討することにするが、今のところは、4項の比例計算式に単純化しておくことにしよう[409]。

---

[409]　言うまでもなく、ここでこのような比例式を適用することは、数学的には正しくない。なぜならば、もし数学的な意味での比例式だとすると、ōrātor と honōrem とを掛

ōrātorem : ōrātor = honōrem : x.
x = honor

　ここで分かるのは、音変化による多様化への作用 (honōs: honōrem) と釣り合いがとれるように、類推によって新たに形態が統一され、再び規則性が打ち立てられた (honor: honōrem) ということである。
　フランス語では、長い間次のように言われてきた：il preuve〈彼は証明する〉, nous prouvons〈我々は証明する〉, ils preuvent〈彼らは証明する〉[410]。今日では、il prouve, nous prouvons, ils prouvent のように言うのだが、これらの形態は音声的には説明できない。また、il aime〈彼は愛する〉はラテン語の amat にさかのぼるのだが、一方で nous aimons〈我々は愛する〉は、amons に代わる類推による形態である。[411] だから、aimable〈愛想がいい〉ではなくて、amable と言うべきところだろう。ギリシア語では、2 つの母音の間で [s] が消滅した。このため、-eso- は -eo- になった（例えば、*genesos ではなくて géneos (γένεος)〈部族の〉）。しかし、母音幹のすべての動詞の未来とアオリストでは、この [s] が見出される：lúsō (λῡ́σω)〈彼は解くだろう〉, élūsa (ἔλῡσα)〈彼は解いた〉など。これは、s が脱落しなかった túpsō (τύψω)〈私は打つだろう〉, étupsa (ἔτυψα)〈私は打った〉[412] のような型の形態からの類推で、[s] を持つ未来とアオリストの記憶が保たれたからである。ドイツ語では、Gast : Gäste〈客〉, Balg : Bälge〈皮〉などは音変化に起因するが、Kranz : Kränze〈花輪〉（古くは kranz : kranza）, Hals : Hälse〈首〉（古くは halsa）などは、模倣によるものである。
　類推は、規則性に有利性をもたらすように作用し、語形成や語形変化の過程を統一化する傾向にある。しかし、類推を予測するのは難しい。Kranz : Kränze

---

け合わせた結果の値、つまり単語の積が定義されていなければいけないのに、それがなされていないからである。ここは、対格形を入力すれば、主格形が出力される関数 f が定義されているとして、f(ōrātōrem)=ōrātor であり、ゆえに f(honōrem)=honor というような形の関数演算にすべきところである。

410) próbat (3 人称単数), próbant (3 人称複数) は語幹にアクセントがあったので、[o]＞[ɔ]＞[uo]＞[œ] と変化した。probámus は語尾の [a] にアクセントがあったので、語幹母音の [o] は二重母音の [ou] に変化した。

411) 古フランス語では aime (1 人称単数) : amons (1 人称複数) であり、語幹の変異は、ラテン語におけるアクセントの有無による (1 人称単数では語幹に、複数では活用語尾にアクセントがあった)。後に、類推によりすべての活用形で、語幹の形が aim- に統一された。

412) tupsō, étupsa は動詞 túptō (τύπτω) の直説法未来、アオリスト 1 人称単数形。

と並んで、Tag : Tage〈日〉, Salz : Salze〈塩〉などがあり、これらの形態は、何らかの理由で類推に抵抗したのである。このように、ある手本の模倣がどこまで拡大するのか、模倣を引き起こす運命にある型とはどんなものなのかを、前もって予想することなどできない。それに、類推を引き起こすのが、いつも最も数の多い形態だとは限らない。ギリシア語の現在完了では、能動態は pépheuga (πέφευγα)〈私は逃げた〉, phépheugas (πέφευγας)〈あなたは逃げた〉, pephéugamen (πεφεύγαμεν)〈私たちは逃げた〉などであるが、中動態は [a] を持たずに、péphugmai (πέφυγμαι)〈私は自分のために逃げた〉, pephúgmetha (πεφύγμεθα)〈我々は自分たちのために逃げた〉などのように活用する。そして、ホメーロスの言語を見ると、この [a] は、能動態の複数形と双数形にはなかったことが分かる（ホメーロス ídmen (ἴδμεν)[413]〈我々は見た〉, eḯkton (ἔικτον)[414]〈2人は似ていた〉などを参照）。だから類推は、能動態の1人称単数形だけから始まって、直説法完了形の範列のほとんど全部に到達したことになる。その上、最初は活用語尾にあった -a- という要素が、ここでは類推によって語幹に付加されている、つまり pepheúga-men のように分析されるという点で、この例は注目すべきものである。この逆、つまり語幹の要素の接尾辞への付加は、後の p. 238 で見るように、これより遙かに頻繁である。

また、孤立した2つまたは3つの単語だけで、一般的な形態、例えば活用語尾を作り上げるのに十分であることも多い。古高ドイツ語では、habēn〈持つ〉, lobōn〈ほめる〉などのような弱変化動詞では、1人称単数現在形に -m があり、habēm, lobōm のように活用した。この -m は、ギリシア語の -mi の型の動詞に類似したいくつかの動詞にさかのぼる：bim〈私はある〉, stām〈私は立つ〉, gēm〈私は行く〉, tuom〈私はする〉[415]。これらの動詞形だけをもとにして、この語尾がすべての弱変化形に広がったのである。注意しておきたいのは、ここでは類推によって音声的な多様性がなくなったということではなく、形成の方法が一般化されたということである。

---

413) 古典ギリシア語では oída (οἶδα)〈見る〉の直説法現在完了1人称複数形は ἴσμεν。古典ギリシア語でもホメーロスでも、*idamen のように、語尾に a を伴う形態になっていない。
414) 古典ギリシア語の形は eoíkaton (ἐοίκατον)。ホメーロスでは、語尾に a がない。
415) これらの動詞形に対応するギリシア語は、eimí (εἰμί)〈私はある〉, hístēmi (ἵστημι)〈私は立つ〉, eîmi (εἶμι)〈私は行く〉, títhēmi (τίθημι)〈私は置く〉。

第4章 類　　推　　229

第2節　類推現象は変化ではない

　初期の言語学者たちは、類推という現象の本質を理解できていなかったため、これを「誤った類推」と呼んでいた。彼らは、honor〈名誉〉を作り出したことで、ラテン語は原型のhonōsについて「間違えた」のだと考えていた。彼らにとっては、すでにある秩序から外れたものはすべて、不規則で理想的な形態を侵害するものであった。その理由は、この時代に非常に特徴的な幻想によって、ラングの原初的な状態の中に、卓越し、完全なものがあると考えられており、この状態の前に他の状態があったのかどうかを自問することすらしなかったからである。だからこの点について自由になされたことは、すべて異常なことであった。音変化と並んで、類推が諸言語の進化の大きな要因であり、この方法によって諸言語が、ある組織の状態から別の状態へと移行することを示すことによって、青年文法学派たちは初めて、類推に対して本来占めるべき地位を与えてくれた。

　しかし、類推現象の本質とは何なのだろうか。類推現象は、普通に考えられているように、変化なのだろうか。

　あらゆる類推の事実は、3人の登場人物がいる演劇である。すなわち、① 伝えられる正当な相続人である人物（例えばhonōs〈名誉〉）。② 対抗する人物（honor）。③ この対抗者を作り出した形態によって構成される人物の集団（honōrem〈名誉を〉, ōrātor〈弁論家が〉, ōrātōrem〈弁論家を〉など）。honorのことは、変更、言い換えればhonōsの「後形質」[416]であると、普通は見なされる。つまり、このhonōsという形こそが、この単語の実質中の大部分を引き出すはずのものだったということである。しかし実際には、honorの形成に際して全く関わりを持たなかったただ1つの形は、まさにこのhonōsなのである。

　この現象は、以下のように図式化することができる。

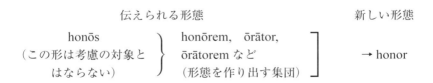

---

416)　「後形質（こうけいしつ）」（métaplasme）とは、細胞の代謝活動の結果生じた、それ自体では生きていない構成部分のこと。分泌物や貯蔵物の顆粒、細胞内に析出した結晶など。

この図を見て分かるように、問題となるのは「副形質」[417]、すなわち、伝統的な形態と並んで競争相手が配置されていること、そして最終的に形態が形成されることである。音変化が起きて新しいものが導入される場合には、先行するものは必ず消滅する（honōrem は honōsem に置き換わった）が、類推による形態は、自分と重なることになった形態の消滅を、必ずしも引き起こすわけではない。honor と honōs は、しばらくの間は共存し、両方が使われることができた。しかしながら、同じ１つの観念に対して２つのシニフィアンを持ち続けることをラングは嫌がることから、非常に多くの場合、最初の形態は、規則性が劣るために、だんだんと使われなくなって消滅してしまう。そしてこのような結果が、変形が起こったのだと考えられる原因となるのである。実際、類推の作用が一度完了すると、古い状態（honōs : honōrem）と新しい状態（honor: honōrem）は、音の進化の結果生じるものと、表面的には同じ対立をしている。しかし、honor が生まれた時点では、この形態が何かに取って代わったのではなかったのだから、変化するものは何もなかった。honōs の消滅にしても、やはり変化とは言えない。なぜならば、この現象は、最初の現象からは独立したものだからである。言語的な出来事の経過をたどることができる場合にはどこでも、類推による改新と古い形態の消滅は、２つの異なったものであり、変形と言えるものはどこにも生じていないことが分かる。

　類推は、ある形態を別の形態に置き換えるという特徴が、まずほとんどないので、何にも置き換わることのない形態が、類推によって作り出されることがよくある。ドイツ語では、-chen で終わる指小語を、具体的な意味を持つどの名詞からも作り出すことができる。そこでもし、Elefantchen〈象さん〉という形態がこの言語に導入されたとしても、これがすでに存在するものに取って代わることはない。同様にフランス語でも、pension〈下宿〉: pensionnaire〈下宿人〉, réaction〈反応〉: réactionnaire〈反動的な〉などを手本にして、「介入（intervention）する人」を意味する interventionnaire や「抑圧（répression）する人」を意味する répressionnaire を、誰かが作り出すことはできる。この過程は、先ほど述べた honor を生み出した過程と、当然同じである。どちらも、以下に示す定式に基づいている。

417）「副形質」（paraplasme）は「後形質」と同様の意味で用いられることが多いが、ここでは、新しい形態が形成される際に、古い形態に代わって考慮される対象が「並んでいる」ことを強調するために、「併置」の意味を表す接頭辞 para- を持つ paraplasme という用語が選択されたものと考えられる。

réaction : réactionnaire = répression : x
x = répressionnaire

　そしてどちらの場合も、変化を問題にする理由は全くない。répressionnaire が取って代わるものは何もないからである。別の例をあげよう。一方で、規則性が高いと思われる finals〈最終の〉の代わりに、類推によって finaux と言われるのを耳にする。他方で、誰かが形容詞 firmamental〈天空の〉を作って、この複数形を firmamentaux にすることもあるかもしれない。finaux では変化が起こっていて、firmamentaux では創造がなされていると言えるのだろうか。どちらの場合も、起こっているのは創造である。mur〈壁〉: emmurer〈閉じ込める〉を手本にして、tour〈周り〉: entourer〈取り囲む〉と jour〈日〉: ajourer〈透かし彫りする〉（un travail ajouré〈透かし彫り細工〉）が作られた。これらの派生語は、比較的最近のものだが、創造されたもののように思われる。しかし、先行する時代には torn〈周回〉と jorn〈日〉をもとに形成された entorner〈囲む〉と ajorner〈夜が明ける、毎日更新する〉があったことに気づいたとしたら、考えを改めて、entourer と ajourer は、もっと古い単語を変更したものだと主張しなければならなくなるのだろうか。このように、類推による「変化」という幻想は、新しいものとそれが退けた項目との間に、関係があるものと考えたことに起因するものである。しかし、それは誤りである。なぜならば、変化だとされる形成（honor の型）は、創造とここで呼んでいる形成（répressionnaire の型）と同じ性質のものだからである。

第3節　ラングにおける創造の原理としての類推

　類推ではないものを示した後で、肯定的な観点から類推を検討してみるとすぐに、その原理が、言語的創造一般の原理と実に簡単に混同されることが分かる。その原理とは何だろうか。
　類推は、心理的な性質を持つものである。しかしこれだけでは、音声に関わる現象と類推を区別するのに十分ではない。なぜならば、音声的な現象も心理的なものだと見なすことができるからである（p. 212 を参照）。だからさらに進んで、類推は文法的な性質を持つものだと言わなければならない。つまり、類推においては、形態を互いに結びつける関係を認識して理解することが想定されるからである。音声的な現象では観念が関わることはないのだが、類推については観念の介在が必要である。

ラテン語で母音間の [s] が [r] へと音声的に移行した際には（例えば honō-sem → honōrem）、他の形態との比較も、単語の意味も関与してはいない。honōsem という形態の死骸が honōrem へと移行しただけである。これとは逆に、honōs に対する honor の登場を理解するためには、他の形態の助けを求めなければならない。次の 4 項比例式が示す通りである。

$$\bar{o}r\bar{a}t\bar{o}rem : \bar{o}r\bar{a}tor = hon\bar{o}rem : x$$
$$x = honor$$

そして、もしこの組み合わせを構成している形態が、人間の頭の中で、その意味によって関連づけられることがなかったとしたら、この式には何の存在理由もないだろう。

このように、類推に関わるものはすべて文法的である。ただし、すぐに付け加えておくが、類推の結果作り出されたものは、最初はパロールにしか属していない。つまり、孤立した主体による偶然的な産物だということである。この現象はまず、この領域、そしてラングの欄外において、見て取るのが適切である。しかし、そこには 2 つのものを区別する必要がある。① 新しい形態を生み出した形態同士を結びつける関係の理解。② 比較によって想起された結果としての、発話主体が急ごしらえした、思想を表現するための形態。この結果だけがパロールに属している。

このように類推は、ラングがパロールから分離されるべきことを、改めて教えてくれる（p. 38 以下を参照）。類推により、パロールがラングに依存していることが示され、p. 180 で解説したような言語機構の働きを具体的に理解する手がかりがもたらされる。あらゆる創造の前には、ラングの宝庫に収蔵された材料を無意識のうちに比較する過程が必要である。その宝庫の中では、創造の源としての形態が、連辞関係と連合関係に従って配列されている。

このような現象の部分のすべてが完了してから、新しい形態が現れてくる。所与の単位を分解するという行動を、ランガージュは継続しているのだが、この行動に本質的に含まれるものとしては、慣用に適合する話し方のあらゆる可能性だけでなく、類推による形成のあらゆる可能性もある。したがって、生成過程が、創造が生じる時点でしか実現しないと考えるのは間違いである。生成のための要素は、すでに与えられているからである。私が、in-décor-able〈装飾できない〉のような単語を即席で作るとしても、それはすでにラングの中に潜在的に存在している。そのための要素はすべて、décor-er〈装飾する〉, décoration〈装飾〉: pardonn-able〈許されるべき〉, mani-able〈使いやすい〉: in-connu〈未知の〉, in-sensé〈無分別な〉などのような連辞の中に見出されるし、パロールの中にその単語が現れることは、それを形成する可能性に比べると、取るに足らない事実である。

　これまでの説明をまとめると、類推は、それ自体として考えると、解釈現象の1つの側面、すなわち、単位を区別してからそれらを利用するという、一般的な活動の現れに過ぎない。だからこそ、類推は全く文法的で共時的なものだと見なされるのである。

　類推のこのような特徴からは、2つの考察が提案できて、この考察は、絶対的恣意性と相対的恣意性（p. 182 以下参照）についての本書での見解を補強するものである。

　①　単語を分類する方法として、それ自身がどの程度分解可能なのかに応じて、他の単語を生み出す相対的な能力に基づくものを考えることができる。単純語は、その定義上、生産性を持たない（例えば、magasin〈店〉, arbre〈木〉, racine〈根〉など）。magasinier〈倉庫係〉という単語があるが、これは magasin によって生み出されたのではなく、prisonier〈囚人〉: prison〈牢獄〉などの手本に基づいて形成されたのである。同様に、emmagasiner〈倉庫に入れる〉が存在しているのは、emmailloter〈産着でくるむ〉, encadrer〈枠にはめる〉, encapuchonner〈頭巾をかぶせる〉などからの類推のおかげであって、これらの単語の中には maillot〈産着〉, cadre〈枠〉, capuchon〈頭巾〉などの単純語が含まれている。

　したがってどの言語にも、生産的な単語と非生産的な単語がある。ただし、両者の割合は言語によって様々である。これは結局のところ、p. 184 で述べた、「語彙的な」言語と「文法的な」言語の間の区別に帰着する。中国語では、単語の大多数は分割することができないが[418]、これに対し、人工的な言語では、単語のほとんど全部が分割可能である。エスペラント語使用者は、所与の語根に基づいて新しい単語を構成する自由を、十分に持っている。

　②　p. 227 で、類推による創造はすべて、4項の比例計算に似た操作として表現できることを指摘した。類推現象を説明するために、この定式が使われることは非常によくあるのだが、本書では、ラングの中にある要素を分析するこ

418）　中国語は、1個の漢字が1個の形態素に対応すると考えてよく、形態素は定義上もそれ以上分割することはできない。ただし、現代中国語では、漢字2個で1つの単語を形成するのが原則だから、ほとんどすべての単語がそれより小さい単位に分割可能である。

とと、再構築することに、類推の存在理由を求めた。

　ただし、分析と再構築というこれら2つの概念の間には、対立がある。4項の比例式で十分な説明になるのであれば、要素を分析するという仮説は不必要なのではないかとも思える。実際、indécorable を形成するためには、それを構成する要素（in-décorable）を抽出する必要は全くない。全体を取り上げて、それを次の等式に代入すればいいだけである。

　　　　pardonner〈許す〉: impardonnable〈許しがたい〉など = décorer : x
　　　　　　　　　　　x = indécorable

こうすれば、文法学者による意識的な分析にあまりにもよく似た複雑な操作を、発話主体が行うことを仮定せずにすむ。Gast : Gäste〈客〉に基づく Krantz : Kräntze〈花輪〉のような場合には、4項の比例式に比べて、要素への分割は可能性が低いように思われる。なぜならば、手本の語幹は Gast- であったり、Gäst- であったりするからである。だから、Gäste の音的な特徴が、Kranze に移されたに過ぎないと考えるべきだろう。

　これら2つの対立する考えは、異なった2つの文法学説に反映されている。ヨーロッパの文法は、4項の比例式を用いた操作を実行する。例えば、ドイツ語の過去形は、完全な単語から出発して説明される。生徒に教える時には、setzen〈座る〉: setzte〈座った〉という手本を見て、lachen〈笑う〉などの過去形を作りなさい、などと言う。これに対して、ヒンディー語の文法ならば、ある章では語根（setz-, lach- など）を、別の章では過去形の語尾（-te など）を学ぶことになるだろう。つまり、このような文法では、分析の結果としての要素が与えられて、次にそれらを完全な単語に再構成しなければならないということである。あらゆるサンスクリット語の辞書では、動詞は、それを作っている語根の順序に従って配列されている。

　各言語学派で支配的な傾向に従って、文法理論家たちは、これらの方法のどちらかの方向を取ることになる。

　古代ラテン語では、分析的な方法が好まれていたように思われる。その明らかな証拠を以下にあげよう。făciō〈私はする〉と ăgō〈私は動かす〉では母音の長さが同じなのだが、făctus と āctus[419]では同じではない。だとすると、āctus は *ăgtos にさかのぼると仮定して、母音の延長は、後続する有声音によるもの

---

419)　factus, āctus は faciō, agō の過去分詞。

だと考えなければならない。この仮説は、ロマンス諸語によって十分に実証される。実際、speciō〈見る〉: apectus〈見られた〉に対する tegō〈覆う〉: tectus〈覆われた〉の対立は、フランス語では、dépit〈悔しさ〉(= despectus[420]〈軽蔑された〉) と toit〈屋根〉(= tectum[421]〈覆われた物〉) に反映されている。次も参照：conficiō〈完成させる〉: confectus〈完成された〉(フランス語 confit〈砂糖などに漬けた〉[422]) に対する regō〈支配する〉: rectus〈支配された〉(dīrectus〈導かれた、真っ直ぐな〉→ フランス語 droit〈真っ直ぐな〉)。しかし、*agtos, *tegtos, *regtos[423] は、インド・ヨーロッパ祖語から受け継がれたものではない。祖語では、*āktos, *tēktos などと言っていたはずである。だから、*agtos などの形態は、無声子音の前で有声子音を発音するのは難しいにも関わらず、先史時代のラテン語に導入されたものである。ただしこれは、語幹の ag-, teg- などの単位が強く自覚されていなければ、起こりえないことであった。したがって、古代のラテン語では、単語の部分 (語幹、接尾辞など) とその配置が、高い程度で意識されていたということになる。恐らく、現代諸語では、それほど敏感には意識されていないだろうが、ドイツ語の方がフランス語よりも意識の程度は高いように思われる (p. 262 参照)。

---

420) despectus の後ろから 2 番目の音節の [e] は、俗ラテン語で [ɛ] になり、後に [ie] > [i] という変化が生じた。

421) tectum の ē [eː] は、俗ラテン語で [e] になり、後に [ei] > [oi] という変化を経た。現代フランス語の表記はこの状態を受け継いでいるが、二重母音 [oi] は、現代フランス語では [wa] になっている。

422) conficiō は、後期ラテン語では「準備する」「味つけをする」という意味になり、そこから現代フランス語の「砂糖や油などに漬ける」という意味が生じた。

423) インド・ヨーロッパ祖語の語根は、*ag- ($h_a e\hat{g}$-)〈する、動かす〉, *steg-〈覆う〉, reg- ($h_3 re\hat{g}$-)〈導く〉であった。

第 5 章
類推と進化

第 1 節　類推による革新がラングに取り入れられる様態

　パロールで試されることなしには、どんなものでもラングに取り入れられることはなく、進化に関わる現象はすべて、個人の領域の中にその起源がある。この原理は、すでに p. 140 で述べたが、類推による革新に対しては特別に当てはまる。honor が、honōs に取って代わることができる競争相手になる前に必要な過程は、最初の発話主体がこの形態を即席で作り出し、他の人間がそれを真似て繰り返し、最終的に慣用として定着することである。

　ただし、類推によるすべての革新が、このような幸運に恵まれるということでは決してない。あらゆる時点で儚い組み合わせが生まれるのだが、これをラングが受け入れることは恐らくない。ただ、幼児のランガージュには、そのような革新が満ちあふれている。なぜならば、幼児は慣用をよく知らないし、まだ慣用に従ってもいないからである。幼児は、venir〈来る〉の代わりに viendre、mort〈死んだ〉の代わりに mouru などと言う。しかし、大人の言葉の中にも、そのような例は見出される。例えば、trayait〈彼は乳搾りをしていた〉を traisait に置き換える人は多い（この誤用は、ただしルソー[424] にも見られる）。このような革新はすべて、それ自体としては完全に規則的である。だから、ラングが受け入れた革新と同じ方法で説明することができる。例えば、viendre は、次の比例式に基づいている。

éteindrai〈私は消すだろう〉: éteindre〈消す〉= viendrai〈私は来るだろう〉: x.
　　　　　　　　　　　x = viendre

---

424)　Jean-Jacques Rousseau（1712–1778）。フランスの作家、思想家。『人間不平等起源論』『社会契約論』『エミール』などの著書がある。

そして、traisait は、plaire : plaisait などの手本をもとに作られた[425]。

ラングが保持するのは、パロールで創造されたもののごくわずかの部分に過ぎない。とは言え、長続きする革新形もそれなりに多いので、時代が変わると、新しい形態の総体によって、語彙や文法の様相が一変する。

前章の全体を通じて、類推だけでは進化の要因となることはできないことが明確に示されていた。ただ、新しい形態が古い形態に絶えず置き換わることは、ラングの変形の最も顕著な側面の1つだということは、依然として真実である。創造が最終的に定着して、競争相手を排除する度に、創造されたものと放棄されたものが生じるのは確実であり、この理由で類推は、進化の理論において優勢な地位を占めるのである。

ここで強調しておきたいのはこの点についてである。

第2節　解釈の変化の兆候としての類推による革新

ラングにおいては、所与の単位が絶えず解釈され、分解され続ける。しかし、この解釈が、世代によって常に変異するのはどうしてなのだろうか。

その原因を求めるとすれば、あるラングの状態の中で取り入れられている分析を、絶えず脅かしている要因の膨大な集積体の中でなければならない。そのいくつかを指摘することにしよう。

第1の、そして最も重要な原因は、音変化である（第2章を参照）。分析を曖昧にしたり、不可能にしたりすることで、音変化は、分解の条件と、同時にその結果に変更を加える。こうして、単位の境界が移動したり、単位の性質が変わったりするのである。先に、p. 197 で、beta-hus〈礼拝堂〉や redo-lich〈理性的な〉と p. 217 で、インド・ヨーロッパ祖語の名詞活用のような合成形について述べたことを、参照していただきたい。

しかし、原因は音声的事実だけではない。後に問題にする膠着もある。これは、結合した要素を、1つの単位にまで縮約する結果をもたらすものである。そして次には、単語の外部にあるが、その分析を変更させることができる、あらゆる種類の状況もある。実際、分析は比較の総体から帰結してくるのだから、

---

425)　faire〈する〉や plaire〈喜ばせる〉のように、不定詞が -aire で終わる動詞は、il faisait〈彼はしていた〉、il plaisait〈彼は喜ばせていた〉のように、直説法半過去形が -sait で終わるものが多い。traire の半過去形 il trayait は、これらに比べると使用頻度がはるかに低いため、使用頻度の高い動詞の活用に合わせて il traisait という類推形を作るのである。

項目の周囲にあって、項目から連想されるものに、分析が常に依存していることは明らかである。例えば、インド・ヨーロッパ祖語の最上級形 *swād-is-to-s〈最も甘い〉は、独立した 2 つの接尾辞を含んでいた。-is- は、比較の観念を表し（例えば、ラテン語の mag-is〈より大きい〉）、そして -to- は、系列中で対象が置かれる一定の位置を示していた（例えば、ギリシア語 tríto-s (τρίτος)〈3 番目〉）。これら 2 つの接尾辞は膠着した（例えば、ギリシア語 héd-isto-s、あるいはむしろ héd-ist-os (ἥδιστος)）[426]。しかし今度は、この膠着が、最上級とは無関係の事実によって大いに優遇を受けることになる。すなわち、-is- による比較級形が慣用から外れ、-jōs による形成がそれに置き換わったのである。こうして、-is- はもはや自立した要素だとは認められなくなり、-isto- の中で、この形態が区別されることはなくなってしまった。

ついでに指摘しておくが、語幹の要素を減らして、形成的な要素を増やす傾向が、一般にある。特に、語幹が母音で終わっている場合にはそうである。例えばラテン語では、接尾辞 -tat-（*vēro-tāt-em に代わる vēri-tāt-em〈真実を〉。ギリシア語 deinó-tēt-a (δεινότητα)〈恐ろしさを〉を参照）が、語幹の -i を浸食した結果、vēr-itāt-em と分析されるようになった[427]。同様に、Rōmā-nus〈ローマの〉, Albānus〈アルバの〉[428]（*aes-no-s に代わる aēnus[429]〈銅製の〉を参照）も、Rōm-ānus などとなった。

ところで、このような解釈の変化の起源が何であれ、それは常に、類推による形式の登場によって明らかになる。実際、ある一定の時点で現実に使用されていて、発話主体によって感じ取られている単位だけが、類推による形成を生み出すことができるのだとしたら、これとは逆に、単位が一定の方法で配分さ

---

[426] héd-isto-s では、-is- と -to- が膠着して -isto- になっているだけだが、héd-ist-os では、-istos の部分が、本文中で解説されている理由により再分析されて、最上級を表示する形態は -ist- であり、-os は形容詞男性形で単数主格を表す活用語尾だと解釈されている。

[427] vēr-itāt-em と分析されることにより、vēr- は閉音節（子音で終わる音節）として解釈され、古フランス語では母音の [e] が保たれて、verté となった。もし vēri-tāt-em という分析であれば、vē- が開音節（母音で終わる音節）だから、古フランス語では、*veirté になっていたはずである。medietatem＞*meitɛ＞moitié〈半分〉を参照。

[428] 都市名はアルバ・ロンガ（Alba Longa）。ラティウム地方で最も古い町であり、ローマの母体になったという伝説がある。

[429] aes〈銅〉に、名詞を形容詞化する接尾辞 -no- と、単数主格を表示する接尾辞 -s が後続しているのが *aes-no-s。接尾辞 -no- が、語幹末の s を浸食した結果、aēnus になった。

れているのであれば、それはすべて使用範囲を拡大する可能性があるものと推測できる。したがって類推は、形成力を持つある単位が、ある一定の時点で、意味を持つ単位として存在していることに対する、決定的な証拠となる。例えば、ラクタンティウス[430]に見られる、merīdiālis〈真昼の〉に代わる merīdiōnālis という形態は、septentri-ōnālis〈北方の〉, regi-ōnālis〈地方の〉のように分割されていたことを示している。そして、接尾辞 -tat- が、語幹から借用した要素 [i] によって拡大していたことを証明するには、celer-itātem〈速さを〉を持ち出しさえすればよい[431]。pāg-us〈村〉をもとに形成された pāg-ānus〈田舎の〉をあげれば、ローマ人たちが Rōm-ānus のように分析していたことを証明するのに十分である[432]。redlich〈理性的な〉(p. 197) の分析は、動詞語根を用いて形成された sterblich〈死ぬべき〉の存在によって確証される。

　類推が、時代ごとに新しい単位に作用する様子を示してくれる、特に珍しい例がある。現代フランス語では、somnolent〈夢うつつの〉は、あたかもそれが現在分詞であるかのように、somnol-ent と分析される[433]。その証拠は、somnoler〈居眠りする〉という動詞があることである。しかしラテン語では、succu-lentus〈汁の多い〉などと同様に、somno-lentus と区切られており、もっと古い時代には、somn-olentus〈眠気を感じる〉であって、olentus は olēre〈香りを放つ〉に由来しており、これは、vīn-olentus[434]〈ワインの香りがする〉と同様であった。

　このように、類推の最も顕著で最も重要な効果は、不規則で時代遅れの形成を、現実に用いられている要素によって構成された、より正規的な他の形成に置き換えることである。

　ただ恐らくは、事態がこれほど単純に進むことはないだろう。ラングの作用には、無数の躊躇、いい加減、不完全な分析が介入してくるからである。ある

---

430)　Lucius Caecilius Firmianus Lactantius（260 頃–325 頃）。ローマのキリスト教神学者、修辞学者。
431)　形容詞 celer〈速い〉の語幹は celer- であるから、celeritātem という対格形により、-itāt- という形で接辞が存在していたことが実証される。
432)　名詞 pāgus の語幹は pāg- であるから、派生形容詞 pāgānus は、名詞語幹に派生接辞 -ānus を付加して形成されたことが分かる。
433)　現代フランス語の動詞の現在分詞は、すべて -ant で終わるから、-ent は現在分詞の語尾ではない。しかし、exceller〈卓越する〉に対して excellent〈卓越した〉という形容詞があり、exceller の語源であるラテン語 excellere の現在分詞は、excellens（主格）、excellentem（対格）であるから、-ent は確かに現在分詞を作る語尾に由来している。
434)　vīn- は vīnum〈ワイン〉の語幹。

固有語が、完全に安定した単位の体系を持っていることは、一瞬たりともない。*pods〈足が〉の活用に対する *ekıwos の活用について p. 217 で述べたことについて考えてみよう。このような不完全な分析によって、類推による創造に混乱が引き起こされることが時々ある。例えば、インド・ヨーロッパ祖語の形態 *geus-etai〈味わう〉, *gus-tos〈味わいうる〉, *gus-tis〈味わい〉からは、語根 geus-, gus- を取り出すことができる。しかし、ギリシア語では、母音間の [s] が脱落したことにより、geúomai (γεύομαι)〈私は味わう〉, geustós (γευστός)〈味わいうる〉の分析が妨害された。この結果解釈に揺れが生じ、語幹として geus- が取り出されることもあれば、geu- が取り出されることもあった。そして類推の方でも、この揺れを証拠立てることができて、本来 eu- を含む語基にさえ、末尾に s を取るものも見られた（例えば、pneu-〈息〉, pneuma (πνεῦμα)〈風、息〉、動詞的形容詞は pneus-tós (πνευστός)〈息を受けられる〉[435]）。

しかし、このような手探り状態の中でさえ、類推はラングに対して作用を及ぼす。だから、類推はそれ自体では進化に関わる事実ではないにしても、ラングの経済の中に生じる変化を常に反映し、新しい組み合わせを作り出すことで、その変化を認めさせる。類推は、固有語の機構に絶えず変容をもたらしているすべての力と、効率的に協力し合っており、このことによって、進化の強力な要因になっている。

第3節　改新と保持の原理としての類推

これまで展開してきた議論で推定してきたような重要性が、本当に類推にあるのか、また、音変化ほど広範な作用を類推が及ぼすのか、と疑問に思いたくなることも時にはある。しかし実際には、どの言語の歴史を見ても、多数の類推的な事実が幾重にも重なっているのを見出すことができるし、全体として考えてみても、このような絶え間ない再編成は、ラングの進化において非常に大きな役割を果たしてきているのであって、それは、音の変化よりも大きいとさえ言える。

しかし、言語学者の関心を特に引くことが1つある。それは、数世紀の進化で示される膨大な数の類推現象について、ほとんどすべての要素が保持されているということである。ただし、その分布は違ってきている。つまり、類推に

---

[435]　ギリシア語の動詞的形容詞は、動詞語幹に -tos, -teos という語尾を付けて作られる。-tos は「可能性」、-teos は「受動的義務」を表す。

よる革新は、見かけ上のものであって、現実のものではないということである。言うならばラングは、自分自身という生地を材料にして作られた継ぎ当て布で覆われた衣服である。文を構成する実質のことを考えると、フランス語の5分の4はインド・ヨーロッパ語系であるが、類推変化をしないで、母親の言語から現代フランス語まで伝えられてきた単語の全体は、1ページ程度の空間に収まってしまうだろう（例えば、est = *esti〈彼はある〉, 数詞、ours〈熊〉, nez〈鼻〉, père〈父〉, chien〈犬〉のような単語）。圧倒的多数の単語は、古い形態から引き離された音的要素を、何らかの方法で新しく組み合わせたものである。この意味で、常に古い要素を利用して改新を実行するというまさにその理由によって、類推は際立って保守的な操作だと言うことができる。

しかし、純粋で単純に保守的な性質を持った要素としての、一層徹底的な働きを、類推がすることもある。すなわち、以前から存在している材料が、新しい単位に配分される場合だけでなく、形態がそのままの状態に止まる場合も、類推が関わってくると言えるのでる。どちらの場合も、同一の心理的過程が問題となる。このことを理解するためには、類推の原理が、ランガージュの機構の原理と、根本的には同一だということを思い返せば十分である（p. 231を参照）。

ラテン語のagunt〈彼らは動かす〉は、先史時代から（当時は*agontiと言われていた）ほとんど元のままで、ローマ時代まで伝えられてきた。この間、連続する世代がこの形態を繰り返し受け取ったのだが、競争相手になる形態がこれに取って代わることはなかった。それでは、この形態が保存されたことに、類推は全く関わっていないのだろうか。実はそうではなくて、aguntが安定していたことは、他のすべての改新と同様に、類推のなせる業なのである。aguntは、体型の中に組み込まれている。つまり、dīcunt〈彼らは言う〉やlegunt〈彼らは読む〉などのような形態や、agimus〈私たちは動かす〉やagitis〈あなたたちは動かす〉などのような他の形態と連帯しているのである。このような取り巻きがなかったら、この形態は、新しい要素によって構成される形態に取って代わられる可能性が大きかっただろう。なぜならば、伝えられたのはaguntではなくて、ag-unt[436]だからである。形態に変化がなかったのは、ag-と-untが、他の系列の中で規則的に確認されていたからである。つまり、これら一連の連

---

436) ag- は、インド・ヨーロッパ祖語の同じ形（現代では *h₂eĝ-）にさかのぼる語根（そして語幹）であって「動かす」を意味する。-untは直説法現在3人称複数を表す活用語尾。

合する形態があったからこそ、長い道のりの間、agunt が保持されたのである。さらに、sex-tus〈6番目の〉とも比べてみよう。この形態も、一連の緊密な形態に支えられている：一方で、sex〈6〉, sex-āginta〈60〉など、他方で、quar-tus〈4番目の〉, quin-tus〈5番目の〉など。

　このように、絶えず類推によって作り替えられるからこそ、形態は維持されるのである。単語は、単位として、そして同時に連辞として理解される。そして、その要素が変化しない限りは、単語も保持される。これとは逆に、単語の存在が危うくなるとしたら、それはその要素が慣用から外れる限りにおいてのみである。フランス語で dites〈あなた（がた）は言う〉や faites〈あなた（がた）はする〉に起こっていることを見てみよう。これらの形態は、ラテン語の dīc-itis と fac-itis に直接対応しているのだが、現代語の動詞活用では、もはや支えを失ってしまっており、フランス語はこれらに置き換わるものを探している。実際、plaisez〈あなた（がた）は喜ばせる〉, lisez〈あなた（がた）は読む〉などを手本として、disez, faisez と言われるのを耳にする。そして、この新しい語尾は、複合語の大部分ではすでに普通になっている（contredisez〈あなた（がた）は反対する〉など）。

　類推が手をつけることのできない唯一の形態が、固有名詞、特に地名（例えば、Paris〈パリ〉, Genève〈ジュネーブ〉, Agen[437]〈アジャン〉など）のような孤立した単語であるのは当然である。このような単語は、分析を受けつけず、このため、その要素を分析することもできない。だから、これらと並んで、競合する創造が生じることもない。

　以上のように、ある形態の保持は、2つの全く対立する原因に由来している。完全に孤立しているか、または体系に緊密に組み入れられているかである。体系内では、その基本的な部分が元のままであれば、形態は絶えず支持されることになる。改新を実行する類推が効力を発揮することができるのは、取り巻きによる十分な支えがない形態が作る、中間的な領域の中である。

　とは言え、いくつかの要素から成る形態が保持される場合であれ、言語的材料が新しい構造体に再配分される場合であれ、類推の役割は極めて大きい。類推こそが、常に機能しているのである。

437）　Agen は、フランス南西部の都市。アキテーヌ地方、ロット＝エ＝ガロンヌ県の県庁所在地。人口約3万人。

第6章
民間語源

　形態と意味をほとんど知らない単語をねじ曲げることは、時々ある。そしてその歪みが、慣用として定着することも時にある。例えば、古フランス語の coute-pointe〈刺し子の掛け布団〉(couette〈羽布団〉の変異形である coute〈覆い〉と、poindre〈刺す〉の過去分詞 pointe から) は、courte-pointe に変化した。これだとまるで、形容詞 court〈短い〉と名詞 pointe〈先端〉の複合語であるかのようである。このような改新は、たとえ奇妙なものであろうと、全く偶然になされるわけではない。面倒な単語を、知られているものに関係づけて、近似的にでも説明しようという試みなのである。

　このような現象には、民間語源という名前が付けられている。一見すると、民間語源と類推にはあまり違いがないようにも思える。実際、発話主体が、surdité〈難聴〉という単語があるのを忘れて、類推によって sourdité という単語を作り出したとしても、その結果は、surdité をよく理解できなくて、sourd〈耳が聞こえない〉という形容詞の記憶によって、形を歪めた場合と同じである。そしてこの場合、唯一の相違があるとすれば、類推による構造体は合理的なものであるのに対し、民間語源は、いくらか偶然的な方法を取り、その結果も合理性を欠くものである場合があるということである。

　しかし、この相違は、結果のことしか問題にしていないので、本質的なものではない。両者の性質が異なるということが、より根本的な問題である。問題の本質がどこにあるのかを理解してもらうために、民間語源の主要な型の例をいくつかあげてみる。

　まず、単語が、その形態は変えられないで、新しい解釈を受ける場合がある。例えば、ドイツ語の durchbläuen〈さんざん殴る〉は、語源的には bliuwan〈痛罵する〉にさかのぼる。しかし、殴られてできる「青あざ」が理由で、blau〈青い〉と関係づけられた。中世にドイツ語はフランス語から aventure〈冒険〉を借用し、これを規則的に ābentüre とし、次に Abenteuer とした。この単語の形態を変えることはせず、Abend〈(前の日の) 晩〉と関連させた結果、18世紀には

Abendteuer と表記された。[438] 古フランス語の soufraite〈窮乏〉（= suffracta〈破壊されたもの〉、subfrangere〈破壊する〉の過去分詞より派生）は、形容詞 souffreteux〈窮乏した〉をもたらし、今ではこれを souffrir〈苦しむ〉と関連づけているが、両者に共通のものは何もない。lais〈寄州、沖積土〉は、動詞 laisser〈残す〉から派生した名詞だが、現在では léguer〈遺贈する〉からの派生名詞だと考えられて、legs と書かれ、これを le-g-s と発音する人さえいる。ここにはすでに、新しい解釈に由来する形態の変化があると考えたくなるかもしれないが、実際には、表記形式が影響を与えているのであり、表記によって、発音を変えずに、この単語の語源について作り上げられた観念を表そうとしたのである。同じ方法で、古ノルド語[439]の humarr（デンマーク語 hummer 参照）から借用された homard〈ロブスター〉は、フランス語で -ard で終わる単語からの類推で、語末に -d を取るようになった。ただここでは、通常の接尾辞（bavard〈饒舌な〉[440] などを参照）と混同された結果生じた、語末の文字表記を見ることで、解釈に誤りがあったことが理解される。

　しかし、最も頻度が高いのは、そこに認めたと思う要素に適合させるように単語を変形させることである。その例としては、choucroute〈シュクルート〉（Sauerkraut〈ザウワークラウト〉より）がある。[441] ドイツ語では、dromedārius[442]〈ヒトコブラクダ〉が Trampetier〈どたどた歩く動物〉になった。この複合語は新しいものであるが、すでに存在していた trampeln〈どたどた歩いて行く〉と Tier〈動物〉という単語を含んでいる。古高ドイツ語では、ラテン語の margarita〈真珠〉をもとに、すでに知られている 2 つの単語を組み合わせて、mari-

---

438)　現代では民間語源は修正されて、Abenteuer という表記に戻っている。
439)　8 世紀から 14 世紀にかけて、スカンジナビア半島で使用されていたゲルマン語派の言語。古ノルド語から、アイスランド語、デンマーク語、スウェーデン語などの現代北欧諸言語が分岐した。
440)　-ard は、いくらか軽蔑的な意味を表す名詞や形容詞を派生させる。richard〈お大尽〉、gaillard〈たくましい、少しみだらな〉、vieillard〈老人〉など。
441)　ドイツ語 Sauerkraut の sauer は「酸っぱい」、Kraut は「野菜の葉」であり、キャベツの千切りを酢漬けにした料理を意味する。フランス語 choucroute の chou は「キャベツ」、croute（正式の表記は croûte）は、「外皮」を意味する。フランス人が、sauer から chou を連想し、kraut から croûte を連想して、これらを組み合わせた結果が choucroute である。
442)　ラテン語 dromas〈ヒトコブラクダ〉（＜ギリシア語 dromás kámēlos（δρομάς κάμηλος）〈走る駱駝〉）が、後期ラテン語で dromedārius〈駱駝の一種〉となり、これが古フランス語で dromedaire になった。

greoz〈海の砂利〉[443]が作られた。

　最後に以下の例は、特に有益である。ラテン語 carbunculus〈小さな石炭〉は、ドイツ語で Karfunkel（funkeln〈きらめく〉との連合による）になり、フランス語では、boucle〈環〉と関連づけられて escarbouche になった。calfeter, calfetrer[444] は、feutre〈フェルト〉の影響で、calfeutrer〈目張りをする〉になった。これらの例で、一見して目を引くのは、すでに存在していて理解できる要素と並んで、古い要素を何も表していない部分が含まれていることである（Kar-, escar-, cal-）。しかし、これらの要素の中に、創造の一部、つまりこの現象について突然現れ出たものがあると考えるのは、誤りである。真実はこの逆であって、解釈が及ばなかった断片が残っているだけなのである。言うなればこれらの断片は、道半ばのままに止まっている民間語源である。だから、Karfunkel は Abenteuer と同じ性質のものだと言える（-teuer が、説明されないままに残された部分だと認めるならばだが）。homard についても同様で、hom- に対応するものはない。

　このように、変形の程度が、民間語源によって不適切な扱いをされた単語の間にある相違を作り出すわけではない。これらの単語はみな同じように、理解できない形態を、知っている形態によって、純粋にそして単純に解釈したものだという特徴を持っているからである。

　こうして、民間語源がどの点で類推に似ており、どの点で違うのかが分かるようになる。

　これら2つの現象には、共通の特徴は1つしかない。すなわち、どちらの場合も、ラングが提供している意味のある要素が使われるということであるが、それ以外の点については、両者は完全に反対である。類推では、先行する形態を忘れるということが、常に仮定される。il traisait〈彼は乳を搾っていた〉という類推による形態（p. 236 参照）が、古い形態である il trayait の分析を基礎とすることは全くない。むしろ、この形態の競争相手が現れるためには、それを忘れることが必要である。類推は、置き換えられる記号の実質からは、何も引き出すことはしない。これに対して民間語源の本質は、古い形態を解釈することにある。古い形態の記憶は、たとえ混乱したものであっても、この形態が受

---

443)　古高ドイツ語で mari（meri）は「海」、greoz（grioz）は「砂利」を意味する。
444)　古フランス語では calfater〈隙間を埋める〉で、これは、同じ意味のアラビア語 qalafa からビザンチン期のギリシア語に借用された kalaphatein が、南フランスの港を通じて古フランス語に借用されたものとされている。

ける変形の出発点となる。このように、分析の基礎となるのは、ある場合には記憶、別の場合には忘却なのであり、この相違こそが最も重要なものである。

　民間語源は、したがって、特別の場合にしか作用しないし、専門用語や外来語など、まれにしか使われず、発話主体が不完全にしか理解できない単語が対象となるだけである。これに対して類推は、完全に一般的な事実であって、ラングの通常の働きに属している。つまり、これら2つの現象は、ある側面ではよく似ているものの、本質においては対立しており、両者は注意深く区別されなければならない。

> 第 7 章
>
> # 膠　　着

第 1 節　定　　義

　類推については、その重要性を指摘したばかりだが、これと並んで、新しい単位の生産に関わってくる別の要因がある。それは、膠着である。

　膠着以外の方法による形成は、真剣に考慮する価値はない。オノマトペ（p. 104）の事例、類推を介在させないで、個人が全部を作り上げた単語の事例（例えば gaz[445]）、さらには民間語源の事例ですら、その重要性はごくわずかであるか、全くないかである。

　膠着の基本的性質は次のようなものである。すなわち、2つまたはそれ以上の項目が、当初は区別されていたのが、文の内部にある連辞中に頻繁に出現したため、癒着して完全な1つの単位、または分析が困難な単位になったものである。以上が膠着化の過程である。ここで「過程」と言って「方法」と言わないのは、「方法」には意志や意図の意味が含まれていて、意志が関わらないということが、まさに膠着の本質的な特徴だからである。

　以下に、例をいくつかあげよう。フランス語では、最初は ce ci〈その＋ここ〉のように2つの単語で言っていたのが、後に ceci〈これ〉になった。これは新しい単語ではあるが、その材料と構成要素には変化がない。以下の例も比べてみよう：フランス語 tous jours〈すべての日〉→ toujours〈いつも〉, au jour d'hui〈今日の日に〉→ aujourd'hui〈今日〉, dès jà〈もうすでに〉→ déjà〈すでに〉, vert jus〈熟していない搾り汁〉→ verjus〈酸味葡萄果汁〉。膠着は、単語の下位単位も溶接することがある。これは、p. 238 でインド・ヨーロッパ祖語の最上級 *swād-is-to-s とギリシア語の最上級 héd-isto-s（ἥδιστος）について見た通りで

---

[445]　もともとは gas という形で、フランドル人の医者ヘルモント（J. B. van Helmont, 1577–1644）によって作られた。ギリシア語 kháos（χάος）に由来するラテン語 chaos〈混沌〉をもとにしているとされる。

ある。

　さらに詳しく見てみると、この現象には3つの段階が区別される。

　① 1つの連辞の中にあるいくつかの項目で、他のすべての項目と同じ資格を持つものの組み合わせ。

　② 本来の意味での膠着。すなわち、連辞中の要素が統合されて、新しい1つの単位になること。この統合は、機械的な傾向によって、自然に生じる。つまり、複合的な概念が、非常にありふれた意味のある単位の連続によって表されている時、人間の頭は、言ってみれば近道をして、分析することをやめ、その概念を全体として一群の記号に当てはめる。そしてその記号群が単純な単位になる。

　③ 古い記号群を単純な単語へと、さらに強く同化させる力を持つ他のすべての変化。アクセントの単一化（vért-jús → verjús）、特別の音変化など。

　ただし、この音声とアクセントの変化③が、観念の領域に生じた変化②に先行するのであり、意味的な統合は、膠着と、材料の統合によって説明しなければならないと、しばしば主張されてきた。しかし、恐らくはそうではない。なぜならば、vert jus などの中にただ1つの観念を見出したからこそ、そこから単純語を作ったのだとむしろ考えるべきで、この関係を逆転させるのは間違いだと考える。

第2節　膠着と類推

　類推と膠着の対照は、よく目立つものである。

　① 膠着では、2つまたはいくつかの単位が、統合によってただ1つの単位へと混合される（例えば、encore〈まだ〉は hanc hōram[446]〈この時を〉に由来する）か、あるいは、2つの下位単位が1つの下位単位しか形成しなくなる（例えば、héd-isto-s が *swād-is-to-s に由来する[447]）。これとは逆に、類推では、下位の単位から出発して、そこから上位の単位が作られる。pāg-ānus〈田舎の〉を作り出すために、類推の作用は、語幹 pāg- と接尾辞 -ānus を結合させた。

　② 膠着は、連辞の領域中だけで機能する。その作用は、実現している群を

---

[446]　Dictionnaire étymologique de la langue française では、hinc hā hōrā または hinc ad hōram〈そこからこの時間まで〉が encore の語源だとされている。

[447]　インド・ヨーロッパ祖語では is-to という2つの接辞の連続であったものが、ギリシア語では -isto- という1つの接辞へと膠着している。

対象とするものであり、他のものは考慮しない。これとは逆に、類推は、連辞にも連合的連鎖にも同様に作用する。

③　膠着には特に、意志的なもの、能動的なものは何も見られない。これについてはすでに述べたが、膠着は単純な過程であって、接合は単独で行われる。これとは違い、類推は方法であって、そこでは分析と結合が想定され、これは知的な行為であり、意志が介在している。

語形成に関しては、「構成」や「構造」[448]という用語がよく用いられる。しかし、これらの用語は、膠着と類推の、どちらについて用いられるかによって、意味が異なってくる。膠着の場合に想起されるのは、要素のゆっくりした接合であり、要素は連辞の中で接触することで統合され、最終的にもとの単位は完全に消滅する。類推の場合には、これとは逆に、パロールの活動の中で、様々の連合的連鎖から取り入れられる一定数の要素の結合によって、突然得られる組み合わせを意味するのが、構成という用語である。

単語を形成する2つの方法を区別することは、このように非常に重要である。例えば、ラテン語の possum〈私はできる〉は、2つの単語 potis sum[449]〈私は能力がある〉が接合されたものに他ならない。したがって、これは膠着である。これに対し、signifer〈図像を含む〉, agricola〈農夫〉[450] などは、類推による産物、つまりラングが提供する手本に基づいて作られた構造体である。したがって、「複合語」と「派生語」という用語は、類推による創造に限定して用いなければならない。原注1)

原注1　以上のことは結局、2つの現象は、ラングの歴史の中でその作用が組み合わされると言うのと同じである。しかし、膠着が常に先行するのであって、類推にその手本を提供するのが膠着である。例えば、ギリシア語で hippó-dromo-s (ἱππόδρομος)[451]〈馬車競技場〉などの単語をもたらした複合の型は、部分的な膠着によって、インド・ヨーロッパ祖語の時代のある時に生まれ、その時代にはまだ屈折語尾が知られていなかった（ekwo dromo は当時、英語の country house〈田舎の邸宅〉のような複合語と同等であった）。し

---

448)　現代言語学では「構造」と言えば、文や句などの単位を構成する要素が、どのような規則に従って配列されているのかを、何らかの方法で明示した結果のことを言うのが普通だが、この箇所では「構成」「構造」は、語を構成する要素を組み合わせる過程のことが意味されていると考えられる。

449)　potis は「能力がある」という意味の形容詞。sum は「〜である」という、英語の be と同じ働きをするラテン語の動詞 esse の、直説法現在1人称単数形。

450)　signifer は signum〈図像〉と ferō〈運ぶ〉の複合語、agricola は、ager〈農地〉と colō〈耕す〉の複合語。

451)　hippos (ἵππος) は「馬」、dromos (δρόμος) は「競技（場）」。

かし、類推が生産的な形成を行った後でなければ、要素の完全な接合は生じなかった。これは、フランス語の未来（je ferai〈私はするだろう〉など）についても同様である。この形は、俗ラテン語で、不定詞と、動詞 habēre〈持つ〉の現在形が膠着することによって生じた（facere habeō[452] = j'ai à faire〈私はしなければならない〉）。このように、類推が介在してこそ、膠着が統語的な型を作り出し、文法に寄与する作用をなすのである。膠着が単独で働くようになると、要素の統合を進めて、完全に1つの単位とし、それ以上分解できず、生産性のない単語を作り上げることになる（hanc hōram → encore のような型）、つまり、語彙に寄与する働きをする。

ただ、分析可能な形態の場合、それが膠着によって生まれたのか、それとも、類推的な構成として生じてきたのかを判断することは、難しいことが多い。言語学者たちは、インド・ヨーロッパ祖語の *es-mi (h₁és-mi)〈私はある〉, *es-ti (h₁és-ti)〈彼（女）はある〉, *ed-mi (h₁éd-mi)〈私は食べる〉などの形態について、延々と議論を続けてきた。es- (h₁es-)〈ある〉や ed- (h₁ed-)〈食べる〉などの要素が、非常に古い時代には、真性の単語であって、後になって他の mi や ti などの単語と膠着したのか、それとも、*es-mi, *es-ti などは、同じ種類の他の複合的単位から取り出された要素との結合に由来したのかという議論である。後者であれば、インド・ヨーロッパ祖語の活用語尾が形成されるより前の時代に、膠着が起こったと考えられることになる。ただ、歴史的な証拠がないので、この問題は恐らく解決することができないだろう。

事情を教えてくれるのは歴史だけである。ある単純な要素が、以前は文中の2つまたはそれ以上の要素であったことを、歴史によって確認することができれば、それは常に膠着の結果である。例えば、ラテン語の hunc〈これを〉は、hom ce にさかのぼる（ce[453] は碑文で実証されている）。しかし、歴史による情報がないとなると、膠着であるものと、類推に関わるものを区別することは、とても難しい。

---

452) 俗ラテン語の時代には、「不定詞 + habeō」で、英語の「have to + 不定詞」と同様に、義務の意味を表すようになっていた。
453) ce は指示的な機能を持つ小辞。

第 8 章
通時的な単位、同一性、現実性

　静態言語学は、共時的な連鎖に従って存在している単位を対象とする。これまで述べてきたすべてのことから分かるのは、通時的な連続では、次のような図で表されるような、一回限りで設定された要素を問題にするのではないということである。

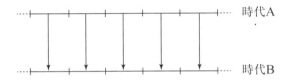

　実際はこれとは違い、ラングを舞台とする出来事によって、要素の配分は刻々と変化する。だからこの様子は、むしろ次のような図に対応することになる。

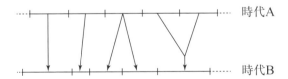

　これは、音声的進化、類推、膠着などの結果生じるものについて述べたすべてのものから生じてくるものである。
　これまで取り上げてきたほとんどすべての例は、語形成に属するものであった。次には、統語に関わる別の例をあげよう。インド・ヨーロッパ祖語には、前置詞がなかった。前置詞によって表される関係は格によって表され、格の数は多く、意味を表すための強い力を与えられていた。動詞前接辞を用いる合成的動詞もなく、小辞があるだけで、この短い単語は文に付加されて、動詞の表す行為を詳しく表現したり、微妙な意味を区別したりした。だから、ラテン語

[251]

の īre ob mortem〈死を迎えに行く＝死ぬ〉や obīre mortem〈死に向かう＝死ぬ〉に対応するようなものはなく、īre mortem ob[454] のように言っていたはずである。これはまだ、原初のギリシア語の状態である。① óreos baínō káta（ὄρεος βαίνω κάτα）．óreos baínō は、それだけで「私は山から来る」を意味していた。属格が奪格の価値も持っていたからである[455]。káta は、「下りながら」という意味合いを付け加えていた。別の時代には、② katà óreos baínō（κατὰ ὄρεος βαίνω）となり、ここでは katà が前置詞の役割を果たしている。またさらに、③ kata-baínō óreos（καταβαίνω ὄρεος）が作られたが、これは、動詞と小辞が膠着し、小辞が動詞前接辞になったものである。

ここには、2つまたは3つの異なる現象があるのだが、どれもが単位の解釈に基礎を置いている。① 新しい種類の単語としての前置詞が作り出される。これは、すでにある単位を単純に移動させたものであった。もともとの語順とは無関係の、特別の語順であり、恐らくは偶然的な理由によるものだっただろうが、これが、新しい集合体を可能にした。すなわち、kata が、最初は独立していたが、名詞 óreos と結合し、この集合が baíno と結びついて、この動詞の補語として働くようになった。② 新しい動詞の型（katabaíno）が現れる。これは上とは別の心理的な集合体であり、ここでも、単位を特別に配置することによって進められ、膠着によって固定化した。③ そこからの自然な帰結として、属格形（óre-os）の活用語尾の意味が弱まる。以前は属格形だけが表していた基本的な観念を、今度は katà が担うことになる。これに応じて、活用語尾 -os の重要性が低められることになる。この現象の中に、将来この形態が消滅することの萌芽が存在している。[456]

したがって、これら3つの場合で問題となるのは、単位の新しい配分である。つまり、同じ実質が、異なった機能を持つようになるということである。なぜならば、注目すべきことなのだが、音変化が全く介在しないで、上にあげた移動のいずれもが引き起こされているからである。さらに、音声的材料が変異しなかったからと言って、すべてが意味の領域で生じていると考えてはならない

454） īre mortem で「死に行く」のような意味を表し、ob で「死」が「目的の方向」であることを意味していたと考えればよい。
455） 奪格は「分離、起点」の意味を表していたが、ギリシア語では奪格がなくなって、属格が奪格の機能を取り込んだ。
456） 現代ギリシア語では、一部の例外を除いて、属格語尾としての -os は、ほぼ消滅している。

だろう。統語現象には、一定の概念の連続と一定の音声の連鎖の結合が、必ず関わってくる（p. 192 参照）。そして、変化したのは、まさに両者の関係なのである。すなわち、音は保持されるが、意味をなす単位はすでに変わってしまっているということである。

　p. 112 で、記号の変容は、シニフィアンとシニフィエの間の関係のずれだと述べた。この定義は、体系を構成する項目の変容だけでなく、体系それ自体の進化にも当てはまる。だから、全体としての通時的現象についても、やはり同様である。

　しかしながら、共時的な単位に関して何らかのずれを確認したとしても、ラングにおいて生じたことを理解できたと言うにはほど遠い。なぜならば、「通時的単位」とは何かという問題があるからである。この問題の本質は、それぞれの現象について、変形作用を直接的に受けたのは何であるのかを問うということにある。すでに音変化について論じた時に、この種の問題は取り上げている（p. 135 参照）。音変化が及ぶのは単独の音素だけであるのに対し、単位としての単語は、音変化には無関係である。通時的な出来事には実に多様な種類があるので、同様の問題を数多く解決する必要があるのだろうが、この領域で設定される単位は、共時的な領域の単位とは、必ずしも対応してはいない。実際、第 1 部で提示した原理に従えば、単位の概念はこれら 2 つの種類で同一ではありえない。いずれにしても、静態と進化という 2 つの側面のもとで研究しなければ、単位の問題を完全に解明することはできない。そして、通時的単位の問題を解決することによってのみ、進化という現象の表面を通り抜けて、その本質にたどり着くことができるのである。ここでは、共時態の場合と同様に、幻想に過ぎないものと、真実であるものを区別するためには、単位についての知識が必要不可欠である（p. 156 を参照）。

　しかしまだ、特に難しい問題が残っていて、それは「通時的同一性」の問題である。実際、ある単位が自分自身と同一のまま残存することと、他とは区別される単位として残存はしたものの、形態または意味を変化させることは、いずれもが可能である。そのどちらであるのかを言うためには、ある時代に見られる要素、例えばフランス語の単語 chaud〈暑い〉が、別の時代に見られる要素、例えばラテン語の calidum〈暑い〉と同一であると主張する根拠は何なのかを知る必要がある。

　この疑問に対しては恐らく、calidum は音法則の作用で、規則的に chaud に変化しなければならなかったのだから、この結果 chaud = calidum なのだという答えができるだろう。これは、いわゆる音声的な同一性である。sevrer〈離乳

させる〉と sēparāre〈分離する〉についても同様である。[457] これに対して、fleurir[458]〈開花する〉は、flōrēre〈開花する〉と同じではないと考えられる（flōrēre は *flouroir になったはずである）など。

　このような種類の対応は、一見すると、通時的な同一性一般の概念を尽くしているかのようにも思える。しかし実際には、音だけで同一性の問題を説明することは不可能である。例えば、ラテン語の mare〈海〉は、フランス語では mer [mɛʁ] という形態で現れなければならないのだが、それは、ある条件では [a] が [ɛ] になり、語末でアクセントのない [e] は脱落したからだ、などと言うのは、恐らく正しいだろう。しかし、[a] → [ɛ], [e] →ゼロなどの関係が、同一性を構成するのだと主張するなら、それは項目を入れ替えてしまうことになる。なぜならば、実際は逆だからである。つまり、mare と mer の間に対応関係があることを知っているから、[a] が [ɛ] になり、語末の [e] が脱落したなどと判断できるのである。

　もし、フランスの異なった地域に属する 2 人の人間が、一方は se fâcher〈怒る〉と言い、他方は se fôcher と言うとしよう。この時、ただ 1 つの同じラングの単位を認めることを可能にするのが文法的な事実であることを考えれば、それに比べて両者の相違は極めて副次的なものに過ぎない。さて、calidum と chaud ほどに異なる 2 つの単語に通時的な同一性があるということが意味するのは、パロールの中での一連の共時的な同一性を通じて、一方から他方へと推移したのだが、両者を統合する結びつきが、連続する音変化によっても分断されることがなかったということに過ぎない。p. 152 で、演説の中で何度も連続して繰り返された Messieurs!〈皆さん〉が、自分自身と同じであるのを知ることが、pas〈否定辞〉と pas〈名詞〈一歩〉〉がなぜ同一であるのか、あるいは、また同じことになるが、chaud が calidum とどうして同じなのかを知ることと同

---

457)　現代フランス語で「分離する」の意味で通常用いられる séparer は、14 世紀にラテン語から直接借用された形態である。
458)　fleurir は、ラテン口語の *flōrīre に由来すると考えられている。これは、古典ラテン語の flōrēre と、意味は同じだが同一の単語ではない。
459)　最初の問題は、発話の中で、刻々と変化する条件のもとで言われる、同じ形態と意味を示す Messieurs! のような単語が、すべて同一だと言えるのはなぜなのかという、共時態に関わる問題である。2 番目の問題は、pas については、同じ共時態でともに使用される同じ形態だが意味の異なる 2 つの語が、通時的な同一性を持っていることがどうして分かるのかということ、chaud と calidum については、フランス語とラテン語という異なった共時態に属しており、形態も異なる 2 つの単語が、どうして通時的に同一だと言えるのかというものであり、明らかに最初の問題よりも複雑である。

様に興味深いものだと言うことができたのは、今述べたようなことが理由である。2番目の問題は、実際のところ、最初の問題が延長され複雑になったものに過ぎない。[459]

第3部と第4部への付録

A 主観的分析と客観的分析

　ラングを構成する単位の分析は、あらゆる時点で発話主体によってなされているのだが、これは「主観的分析」と呼ぶことができる。これを、歴史に基礎を置く「客観的分析」と混同しないように注意しなければならない。例えば、ギリシア語の híppos（ἵππος）〈馬〉のような形態について、文法家は3つの要素を区別する。語根と接尾辞と活用語尾（hípp-o-s）である。しかし、ギリシア人は、2つの要素しか認識していなかった（hípp-os、p. 217 を参照）。客観的な分析では、amābās〈あなたは愛していた〉には、4つの下位単位が認められる（am-ā-bā-s[460]）。しかし、ローマ人たちは amā-bā-s のように区切っていた。あるいは、-bās を、語幹に対する活用語尾の全体だと見なしていた可能性すらある。フランス語の entier〈全体の〉（ラテン語 in-teger[461]〈無傷の〉）、enfant〈子供〉（ラテン語 in-fans[462]〈話さない〉）、enceinte〈妊娠した〉（ラテン語 in-cincta[463]〈帯をしていない〉）では、歴史家ならば、ラテン語の否定辞 in- と同一の、共通の接頭辞 en- を抽出するだろうが、発話主体の分析であれば、これは全く知られることはない。

　文法家は、多くの場合、ラングの自発的な分析の中に誤りを見出そうとしてきた。しかし実際は、類推（p. 226 を参照）が「誤っている」とされたほど、主観的な分析が誤っているということはない。なぜならば、ラングが間違えることはないからである。ラングの観点が違っているというだけのことである。話す個人の分析と歴史家の分析との間には、共通の尺度など存在しない。ただし、どちらもが使う同じ方法はあり、それは、同じ要素を示す系列を対照させることである。だから、どちらの分析も正当なのであり、どちらもそれ本来の価値を保っている。しかし最終的には、発話主体の分析だけが重要である。なぜならば、この分析こそがラングの事実に直接基礎を置くものだからである。

　歴史的な分析は、発話主体の分析から派生した形式に過ぎない。歴史的な分析の本質は、結局のところ、異なる時代の構造体を単一の平面に射影すること

---

[460]　am- は「愛する」という意味の語根、-ā- は、動詞語幹を形成する母音、-bā- は、過去時制と未完了（部分）アスペクトを表す接辞、-s は 2 人称単数を表す活用語尾。
[461]　in- は否定を意味する接頭辞。teger は、インド・ヨーロッパ祖語の語根 *tag-〈触る〉に由来し、やはり「触る」を表す。
[462]　fans は、動詞 farior〈話す〉の現在分詞。
[463]　cincta は、動詞 cingō〈囲む〉の過去分詞。

にある。自発的に行われる分解の場合と同様に、歴史的な分析も、単語に含まれる下位単位を認定することを目的とするのだが、ただ、時間の経過の中で実行されたすべての分割を総合し、最終的に最も古い分割に到達しようとする。しかし、単語は、内部の配置や用途を繰り返し変更した家屋のようなものである。客観的な分析では、このような連続的な配分が全体として捉えられ、重ね合わされる。しかし、その家に居住している人たちにとっては、その中の 1 軒の家しかないのである。上で検討した hípp-o-s という分析は、間違いではない。と言うのも、それがこの形態を作り上げた主体が意識していたものだからである。ただしそれは、単純に「時代錯誤的」であり、この単語を取り上げている時代とは別の時代のことを考えている。この hípp-o-s という分析は、古典ギリシア語の hípp-os という分析と矛盾はしないのだが、両者を同じ方法で判断してはならない。つまりこのことによって、通時的なものと共時的なものの間に根本的な区別があることを、改めて確認することができるのである。

そしてまたこのことによって、言語学ではまだ解決のついていない問題を解決することができるようになる。以前の学派では、単語が、語根、語基、接尾辞などに分けられ、このような区別に絶対的な価値が与えられていた。実際、ボップとその弟子たちの著作を読むと、ギリシア人たちは、遠い昔の時代から、語根と接辞が入った荷物を運んできていて、例えば、patér (πατήρ)〈父〉は、自分たちにとっては語根 pa + 接辞 tēr なのであり、dōsō (δώσω)[464]〈私は与えるだろう〉は、自分たちの口の中では、dō+so + 人称活用語尾の合計を表すのだと言いながら、単語を作成する作業を行っていたのではないかと考えたくもなる。

このような錯誤に対しては、当然反応をしなければならなかったし、その反応に際しての指示は、まことに正当なものであって、次のようなものであった。今日のラングや、日々のランガージュで生じているものを観察しなければならない。そして、現実に確認されないどんな現象についても、それがラングの過去の時代にあったものだと考えてはならない。また、非常に多くの場合、生きた言語で、ボップが行っていたような分析に出会うことなどはありえないので、青年文法学派の言語学者たちは、自分たちの原理に支えられて、語根、語基、接辞などは、人間の頭が作り出した純粋な抽象物であり、それを使うにしても、説明の便宜のためだけであると主張した。しかし、このような範疇を設定することを正当化できないのだとすると、そもそもどうしてそれを設定したのかと

---

464) 動詞 dídōmi (δίδωμι) の直説法未来時制 1 人称単数形。

いう疑問はある。そして、そうする時には、例えば hípp-o-s のような分割が、hípp-os のような他の分割よりも望ましいことを、何を理由として主張すればよいのだろうか。

　この新しい学派は、古い学説の欠陥を検証できたのだが、これは容易なことであった。ただしこの学派は、理屈の上でこの学説を排除するに止まり、一方で実際上は、科学的な道具立ての中で、まるで当惑した状態のままであった。この道具立ては、それでもなお、使わないわけにはいかなかったからである。このような「抽象物」のことをきちんと検討し始めれば、それが表している現実の一部が見えてくるから、非常に簡単な補正を行えば、文法学派によるこれらの手法に対して、正当にして正確な意味を与えるには十分である。上ではそのことを試みたのだが、そのために、生きたラングの主観的な分析と内的な連帯によって統合されることにより、客観的な分析が、言語学の方法において、正当な一定の地位を得ることができるのを実証したのである。

B　主観的な分析と下位単位の確定

　このように、分析に関しては、共時的な平面に視点を置いてからでなければ、方法を確立することも、定義を明確に述べることもできない。以下ではこのことを、単語の部分、すなわち、接頭辞、語根、語幹、接尾辞、活用語尾[原注1]についてのいくつかの考察によって示していくことにする。

原注1　ソシュールは、少なくとも共時的な観点では、複合語の問題には取り組まなかった。したがって、問題のこの側面は全面的に留保しておかなければならない。複合による形成と膠着による形成の間にある、上で明らかにした通時的な区別は、そのままの形でここに反映させるわけにはいかない。なぜならばここでは、ラングの状態が問題になっているからである。だから、下位単位に関わるここでの説明は、p. 149 と p. 156 で取り上げた、単位として考察される単語の定義という、さらに難しい問題を解決すると主張しているのではないことを指摘する必要はまずない。（編者注）

　まず「活用語尾」から始めることにしよう。。活用語尾とは、語形変化の特性、言い換えれば、語末で変異する要素であって、名詞または動詞の範列（活用表）の形態を区別するものである。zeúgnū-mi (ζεύγνῡμι)〈私は繋ぐ〉, zeúgnū-s (ζεύγνῡς)〈あなたは繋ぐ〉, zeúgnū-si〈彼は繋ぐ〉(ζεύγνῡσι), zeúgnu-men (ζεύγνυμεν)〈私たちは繋ぐ〉などでは、-mi, -s, -si などの活用語尾が区別されるのだが、それは単に、これらが相互に、また、単語の前部 (zegnū̃ (ζευγνῦ)) と対立しているからである。また、チェコ語で、主格 žena と対立する属格 žen

についてすでに見たことだが (pp. 126, 166)、活用語尾がないことも、通常の活用語尾と同じ働きをすることができる。例えば、ギリシア語の zeúgnu-te (ζεύγνυτε)〈(あなた方は) 軛に繋げ〉などと対立する zeúgnū! (ζεύγνῡ)〈あなたは繋げ〉、あるいは rhḗtor-os (ῥήτρος)〈弁論家の〉などと対立する、呼格の rhḗtor! (ῥῆτορ)、フランス語で maršõ [maʁʃɔ̃]（表記は marchons!）〈進もう〉と対立する marš [maʁʃ]（表記は marche!）〈進め〉も、活用語尾ゼロで語形変化した形態である。

　活用語尾を取り除くと、「語形変化の語基」つまり「語幹」が得られる。語幹は、一般的には、語形変化をしていてもしていなくても、類縁関係にある一連の単語を比較することによって、自然に取り出される共通の要素であり、これらすべての語に共通の観念を担っている。例えばフランス語では、roulis〈横揺れ〉, rouleau〈ローラー〉, rouler〈転がす〉, roulage〈運搬〉, roulement〈回転〉という系列の中に、語幹 roul- を容易に見出すことができる。しかし多くの場合、発話主体による分析では、同じ集団に属する単語の中に、いくつかの種類の、より正確には、いくつかの段階の語幹が区別される。上で、zeúgnū-mi, zeúgnū-s などから取り出された要素 zeugnū̃ は、第1段階の語幹である。これは、それ以上分割できないものではない。なぜならば、これを他の系列（一方で、zeúg-nūmi (ζεύγνῡμι)〈私は繋ぐ〉, zeuktós (ζευκτός)〈繋がれた〉, zeûksis (ζεῦκσις)〈繋ぐこと〉, zeuktêr (ζευκτῆρ)〈繋ぐ人〉, zugón (ζυγόν)〈軛〉など、他方で、zeúgnūmi (ζεύγνῡμι)〈私は繋ぐ〉, deíknūmi (δείκνῡμι)〈私は示す〉, órnūmi (ὄρνῡμι)〈私は刺激する〉など) と比較すれば、zeug-nu という区分がひとりでに現れてくるからである。したがって、zeug-（そして、その交替形 zeug-, zeuk-, zug- など。p. 225 参照）は、第2段階の語幹である。しかし、この語幹については、それ以上の分解は不可能である。なぜならば、類縁関係にある形態との比較によって、分解をさらに進めることができないからである。

　この分割不可能で、同じ集団に属するすべての単語に共通の要素を「語根」と呼ぶ。他方で、客観的で共時的なすべての分解が、物質的な要素を分けることができるのは、それぞれの要素に属する意味の部分を考察することによってであるから、この点からすると語根は、類縁関係にあるすべての単語に共通の意味が、最大の抽象化と一般化に到達した要素だと言える。当然のことながら、

---

465)　語根の意味が最大限に抽象的で一般的であるということは、表す意味の範囲が広くて限定されていないということである。この限定されていない性質のことを「不確定」と呼んでいる。

この不確定さの程度は[465]、語根によって異なるのだが、その不確定度は、ある意味では、語幹の分解可能性の程度に依存している。語幹から取り除かれる部分が大きければ大きいほど、その意味は抽象的になる可能性がある。例えば、zeugmátion (ζευγμάτιον) は「小さな連結器」を意味し、zeûgma (ζεῦγμα) は、特別の限定がない「連結器」を意味する。そして、zeug- は「繋ぐ」という不確定な観念を表している。

　以上のことから、語根はそれ自体としては、単語ではなく、活用語尾を直接付加することはできないという結果になる。確かに、単語は常に、少なくとも文法的な観点では、比較的限定された観念を表しており、このことは、語根が本来持っている一般性と抽象性に反する。それでは、語根と語形変化の語基が混同されているように見える場合が、非常によく見られるが、これについてはどう考えるべきなのだろうか。それは、ギリシア語の phlóks (φλόξ)、属格 phlogós (φλογός)〈炎〉に見られるようなものである。一方で、語根は phleg- : phlog- であって、同じ集団のすべての語にこの語根が見られる（例えば、phlég-ō (φλέγω)〈私は燃やす／燃える〉など）。このことは、今明確にした区別と矛盾するのではないだろうか。いやそうではない。なぜならば、一般的な意味を表す phleg- : phlog- と、特殊な意味を表す phlog- を区別しなければならないからである。そうしないと、意味を排除して、物質的な形態だけを考察することになってしまう。つまりここでは、同じ音声的な要素が、2つの異なる価値を持っているということである。したがってこれは、異なった2つの言語的要素を構成していることになる (p. 149 参照)。上で、zeúgnū!〈繋げ〉が、活用語尾ゼロで語形変化した単語だと見なされたのと同様に、phlóg-〈炎〉は、「接尾辞ゼロ」の語幹だと言える。そうすると、混同することはありえない。語幹が語根と音声的に同一であったとしても、語幹は語根とは区別されるのである。

　したがって語根は、発話主体の意識にとって、現実性を持つものである。しかし、発話主体がいつも同じように正確に、語根を抽出できるわけではないことは確かである。この点では、同じラングの内部でも、異なったラングの間でも、違いがある。

　ある種の固有語では、語根に明確な特徴があるため、主体に対して語根への注意が促される。ドイツ語がそのような例で、この言語では、語根が統一的な側面を示している。語根はほとんどいつも単音節であり（例えば、streit-〈争う〉, bind-〈結ぶ〉, haft-〈付く〉など）、一定の構造規則に従っていて、例えば、音素が任意の順序で現れることはなく、閉鎖音＋流音のような一定の子音の組み合わせは、語末には現れることができない。実際、werk-[466] は可能だが、wekr-

は可能ではないし、helf-[467], werd-[468] は見られるが、hefl-, wedr- は見出されない。

　特に母音の間での規則的な交替は、語根と下位単位一般に対する意識を、十分に強めこそすれ、弱めることはない。この点についても、ドイツ語は、母音交替がさまざまな働きをするため（p. 222 を参照）、フランス語とは極めて異なっている。また、セム語[469] の語根は、これよりもはるかに高い程度で、同様の特徴を持っている。セム語では、交替は非常に規則的であり、数多くの複雑な対立を規定している（例えば、ヘブライ語 qāṭal, qṭaltem, qṭōl, qiṭlū などはすべて、「殺す」を意味する同じ動詞の形態である）。さらに、これらの交替は、ドイツ語の単音節主義を連想させる特徴を示しているのだが、さらに目立つものである。なぜなら、この交替には常に3つの子音が含まれているからである（後の p. 317 を参照）。

　この点でも、フランス語は全く異なっている。交替はほとんどないし、単音節の語根（roul-〈回す〉, march-〈進む〉, mang-〈食べる〉）に並んで、2つ、さらには3つの音節から成る語根（commenc-〈始める〉, hésit-〈躊躇する〉, épouvant-〈驚かす〉）もある。そしてまた、これらの語根の形態には、特に末尾の位置で、多様な組み合わせが見られ、あまりに多様なので、規則性を見出すことができない（例えば、tu-er〈殺す〉, régn-er〈支配する〉, guid-er〈導く〉, grond-er〈叱る〉, souffl-er〈苦しむ〉, tard-er〈遅れる〉, entr-er〈入る〉, hurl-er〈吠える〉など）。したがって、語根に対する意識が、フランス語でまずほとんど発達しなかったとしても、驚くほどのものではない。

　語根が確定すると、その影響で接頭辞や接尾辞が確定されるようになる。「接頭辞」は、語幹として認定される単語の部分に先行する。例えば、ギリシア語の hupo-zeúgnūmi (ὑποζεύγνῡμι)〈軛の下に付ける〉の hupo-〈下に〉である。「接尾辞」は、語根に付加される要素で、語根とともに語幹を作るか（例えば、zeug-mat-)、最初の段階の語幹に付加されて、2番目の段階の語幹を作る（例えば、zeugmat-io-）ものである。上で見たように、この要素は、活用語尾と同様に、ゼロ形態によって表されることもできる。したがって、接尾辞を抽出することは、語幹を分析することの別の側面に過ぎない。

---

466)　Werk〈作品、仕事〉, werken〈作業する〉など。
467)　helfen〈手伝う〉, Helfer〈助力者〉など。
468)　werden〈〜になる〉, Werde〈生成〉など。
469)　アフロ・アジア語族に属する語派。アラビア語、ヘブライ語、アラム語などがある。

接尾辞は、具体的な意味、すなわち意味的価値を持つこともあれば、純粋に文法的な機能を持つこともある。具体的な意味を表すのは、例えば zeuk-tēr-〈繋ぐ人〉の場合で、-tēr- は動作主、つまり行動の主体を表している。文法的な機能を表すのは、例えば zeúg-nū (-mi) の場合で、-nū- は、現在の観念を表している。接頭辞も、どちらかの役割を果たすことができるが、文法的な機能を持つようになっているラングはまれである。例としては、ドイツ語の過去分詞中の ge- (ge-setzt〈置かれた〉など) や、スラブ語で完了体を表す接頭辞 (na-pisat́ (написáть)〈書く〉) がある。

さらに、接頭辞と接尾辞は、絶対的なものではないが、非常に一般的な特徴によっても区別される。すなわち、接頭辞の方が接尾辞よりも境界が分かりやすいということである。なぜならば、接頭辞を単語の全体から切り離す方が簡単だからである。その理由は、この要素本来の性質にある。大部分の場合、接頭辞を除去した後に残るものは、安定した構造の単語であるという印象を与えるからである (例えば、recommencer〈再開する〉: commencer〈始める〉, indigne〈ふさわしくない〉: digne〈ふさわしい〉, maladroit〈不器用な〉: droit〈真っ直ぐな〉, contrepoids〈平衡〉: poids〈重さ〉など)。このことは、ラテン語やギリシア語やドイツ語では、さらに顕著である。さらに付け加えておくと、独立した単語として機能する接頭辞もかなりある。例えば、フランス語の contre〈反対して、反対意見〉, mal〈悪く、悪事〉，avant〈前に、前部〉, sur〈上に〉、ドイツ語の unter〈下に〉, vor〈前に〉など、ギリシア語の katá (κατά)〈下に〉, pró (πρό)〈前に〉などである。接尾辞については、事情は全く異なる。この要素を除去することで得られる語幹は、不完全な単語である。例えば、フランス語の organi-sation〈組織〉: organis-〈組織する〉、ドイツ語の Trennung〈別離〉: trenn-〈分ける〉、ギリシア語の zeûgma (ζεῦγμα)〈ひも〉: zeug- (ζευγ-)〈縛る〉など。また一方で、接尾辞そのものも、自立的に存在することはない。

以上の全体から帰結することは、語幹は非常に多くの場合、その始まりの部分については、前もって境界が決まっているということである。他のどの形態と比較されるよりも前に、発話主体は、接頭辞とそれに後続する部分の間のどこに境界を置くのかを知っている。しかし、語末になると、事情は同じではない。そこでは、同じ語幹と同じ接尾辞を持った形態を突き合わせることを離れては、境界が認定されることはない。だから、こうした比較の結果、比較された項目の性質によって、異なった境界が設定されることになる。

主観的な分析の観点からすると、接尾辞と語幹は、連辞的対立と連合的対立によってのみ価値を持つ。単語が2つの部分に分かれるとして、それがどんな

ものであれ、対立をしていることが分かれば、状況によって異なるが、そこに形成的要素と語幹的要素を見出すことができる。例えば、ラテン語の dictātōrem〈独裁官を〉には、これを cosul-em〈執政官を〉, ped-em〈足を〉などと比べれば、語幹の dictātor(-em) が見出される。しかし、lic-tōrem〈衛兵を〉, scrip-tōrem〈書記を〉などと比較すれば、語幹 dictā-(tōrem) が得られる。さらに、pō-tātōrem〈酒飲みを〉, can-tātōrem〈歌い手を〉のことを思えば、語幹 dic-(tātōrem) が出てくる。一般的に言えば、そして状況がそれにふさわしいものであれば、発話主体は、考えうるすべての区分を行うことができるようになる（例えば、am-ōrem〈愛を〉, ard-ōrem〈炎を〉などに従って dictāt-ōrem、ōr-ātōrem〈弁論家を〉, ar-ātōrem〈農夫を〉などに従って dict-ātōrem）。すでに見たように（p. 238 参照）、このような自然的な分析は、各時代の類推による形成にも確認される。そして、この種の分析によって、ラングにおいて意識される下位単位（語根、接頭辞、接尾辞、活用語尾）と、それらに付与される価値を区別することができるのである。

C　語源学

　語源学は、明確な学問分野でもなければ、進化言語学の一部でもない。共時的事実と通時的事実に関わる原理を特別に応用したものに過ぎない。語源学では、単語の過去をさかのぼって、それを説明することのできるものが見つかるまで進んでいく。

　ある単語の起源について語り、それが別の単語に「由来する」と言う場合、そこにはいくつかのものが理解される。例えば、sel〈塩〉はラテン語の sal に由来するが、それは単に音の変容による。labourer〈土地を耕す〉は古フランス語の labourer〈一般的に働く〉に由来するが、それは意味だけの変化による。couver〈孵化させる〉はラテン語の cubāre〈横たわる〉に由来するが、それは意味と音の変容による。最後に、pommier〈リンゴの木〉が pomme〈リンゴ〉に由来すると言う時には、文法的な派生関係のことを示している。最初の3つの例では、通時的な同一性に基づいて論じられており、4番目の例は、いくつかの異なる項目の共時的な関係に基づいている。となると、類推について言われたすべてのことは、類推が、語源研究の最も重要な部分であることを示していることになる。

　bonus〈よい〉の語源は、dvenos にさかのぼれるからと言って確定するものではない。しかし、bis〈2回〉が dvis にさかのぼることが分かり、このことで

duo〈2〉との関係を明らかにすることができるのであれば、それは語源学的な作業だと言うことができる。oiseau〈鳥〉と avicellus〈鳥〉を関係づけることについても同様である。なぜならば、oiseau を avis[470]〈鳥〉と結びつける関係を認定することを可能にするからである。

　したがって、語源学は何より、ある単語について、それと別の単語との関係を研究することにより、その単語を説明するものである。説明するというのは、知られている項目にまで行き着くようにすることである。言語学では「単語を説明するとは、他の単語にまで行き着かせることだ」ということになる。と言うのも、音と意味の間には必然的な関係がないからである（記号の恣意性の原理、p. 102 を参照）。

　ただし、語源学は、孤立した単語を説明することに止まるものではない。生成的な要素である接頭辞や接尾辞の歴史を研究するだけでなく、単語の集団の歴史までも研究する。

　静態言語学や進化言語学と同様に、語源学では事実が記述されるのだが、この記述は一定の方法に従ったものではない。なぜなら、確定した方向に向けて記述がなされるということはないからである。研究の対象として取り上げた単語について、語源学では、情報を提供する要素として、音声学、形態論、意味論などが代わる代わる援用される。目的に到達するために、語源学では、言語学が用意しているすべての手段が利用されるのだが、行わなければならない作業の本質に対して注意を止めることはない。

---

470)　ラテン語の avis に、指小辞を付加して作られたのが avicellus であり。フランス語の oiseau は、この avicellus の対格形 avicellum が音変化した結果出来上がった形態である。

第4部
言語地理学

第 1 章
言語の多様性について

　言語現象と空間の関係についての問題に取り組む時には、内的言語学を出て、外的言語学の中に入ることになる。このことについては、序章の第 4 節で、その範囲と多様性についてすでに指摘しておいた。

　諸言語の研究において、最初から目立つのは、その多様性、すなわち、ある国から別の国に移動する時、あるいはある地域から別の地域に移動する時でも、すぐに現れてくる違いである。時間の中での分岐が観察者の目を逃れることはよくあるが、空間の中での分岐は、直ちに目に飛び込んでくる。未開の人間でさえ、別の言語を話す別の部族との接触によって、この相違を理解していた。そして、このような比較をすることで、民族が自分の固有語を意識するようになるのである。

　ついでに注意しておくと、このような意識によって、原始人の中に、ラングは習慣であり、衣服や武具などと同様の風習であるという考えが生まれたのである。「固有語」という用語（ギリシア語の idíōma (ἰδίωμα) はすでに、「特別の風習」という意味を持っていた）は、共同体に固有の特徴を反映するものとしてのラングを、まことに正当に表すものである。この考えは正しいが、ラングの中に、国の属性ではなく、肌の色や頭の形と同じ資格での、民族の属性を見るようなことにまでなると、誤った考えになる。

　さらに付け加えておくと、どの民族も自分の固有語の優位性を信じている。別の言語を話す人間は、話す能力がないものと通常は見なされる。実際、ギリシア語の単語 bárbaros (βάρβαρος)〈野蛮な〉は、「どもりの」という意味だったと思われ、この単語はラテン語の balbus〈どもる〉と類縁関係がある。またロシア語では、ドイツ人を Nêmtsy (немец) と呼ぶが、これは「口が利けない」という意味である。

　このように、地理的な多様性は、言語学において最初に確認された事実であった。この多様性によって、ラングに関する学問的な研究の最初の形態が決定され、それはギリシア人たちにも当てはまった。ギリシア人が取り組んだのは、

第1章　言語の多様性について

ギリシア語の異なった方言の間に見られる多様性だけだったのだが、それは、ギリシア人の関心が、ギリシアそのものの境界を越えることは、一般になかったからである。

　2つの固有語が異なっていることが確認されると、本能的に、そこに類似性を発見したい気になる。これが、発話主体の自然な傾向である。実際、農民は、隣村の俚言と自分たちの俚言を比べるのが好きであり、いくつかの言語を使う人間は、それらの言語が共通に持っている特徴に気づくものである。しかし、奇妙なことに、学問研究では、このようにして確認された事実を利用できるようになるまでには、膨大な時間が必要だった。例えば、ギリシア人は、ラテン語の語彙と自分たちの語彙の間に多くの類似があることに気づいていたのに、そこから言語学的な結論を引き出すことはできなかった。

　このような類似を学問的に考察すれば、ある場合には、2つまたはそれ以上の固有語が、類縁的な結びつきで統合される、つまり、共通の起源を持つことを主張することが可能になる。こうして関係づけられた言語の集団は、語族と呼ばれる。現代言語学は、インド・ヨーロッパ語族、セム語族[471]、バントゥー語族[原注1)][472]などを、次々に認定してきた。

原注1　バントゥー語は、アフリカの赤道以南の住民、特にカフラーリアの人々によって話される諸言語の集団。

　これらの語族は、今度はその間で比較することができて、さらに広範で、さらに古い関連が明らかになることも時にある。例えば、フィン・ウゴル語族[原注2)]とインド・ヨーロッパ語族の間、また、インド・ヨーロッパ語族とセム語族の間などに、類似を発見することが期待された。

原注2　フィン・ウゴル語族は、とりわけ、本来の意味でのフィンランド語あるいはスオミ語、モルドビン語、ラップ語などを含んでおり、ロシア北部とシベリアで話されている諸言語の集団である。これらの言語が共通の祖語にさかのぼることは確実である。ウラル・アルタイ語族と呼ばれる非常に広範な集団に関係づけられることもあるが、集団に属するすべての言語に見られる一定の特徴はあるものの、起源の共同体は実証されていない。（編者注）

しかし、この種の比較はすぐに、乗り越えがたい障害にぶつかることになる。

471）セム語族は、現在では、アフロ・アジア語族に属する1つの語派だとされる（注469参照）。
472）バントゥー諸語は、現在ではニジェール・コンゴ語族のベヌエ・コンゴ語群に属する1語派だとされる。この諸語には、スワヒリ語、ショナ語、ズールー語などがある。

ありうることと、証明できることを混同してはならない。諸言語が全体として類縁関係にあるという可能性はないだろうが、イタリアの言語学者トロンベッティ氏[473)原注1)]が信じているように、たとえそれが真実だったとしても、それは証明することができないと思われる。それは、あまりにたくさんの変化がその間に生じているからである。

原注1　彼の著作 *L'unità d'origine del linguaggio*『言語の単一起源』, Bologna, 1905 を参照（編者注）

　このように、類縁関係の中に多様性があるだけでなく、類縁関係が認定も論証もできない、絶対的な多様性がある。どちらの場合についても、言語学が取るべき方法はどのようなものになるだろうか。よく観察される方の、2番目の多様性から始めよう。今述べたように、無限に多様な言語と語族があり、一方を他方へと帰着させることはできない。例えばそれは、インド・ヨーロッパ諸語の観点から見た中国語である。しかしそれは、比較を放棄しなければならないということではない。比較は常に可能であるし、有用でもある。音の体系を比較するだけでなく、文法的組織や思考表現の一般的な型の比較もありうるし、同様に、通時的な種類の事実や、2つの言語の音声的進化なども比較できる。この点で、可能性は数え切れないほどあるのだが、それは、恒常的に存在する音声的、心的な事実によって制限を受ける。どんな言語でも、そのような事実の内部で構築されなければならないからである。そして逆に、このような恒常的な事実を発見することが、相互に相手へと帰着させられることができない言語の間で行われるあらゆる比較の、主要な目的なのである。

　もう1つの範疇の多様性、つまり、語族の内部に存在する多様性については、無制限の領域で比較が可能である。2つの固有語の異なり方には、あらゆる程度がありうる。ゼンド語とサンスクリット語のように、驚くほど似ている場合もあれば、サンスクリット語とアイルランド語のように、全く似ていないように思える場合もある。そして、その間にもあらゆる微妙な差異が可能である。例えば、ギリシア語とラテン語は、それぞれをサンスクリット語と比べた時よりも、お互いを比べた時の方が類似している、などである。非常に小さな程度でしか相違していない固有語は「方言」と呼ばれる。しかし、この用語に対して、完全に正確な意味を与えてはならない。後の p. 283 で見るように、方言と言語の間には、量的な相違があるだけで、質的な相違はないからである。

473)　Alfredo Trombetti (1866–1929)。イタリアの言語学者。世界の諸言語が単一起源であることを主張した。

第 2 章
地理的多様性の複雑化

第 1 節　同一の地点における複数の言語の存在

　これまでは、地理的な多様性のことを、理想的な形で提示してきた。つまり、地域の数と同じだけの異なった言語があるという形である。そして、そのように進めていくことは正しかった。なぜならば、地理的な分離は、言語的多様性の最も一般的な要因になっているからである。これからは、上のような対応関係を混乱させ、その結果、同じ領域に複数の言語が共存するようになった、二次的な事実に取り組むことにしよう。

　ここでは、真の意味での、機構的な混合、つまり、2つの固有語が相互に浸透して、体系の中での変化にまで到達することは、問題にしない（例えば、ノルマン人による征服の後の英語[474]）。また、スイスがそうであるように、領域的には明確に分離しているが、同じ政治的国家の境界内に含まれている複数の言語のことも、同様に問題にはしない。考察の対象とするのは、2つの固有語が、同じ場所で並んで使われていて、混同されずに共存することが可能である事実のみである。このような状態は、非常によく見られるが、そこでは2つの場合を区別しなければならない。

　まず、新しい住民の言語が、先住民の言語の上に重なってくることがありうる。例えば、南アフリカでは、いくつかの黒人の方言と並んで、2度の植民地化の結果として、オランダ語と英語の存在が確認される。同様の理由で、スペイン語がメキシコに移植された。ただし、このような種類の言語的な浸食が、近代特有のものだと考えてはならない。あらゆる時に、国家が混合しても、その固有語が混じり合うことはない事例が見られる。このことを理解するために

---

474)　1066年に、フランスのノルマンディー地方を支配していたギヨーム（英語ではウィリアム）2世がイングランドを征服した。この後約2世紀にわたり、イギリスはフランス語（ノルマンディー方言）を話す貴族たちによって支配される。

は、現代のヨーロッパの地図に目をやれば十分である。アイルランドでは、ケルト語と英語が話されており、多くのアイルランド人が、これら2つの言語を自分のものにしている。ブルターニュでは、ブルターニュ（ブルトン）語とフランス語が使われている。バスク地方では、バスク語と同時に、フランス語かスペイン語が使われている。フィンランドでは、非常に古くから、スウェーデン語とフィンランド語が共存しており、ごく最近になって、ロシア語がそれに付け加わった。クールラント[475]とリボニア[476]では、レット語とドイツ語とロシア語が話されている。ドイツ語は、ハンザ同盟の庇護のもと、中世にやってきた入植者たちによって持ち込まれ、ロシア語は、征服されたことによって、次に持ち込まれた。リトアニアには、リトアニア語と並んで、ポーランドとの古い同盟の結果としてポーランド語が、そしてロシア帝国への併合の結果としてロシア語が、移植されている。18世紀までは、エルベ川以東のドイツ東部の全域で、スラブ語とロシア語が使われていた。国によっては、言語の混合がさらに進んでいる場合もある。トルコ語、ブルガリア語、セルビア語、ギリシア語、アルバニア語、ルーマニア語などは、地域によって多様なやり方で混じり合っている。

　これらの言語は、いつも完全に混じり合っているということではない。ある一定の地域に複数の言語が共存しているからと言っても、その領域はある程度は分割されているものである。例えば、2つの言語のうち、一方が都市部で、他方が農村部で話されるということもありうる。とは言っても、このような分布はいつも明確であるとは限らない。

　古代においても、同様の現象は見られた。ローマ帝国の言語地図を持っていたとしたら、現代の事実と全く同様の事実が見られただろう。例えば、カンパニア地方[477]では、ローマ共和国の終わり頃には、次のような言語が話されていた。オスク語：これはポンペイの碑文によって実証されている。ギリシア語：ナポリなどの都市を創設した入植者たちの言語。ラテン語、そして恐らくはエトルリア語：ローマ人たちが来る前に、エトルリア人がこの地域を支配していた。カルタゴでは、ヌミディア語[478]がカルタゴ地域で確実に話されていたこと

---

[475]　現在のラトビア西部地域の旧名。
[476]　現在のラトビア東北部からエストニア南部にかけての地域の旧名。
[477]　現在のイタリア南部、ティレニア海沿岸の地域。現在のカンパニア州の州都はナポリ。
[478]　ヌミディアは、ベルベル系の民族による王国で、カルタゴ時代から共和制ローマの時代まで続いた。現代のベルベル語は、アフロ・アジア語族に属する。

は別にしても、フェニキア語479) がラテン語と並んで生きながらえていた（アラブ人の侵入の時代にもまだ存続していた）。古代においては、地中海周辺では、単一言語の国の方が例外的だったと考えて、ほぼ間違いない。

　非常に多くの場合、このような言語の重なり合いが生じた原因は、軍事力に勝る民族の侵入である。しかし他にも、植民地化や平和的な進出などもあったし、さらには、放浪民が自分たちの言葉を持ち込むこともあった。これを行ったのがロマ480) であり、特にハンガリーに定住して、小さな村を形成している。その言語を研究した結果、いつの時代か分からないが、彼らはインドからやって来たに違いないということが明らかになった。また、ドナウ川河口域のドブロジャ481) では、タタール人482) の村が分散していて、これはこの地域の言語地図に小さな点を記している。

第2節　文学語と地域の固有語

　多様性の複雑化は、これだけではない。自然的な固有語が、文学語の影響を受ける場合にも、言語的な統一性が損なわれることがある。このことは、ある程度の文明を持った民族がやって来る度ごとに、確実に生じる。ここで「文学語」が意味するのは、文学の言語だけでなく、一般的な意味での、あらゆる種類の教養ある言語のことで、この言語が公的なものであるかどうかは問わないし、共同体全体に供されるものであればよい。自由な状態に置かれると、言語には方言しか存在しなくなり、どの方言も他の方言に侵入することはなく、このため、言語は無限に分裂する運命にあることになる。しかし、文明が発展して、伝達行動が増加すると、一種の暗黙の合意によって、存在している方言のうちの1つを選択して、全体としての国家に関わるすべてのものを伝達する媒体とする。この選択の動機はさまざまである。文明が最も進んだ地域の方言を優先することもあれば、政治的な主導権を握っているか、中央の権力が拠点を置いている地域の方言が優先されることもあるし、宮廷が自分の言葉を国家に

---

479)　フェニキア語は、アフロ・アジア語族セム語派に属する言語で、現在のレバノン、シリア、イスラエル、北アフリカ地中海沿岸地域にわたる広い範囲で使われていた。
480)　伝統的には、英語で Gypsy、ドイツ語で Zigeuner、フランス語で gitan, tzigane, bohémien などと呼ばれてきた。
481)　ルーマニア東部とブルガリア北部にかけての、黒海沿岸の地域。
482)　タタール語は、トルコ語、アゼルバイジャン語、カザフ語などとともに、チュルク語族に属する。

押しつけることもある。いったん公用語や共通語の地位にまで昇進すると、特権的な方言が、前のままの状態に止まることはまれである。他の地域の方言的な要素がこれと混じり合い、だんだんと混成の程度が増していくのだが、だからと言って、もともとの特徴を完全に失ってしまうわけではない。例えば、フランス語の文学語には、イル・ド・フランス地方の方言が認められるし、イタリア語の共通語には、トスカーナ方言が認められる。事情がどうであれ、文学語があっという間に力を得るということはなく、住民の大部分は二言語使用者であって、全員の言語と同時に、地域の俚言を使用する。フランスの多くの地域で、このような状態が見られる。例えば、サボワ地方では、フランス語は持ち込まれた言語であり、この地域の俚言を消滅させてはいない。ドイツやイタリアでは、このような状況が一般的であり、あらゆる場所で、公用語と並んで方言が残存している。

　これと同じ事実が、あらゆる時代に、一定程度の文明を持ってやって来たすべての民族のもとで起こった。ギリシア人は、自分たちの「コイネー」[483]（κοινή）を作り上げたのだが、これは、アッティカ方言とイオニア方言に由来し、これと並んで、地域方言も存続した。古代バビロニアでも、地域的な方言と並んで、公用語が存在したことが実証できると思われる。

　広く使われる言語は、必ず文字の使用を前提とするのだろうか。ホメーロスの詩は、そうではないことを証拠立てるように思われる。これらの詩は、文字表記がなかったか、あるいはほとんど行われていない時代に生まれたのではあるが、その言語は一定の取り決めに従うものであり、文学語のあらゆる特徴を明確に示している。

　この章で問題になってきた事実は、非常によく見られるので、諸言語の歴史の中では通常の要素だと思えてしまうかもしれない。しかしここでは、自然的な地理的多様性を阻害するものはすべて考慮せず、外国語の移入や文学語の形成すべての外部にある、最も重要な現象を考慮する。このように図式的な単純化を行うと、現実を見誤ることになるのではないかとも思えるが、自然的な事実そのものを、まずは研究する必要がある。

　ここで取り入れている方針に従えば、例えばブリュッセルは、この都市がベルギーのフラマン語地域にあるので、ゲルマン語圏にあると言うことになる。そこではフランス語も話されているのだが、ここで重要なのは、フラマン語の

483）　ヘレニズム時代（紀元前4世紀後半から紀元前1世紀後半）のギリシア共通語。κοινή は「共通の」を意味する。

領域とワロン語[484]の領域の間の境界線だけである。他方、同じ観点からすると、リエージュは、ワロン語の領域にあるので、ロマンス語圏にあると考えることになる。そこでは、フランス語は、同じ起源を持つ方言の上に重なっている外国語に過ぎない。同様にブレストも、言語的にはブルターニュ語圏に属する。そこで話されるフランス語は、ブルターニュ地方でもともと使われていた固有語とは、何の共通性もない。ベルリンでは、ほとんど高地ドイツ語しか耳にしないが、低地ドイツ語の地域に割り当てられる、など。

---

484) ベルギー南部、フランス北部の一部で話されているフランス語の方言だが、独立した言語だと見なす場合に「ワロン語」と呼ぶ。

第3章
地理的多様性の原因

第1節　最も重要な原因としての時間

　絶対的な多様性（p. 270 参照）によって提示されるのは、純粋に思弁的な問題である。これに対し、類縁関係の中の多様性は、現実に観察できる対象となるし、そこに同質性を見出すことも可能である。例えば、フランス語とプロバンス語は、どちらも俗ラテン語にさかのぼるが、ガリアの北と南では、俗ラテン語の進化が異なっていた。これらの言語が共通の祖先を持つことの原因は、事実に物質性があることである。[485]

　どのように事態が推移するのかを理解するために、できるだけ単純な理論的条件を想像してみよう。こうすることで、空間において分化が生じる基本的な原因を抽出することができるようになる。そして、明確に境界を定められた地点、例えば小さな島のようなもの、で話されている言語が、移民たちによって別の、同様に境界が定まった地点、例えば別の島に移植されたら、どのようになるのかを考えてみることにする。一定の時間が経過すると、最初の居住地（F）の言語と、2番目の居住地（F'）の言語との間には、多様な相違が生じ、それは語彙、文法、発音などに及んでくる。

　移植された固有語だけが変容し、もとの固有語は不変のままであると考えてはならない。もちろん、その逆も絶対生じることはない。改変は、一方でも他方でも、また両方で同時に生じることがありうる。言語的特徴 a があるとして、それが別の特徴（b, c, d など）に置き換えられることができるとしよう。そうすると、分化は以下のような3つの異なる方法で生じることになる。

---

[485] 要するに、具体的な言語として現実に使われていたことが、ラテン語からフランス語やプロバンス語（オック語）などのロマンス諸語への分化を引き起こしたということである。抽象的な言語としてラテン語を考えるだけでは、それは変化も分化もしない。計算機用のプログラム言語が、そのままでは変化しないのと同じである。

$$\frac{a(居住地F)}{a(居住地F')} \begin{cases} \to \dfrac{b}{a} \\ \to \dfrac{a}{c} \\ \to \dfrac{b}{c} \end{cases}$$

したがって、研究は一方の側に偏ってはならない。どちらの言語の改変も、同等の重要性を持つのである。

どうしてこのような相違が作り出されるのだろうか。その原因が空間だけだと考えるのだとしたら、それは幻想に囚われている。空間は、単独の状態では、言語に何の作用も及ぼすことはできない。F′に上陸した翌日であれば、Fを出発した入植者たちは、前日と全く同じ言語を話していた。この場合、時間の要素が忘れられている。時間は、空間よりも具体性が劣るからである。しかし現実には、時間が原因で言語の分化が生じるのである。だから、地理的な多様性は、時間的な多様性に翻訳されなければならない。

差異的な要素bとcがあるとしよう。第1のものから第2のものへ移ったのでもなければ、第2のものから第1のものに移ったのでもない。統一性から多様性への道筋を見出そうとするならば、bとcに置き換わった、最初の要素aにまで立ち戻らなければならない。この要素が、後の要素に場所を譲ったのだからである。そうすると、次の図式で、同様のすべての場合に当てはまる地理的な分化を表すことができる。

$$\begin{array}{ccc} F & & F' \\ a & \leftrightarrow & a \\ \downarrow & & \downarrow \\ b & & c \end{array}$$

2つの固有語が分離することは、この現象が明白に現れた形であるが、これを説明するものではない。恐らく、この言語的事実は、どんなに微小なものでも、地域的多様性がなければ、識別されることはないだろう。しかし、地理的に離れたことだけで、相違が作り出されることはない。表面だけで立体を判別することはできず、三次元に属する奥行きの助けを借りなければならないのと同様に、地理的な相違の図式は、時間の上に投影されなければ完全にはならない。

これに対する反論としては、場所、気候、地形、特別の習慣（例えば、山間

278　第4部　言語地理学

に住む人々の習慣と、海に生きる人々の習慣では異なる）に関わる多様性が言語に影響を与えることがあり、このような場合には、ここで分析している変異は、地理的に条件づけられるというものがあるだろう。しかし、このような影響があるかどうかは疑わしい（p. 207 参照）。たとえその影響が証明できたとしても、ここで区別しておかなければならないものがある。まず「動きの方向」の原因は場所にある。これは、それぞれの場合に作用する予期できない事柄によって決定されるのだが、それを実証することも記述することもできない。ある一定の時に、ある一定の場所で、[u] の音が ü [y] になったとする。どうして、その時にその場所で変化が起きたのか、そして、例えば [o] ではなくて ü [y] になったのはどうしてなのか、という疑問には答えることができないと思う。しかし、その特定の方向や個別的な現れ方を捨象した「変化それ自体」は、時間のみに起因する。したがって、地理的な多様性は、一般的な現象の二次的な側面に過ぎない。類縁関係にある固有語の統一性は、時間の中にしか見出されない。比較言語学者が、誤った幻想の犠牲者になりたくなければ、これは深く理解しておかなければならない原理である。

第2節　連続した領域における時間の作用

　今、単一言語の国があるとしよう。つまり、同じ1つの言語が一律に話されていて、住民も固定している国である。それは例えば、紀元 450 年頃のガリアであり、そこでは、ラテン語が全域でしっかりと根付いていた。これから何が起きるのだろうか。

① 　ランガージュに関しては、絶対的な不変性は存在しないから（p. 113 以下参照）、一定の時間が経過すると、言語はもはや自分自身と同じではなくなる。

② 　領域の全体で、進化が一様であることはなく、場所によって変異がある。実際、言語がその領域のすべてで、同じやり方で変化したことが確認されたことは全くない。だから、次のような図式ではなく、

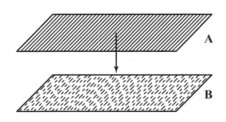

まさに、次のような図式になる。

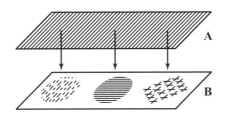

これが現実を表すものである。

　多様性はどのようにして始まって姿を現し、最終的に、あらゆる種類の方言形態が作り出されるのだろうか。事情は、一見して思われるほど単純ではない。この現象には、2つの主要な特徴がある。

① 　進化は、連続的で明確な改変という形を取り、列挙し、記述し、その性質によって分類できるのと同じだけの部分的な事実（語彙的、形態的、統語的事実など）を構成する。

② 　これらの改変はそれぞれ、一定の地表面で、明確な範囲において達成される。これには2つの種類がある。1つは、改変の範囲が領域全体にわたり、方言的な違いが生じないものである（ただ、これは極めてまれな場合である）。もう1つは、こちらが普通起きるものだが、変容が領域の一部にしか及ばず、方言的な事実がそれぞれ固有の範囲を占めるものである。さて、これから音変化について述べることは、どの改変についても当てはまるはずである。例えば、領域の一部でaからeへの変化が生じたとしよう。

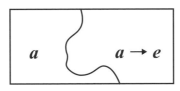

sからzへの変化も、同じ領域で起こりうるが、その境界は別のところにある。

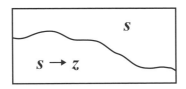

このように、異なった領域が存在するという事実によって、ある言語が自然的

な進化のままに放っておかれた場合、その領域のすべての地点で言葉に多様性が生じることが説明される。どのように範囲が決まるのかを予想することはできない。範囲がどこまで及ぶのかを前もって決定できる手がかりがないからである。だから、その領域は後で確認するしかない。地図上で重なり合い、境界が交錯するため、その組み合わせは極めて複雑になる。時に、その形状が矛盾をはらむこともある。例えば、ラテン語の c [k] と g [g] は、[a] の前で tš [tʃ]、dž [dʒ] に変化し、さらに š [ʃ]、ž [ʒ] になった（例えば cantum → chant〈歌〉、virga〈小枝〉→ verge〈金属棒〉）のだが、この変化はフランス北部全土で起こった。ただし、ピカルディーとノルマンディーの一部は例外で、そこでは c [k] と g [g] がもとのままに残った（例えば、ピカルディー方言では chat ではなく cat〈猫〉、réchappé ではなく rescapé〈生き残った〉。rescapé の方は、最近フランス語に取り入れられた。virga に由来する vergue は、上で指摘した、など）。

　このような現象の全体から、どんなことが結果として生じることになるのだろうか。ある一定の時点で、同じ1つの言語が領土の範囲全体を支配していたとしても、5世紀あるいは10世紀が経過すると、両端の地点の住民は、恐らくもう互いに理解し合うことはできなくなっている。これに対し、何らかの地点の住人が、近隣の地域の言葉を依然として理解し続けていることもある。この国を端から端まで通過する旅行者は、どの地点でも、非常に小さな方言的変異しか確認できないだろう。しかし、これらの違いは、進むにつれて積み重なり、最終的には、出発点の地域の住民たちにとっては理解できない言語に出会うことになるのである。あるいは、領域のある地点から出発して、あらゆる方向に向かって行ったとしたら、どの方向でも分化の総計が増加していくが、その様態は異なることが分かるだろう。

　ある村落の言葉に見出される個別の特徴は、近隣の諸地点でも見つかるだろうが、特徴のそれぞれがどの距離まで広がるのかを予測することは不可能である。例えば、オート＝サボワ県の町であるドゥベーヌでは、ジュネーブの名前は ðenva [ðenva] と言われる。この発音は、東や北の方向に、非常に遠くまで広がっている。しかし、レマン湖の対岸では、[dzenva] と発音される。しかし、それで明確に区別される2つの方言があるということにはならない。なぜならば、別の現象については、境界がまた異なってくるからである。例えば、ドゥベーヌでは deux〈2〉ではなく daue と言われるのだが、この発音が使われるのは、ðenva に比べるとはるかに狭い領域に限られている。また、そこから数キロだけ離れたところにあるサレーブでは、due と言う。

第3節　方言には自然的な境界などない

　方言について普通考えられていることは、今まで述べたものとは全く異なっている。完全に確定した言語的な型として思い浮かべられており、あらゆる方向で境界が定まっていて、地図上では、並置され区別された領域（a, b, c, d など）を覆うものだとされる。しかし、方言が自然的に変化すると、その結果は全く異なるものになる。それぞれの現象をそれ自体として分析し、それが広がっている範囲を決定することに取りかかるとたちまち、下のような古い考えの代わりに、

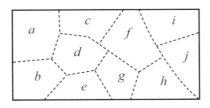

別の考えを持ち出す必要が出てきた。それは、次のように定義できる。自然な方言的特徴があるだけで、自然的な方言は存在しない。同じことを次のようにも言い換えられる。場所と同じだけの方言がある。

　したがって、自然的な方言という考えは、何らかの程度の広がりを持つ地域という考えとは、原則的に相容れないものである。これについては2つの道がある。1つは、方言をその特徴の全体で定義するというものである。そうすると、地図上の1点に観察を固定し、ただ1つの地点の言葉だけで満足しなければならなくなる。その地点から離れるとすぐに、もう同じ特徴を見つけ出すことはできなくなるからである。そしてもう1つは、いろいろな特徴のうちの1つだけで、方言を定義することである。そうすると、問題にしている事実が広がっている範囲を覆う平面が、恐らくは得られるだろう。しかしそれだと、人為的な手続きでしかなく、そのようにして引かれた境界は、方言的な現実に対応するものではないことは、容易に理解できる。

　方言的な特徴の研究は、方言地図を作成する作業の出発点となった。その手本は、ジリエロン[486]による「フランス言語地図」である。ベンカー[487]による

---

486)　Jules Gilliéron（1854–1926）。スイス生まれ、フランスの言語学者。言語地理学の創始者の1人。
487)　Georg Wenker（1852–1911）。ドイツの言語学者、方言学者。

ドイツの言語地図にも言及しておかなければならない。^{原注1)} 地図の形式はすべて指定されている。なぜならば、地域ごとに国を調査し、各地域について、1枚の地図では、少数の方言的特徴しか記載できないからである。だから、同じ地域について地図を数多く作成しなければ、そこで重なり合っている、音声、語彙、形態などの特徴がどのようなものなのかを示すことはできない。このような研究のためには、全体として組織された集団や、質問票を使い、地域の協力者の援助を得て実施される体系的な調査などが前提となる。これに関しては、スイス・ロマンド地方の俚言に関する調査のことにも言及しておきたい。言語地図の利点は、方言学の作業のための資料を提供してくれることである。最近出された研究論文の多くは、ジリエロンの言語地図をもとにしている。

原注1　次のようなものもある。Weigand[488]. *Linguistischer Atlas des dakorumänischen Gebiets*『ダコ・ルーマニア語言語地図』(1909)、Millardet[489]. *Petit atlas linguistique d'une région des Landes*『ランド地方小言語地図』。

　方言的な特徴の境界は「等語線」あるいは「等語」と名づけられた。この用語は「等温(線)」を手本にして作られたものだが、曖昧で不適切な用語である。なぜならば、これは「同じ言語を持っている」という意味を表すからである。「言語素」という用語が「固有語の特徴」を意味することを認めるとしたら、「言語素線」という用語を作ることができる。もしこの用語の使用が許されるとすれば、より正確に状況を表すものとなるだろう。ただし、「改変の波」という用語の方が、さらに望ましいと思われる。これは、シュミット[490]にまでさかのぼる図像を採用したものだが、次の章でそれが正しいことを示す。

　言語地図に目をやると、このような波の2本または3本が、ほとんど重なって、ある一定の軌跡にまで混合してしまっているのが見出されることが時々ある。

---

488)　Gustav Weigand (1860–1930)。ドイツの言語学者。特にルーマニア語、バルカン半島のロマンス諸語を研究した。
489)　Georges Millardet (1876–1953)。フランスの言語学者、方言学者。ロマンス語、特にガスコーニュ方言を研究した。
490)　Johannes Schmidt (1843–1901)。ドイツの言語学者。インド・ヨーロッパ語比較言語学とその方言分化を研究した。言語変化が、その出発地から波紋のように広がるという「波紋(波動)説」(Wellentheorie)を発展させた。

この種の地帯によって分離される2地点AとBが、一定数の相違点を示し、十分明確に区別される2つの言葉を構成することは明らかである。また、このような一致が、部分的なものではなくて、2つまたはそれ以上の範囲の周囲全体に及ぶこともありうる。

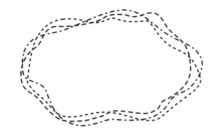

このような一致の数が十分に大きくなると、概略的にそれは方言だと言うことができる。これらの一致は、社会、政治、宗教などの事実によって説明されるが、ここではそれらをすべて捨象しておく。そのような要素は、独立した範囲ごとの分化に関わる最も重要で自然的な事実を、完全に消し去ることはないまでも、暈かしてしまうからである。

第4節　言語には自然的な境界などない

　言語と方言の間の違いが何にあるのかを言うのは難しい。文学を作り出したという理由で、方言が言語だと称せられる場合もよくある。ポルトガル語やオランダ語の場合がそうである。理解可能性の問題も、ここに関わりを持つ。実際、お互いに理解し合うことができない人間について、その人たちは異なった言語を話していると普通に言われる。ともかく、定住している住民のもとで、連続した領域において発達した諸言語についても、方言と同様の事実が、もっと大きな規模で確認される。そこでも改変の波が見られるが、いくつかの言語に共通の領域を、それらの波は包含している。

　ここで仮定している理想的な条件のもとでは、方言の場合と同様に、類縁関

係にある言語の境界線を定めることができない。だから、領域の範囲は無関係である。高地ドイツ語がどこで終わり、低地ドイツ語がどこから始まるのかを言うことができないのと同様に、ドイツ語とオランダ語、フランス語とイタリア語の間の境界線を引くことは不可能である。「ここではフランス語が支配的で、ここではイタリア語が支配的だ」と確信を持って言えるような、極端な地点は存在する。しかし、中間的な地域に入ると、この区別はなくなってしまう。もっと限定された狭い地帯を想定して、2つの言語の間の過渡的地域だと考えるとしよう。例えば、プロバンス語をフランス語とイタリア語の間の過渡的言語だと考えるようなものだが、それにはもう現実性などない。ある領域が、一方の端から他方の端へと、段階的に違っていく方言に覆われているとして、それでは、正確な言語的境界を、何らかの形で思い浮かべることは、どのようにしたらできるのだろうか。しかし、諸言語の境界は、方言の境界と同様に、移行状態の中に埋没してしまっている。方言が、言語の領域全体を恣意的に下位区分したものに過ぎないのと同様に、2つの言語を分離すると見なされる境界も、習慣的なものに過ぎないのである。

　もっとも、ある言語から別の言語へと、突然移行する場合も、非常によく見られる。その原因は何だろうか。それは、不都合な状況により、確認しにくい移行の存続が妨げられたことによるものである。最も大きな混乱を引き起こす要因は、住民の移動である。民族は常に行ったり来たりの移動を経験してきた。このような移住が何世紀にもわたって蓄積されることにより、すべての状況が混乱に陥り、多くの地点で、言語の推移についての記憶が失われてしまったのである。インド・ヨーロッパ語族は、その特徴的な事例である。これらの言語は、最初は、非常に密接な関係にあって、一連の間断ない言語的領域を形成していたことは間違いない。その領域のうちの主要なものは、大筋において再構築することができる。特徴の点から見て、スラブ語はイラン語とゲルマン語にまたがっており、それは、これらの言語の地理的な分布とも符合している。同様にゲルマン語は、スラブ語とケルト語の間の中間的な環に当たると考えることができる。そして今度はケルト語は、イタリック語と非常に密接な関係にある。イタリック語は、ケルト語とギリシア語の中間であり、こうして、これらの固有語すべての地理的な位置を知らなくても、これらの言語のそれぞれに相応しい位置を、言語学者は躊躇なく割り当てることができるだろう。ただしかし、固有語の集団2つについて、その境界を考えようとすると、例えば、スラブ語とゲルマン語の境界のようなものだが、そこには突然の飛躍が、中途の移行なしに現れてくる。これら2つの固有語は、一方が他方へと溶け込むような

ことはなく、互いにぶつかり合う。それは、中間的な方言が消滅してしまったからである。スラブ人もゲルマン人も移動しないままでいることはなく、移住して、互いの犠牲の上に領土を征服した。現在隣接しているスラブ人もゲルマン人も、かつて接触していた人々ではない。カラブリア地方のイタリア人が、フランスとの境界地域にやって来て定住したとしよう。この移動により、イタリア語とフランス語の間にあると認められた、確認できないほどの過渡状態は、当然のことながら打ち壊されることになる。インド・ヨーロッパ語が示しているのは、同様の事実の全体である。

　しかし、過渡地帯を消滅させる原因となるものは、まだ他にもある。例えば、俚言を犠牲にして共通語が拡大することである（p. 273 以下を参照）。今日フランス語の文学語（イル・ド・フランス地方の古い言語）は、国境でイタリア語の公用語（トスカーナ方言が一般化したもの）と衝突している。アルプス山脈地帯の西部で、過渡的な俚言がまだ見られるのは、幸運によるものである。一方で、他の数多くの言語的境界においては、中間的な言葉の記憶はすべて失われている。

第4章

言語的な波の伝搬

第1節　交流（インターコース）の力と郷土愛^{原注1)}

原注1　著者による一風変わったこの表現は、そのまま使えると判断した。ただし、このインターコースという言葉は英語から借用したもの（intercourse、発音は interkors〈社会的関係、商売、交信〉）であり、理論的な論述よりも、口頭での説明で用いるのが適当である。（編者注）

　言語的事実の伝搬は、他のあらゆる習慣、例えばファッション、と同じ法則に従う。すべての人間の集団では、2つの力が絶えず同時に、そして逆方向に作用している。一方には、個別化する精神、言い換えれば「郷土愛」があり、他方には「交流」の力があって、人々の間の伝達行動を作り出している。

　郷土愛によって、限定された言語共同体は、その内部で発展してきた伝統に忠実でいる。このような習慣は、各個人が幼児期に身につけるものである。そのことで、習慣には力と持続性がもたらされる。習慣が単独で作用したとすると、ランガージュに関しては、無限に向かう個別性が作り出される。

　しかし、その効果は、これに反発する力の作用によって修正される。郷土愛によって人間が定住するのだとすると、交流によって、人間は互いに繋がり合うように仕向けられる。この力があるからこそ、ある村に他の場所からの通行人がやって来たり、祭りや市の時に、住民の一部が移動し、さまざまな地方の人間が、旗のもとにまとまるのである。一言で言えば、それは統合の原理であり、郷土愛による分解作用に抗するものである。

　言語の拡大と凝集は、交流が原因である。それには2つの方法がある。1つは否定的な作用であり、ある地点で改変が生じた時に、それを封じ込めることによって、方言の分化を妨げる。もう1つは肯定的な作用で、この改変を受け入れて広めることによって、統一性に有利な働きをする。方言的な事実の地理的な境界を表すために「波」という言葉を使うことを正当化するのは、交流のこの2番目の形態である（p. 282 参照）。等言語素線は、拡大し、そして逆流す

ることもある洪水の最果てのようなものである。

　同じ言語の2つの方言が、お互いに非常に離れた地域にあるのに、共通の言語的特徴を持っているのを確認して、驚くことが時々ある。その理由は、領域のある場所でまず起こった変化が、その伝搬を妨げるものに出会わず、少しずつ広がって行って、出発点から遠く離れたところにまで到達したからである。確認できないほどの過渡的状態しかない言語の集団の中では、交流の作用を妨げるものは何もない。

　個別的な事実がこのように普及する場合、その限界がどんなものであれ、時間を必要とする。そしてこの時間は、測定することができる場合もある。例えば、þ [θ] から [d] への変化は、交流によって大陸のドイツ全土に拡大したのだが、まずは800年から850年の間に、南部に広まった。しかし、フランク語ではそうではなかった。フランク語では、þ [θ] が弱い形のđ [ð] で残り、後になってしか [d] に道を譲ることはなかった。[t] の z（発音は [ts]）への変化は、さらに限定された境界内で起こり、最初の文献が書かれる前の時代に始まった。この波は、600年頃にアルプスを出発し、北にも、南のロンバルディア地方にも広がったことは確実である。[t] の音は、8世紀のチューリンゲン文書にはまだ見られた。もっと最近の時代になると、ゲルマン語のī [iː] とū [uː] は二重母音化した（例えば、mīn から mein〈私の〉へ、brūn から braun〈茶色の〉へ）。この現象は、1400年頃にボヘミアを出発し、300年経ってようやくライン川に到達し、現在のような範囲を覆うようになった。

　このような言語的事実は、人から人へと伝染することによって広がって行った。そして恐らくは、同じことがすべての波について当てはまる。つまり、ある地点から出発して、周囲に広がるということである。このことから、2番目の重要な事実が確認されることになる。

　時間という要因で、地理的な多様性を説明するには十分であることを先に見た。しかし、この原理を完全に実証するには、改変が生じた場所を考察しなければならない。

　ドイツ語の子音推移の例を再び取り上げよう。音素 [t] が、ゲルマン語の領域のある地点で [ts] になったとすると、この新しい音は、最初の地点の周囲に広がる方向に向かい、このように空間的に拡大することによって、古い [t]、またはこの音から別の地点で生じたかもしれない別の音と対立するようになる。この種の改変は、それが生まれた場所では、純粋に音声的な事実である。しかし、別の場所では、地理的に、そして伝染によってしか生じることはない。したがって、

のような図式は、改変が起きた場所でしか、このように全く単純な形で有効だということはない。現象が拡大する過程に適用されると、不正確な像をもたらすことになる。

　したがって、音声学者は、改変が起きた場所と、伝染が生じる領域を注意深く区別する必要がある。前者において、音素は時間軸の上だけで進化するが、後者においては、時間と空間の両方が関わるから、純粋に音声的な事実の理論で済ませることはできない。外部からやって来た [ts] の音が [t] に置き換わる時、それは、伝統的な原型が変容するのではなくて、この原型とは無関係に、隣接する方言を真似ただけである。アルプスから来た herza〈心臓〉という形態が、チューリンゲンで、もっと古風な herta に置き換わった時、これを音変化だと言ってはならず、音素の借用だと言わなければならない。

第2節　単一の原理に帰着する2つの力

　領域のある一定の地点——ここでは、点と同一視できる最小の平面（p. 281 参照）、例えば村のことだと了解しておく——では、対立している2つの力、すなわち郷土愛と交流のうちのどちらに由来するものなのかを区別するのは、非常に容易である。どんな事実でも、別の力ではなくて1つの力にしか依存することはできないからである。別の方言と共通の特徴はすべて、交流に由来する。また、考察の対象となっている地点の方言に属する特徴はすべて、郷土愛によるものである。

　しかし、例えば郡のような平面になると、新たな困難が生じてくる。ある一定の現象について、それがどちらの要因に関係しているのかを言うことは、もはやできない。2つとも、対立はしているのだが、固有語の特徴すべてに関係してくるからである。郡 A にとって、ここを他と区別するものは、そのあらゆる部分に共通である。ここで作用しているのは個別化する力である。なぜならば、その力によって、この郡 A は、隣接する郡 B の何かを真似ることが禁じられ、逆に、郡 B も A を真似ることが禁じられるからである。しかし、統一する力、すなわち交流の力も働いている。なぜならば、A の異なった部分（A^1, A^2, A^3 など）の間に、この力が現れているからである。このように、平面の場

合には、その割合は多様であるにしても、2つの力が同時に作用している。交流が改変を促せば促すほど、その範囲は拡大する。郷土愛については、その作用の本質は、言語的事実が獲得された境界の中で、その事実を保持し、外部からの競争に抗してそれを保護することにある。ただし、この2つの力の作用から、何が帰結するのかを予測することは不可能である。p. 287 で、アルプスから北海に及ぶゲルマン語の領域で、þ［θ］から［d］への移行は一般的であったが、［t］から［ts］（z）への変化は南部にしか及ばなかったことを見た。つまり、郷土愛が南部と北部の間の対立を生み出したのである。しかし、この境界の内部では、交流のおかげで、言語的な連帯がある。したがって原則としては、この2番目の現象と最初の現象との間には、根本的な違いはない。同じ力が対立しているだけであり、その作用の強度が異なっているだけである。

　このことは、平面において作り出される言語の進化の研究では、現実的には、個別化の力を無視することができるということを意味する。つまり、これは同じことになるのだが、個別化の力は、統一化の力の否定的な側面だと見なすことができるということである。もし統一化の力が十分に強力であれば、平面の全体に統一が見出されることになる。もしそうでなければ、この現象は途中で終わって、領域の一部にしか広がらないことになる。ただそうではあっても、この限定された範囲も、それを構成する部分に関しては、まとまった全体を表している。このような理由で、郷土愛を持ち出さずに、統一化の力だけに、すべてを帰着させることができるのである。郷土愛は、それぞれの地域に特有の、交流の力に他ならない。

第3節　別々の領域における言語的分化

　単一言語の集団の中では、現象によってまとまり方が違うこと、改変がすべて普及するわけではないこと、地理的な連続性が絶えざる分化を妨げるわけではないことが理解できたのであるが、そうなるとようやく、別々の2つの領域で、平行的に発展する言語的事例に取り組むことができるようになる。

　このような現象は非常に頻繁に起こっている。例えば、ゲルマン語が大陸からブリテン諸島に浸透するとすぐに、ゲルマン語の進化は二分した。一方では、ドイツ語の諸方言であり、他方では、アングロ・サクソン語であり、そこから英語が出てきた。また、カナダに移植されたフランス語も引き合いに出すことができる。不連続が生じるのが、いつも植民地化や征服の結果だというわけではない。孤立化によっても生じることがある。例えば、ルーマニア語は、スラ

ブ民族が間に入ることによって、ラテン語の集団との接触を断たれた。ここで問題なのは何より、諸言語の歴史において分離が役割を果たすのかどうか、そして、連続性がある場合に現れる影響とは異なる影響が、分離によって作り出されるのかどうかということである。

　上で、時間という要因が優越した作用を及ぼすことをうまく明らかにするために、無視できるほどの広がりしか持たない2つの地点、例えば2つの小さな島で、平行的に発達する固有語のことを想像した。そのような場所であれば、少しずつ広がって行くような事態を考慮せずに済んだ。しかし、一定の面積を持つ2つの領域を対象とするとなると、今述べた現象が再び現れて、方言的な分化へと繋がっていく。そしてその結果、不連続な領域で生じる事実のどの段階についても、問題を単純化することはできなくなる。注意しなければならないのは、分離を持ち出さないでも説明できることを、分離が原因だと考えてしまわないようにすることである。

　これは、初期のインド・ヨーロッパ語学者たち (p. 9 を参照) が犯した誤りであった。お互いに非常に異なるようになってしまった大きな語族を前にして、地理的な分裂以外の原因で、この状態が作り出されることもありえたと、彼らは考えなかった。異なった言語を別々の場所にあるものとして思い浮かべる方が、想像力にとっては容易なことであり、表層しか見ない観察者にとっては、それこそが必要にして十分な分化の説明である。しかし、それだけではない。言語の概念を国民性の概念と結びつけてしまい、国民性が言語を説明するのだとした。こうして、スラブ人、ゲルマン人、ケルト人などのことを、同じ巣箱から出てきた同じだけの群だと考えたのである。これらの民族の集団は、移民によって同じ祖先から切り離され、同じだけの異なる領域に、共通インド・ヨーロッパ語を持ち込んだのだとされた。

　この誤りから抜け出るのは、ずっと後になってからである。ようやく1877年なって、ヨハネス・シュミットの著作『インド・ゲルマン民族の類縁関係』(*Die Verbandschaftverhältnisse der Indogermanen*) が、言語学者の目を開かせて、連続性または波動の理論（「波紋説」(Wellentheorie)）を創始した。これによって、同じ場所での分化が、インド・ヨーロッパ諸語の間の相互関係を説明するのに十分であり、さまざまな民族が、それぞれ居住していた場所を離れて行ったことを認める必要はないことが理解された。実際、方言的な分化は、国家が互いに遠ざかる方向に拡大していく前に、生じることができたし、生じたに違いない。こうして、波紋説は、インド・ヨーロッパ語の先史についての、より正確な見方をもたらしてくれるだけでなく、あらゆる分化現象に関わる最

も重要な法則と、諸言語の類縁関係を支配する条件を明らかにしてくれるのである。

　しかし、この波紋説は、移民の理論に対立するものではあっても、それを必然的に排除するものではない。インド・ヨーロッパ諸語の歴史を見ると、移動によってこの大語族から切り離された民族の例が数多くある。そして、このような状況は、特別の結果をもたらしたはずである。とは言え、この影響は、連続性の中で分化した結果に付け加えられるに過ぎない。実際、分離の結果の本質が何であるのかを知ることは非常に難しく、このことは、別々の領域における固有語の進化の問題に、再び立ち返らせることになる。

　古英語のことを考えてみよう。この言語は、移民の結果ゲルマン語の祖先から分離した。恐らく、5世紀に、サクソン人たちが大陸に残っていたら、英語は現在のような形にはなっていなかっただろう。しかし、分離がもたらした特別の結果とは何だったのだろうか。それを判定するためには、これこれの変化が、地理的に連続している場合でも同様には起こりえなかっただろうということを、まず考えてみなければならない。例えば、イギリス人が、ブリテン諸島ではなくユトランド半島を占領したと仮定してみよう。絶対的な分離が原因だとされている事実が、隣接した領域を仮定した場合には起こらないと主張できるのだろうか。断絶されたおかげで、英語は古い þ [θ] を保存することができて、一方で、この音は大陸全体で [d] になった（例えば、英語 thing〈物〉とドイツ語 Ding〈物〉）と言うとしたら、それはまるで、大陸のゲルマン語では、地理的に連続していたおかげで、この変化が一般化したと主張しているようなものである。しかし、この一般化は、たとえ連続していたとしても失敗していた可能性は十分にあるのである。この誤りは、いつもと同様に、孤立した方言と連続した諸方言を対立させることに起因している。しかし実際は、ユトランドに定住したと仮定しているイギリスの植民者が、必ず [d] に感染しただろうと証明するものは何もない。例えば、すでに見たように、フランス語の領域では、ピカルディーとノルマンディーによって形成される一角で、[k] (+ [a]) が残存したが、一方で、他のすべての地域では、同じ音が摩擦音の š [ʃ] (ch) に変化した。このように、孤立化による説明は、不十分で皮相的なものである。だから、分化を説明するために、この要因に頼る必要は全くない。孤立化によってなされるものは、地理的な連続によっても、全く同じようにうまくなされることができる。これら2つの種類の現象の間に違いがあったとしても、それを見分けることはできないのである。

　しかしながら、類縁関係にある2つの固有語を考察すると、その分化という

否定的な側面についてだけでなく、両者の連帯という肯定的な側面についても、以下の事実が確認される。すなわち、孤立している場合には、分離した時点から、あらゆる関係が潜在的に断たれているのに対し、地理的に連続している場合には、たとえ明確に異なる方言の間でも、中間的な方言によって関係が保たれている限りは、一定の連帯が存続するということである。

したがって、言語の間に見られる類縁性の程度を評価するためには、連続性と孤立化を厳密に区別しなければならない。孤立している場合、2つの固有語は、その共通の過去について、類縁性を実証する一定数の特徴を保存しているのだが、どちらもがそれぞれ独立して進化したため、一方の側で生じた新しい特徴が、他方の側でも見出されることはない（ただし、分離の後で生まれた何らかの特徴が、2つの固有語で偶然一致するという場合もありうるという留保はいるだろう）。いずれにしても除外されるのは、伝染によってこれらの特徴が伝わるということである。一般的には、地理的に分断されて進化した言語は、類縁関係にある諸言語に対して、その言語にしか見られない特徴の集合を示す。そして、次にこの言語が分割されるようになった場合には、そこから生じた異なる方言には、共通の特徴によって、より緊密な類縁性が実証される。この類縁性は、これらの方言を互いに結びつけ、他の領域の方言を除外するものである。こうして、これらの諸方言はまさに、木の幹から分離した、明確に異なる枝を形成するのである。

連続した領域にある諸言語の間の関係は、これとは全く異なる。これらの間に見られる共通の特徴は、これらを多様化している特徴よりも古いということは、必ずしもない。実際、ある地点から出発した改変が一般化し、領域の全体までも包含するようになる可能性は常にある。さらに、改変の範囲は、場合によって広さが異なるので、隣接している2つの固有語が、個別的特徴を共有していても、全体の中で区別される群を形成せず、それぞれが、他の特徴によって、別々の隣接する固有語と結びついているということもありうる。インド・ヨーロッパ諸語は、このような状態を示している。

第 5 部
回顧的言語学の諸問題　結論

第 1 章
通時言語学の 2 つの観点

　共時言語学では、ただ 1 つの観点、すなわち発話主体の観点しか許されず、この結果として、方法も 1 つしか認められないのだが、通時言語学では、時間とともに進む展望的な観点と、時間をさかのぼる回顧的な観点の両方が想定される（p. 130 を参照）。

　展望的な観点は、出来事の真実の歩みに対応している。歴史言語学のある章を執筆する場合でも、ある言語の歴史について、どの論点を展開させる場合でも、必ずこの観点を取らなければならない。その方法の要点としては、利用している文献を調査することがあるだけである。しかし多くの場合、このような方法で通時言語学を行うのは、不十分であるか、方法の適用自体が不可能である。

　実際のところ、時間の流れをたどって、ある言語の歴史を、そのあらゆる詳細まで明らかにすることができるためには、その言語について、すべての時点で撮影された無限の写真を所有している必要がある。もちろん、この条件は決して満たされるものではない。例えば、ロマンス語学者は、研究の出発点となるラテン語を知っていて、連続する多くの世紀にわたる、圧倒されるほどの量の文献を持っているという点で有利な立場にある。それでも彼らは、文献に膨大な欠落があることを常に思い知らされている。そうすると、直接文献を調べる、展望的な方法はあきらめて、逆方向の手続き、回顧により時間の流れをさかのぼる方法を取らなければならなくなる。この 2 番目の観点では、ある一定の時代に視点を置いて、ある形態から帰結するものではなく、この形態を生み出し得たさら古い形態が何であったのかを探究する。

　展望が単なる叙述であり、文献の批判に全面的な基礎を置いているのに対し、回顧では、比較に依拠する再建的な方法が要求される。ただ 1 つの孤立した記号の祖形を明らかにすることはできないが、異なってはいても、起源を同じくする 2 つの記号、例えば、ラテン語の pater〈父〉とサンスクリット語の pitar-〈父〉、あるいは、ラテン語の gerō〈運ぶ〉の語幹と ges-tus〈身振り〉の語幹で

あれば、これらを比較することにより、ある通時的な単位がすぐ垣間見えてくる。この単位は、推論によって再建されることができる原形と両者を結びつけてくれるものである。比較される項目の数が増えれば増えるほど、この推論はますます正確になり、資料が十分にあれば、正しい再建に到達することができる。

　全体としての言語についても、同じことが言える。バスク語は、孤立していて、どんな比較の対象となることもできないため、この言語からは何も引き出すことはできない。しかし、ギリシア語、ラテン語、古スラブ語などのような、類縁関係にある言語の一群からは、それらの言語が共通に持っている原初的な要素を抽出し、空間において分化する前に存在していたような、インド・ヨーロッパ語の本質的な部分を再構築することができた。そして、この語族全体について広くなされたことは、必要で可能である場合にはどの場合でも、語族の部分をなすそれぞれの語群についても、割合をさらに限定して、また常に同じ方法によって繰り返された。例えば、数多くのゲルマン諸語は、文献によって直接実証されているとしても、これらさまざまの固有語が派生してきたゲルマン共通語は、回顧的方法によって間接的に知られているだけである。さらにまた同じ方法によって、言語学者たちは、成功の程度はさまざまだが、他の語族についても、原初の統一的状態を探究した（p. 269 参照）。

　以上のように、回顧的方法によって、最古の文献の向こうにある、言語の過去の中に入り込むことができる。例えば、ラテン語についての展望的な歴史は、紀元前3世紀か4世紀にしか始まらない。ところが、インド・ヨーロッパ祖語の再建のおかげで、原初的な統一から、知られているラテン語の最初の文献までの間にわたる期間において、何が起こったのかについて考究することが可能になった。展望的な図式を描くことができるようになったのは、その後になってからに過ぎない。

　この観点からすると、進化言語学は地質学と似通っている。地質学も、歴史を研究する学問だからである。この学問についても、静的な状態（例えば、レマン湖の現在の状態）を、時間の中で先行して起こった可能性のあることを考慮に入れないで記述することはある。しかし、地質学が特に携わっているのは、連なることで通時態を形成している出来事や変形である。さて理論的には展望的な地質学を考えることもできるが、実際には、非常に多くの場合、回顧的な視点のみが可能である。なぜならば、地球のある地点で起こったことを語る前に、一連の出来事を再構築して、地球のこの部分を現在のような状態に導いたものを研究する必要があるからである。

顕著な形で異なっているのは、2つの観点の方法だけではない。教育的な見地からしても、同じ説明の中で2つの観点を同時に用いるのは得策ではない。例えば、音変化の研究では、どちらの方法で進めて行くかによって、非常に異なる2つの図式が提示される。展望的な方法で研究する場合、古典ラテン語の [e] がフランス語でどうなったのかと考えるのだが、そうすると、単一の音が、時間の中で進化する中で分化して、いくつかの音素を生み出したことが分かる。例えば、pĕdem → pye [pje] (pied)〈足〉, vĕntum → [vã] (vent)〈風〉, lĕctum → [li] (lit)〈寝台〉, nĕcare〈殺す〉→ nwaye [nwaje] (noyer)〈溺死させる〉 など。これに対して、フランス語の広い e [ɛ] がラテン語で表すものを、回顧的に研究すれば、もともとは異なったいくつかの音素であったものが、単一の音に到達したことが確認される。例えば、tęr [tɛʁ] (terre) = terram〈土地〉, vęrž [vɛʁʒ] (verge)〈金属棒〉= virgam〈小枝〉, fę [fɛ] (fait) = factum〈事実〉など。形成的な要素の進化も、同様に2つの方法で示すことができて、対応する2つの図式もやはり異なっている。p. 237 で、類推による形成について述べたことはすべて、このことを先験的に証明している。例えば、(回顧的に) -é で終わるフランス語の過去分詞の語尾の起源を研究すると、ラテン語の -ātum にさかのぼることが分かる。この語尾は、起源的にはまず、-āre で終わるラテン語の名詞派生動詞と関係しており、これらの動詞の大部分は、-a で終わる女性名詞にさかのぼる (例えば、plantāre〈植える〉: planta〈若枝〉、ギリシア語 tīmáō (τῑμάω)〈尊敬する〉: tīma (τῑμά)〈名誉〉など)。一方、インド・ヨーロッパ祖語の接尾辞 -to- がそれ自体で存続していて生産的だったとしたら (例えば、ギリシア語 klu-tó-s (κλυτός)[491]〈有名な〉、ラテン語 in-clu-tu-s〈有名な〉[492]、サンスクリット語 śru-ta-s〈有名な〉[493] など)、-ātum は存在していなかっただろう。-ātum にはさらに、単数対格形を形成する要素 -m が含まれている (p. 215 参照)。もし、これとは逆に、(展望的に) 祖語の接尾辞 -to- が、フランス語のどのような語形成に見られるのかを考えると、次のような多くの例をあげることができる。生産性がある場合もない場合もあるが、過去分詞のさまざまな語尾 (aimé = ラテン語 amātum〈愛された〉, fini = ラテン語 fīnītum〈終えられた〉, clos = ラテン語 clausum〈閉められた〉、この祖形は *claudtum など) だけでなく、-u = ラテン語 ūtum (例えば cornu = cornūtum〈角のある〉)、-tif (学者的接

---

491) klutos は、動詞 kluō (κλύω)〈聞く〉の過去分詞に由来する形容詞。
492) clutus は、動詞 clueō〈私は呼ばれる〉の過去分詞。
493) śrutas は、動詞 śru-〈聞く〉の過去分詞に由来する形容詞。

尾辞) = ラテン語 -tīvum（例えば、fugitif = fugitīvum〈逃亡した〉, sensitif〈感受性の強い〉, négatif〈否定的な〉など）、さらには、次のような、もはや分析できない数多くの単語：point〈点〉= ラテン語 punctum〈刺されたもの＝点〉, dé〈さいころ〉= ラテン語 datum[494], chétif〈虚弱な〉= ラテン語 captīvum〈捕らわれた〉など。

---

494) datum は、動詞 dō〈与える〉の過去分詞中性形。dō は後に「遊ぶ」という意味が生じ、その過去分詞 datum は「チェスのポーン」を意味するようになった。

第 2 章
最古の言語と原型

　始められた最初の頃、インド・ヨーロッパ語言語学は、比較の本当の目的も、再建する方法の重要性も理解していなかった（p. 12 を参照）。このことで、その最も顕著な過ちの 1 つが説明される。すなわち、比較の際に、サンスクリット語の役割を過大に考え、ほとんどこの言語だけに関心を集中させたことである。サンスクリット語によるものが、インド・ヨーロッパ語では最も古い文献であったため、この文献が原型としての権威にまで高められていた。インド・ヨーロッパ祖語が、サンスクリット語、ギリシア語、スラブ語、ケルト語、イタリック語を生み出したことと、これらの言語のうちの 1 つを、インド・ヨーロッパ祖語の位置に据えることは別である。このお粗末な混同は、さまざまの、そして深甚な影響をもたらした。恐らく、この仮説は、今述べたほど断定的な形で表明されることはなかったのだが、事実上は、暗黙のうちに認められていた。実際ボップは、「サンスクリット語が共通の源泉でありうることを、彼は信じていなかった」と書いており、これはまるで、たとえ疑わしいように思わせても、似たような仮説を表明することが可能であるかのようである。

　以上のことは、他の言語に比べて古い特徴を示すか、古くから存在していると考えられる言語を問題にする時に、それをどのように理解すればよいのかを考えさせる。これについては、理論的に 3 つの解釈が可能である。

　① まず考えられるのは、それがある言語の起源、出発点だというものである。しかし、ごく単純に推論してみても、年齢を与えることができる言語などないことが分かる。なぜならば、どんな言語でも、その前に話されていた言語が継続しているものだからである。したがって、ランガージュは人類と同じようなものではない。言語には絶対的な連続性があるので、そこに世代を区別することはできない。ガストン・パリ[495] は、娘の言語や母親の言語という考えに

495）　Gaston Paris（1839–1903）。フランスの文献学者。中世のフランス語やフランス文学を研究した。

反対していたが、それは正しかった。なぜならば、そこでは断絶が仮定されていたからである。したがって、このような意味で、ある言語が他の言語よりも年長だなどと言うことはできない。

　② 次には、言語のある状態が、他の言語よりも古い時代に発見されたという理解もできる。例えば、アケメネス朝時代の碑文に見られるペルシア語は、フィルダウスィー[496]のペルシア語よりも古い。この個別的な事例のように、一方が他方から確実に出てきていて、どちらも同じようによく知られている2つの固有語が問題となっている限りは、古い方だけを考察の対象とすべきなのは言うまでもない。しかし、今述べた2つの条件が満たされない場合には、このような古さは全く重要ではない。例えば、リトアニア語は、実証されているのは1540年からに過ぎないのだが、それでも、10世紀以来の記録がある古スラブ語や、さらにはリグ・ベーダのサンスクリット語にすら劣らない貴重な価値がある。

　③ 最後に「古い」という言葉は、より古風な、すなわち、年代の問題はすべて抜きにして、その形態が原初的な型により近いままである言語の状態を示すこともできる。この意味では、16世紀のリトアニア語は、紀元前3世紀のラテン語よりも古いとも言うことができる。

　サンスクリット語に対して、他の言語に勝る古さを認めるのだとしたら、それは2番目または3番目の意味によるものでしかありえない。そして実際、サンスクリット語はどちらの場合にも当てはまることが分かる。一方で、ベーダの詩は、最古のギリシア語文献よりも、古さの点では勝っている。他方で、これが特に重要なのだが、そこに見られる古風な特徴の全体量は、他の言語が保存しているものに比べて、著しく大きい。

　このように、古さについての非常に混乱した考え方によって、語族全体に先行する何らかの特徴がサンスクリット語に認められたことで、後になって、この言語が母親の言語だという考えから解放されていても、側面にある言語としてサンスクリット語が提供する証拠に対し、言語学者たちはあまりにも大きな重要性を与え続けた。ピクテ[497]（p. 309 参照）は、その著『インド・ヨーロッパ人の起源』（(*Les origines indo-européennes ou les Aryas primitifs*)〈インド・ヨーロッパ人または原始アーリア人の起源〉）で、自分たち独自の言語を話して

---

496) Hakīm Abū al-Qāsim Manṣūr ibn Ḥasan Firdawsī Ṭūsī（934–1025）。 ペルシアの詩人。叙事詩『シャー・ナーメ』（王の書）が代表作。
497) Adolphe Pictet（1799–1875）。スイスの文筆家、言語学者。その博識をもって知られた。

いた原初の民族が存在したことを明白に認めていながら、それでも、まず何よりもサンスクリット語を参照すべきで、この言語の証拠は、他の複数のインド・ヨーロッパ諸語を束にしたよりも大きな価値を持つのだと確信していた。祖語の母音組織の問題のような、最も大きな重要性を持つ問題を、長年にわたって不分明の状態に置いたのは、この錯覚であった。

　この誤りは、局所的、細部的にも繰り返された。インド・ヨーロッパ語の個別の分派を研究する際に、最も古くから知られている固有語の中に、語群全体を適切に、そして十分な形で代表するものがあると考えるようになってしまい、共通の原初的状態をよりよく知る努力をしなかった。例えば、ゲルマン祖語のことを問題にせずに、他のゲルマン方言に何世紀も先立つという理由で、全く単純にゴート語に言及することにためらいは感じられなかった。こうしてゴート語は、祖型、つまり他の方言の源泉としての地位を簒奪したのである。スラブ語についても、10世紀の証拠があるスラブ文語または古スラブ語[498]のみに依拠していた。なぜならば、他のスラブ語はもっと後の時代からしか知られていないからである。

　現実的には、連続する時代に文字表記によって固定された、言語の2つの形態が、歴史の2つの時点で、全く同一の固有語を表示していることは極めてまれである。非常に多くの場合、言語的には互いに連続したものではない、2つの方言がそこにあるだけである。これが原則であることは、その例外を見てみれば確認できる。その最も有名な例が、ラテン語に対するロマンス諸語の例である。フランス語からラテン語にさかのぼるのは、垂直な線をたどるのと全く同じである。ロマンス諸語の領域は、偶然にもラテン語が話されていた領域と同じであり、だからどの言語も、ラテン語が進化したものに過ぎない。同様に、すでに見たことだが、ダリウス時代の碑文のペルシア語は、中世のペルシア語と同じである。しかし、その逆の方がはるかによく見られる。つまり、異なった時代の証拠が、同じ語族の異なった方言に属している場合である。例えば、ゲルマン祖語はまず、ウルフィラス[499]のゴート語に現れるが、それを何が継承したかは知られていない。次に、古高ドイツ語の文献の中に現れ、次にまた後になって、アングロ・サクソン語やノルド語などの文献に現れる。ただし、これらの方言や方言群のどれ1つとして、その前に実証されている方言を継承し

---

[498] 10世紀から15世紀にかけて、キエフ大公国（キエフ・ルーシ）とその後継諸国で使用された言語。
[499] Ulfilas（310頃–83または88）。カッパドキアのゴート族出身のキリスト教アレイオス派司教。聖書をゴート語に翻訳した。

たものではない。このような事情は、次のような図式で表すことができる。この図では、文字が方言を表し、点線は、連続する時代を表している。

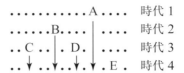

言語学は、このような状態に満足するしかない。そうでなければ、知られている最初の方言（A）に、その後の状態の分析から推論することのできるすべてのものが、前もって含まれていたことになるのだが、他方、これらすべての方言（A, B, C, D など）の収束点を求めると、A よりも古い形態、すなわち原型 X に出会うことになる。この場合、A と X を混同することはありえない。

第3章
再　　　建

第1節　再建の本質とその目的

　再建のための唯一の方法が比較だとすると、逆もまた同じで、比較の唯一の目的は再建である。何の結果も出ないようなことを避けるためには、いくつかの形態の間に確認される対応を、時間の観点の中に置いて、唯一の形態が再建できるようにしなければならない。この点については、すでに何度か繰り返して強調してきた（p. 12 以下、p. 278）。例えば、ギリシア語の mésos (μέσος)〈真ん中〉に対するラテン語の medius〈真ん中〉を説明するためには、インド・ヨーロッパ祖語にまでさかのぼらないでも、*methyos というより古い項目を仮定すれば、medius と mésos の両方と歴史的に結びつけることができる。異なった言語の2つの単語を比較せずに、ただ1つの言語から取られた2つの形態を対立させても、必然的に同じことが確認される。例えば、ラテン語で gerō〈運ぶ〉と gestus〈運ばれた〉を比較すると、これら2つの形態がかつては共有していた語幹 *ges- にさかのぼると考えることができる。

　ついでに注意しておきたいのは、音変化に関わる比較では、形態論的な考察を常に援用する必要があるということである。ラテン語の patior〈被る〉と passus〈被っている〉を検討する際には、factus〈なされた〉や dictus〈言われた〉なども一緒に考慮する。なぜならば、passus は同じ種類の形成だからである。つまり、faciō〈私はする〉と factus〈なされた〉、dīcō〈私は言う〉と dictus〈言われた〉などの間にある形態的関係に基づくことで、それに先行する時代の、patior と *pat-tus の間にあった同じ関係を明らかにすることができるのである。これと逆も同じで、形態に関わる比較を行うとしたら、音声学の助けを得て問題を解明しなければならない。例えば、ラテン語の meliōrem[500]〈よりよい〉は、

---

500)　meliōrem は、bonus〈よい〉の比較級、男性・女性単数対格形。

ギリシア語の hēdíō (ἡδίω)[501]〈より甘い〉と比較できる。なぜならば、音声的には前者は *meliosem, *meliosm に、後者は *hādioa, *hādiosa, *hādiosm にさかのぼるからである。

このように、言語的な比較は機械的な操作ではない。そこには、説明するために適切な資料をすべて対照させる操作も含まれているからである。しかし、比較を行うからには、何らかの方法に従い、先行する時代の何かを明らかにすることを目的とする推論が、常にできるようにしなければならない。つまり、比較はいつも形態の再建に帰着するのである。

しかし、過去を見る場合には、先行する状態の完全で具体的な形態を再建することを目指すのだろうか。それとも逆に、単語の一部だけに関わる、抽象的で部分的な主張だけに限定しておくのだろうか。例えば、ラテン語の fūmus〈煙〉中の [f] が、共通イタリック語の þ [θ] に対応していること、あるいは、ギリシア語の állo (ἄλλο)〈他のもの〉、ラテン語の aliud〈他のもの〉の最初の要素は、インド・ヨーロッパ祖語でもすでに a であったと確認するだけに止めるような場合である。歴史の探究は、この 2 番目の種類の研究に、その役割を限定するということも十分ありうる。その分析方法は、このような部分的確認だけを目的とすればよいとさえ言うことも可能ではある。ただ、このような孤立した事実の総体から、より一般的な結論を引き出すこともできる。例えば、ラテン語 fūmus に関わる事実と同様の一連の事実を見れば、þ [θ] の音が、共通イタリック語の音韻体系の中に現れていたことを、確信を持って認めることができるようになる。同様に、インド・ヨーロッパ祖語が、いわゆる代名詞的活用の中に、形容詞中性単数形の語末 -m とは異なる語末の形態 -d を示すのだとすれば、これは形態に関わる一般的な事実であって、孤立した確認事例の全体から推論されるものである (例えば、ラテン語 bonum[502]〈よい〉に対する istud〈それ〉、aliud〈他のもの〉、ギリシア語 kalón (καλόν)[503]〈よい〉に対する tó (τό) = *tod〈定冠詞〉、állo (ἄλλο) = *allod〈他のもの〉、英語の that〈それ、あれ〉など)。そしてさらに考察を進めることもできる。こうした多様な事実による再建がいったんなされると、全体的な形態に関わるすべての事実を総合して、完全な単語 (例えば、インド・ヨーロッパ祖語の *alyod (h₂élyod)) や語形変化表などを再建することができるようになる。このためには、完全に切り離すことが

---

501) hēdíō は、hēdús (ἡδύς) の比較級、中性複数対格形。
502) bonum は、形容詞 bonus の中性単数主格・対格形。
503) kalon は、形容詞 kalos (καλός) の中性単数主格・対格形。

できる一連の事実の統合を行う。例えば、*alyod のような再建された形態の異なる部分を比較すると、文法の問題を提起する -d と、その種の意味を全く持たない a- の間に、大きな違いがあることが分かる。つまり、再建された形態は、合体した全体ではなく、音声的な推論の、常に分解可能な総体であり、それぞれの部分は取り消すことができて、いつも検討の対象となるものである。したがって、再構築された形態は、それに適用できる一般的な結論を、いつも忠実に反映するものであった。実際、インド・ヨーロッパ祖語の「馬」を意味する語形として次々に、*akvas, *ak₁vas, *ek₁vos、そして最後に *ek₁wos が仮定された。これらの語形で確定していたのは、音素の数以外には、s だけだった。

したがって、再建の目的は、形態をそれ自体のために復元することではない。確かにこれだけであれば、非常につまらないことになる。そうではなくて、それぞれの時点で得ることができている結論に従って正しいものと信じられている結論の総体を結晶化させ凝縮させることである。つまり一言で言えば、この学問の進歩を登録することである。言語学者は、まるで実際に使おうとするかのように、インド・ヨーロッパ祖語を完全に復元するつもりだと考えられているが、そのようにひどく不可解な考えを持っているのだとすれば、言語学者に正当性はない。実際には、歴史的に知られている言語に取り組む時ですら、彼らはこのような見方をしない（うまく話せるようになるために、ラテン語を言語学的に研究するのではない）。先史時代の諸言語の、個別の単語を研究する場合には、なおさらそうである。

さらに、再建が絶えず修正されるのを免れえなかったのだとしても、研究される言語全体や、言語が属している言語的な型についての展望を得ようとすれば、再建なしで済ませることはできないだろう。共時的なものであれ、通時的なものであれ、大量の一般的な事実を、比較的容易に表現しようとすれば、再建は必要不可欠の道具である。インド・ヨーロッパ祖語の概要は、再建の全体によって直ちに明らかになる。例えば、接尾辞が一定の要素 (t, s, r など) によって形成されており、他の要素は用いられなかったこと、ドイツ語の動詞の母音組織の複雑な多様性（例えば、werden, wirst, ward, wurde, worden[504]）の中には、同じ原初的な交替、すなわち e－o－ゼロが、原則的には隠されていることなどである。そして結局は、後の時代の歴史の説明が、再建によって大いに助

---

504)　werden は不定詞「なる」、wirst は直説法現在 2 人称単数形「あなたはなる」、ward は直説法過去 1 人称・3 人称単数形の古い形「私（彼）はなった」、wurde は、直説法過去 1 人称・3 人称単数形「私（彼）はなった」、worden は、受動態を作る助動詞として機能する時の過去分詞。

けられる。前もって再建をしておかないと、有史以前の時代以来、時間の流れの中で生じた変化を説明することが、そうでない場合よりもはるかに困難になるだろう。

第2節　再建の確実性の程度

　再建形には、全く確実なものもあれば、異論の余地があるもの、明らかに問題のあるものもある。そして、今見たように、形態全体の確実度は、形態の統合の過程に介在してくる部分的な復元に割り当てられる確実度に依存している。この点に関しては、2つの単語が同等に分析されることはまずない。例えば、インド・ヨーロッパ祖語では、*esti（h₁ésti）〈彼はある〉と *didoti〈彼は与える〉[505]のような明快な形態の間にも違いがある。なぜならば、2番目の形態では、重音の母音に疑問があるからである（サンスクリット語 dadāti、ギリシア語 dídōsi（δίδωσι）参照）。

　一般的に再建形は、実際よりも確実ではないと思われがちである。しかし、次の3つの事実ならば、再建の信頼性を増すことに寄与するだろう。

　最初の事実が最も重要なのだが、これは p.70以下で指摘しておいた。単語が与えられた時、それを構成する音、その数、その境界は明確に区別することができる。p.85で見たように、音韻論的な顕微鏡の上に身をかがめている言語学者たちが出すかもしれない反論について、考えておくべきことがある。例えば、[-sn-] のような音群の中には、恐らく隠れた音もしくはわたりの音がある。しかし、このような音を考慮に入れるのは、反言語学的である。なぜならば、通常の耳ではそれらは区別できないし、特に発話主体は、要素の個数については常に一致しているからである。したがって、インド・ヨーロッパ祖語の *ek₁wos という形態の中には、異なって区別される要素は5個しかなく、主体はそれらの要素に注意を向けていたはずだと言うことができる。

　2番目の事実は、それぞれの言語におけるこのような音韻的要素の体系に関わるものである。どの個別言語も、合計の数が完全に制限されている一揃いの音素（p.63参照）を用いて機能している。そして、インド・ヨーロッパ祖語では、体系を構成するすべての要素は、少なくとも十数個程度の、再建によって実証されている形態の中に現れるのだが、時には数千個の中に現れることもある。したがって、要素がすべて知られていることは確実である。

---

[505]　喉音のない再建形の語根は *do- だが、喉音を含む再建形の語根は *deh₃-。

最後に、ある言語の音的単位を知るために、その肯定的な性質を特徴づけることが必要不可欠だというわけではない。音的単位は、差異的な実体として考察する必要があり、その本来的な性質は、互いに混同されないということである (p. 167 を参照)。このことは非常に基本的なものなので、復元すべき固有語の音的要素のことを、数字などの適当な記号で表すこともできそうである。*ek₁wos〈馬〉では、e の絶対的な性質、つまりこの母音が広かったのか狭かったのか、どの程度前方で調音されていたのかなどを確定する必要はない。複数の種類の e が認定されていない限りは、音質の確定は重要ではない。言語で区別されている要素 (a, o, e など) のうちの別のものと混同されなければよいのである。このことから結局次のように言うことができる。*ĕk₁wŏs の最初の音素は、*mĕdhyŏs〈真ん中〉の 2 番目の音素や、*ăgĕ〈動かせ〉の 3 番目の音素などと異なることはなく、その音的な性質を特定せずに、インド・ヨーロッパ祖語の音素の表の中に、この音を記載し、数字によってこれを表すことができる。このように、*ek₁wos の再建が意味するのは、ラテン語の equos、サンスクリット語の aśva-s などに対応するインド・ヨーロッパ祖語の形態は、祖語の音素群の中から取られた、5 個の決まった音素によって組み立てられていたということである。

　今概要を述べた範囲においては、再建形は十分にその価値を保持している。

第4章
人類学と先史学での言語の証拠

第1節　言語と人種

　言語学者はしたがって、回顧的な方法により、何世紀もの時間の流れをさかのぼり、歴史時代に入るはるか前にどれかの民族によって話されていた言語を復元することができる。しかし、このような再建によって、それ以外に、その民族そのもの、つまり人種、系統、社会的な関係、風習、制度などのことが分かるのだろうか。端的に言えば、言語は、人類学、民俗学、先史学に光明をもたらすことができるのだろうか。ごく一般的に、そのように思われている。しかしそれは大部分が幻想だと思われる。以下では、この一般的な問題の側面をいくつか簡単に検討する。

　まず人種はどうだろうか。言語共同体から血族関係を結論づけることができたり、ある語族が人類学的集団と重なったりすると信じることは、誤りである。現実はそれほど単純ではない。例えば、ゲルマン民族は、その人類学的特徴は非常に明確で、金髪、長頭、高身長などがある。スカンジナビアの類型が、その最も完全な形を示している。しかしながら、ゲルマン諸語を話すすべての人々が、この身体的特徴に一致しているというにはほど遠い。実際、アルプスのふもとに住むアレマン人[506]は、スカンジナビア人とは非常に異なる人類学的類型に属している。ある固有語がある人種に特有のものとして属していて、それが他の民族によって話されている場合、それは征服の結果その民族に強制されたものなのだと、少なくとも認めることはできるだろうか。それは多分できるだろう。国が征服者の言語を取り入れるか、それに従っている例はしばしば見られ、ローマ人が勝利した後のガリア人たちがそうであった。しかし、それです

---

506)　「アレマン人」と言うと、ゲルマン民族の大移動の時にスカンジナビアまたはユトランドから南下し、アルプスからライン川中流域を支配した部族のことを指すのが普通だが、ここではそれとは別の住民を指している。

べてを説明できるわけではない。例えば、ゲルマン人の場合、彼らがさまざまの住民を数多く屈服させたことは認められるにしても、それらすべての人々を吸収したということはありえない。だから、上のような事態が生じるためには、先史時代に長い支配があったことや、まだ解明できていない別の状況があったことを仮定しなければならない。

　このように、血縁関係と言語共同体の間には、必然的な関係はないように思われるし、一方から他方を導き出すことも不可能である。したがって、人類学の証拠と言語学の証拠が一致しない事例が非常にたくさんあるが、その場合には、両者を対立させたり、両者のうちのどちらかを選択したりする必要はない。そのどちらもが、固有の価値を保持しているからである。

第 2 節　民 族 体

　それでは、言語の証拠は何を教えてくれるのだろうか。民族的統一性は、言語共同体の二次的な要素でしかなく、しかも必要な要素では全くない。しかし、それよりもはるかに重要で、唯一本質的な別の単位がある。それは、社会的な結びつきによって構成されている単位であり、これを「民族体」と呼ぶことにする。この用語で理解されるのは、宗教、文明、共同防衛などの多種多様な関係に基づく単位で、異なった人種に属する民族の間でも、どんな政治的な結びつきもない場合でも、作り上げられることができる。

　p. 42 ですでに確認した相互的な関係が成立するのは、民族体と言語の間である。社会的な結びつきは、言語共同体を創造する傾向にあり、共通の固有語に一定の特徴を刻印する。逆に、民族的単位を何らかの方法で構成するのは、言語共同体である。一般的には、民族的単位を考慮すれば、言語共同体を説明するのにはいつも十分である。例えば、中世初期には、ローマ的民族体が存在していて、政治的な結びつきはなくても、非常に多様な起源を持つ諸民族を結合していた。逆もまた同じで、民族的単位の問題については、まず何より調べてみる必要があるのは言語である。言語的証拠は、他の何にも勝るものである。一例をあげよう。古代イタリアでは、ローマ人と並んでエトルリア人が住んでいた。両者を同じ起源に帰着させようと期待して、両者に共通のものを探そうとするならば、これら2つの民族が残したすべてのものに助けを求めることができる。例えば、建造物、宗教遺跡、政治制度などである。しかし、言語が直接もたらす確実度に達することは決してできない。実際、エトルリア語を4行読めば、この言語を話していた民族が、ラテン語を話していた民族群とは全く

異なっていたことを十分証明できる。

　このように、以上の観点のもと、また指摘した範囲の中では、言語は歴史的な資料である。例えば、インド・ヨーロッパ諸語が1つの語族を形成しているという事実から、原初的な民族体があったと結論することができる。そして、今日これらの言語を話すすべての国は、社会的な血縁関係によって、その程度こそ違え、この原初的民族体の直接的な後継者である。

第3節　言語古生物学

　しかし、言語共同体によって社会的共同体の存在を主張することができたとしても、言語によって、この共通の民族体の性質を知ることはできるのだろうか。

　長い間、言語は、それを話す民族やその民族の先史についての文献が無尽蔵にある源泉だと考えられてきた。アドルフ・ピクテ[507]は、ケルト語学の先駆者の1人だが、その著書『インド・ヨーロッパ人の起源』（1859–63）によって特に知られている。この著作は、他の多くのものの手本となり、すべての文献の中で最も人を惹きつけるものであり続けた。ピクテは、インド・ヨーロッパ諸語が提供する証拠の中に、「アーリア人」の文明の根本的な特徴を探し出そうとしており、そのことによって、この民族の非常に多様な側面を確定することができると考えている。その側面とは、物質的なもの（道具、武器、家畜）、社会的生活（遊牧民だったのか、農耕民だったのか）、家族、政府である。アーリア人の揺籃地を知ることも試みているのだが、彼によればそれはバクトリア[508]にあったとされている。彼は、この民族が居住していた地域の植物相と動物相を研究している。これは、この方向でかつてなされた試みのうちでは、最も重要なものであり、こうして創始された学問は、言語古生物学と名づけられた。

　それ以来、同じ方向で別の試みもなされた。最近のものは、ヘルマン・ヒルト[509]によるものである（『インド・ゲルマン人』（*Die Indogermanen*）（1905–1907）））。ヒルトは、ヨハネス・シュミット（p. 290 参照）の理論に依拠して、

---

507)　注 497 参照。
508)　中央アジアにかつて存在した領域の名称。現在の、イラン北東部、アフガニスタン、タジキスタン、ウズベキスタンなどにまたがる地域。
509)　Hermann Hirt (1865–1936)。ドイツの文献学者、インド・ヨーロッパ語学者。『インド・ゲルマン語文法』（*Indogermanische Grammatik*）全7巻（1921–1937）の著作がある。

インド・ヨーロッパ人が居住していた地方を確定しようとした。ただし、言語古生物学を無視して利用しなかったわけではない。語彙に関わる事実を考察して、彼はインド・ヨーロッパ人たちが農耕民であったと考え、彼らの居住地としては、ロシア南部だと、遊牧民の生活の方に適しているものとして、この地ではないと考えた。樹木、特に一定の種類（樅、樺、橅、小楢）の名前の頻度から、彼らの国は樹木で覆われており、ハルツ山地[510]とビスワ川[511]の間、より特定的には、ブランデンブルク地方とベルリン地方に位置していたと考えた。また思い出しておきたいのだが、ピクテの前にも、アダベルト・クーン[512]などの学者も、言語学を利用して、インド・ヨーロッパ人の神話と宗教を再建しようとした。

　ただし、言語によってこの種の情報が得られるようにも思えないので、もし言語が情報をもたらすことができないのだとすると、それは次のような理由によるものだと考えられる。

　まず、語源が確実ではないことがある。語源が十分に確定されている単語が非常にまれであることが、徐々に分かってきて、以前より慎重になってきている。かつての無謀な状態の例をあげてみる。servus〈奴隷〉と servāre〈仕える〉があるので、これらには関連があるとした。ただ、恐らくはこうすることに正当性はないとは思う。次に、最初の単語に、「番人」の意味を与え、そこから、奴隷はもともとは家の番人だったのだと結論づけるのである。とは言え、servāre に最初は「番をする」という意味があったという主張は、まずできそうにない。そして、それだけではない。単語の意味は進化する。つまり、民族が居住地を変えるのと同時に、単語の意味が変わることがしばしば起こるのである。ある単語がないことは、この単語によって表される物を、原初の文明が知らなかった証拠だと考えたのだが、それは誤りである。例えば、「耕す」に当たる単語は、アジアの諸言語には欠けている。しかしだからと言って、この仕事が当初は知られていなかったことにはならない。耕作が全く廃れてしまったか、他の方法で行われるようになり、それが別の単語で表されていたという可能性も十分にある。

　確実性を妨げる3番目の要因としては、借用の可能性がある。ある物がある民族のところに導入されると同時に、ある単語が、その民族が話す言語の中に、

---

510)　ドイツの中北部の東方に位置する山地。
511)　ポーランド南部に発し、バルト海に注ぐポーランド最大の川。全長1047キロ。
512)　Franz Felix Adabert Kuhn (1812–1881)。ドイツの文献学者、民俗学者。比較言語学に基づいて、比較神話学の新しい学派を創設した。

遅れて入って来ることがある。例えば、地中海地域では、麻が知られるようになったのはずっと遅れてからであり、北方の地域ではさらに遅れた。その度ごとに、麻という名前は、その植物とともにやって来た。多くの場合、言語外的な資料がないと、同じ単語が複数の言語にある時、それが借用によるものなのか、それとも、最初からある共通の伝統を証拠立てるものなのかを知ることはできない。

　ただし、若干の一般的な特徴や、時には一定の情報を、躊躇なく引き出すことができないと言っているわけではない。例えば、親族関係を表す共通の用語は大量にあり、非常に明示的な形で伝えられてきている。親族名称を見れば、インド・ヨーロッパ人たちのもとでは、家族は規則的であると同時に複雑な制度であったと主張することができる。なぜならば、この点に関しては、今の我々には表すことができないような微妙な差異を、彼らの言語は知っていたからである。ホメーロスで、eináteres (εἰνάτερες) は「複数の兄弟の妻」という意味での「義理の姉妹」を表していたし、galóōi (γαλόῳ) は、「男の妻とその男の妹」という意味での「義理の姉妹」を表していた。また、ラテン語の janitrīcēs は、形態と意味について、eináteres に対応している。同様に、「姉妹の夫」という意味での「義理の兄弟」[513]は、「複数の姉妹の夫」という意味での「義理の兄弟」[514]と同じ名前で呼ばれることはない。このような場合は、詳しい事実を証拠立てることができるのだが、普通は、一般的な情報で満足しなければならない。動物についても事情は同じである。牛科のような重要な種類については、ギリシア語 boûs (βοῦς)、ドイツ語 Kuh、サンスクリット語 gau-s などのような一致を計算に入れて、インド・ヨーロッパ祖語 *$g_2ōu$-s ($g^wóus$) を再建することができるだけでなく、すべての言語において語形変化も同じ特徴を持っている。このような事態は、別の言語から後の時代に借用された単語だったとしたら、ありえないことである。

　ここで、別の形態的事実について、もう少し詳しい情報も併せて付け加えておきたいと思う。その事実は、特定の地域に限定されてはいるが、社会的な組織の、ある点に関わるという二重の特徴を持っている。

　dominus〈主人〉と domus〈家〉の関係について、さまざまのことが言われてきているにも関わらず、言語学者はその説に完全に満足したとは感じていない。

---

513) ギリシア語は、gambrós (γαμβρός)。
514) ギリシア語は、kedestḗs (κηδεστής)。

と言うのも、接尾辞 -no- が二次的派生形を形成するのは、極めてまれだからである。[515] 実際、ギリシア語で oîkos（οἶκος）〈家〉から、*oiko-no-s や *oike-no-s が形成されたり、サンスクリット語で aśva- から *aśva-na- が形成されたりするというような話は聞いたことがないからである。しかし、まさにこのようにまれであるからこそ、dominus の接尾辞に価値と輝きがもたらされるのである。これについては、ゲルマン語のいくつかの単語が、非常に重要な示唆を与えてくれる。

① *þeuđa-na-z（*þeuđō の長、王）、ゴート語 þiudans、古サクソン語 thiodan（*þeuđō, ゴート語 þiuda = オスク語 touto〈民族〉）。

② *dru$_\chi$ti-na-z（部分的に *dru$_\chi$tī-na-z へと変化した）（*dru$_\chi$-ti-z〈軍隊〉の長）。ここからキリスト教の「主、すなわち神」を意味する名前である、古ノルド語 Dróttinn、アングロ・サクソン語 Dryhten が生じた。どちらの語末も -īna-z に対応する。

③ *kindi-na-z〈*kindi-z = ラテン語 gens の長〉。gens〈部族〉の長は、*þeuđo の長と比べると、副王であったため、ゲルマン語でこれに対応する kindins という単語（ただ、これは完全に失われた）が、属州のローマ人総督を表すためにウルフィラスによって用いられた。なぜならば、皇帝の代官は、ウルフィラスのゲルマン的な考えでは、þiudans に対しての部族の長と同じものだったからである。歴史的な観点から見たこの同化は非常に興味深いのだが、ローマ的なものとは無縁であったこの kindins という単語は、ゲルマン人たちが kindi-z〈部族〉に分かれていたことを証拠立てるものであることは疑いない。

このように、二次的な接尾辞 -no- は、ゲルマン語のあらゆる語幹に付加されて、「これこれの共同体の長」という意味を表した。そうすると次には、þiudans が þiuda の長を表すように、ラテン語の tribūnus が同様に、文字通りには「tribus の長」を意味し、そして最後に同様に、dominus が、touta = þiuda〈民族〉の最終的な区分である domus〈家〉の長を意味するのだと主張すればよいだけである。したがって、特異な接尾辞を持つ dominus は、イタリック民族体とゲルマン民族体の間に、言語的共同体だけでなく、制度的共同体も形成されていたことの、反論しがたい証拠となるのではないかと思えるのである。

しかし、ここでもまた忘れてはならないのは、言語と言語を関係づけること

---

[515] domus の語根部分 dom- の後に、接辞 -no- が付加されて、dom-i-no-s が形成され、これが dominus になったと考えるのが、domus と dominus に関係があるという立場である。

で、これほど特徴的な手がかりがもたらされることは、まれにしかないということである。

第4節　言語類型と社会的集団の精神構造

　言語が、それを使用する民族の風習や制度について、正確で真実の情報をもたらすことはないにしても、少なくとも、それを話す集団の精神的類型を特徴づけることには役立たないのだろうか。言語が、国家の心理的な特徴を反映するということは、十分一般的に認められた意見である。しかし、この見解には非常に重大な反論が提示される。すなわち、言語的な手続きは、心的な原因によって決定されるわけでは、必ずしもないということである。

　セム諸語は、限定する名詞と限定される名詞の関係（例えば、フランス語の la parole de Dieu〈神の言葉〉516)）を、単なる並列によって表す。この結果実際、限定語の前に被限定語が置かれた「構造体」と呼ばれる特別の形態が作り出される。ヘブライ語の dābār〈言葉〉と 'elōhīm〈神〉原注1) があるとすると、dḇar 'elōhīm は「神の言葉」を意味する。この統語的な型は、セム人の精神構造について何かを明らかにしていると言えるだろうか。こう主張したとしたら、それは相当に無謀だろう。なぜならば、古フランス語でも、同様の構造が規則的に用いられたからである。例えば、le cor Roland〈ロランの心臓〉, les quatre fils Aymon〈アイモンの4人の息子たち〉などがある。ただこの方法は、ロマンス語で、音声的であると同時に形態的な、純粋の偶然によって生じたものである。つまり、格形態が極端に単純化し、このため言語にこの新しい構造が必要になったということである。だとすると、同様の偶然によって、セム祖語が同じ道をたどるようになったのだと考えることもできるかもしれない。このように、セム人の精神構造の消えることのない特徴の1つであるように思える統語的な事実は、その精神構造について、確かな手がかりは何も与えてはくれないのである。

原注1　記号 ' は「アレフ」（א）を表している。これは、声門閉鎖音で、ギリシア語の弱い有気音に対応する。

　別の例をあげよう。インド・ヨーロッパ祖語には、最初に動詞的要素が来る複合語はなかった。ドイツ語にはそれがあるのだとすると（例えば、Bethaus

---

516)　「神の言葉」では、「神」が限定する名詞、「言葉」が限定される名詞である。

〈礼拝堂〉, Springbrunnen[517]〈噴水〉)、ある時に、ゲルマン人たちが、先祖から受け継いだ思考の様態を変えたと考えなければならないのだろうか。すでに見たように、この改変は、物質的であるだけでなく、否定的な偶然、すなわち、betahaus (p. 197 参照) の a が消去されたこと、によるものである。つまり、すべては精神の外部、音の推移の領域の中で起こったということである。音の推移は、まもなく思考に絶対的な束縛を課するようになり、記号の物質的な状態によって開かれた特定の道筋へと入っていくことを、思考に余儀なくさせる。同じ種類の観察結果は数多くあり、上のような考えに説得力があることが確認される。言語集団の心理的な特徴があるとしても、それは、母音の消滅やアクセントの変化のような事実を前にすると、ほとんど重要ではなくなってしまう。同様の事実は他にもあって、どのような言語形態であろうと、記号と観念の関係を絶えず変革させることができる。

　さて、(歴史的に知られているものであれ、再建によるものであれ) 諸言語の文法的な類型を確定し、思考を表現するためにそこで用いられている方法に従って諸言語を分類することは、非常に興味のあることである。しかし、このような類型の確定と分類からは、言語学本来の領域の外部にいたのでは、何の結論も引き出すことはできないと思う。

---

517)　Spring は動詞 springen〈跳ぶ〉に由来する要素。Brunne は「泉」。

第5章
語族と言語類型

　今見たように、発話主体の精神に、言語が直接的に従うことはない。本書を終える際に、この原理の帰結の1つについて強調しておこう。それは、どの語族も、ある1つの類型に、問題なく、そして決定的に属することはないということである。

　ある言語群がどの類型に結びついているのかを考えることは、言語が進化することを忘れることである。そうすると、この進化の中に、不変の要素があるかもしれないことを暗黙のうちに認めることになる。言語には不変性など全くないのに、その作用に制限を設けることを主張する権利は、果たしてあるのだろうか。

　実際のところ、ある語族の特徴を語る場合に、むしろその祖語の特徴のことを思う人が多い。しかし、ある1つの言語とある1つの時代について考えられているのだから、この問題を解決することはできない。しかし、時間も空間も全く変化させることができない永続的な特徴を仮定すると、進化言語学の根本的な原理に正面からぶつかることになる。それは、どんな特徴も必然的に永続性があることはなく、偶然によってしか存続しえないということである。

　例えば、インド・ヨーロッパ語族のことを考えてみよう。この語族が由来する言語が持つ独特の特徴のことは分かっている。音の体系は簡素である。複雑な子音群も、二重子音もない。母音組織は単調であるが、これが、極めて規則的で、徹底的に文法的な交替の原因となっている（p. 221, 305を参照）。アクセントは高低アクセントで、原則として単語のどの音節にも置くことができ、この結果、アクセントの位置による文法的な対立が機能することができるようになっている。韻律は量的であり、長音節と短音節の対立のみに基づいている。複合語と派生語を形成することは、非常に容易である。名詞と動詞の語形変化は、非常に豊かである。語形変化した単語は、その中に限定要素を含んでおり、文の中での自立性がある。このため、構造には大きな自由度があり、限定的あるいは関係的な価値を持つ文法的な単語（動詞前部要素、前置詞など）はまれで

ある。

　ところが、これは容易に見て取れることだが、これらの特徴のどれ1つとして、さまざまのインド・ヨーロッパ諸語で完全な形で維持されていることはなく、いくつかの特徴（例えば、量的韻律の役割や高低アクセント）は、どの言語にも見出されない。また、言語のうちのあるものは、インド・ヨーロッパ語の原初的な側面を大きく変更し、英語やアルメニア語やアイルランド語などのように、全く異なった言語類型を思わせるほどになっている。

　だから、1つの語族に属する異なった言語に、ある程度共通した一定の変形について述べる方が正当だろう。例えば、語形変化の仕組みが徐々に衰退していることは上で指摘したが、これはインド・ヨーロッパ諸語に一般的に見られる。ただし、この点に関しては、言語によって顕著な相異が存在する。最も抵抗したのはスラブ語であり、一方英語は、語形変化をほとんどなくなるまで縮小した。その結果として、これもまた一般的に、文を構築する際に、多少なりとも語順が固定することになり、分析的な表現方法（格形態の価値が前置詞によって担われる（p. 252参照）、助動詞を用いることによる動詞の複合的形態など）が、総合的な方法に取って変わる傾向が見られた。

　今見たように、原型の特徴が、そこから派生した諸言語のうちのどれかでは見られないことがありうるのだが、逆もまた同様に当てはまる。ある語族に属するすべての言語に共通の特徴が、祖語には存在しないことが確認されることもまれではない。母音調和（語幹要素の最後の母音に、単語を構成するすべての母音の音色が、一定の方法で同化する現象）がその例である。この現象は、ウラル・アルタイ諸語に見られる。この諸語は、フィンランドから満州までの、ヨーロッパとアジア地域で話される、非常に大きな言語群である。しかし、この顕著な特徴は、ほぼ確実に、後の時代の発達によるものである。したがって、これは共通の特徴ではあっても、最初からあった特徴ではない。このため、これらの諸言語が共通の起源を持つこと（これは非常に疑わしい）を証明するために、この特徴を引き合いに出すことはとてもできないし、それは、これらの諸言語の膠着語的な特徴が、起源の共通性の証拠となることができないのと同じである。また同様に、中国語が常に単音節言語であったわけでもない。

　セム諸語を、再建されたセム祖語と比較すると、ある種の特徴が保存されていることに、一見すると驚かされる。他のすべての語族にも増してセム諸語は、不変的で、永続的で、語族の固有性に固執する類型だという錯覚を与える。それは、次のような特徴に認められ、そのうちのいくつかは、インド・ヨーロッパ語の特徴と驚くほど対立するものである。複合語がほとんど全くない、派生

の適用が制限されている、語形変化がほとんど発達していない（しかし、子孫の言語よりもセム祖語の方が語形変化は多かった）、このことにより、語順は厳格な規則に従う。最も顕著な特徴は、語根の構成に関わるものである（p. 263参照）。語根は規則的に3個の子音を含んでおり（例えば、q-ṭ-l〈殺す〉）、同じ言語の内部では、すべての形態で保持されるし（例えば、ヘブライ語 qāṭal〈彼は殺した〉、qāṭlā〈彼女は殺した〉、qṭōl〈殺す〉、qiṭlī〈（女に対して）殺せ〉など）、これは言語が変わっても同様である（アラビア語 qatala〈彼は殺した〉、qutila〈彼は殺された〉など）。別の言い方をすれば、子音が単語の「具体的な意味」、つまり語彙的な価値を表し、一方で母音は、接頭辞や接尾辞のあるものと競合していることは確かだが、交替の働きによって、独占的に文法的な価値を表示している（例えば、ヘブライ語 qāṭal〈彼は殺した〉、qṭōl〈殺す〉、接尾辞を伴う qṭāl-ū〈彼らは殺した〉、接頭辞を伴う ji-qṭōl〈彼は殺す〉、接尾辞と接頭辞を伴う ji-qṭl-ū〈彼らは殺す〉[518] など）。

　このような事実を前にして、また、これらの事実をもとにしてなされた主張があるにしても、本書で提示している原理は維持しなければならない。すなわち、変化しない特徴はないということである。特徴が持続するとしたら、それは偶然によるものである。もし、時間の中で、ある特徴が維持されるとしても、時間が経てばやはり同じように消滅する可能性は十分にある。またセム語の例になるが、3子音の「法則」が、この語族をそれほど特徴づけるものではないことは確認できる。なぜならば、他の言語も、全く同様の現象を示すからである。例えば、インド・ヨーロッパ祖語でも、語根の子音組織は厳密な法則のもとにある。例えば、e の後では、i, u, r, l, m, n という子音群中の、2つの子音が同じ語根に含まれることは決してない。だから、*serl のような語根は不可能である、など。セム語での母音の働きについても、さらに高い程度で、事情は同様である。インド・ヨーロッパ語も、セム語ほど豊かではないが、全く同様に厳密な母音の働きを見せる。ヘブライ語の dabar〈言葉〉、dbārī-im〈複数の言葉〉、dibrē-hem〈彼らの言葉〉のような対立は、ドイツ語の Gast〈客〉: Gäste〈複数の客〉、fliessen〈流れる〉: floss〈流れた〉などの対立を思い起こさせる。これら2つの場合、この文法的な手続きの起源は同一である。つまり、盲目的な進化による純粋に音声的な変容である。しかし、その結果として生じた交替は、精神によって捕捉され、文法的な価値と結びつけられて、音声的な進化の偶然に

---

518)　現在用いられている、ヘブライ文字からローマ字への通常の転写法では、ji- ではなく vi- となる。

よってもたらされた手本からの類推によって、広がっていった。セム語の3子音が不変であることについては、近似的なものに過ぎないのであって、絶対的な性質は全くない。このことについては、「先験的に」確信することもできようが、この見解を確証する事実もある。例えばヘブライ語では、'anāš-īm〈複数の男〉の語根は、期待されている3つの子音を提示しているが、その単数形 'īšには、子音が2つしかない。これは、子音を3つ持っていた古い形態が、音声的に縮約された結果である。ただ、このように近似的には不変性があることを認めるとして、語根に固有の特徴がそこにあるのだと考えなければならないのだろうか。いや、そうではない。他の多くの言語に比べて、セム諸語が音変化を受ける程度が小さく、他の場合に比べて、この言語群では、子音がよく保存されたというだけのことである。したがってここで問題になっているのは、進化的、つまり音声的な現象であって、文法的な現象でも、永続的な現象でもない。語根が変化しなかったと主張することは、語根が音変化を受けなかったと言うことと同じであって、それ以上ではない。それに、音変化がこれから決して起きないと断言することはできないのである。一般的には、時間の中で起こったことは、時間の中で再び起こること、またはそれに変形が加えられることはありうる。

シュライヒャーが、言語の中に、本来的に進化の法則を有している有機的なものを見ることで、現実を捻じ曲げて解釈していたことを認めるとしても、言語が別の意味で有機的なものだと、疑いを差し挟まずに考えていきたいと思う。そのために、人種あるいは民族的集団の「神髄」は、ある種の決まった道へと、絶えず言語を導く傾向にあると仮定するのである。

ここまで、言語学に隣接する領域に足を踏み入れてしまったのだが、そこから帰結するのは、全く否定的ではあるが、この講義の根本的な理念に合致するだけに、一層興味深い教訓である。「言語学の唯一にして真性の対象は、それ自身で、それ自身のために考察される言語である」。

参考文献

【*Cours de linguistique générale* の翻訳】

小林英夫訳『一般言語学講義』(1972) 岩波書店
山内貴美夫訳『「ソシュール一般言語学講義」校注 (トゥリオ・デ・マウロ)(1976) 而立書房
菅田茂昭訳『フェルディナン・ド・ソシュール 一般言語学講義抄』(2013) 大学書林
影浦峡、田中久美子訳 (2007)『ソシュール一般言語学講義：コンスタンタンのノート』東京大学出版会
小松英輔、相原奈津江、秋津玲訳 (2006)『一般言語学第二回講義：リードランジェ／パトワによる講義記録：1908–1909 年』長岡京：エディット・パルク
相原奈津江、秋津玲訳 (2006)『一般言語学第三回講義：エミール・コンスタンタンによる講義記録：1910–1911 年』長岡京：エディット・パルク

【ソシュールの著作】

(1968) *Mémoire sur le système primitif des voyelles dans les languges indo-européennes.* Hildesheim: G. Olms
(2002) *Écrits de linguistique générale.* Paris: Gallimard.
(翻訳 (2013)『自筆草稿「言語の科学」』(松澤和宏訳) 岩波書店)

【ソシュール資料】

Godel, Robert (1969[2]) *Les sources manuscrites du Cours de linguistique générale de F. de Saussure.* Genève / Droz.

【辞　書】

Bloch, Oscar & Waltburg, Walter von (1975[6]) *Dictionnaire étymologique de la langue française.* Presses universitaires de France: Paris.
Buck, Carl Darling (1928) *The Greek Dialects.* Chicago: The University of Chicago Press.
Frisk, Hjalmar (1960–1972) *Griechisches Etymologisches Wörterbuch.* Heildelberg: Carl Winter.

Meyer-Lübke (1972⁵) *Romanisches Etymologisches Wörterbuch*. Heidelberg: Carl Winter.
Schützeichel, Rudolf (1969) *Althochdeutsches Wörterbuch*. Tübingen: Max Niemeyer.
Walde, A. & Hoffmann, J. B. (1972⁵) *Lateinisches Etymologisches Wörterbuch*. Heildelberg: Carl Winter.
Engler, Rudolf (1968) *Lexique de la terminologie saussurienne*. Utrecht / Anvers: Spectrum.
千種眞一 (1997)『ゴート語辞典』大学書林

【ソシュール研究】

Bouquet, Simon (1997) *Introduction à la lecture de Saussure*. Paris: Payot
Haldcroft, David (1991) *Saussure*: Signs, System, and Arbitrariness. Cambridge: Cambridge University Press.
Sanders, Carol (2004) *The Cambridge Companion to Saussure*. Cambridge: Cambridge University Press.
Scheerer, Thomas M. (1980) *Ferdinand de Saussure*. Darmstadt: Wissenschaftliche Buchgesellschaft.
Thibaut, Paul, J. (1997) *Re-Reading Saussure*. London and New York: Routledge
カラー，ジョナサン (1978)『ソシュール』（川本茂雄訳）岩波書店
ガデ，フランソワーズ (1995)『ソシュール言語学入門』（立川健二訳）新曜社
スリュサレヴァ，H. A. (1979)『現代言語学とソシュール理論』而立書房
フェルディナン・ド・ソシュール (1991)『ソシュール講義録注解』（前田英樹訳・注）法政大学出版局
町田　健 (2004)『ソシュールと言語学』講談社
町田　健 (2004)『ソシュールのすべて』研究社
丸山圭三郎 (1981)『ソシュールの思想』岩波書店
丸山圭三郎（編）(1985)『ソシュール小事典』大修館書店

【歴史言語学】

Bräuer, Herbert (1961–1969) *Slavische Sprachwissenschaft I, II*. Berlin: Walter de Gruyter.
Krahe, Hans (1966–1969⁵) *Indogermanische Sprachwissenschaft I, II*. Berlin: Walter de Gruyter.
Krahe, Hans & Meid. Wolfgang (1969⁷) *Germanische Sprachwissenschaft I, II*. Berlin: Walter de Gruyter
Lausberg, Heinrich (1967–1972²) *Romanische Sprachwissenschaft I, II, III*. Berlin: Walter de Gruyter.
Lindeman, Otto (1970) *Einführung in die Laryngaltheorie*. Berlin: Walter de Gruyter.

Meillet, Antoine.(1964) *Introduction à l'étude comparative des langues indo-européennes.* Alabama: University of Alabama Press.
Mallory, J. P. & Adams, D. Q.(2006) *The Oxford Introduction to Proto-Indo-European and the Proto-Indo-European World.* Oxford: Oxford University Press.
Szemerényi, Oswald(1989³) *Einführung in die vergleichende Sprachwissenschaft.* Darmstadt: Wissenschaftliche Buchgesellschaft.
高津春繁(1950)『比較言語学』岩波書店
高津春繁(1954)『印欧語比較文法』岩波書店
高津春繁(1968)『ギリシア語文法』
ゴンダ,J.(1974)『サンスクリット語初等文法』(辻直四郎校閲、鎧淳訳)春秋社
辻直四郎(1974)『サンスクリット文法』岩波書店
ロックウッド,W. B.(1976)『比較言語学入門』(永野芳郎訳)大修館書店
吉田和彦(2005)『比較言語学の視点: テキストの読解と分析』大修館書店

索引

【ア行】
アーリア人　309
相対的有契性　185
アスペクト　164
アブラウト　223
誤った類推　229
アレクサンドリア　8
一般文法　144
意味　160
インターコース　286
インド・ヨーロッパ語族　315
インド・ヨーロッパ祖語　10, 298
ウィリアム・ジョーンズ　9
ウェルナーの法則　204
ウムラウト　49, 122
オストホフ，H.　15
音変化　237
音法則　134
オノマトペ　104
音韻体系　63
音韻論　60
音声学　196
音声器官　25, 71
音声的二重語　217
音声表記　61
音節形成的　91
音節的アクセント　91
音節的表記　70
音素　70

【カ行】
開口度　74
回顧的　130, 294
階梯　13
外的　29
外的言語学　42, 45
外的指標　63
概念　27
外破　83
外破音　61
改変の波　282
価値　155, 158, 160, 164
活用　186
活用語尾　260
活用表　177, 260
感動詞　105
関係のずれ　112
間接的表記　55
観念　20, 35
記号　102
記号学　35
客観的分析　258
境界　147
狭窄音　76
共時　119
共時言語学　144
共時態　119
強制　133
共通語　274
郷土愛　286

曲用　186
ギリシア文字　85
偶発的　31
唇　71
グリム，J.　11
クルティウス，G.　11
継起性の軸　118
形態論　186
結合的　202
結晶化　30
結節　159
言語活動　17
言語記号の恣意性　103
言語基層　211
言語古生物学　309
言語素　282
言語素線　282
現存　173
語彙的　184
語彙論　187
口蓋帆　72
口腔　72
硬口蓋　71
構成　249
構造　249
構造体　313
交替　199, 220
膠着　237, 247
公用語　274
交流　286
語映像　29
語幹　10, 261
呼気　73
語形変化　186
語形変化の語基　261
語源学　265
古高ドイツ語　48
語根　261
個人的　31

語族　269, 315
古典文法　121
個別化　289
個別的　136
固有語　268

【サ行】
差異　168
再建　302
再建の確実性　305
再構築　234
最小努力の法則　207
差異的　165
サンスクリット語　9, 298
恣意的　103, 165
ジーファース，E.　15
歯音　77
思考　158
時制　164
舌　71
実行的　29
失語症　26
実在　154
実質　171
失書症　26
実体　146, 153
実物　44
シニフィアン　102
シニフィエ　102
自発的　202
社会学　18
社会心理学　18
社会的　31
借用　44, 310
主観的分析　258
受動的　29
受容的　29
シュライヒャー，A.　12
象徴　104

進化言語学　119, 295
人工言語　114
唇歯音　77
親族名称　311
心的　29
人類学　18
生産性　233
生産的　233
政治史　42
静態言語学　119
青年文法学派　14
声門　72
生理学　18
絶対的な恣意性　226
接頭辞　263
接尾辞　263
セム諸語　316
ゼロ記号　126
先史学　18
線状性　106
相対的な恣意性　226
側音　78

【タ行】

対立　170
単位　147, 151
単語　156
チェス　46, 128
置換　224
抽象的な実体　191
聴覚映像　28
通時　119
通時態　119
通時的単位　253
通時的同一姿勢　253
ディーツ，F.　14
停留調音　83
展望的　130, 294
統一化　289

同一性　152
投影図　127
同義語　162
等語　282
等語線　282
統語論　186, 188
同時性の軸　118
特殊共時的　130

【ナ行】

内的　29
内的言語学　46
内的指標　63
内破　83
内破音　62
軟口蓋　72
二重母音　94
能動的　29

【ハ行】

歯　71
配列　29
パウル，H.　15
派生語　249
話す大衆　115
可変性　111
波紋説　290
パロール　31, 32, 115, 140
汎時的　136
半母音　79
範列　260
鼻音化母音　80
比較言語学　9, 120
比較文法　9
鼻腔　72
非生産的　233
表意文字　51
表音文字　51
品詞　154

複合語　249
副鳴音　90
不在　173
付随的　31
不変性　108
ブラウネ，W.　15
ブルークマン，K.　15
ふるえ音　78
ブローカ，P.　26
文　149, 174
文学語　43, 196, 273
文献学　8, 18
分節言語　25
文法　8, 186
文法的　185
文法の歴史　199
分類　32
閉鎖音　75
ホイットニー，W.　14
母音　79
母音交替　13
母音調和　316
母音点　90
方言　270, 281
方言地図　281
法則　131
ポール・ロワイヤル文法　120
保持　83
ボップ，F.　9
ボルフ　9
本質的　31
摩擦音　76

【マ行】
ミュラー，M.　11

民間語源　243
民俗学　42
民族誌学　18
民族体　308
無契的　104
鳴音　83, 90
文字　47-59
文字表記　167

【ヤ行】
有契性　182
用語集　100
用語目録　160

【ラ行】
ランガージュ　21, 115
ラング　23-37, 115
理解可能性　283
リトアニア語　48
流音　78
類型　314, 315
類推　226
歴史音声学　61, 119
歴史文法　186
レスキーン，A.　15
連合　29
連合関係　173, 175
連合中枢　29
連鎖　148
連辞　172
連辞関係　174
連辞的な連帯　178
ロマンス語　14

● 訳者プロフィール ●
町田　健（まちだ・けん）
名古屋大学大学院文学研究科教授。専門は言語学。1957 年福岡県生まれ。1979 年東京大学文学部卒業。1986 年東京大学大学院人文科学研究科博士課程単位取得。東京大学助手、愛知教育大学、成城大学、北海道大学助教授を経て現職。著書に『ソシュールのすべて』（研究社）、『言語構造基礎論』（勁草書房）、『言語世界地図』（新潮社新書）ほか多数。翻訳書に『イェルムスレウ——ソシュールの最大の後継者』（大修館書店）ほか。1985 年から 86 年まで、フランス政府給費留学生としてストラスブール大学ロマンス語学研究所に留学。

新訳 ソシュール一般言語学講義

2016 年 9 月 1 日　初版発行
2023 年 10 月 6 日　6 刷発行

● 著　者 ●
フェルディナン・ド・ソシュール

● 訳　者 ●
町田　健
Ⓒ Ken Machida, 2016

● 発行者 ●
吉田　尚志

● 発行所 ●
株式会社　研究社
〒 102-8152　東京都千代田区富士見 2–11–3
電話　営業 03–3288–7777（代）
　　　編集 03–3288–7711（代）
振替　00150–9–26710
https://www.kenkyusha.co.jp/

KENKYUSHA
〈検印省略〉

● 印刷所 ●
図書印刷株式会社

● 装　丁 ●
寺澤　彰二

ISBN978-4-327-37822-6　C1080　　Printed in Japan